本书系北京市教育科学"十三五规划"2020年度重点课题（编号：CBAA2020036）研究成果

脑科学指导下的
幼儿园区域游戏理论与实践

李一凡 著

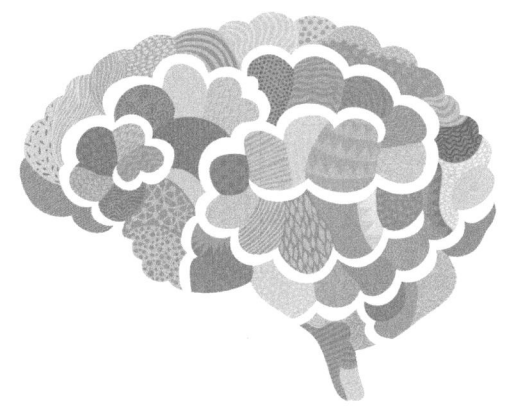

学苑出版社

图书在版编目（CIP）数据

脑科学指导下的幼儿园区域游戏理论与实践 / 李一凡著. —北京：学苑出版社，2023.8
ISBN 978-7-5077-6754-4

Ⅰ. ①脑… Ⅱ. ①李… Ⅲ. ①智力游戏—教学研究—学前教育 Ⅳ. ① G613.7

中国国家版本馆 CIP 数据核字（2023）第 174931 号

责任编辑：任彦霞
出版发行：学苑出版社
社　　址：北京市丰台区南方庄 2 号院 1 号楼
邮政编码：100079
网　　址：www.book001.com
电子信箱：xueyuanpress@163.com
联系电话：010-67601101（营销部）、010-67603091（总编室）
印　刷　厂：北京建宏印刷有限公司
开本尺寸：710 mm × 1000 mm　1/16
印　　张：24.75
字　　数：339 千字
版　　次：2023 年 8 月第 1 版
印　　次：2023 年 8 月第 1 次印刷
定　　价：98.00 元

序

在过去的几十年中，神经科学研究已经在很大程度上揭示了人类大脑是如何学习的，使我们对大脑和学习的理解取得了重大进展。同时，有关大脑如何学习的知识也对教育产生了巨大影响。但是，这些神经科学研究的发现如何能够为教育及教学提供有价值的信息一直都是一个具有挑战性的课题。

李一凡老师主持的北京市教育科学"十三五规划"2020年度重点课题"基于脑科学的幼儿园区域游戏实践指导研究"即是对这一具有挑战性课题的重要尝试。李一凡老师在大量阅读文献的基础上，聚焦早期发展与早期教育，以幼儿的基本活动和重要的学习活动——游戏为核心，为幼儿园教师提供一种新的跨学科的学习和教学解释，搭建了神经科学研究成果与幼儿教育工作者之间对话的重要桥梁，形成具有重要理论和实践价值的研究成果——《脑科学指导下的幼儿园区域游戏理论与实践》。

这本书最突出的特点就是将脑科学对学习与心理发展的研究成果与幼儿的游戏建立连接。在主动学习的理念指导下，本书围绕区域游戏，从物质环境、情绪氛围、计划与反思、社会性互动、深度学习五个方面呈现脑科学循证依据，提炼出区域游戏的脑科学指导依据框架。通过行动研究，帮助教师聚焦幼儿及其学习的过程与特点，从幼儿学习和思考的角度找到支持和促进幼儿游戏发展的方法。

教师在引导儿童的学习中起着核心作用。本书第二个突出的特点就是课题研究对于幼儿园教师"大脑的重塑"。在课题研究之初，李一凡老师带领课题组对幼儿教师脑科学素养状况进行了细致的调查，并在调查的基础上提出了相应的提升对策，形成了研究报告，这为研究的开展奠定了坚实基础。通过阅读四个子课题的实践探索和案例集锦，我可以看到老师们在研究中不断突破自己的经验局限，不断加深对脑科学知识的理解和认识，不断在研究中收获成就感，体验职业幸福感。老师们的这些成长和变化都将会对幼儿产生积极的影响。相信每一位阅读本书的老师都会和我有相同的感受，并能从中获得启发。

本书的写作风格极具李一凡老师的个人特征——勤奋钻研、务实严谨。我和李一凡老师不仅在学术上经常交流，也是彼此相知的好朋友。她一直都对脑科学的研究充满浓厚的兴趣。2008年在我开展第一项幼儿脑电研究的时候，她就带着自己的孩子参加了我的研究。我也见证了"基于脑科学的幼儿园区域游戏实践指导研究"课题从申请立项到实施的整个过程。在这个过程中我看到了李一凡老师的投入、坚持以及对幼儿教育研究的深深热爱。《脑科学指导下的幼儿园区域游戏理论与实践》一书的出版是她及课题组成员研究成果的结晶，也是她科研生涯中的重要作品。我由衷地为她高兴，并对她表达我的敬意！

虽然已有了大量来自脑科学的研究成果，但对于学前儿童的研究还远不够支持幼儿教育实践。未来的跨学科研究应追踪幼儿特定神经回路的结构和功能的变化，在充分探索他们大脑发育路径的多样性的基础上，详细评估每个孩子的发展和学习结果以及家庭和学校环境，深入揭示大脑发育的丰富多样性是如何与每个孩子的教育经验联系在一起的。除了将最新的神经科学发现与教育实践相结合，也应该将重要的教育问题置于科学背景中，产生出新的基础和应用研究，这样的研究将会为发展适宜性的教与学提供更坚实的实证依据。

李甦
中国科学院心理研究所研究员、博士生导师
2023年7月

前言

幼儿园区域游戏要基于脑、适于脑、利于脑

脑科学指导和服务于教育变革正在成为必然趋势

21世纪被全球科学界公认为是生物学、脑科学的时代。脑科学是一门从微观角度研究人在各种状态下大脑的结构、功能、作用及工作机制和变化规律的科学。近几十年来，随着科学技术的进步，越来越多的脑科学研究帮助我们探测人类个体如何进行认知活动，如何学习，如何进行信息加工，又如何受情绪和环境的影响。20世纪70年代以来，基于人类大脑结构与功能的"学习科学"快速形成，标志着人类对大脑的研究开始从医疗领域向教育领域拓展，将脑科学研究成果应用于教育实践，通过教育的介入来发挥和挖掘大脑的功能与潜力，从而促进人类自身的不断发展和进步。

1978年，Chall和Mirsky在其合著的《教育与脑》一书中提到，"在21世纪，将会有把教育与神经科学这两个完全不同的领域整合起来的新兴专业——教育神经科学"，教育神经科学的概念被首次提出。神经科学和心理学、教育学的结合实现了脑科学研究的又一次质的飞跃。这种结合注重学与教的脑生理机制，强调教育的实证研究范式，明确指向教育决策与实践的理性化和科学化，近年来得到了世界各国政府的高度重视，已成为许多国家教育发展战略的基础，这对国民素质的提升与国家综合国力的增强具有重要价值和意义。

目前国际上已经形成了以国际经济合作与发展组织（OECD）的教育研究和革新中心（OECD-CERI）、心智－脑科学－教育学会（IMBES）为核心的两大全球性神经教育学研究网络，促进科学家、教育实践者和政策制定者之间合作，使脑科学研究成果能为教育政策的制定和教育实践的开展提供指导，从而推动整个教育改革的发展和深化。

中国政府从 20 世纪 90 年代起开始高度重视神经科学研究的发展，"脑科学与认知科学"是我国长期重点部署领域，在《国家中长期科学和技术发展规划纲要（2006-2020 年）》中，"脑与认知科学"被列为优先发展的八大前沿学科之一。从国家"十三五"规划到"十四五"规划，脑科学都被列为重点前沿科技项目，2021 年中国"脑计划"正式启动，进一步将与认知相关的脑疾病障碍整治、儿童青少年脑智开发、加强脑机智能技术和类脑研究作为脑科学三大发展方向。

当前，世界正处于以知识经济、信息化、全球化为特征的社会变迁和转型的巨大浪潮中，随着信息技术的飞速发展，人类生活方式和学习方式正在发生根本性的变革。工厂企业的组织化与专门化生产方式提高了对生产技能的需求，在人工智能时代，简单、机械的劳动已经被机器取代，未来的人才需求一定是能灵活应对不同情境、能够解决非常规问题、具有高级认知和思考能力的人，他们具有创造性，更能与人广泛交流、团结合作。这意味着传统知识本位的教育需要变革，新时代的教育需要培养具有终身学习力、具有时代创新精神的高素质人才。世界教育改革开始出现新的走向，以学科知识结构为核心的传统标准体系将逐步被以促进个人发展和终身学习为主的核心素养教育体系所取代。

《中国教育现代化 2035》提出的推进教育现代化的八大基本理念分别是：更加注重以德为先，更加注重全面发展，更加注重面向人人，更加注重终身学习，更加注重因材施教，更加注重知行合一，更加注重融合发展，更加注重共建共享。八大理念反映了时代发展背景下尊重规律、以人为本、多元共融、全面健康可持续发展的价值追求，推动我国迈入教育强国行列，同科技强国、人才强国建设共同成为实现中国特色社会主义国家高质量发展的重要基础。在此背景下，我们需要高度重视脑科学与教育的紧密关联与合作趋势，进一步反思在高素质人才培养需求下当前教育理论和实践中存在的局限与问题，加强对脑科学、学习科学、认知科学等基础学科的研究与应用，更科学地探讨"学什么、如何学"，从而带来现代教育观、教学观和评价观的转变。

脑科学为学前教育以游戏为基本活动的课程实践提供新的契机

我国教育部近二十年来颁发的幼儿园教育指导意见都较为重视游戏在幼儿园课程中的价值。《幼儿园工作规程》、《幼儿园教育指导纲要（试行）》（以下简称《纲要》）、《3～6岁儿童学习与发展指南》（以下简称《指南》）等文件明确强调"游戏是幼儿园的基本活动"，从政策层面确立了游戏在幼儿园教育教学中的重要地位，指引着幼儿园课程改革的方向。2018年中共中央、国务院发布《关于学前教育深化改革规范发展的若干意见》指出，坚持学前教育要以游戏为基本活动，珍视幼儿游戏活动的独特价值，保护幼儿的好奇心和学习兴趣，尊重个体差异，鼓励支持幼儿通过亲近自然、直接感知、实际操作、亲身体验等方式学习探索，促进幼儿快乐健康成长。在全球"以人为本"和"可持续发展"育人理念影响下，我国学前教育课程改革也在逐渐回归到教育本质的层面上，回归到人的发展的基本规律上来，逐渐从过去教师主导、知识传授、结果导向的"教"转向以儿童为主体和主导，强调经验建构、注重过程体验的"学"。

幼儿阶段是大脑发育的黄金时期，已有大量的脑科学研究表明，基因、神经结构、环境和早期经验对于儿童的脑、行为、认知、情绪和社会行为发展具有重要影响，并成为个体未来学习和生活的重要基础。脑科学为幼儿园落实以游戏为基本活动的课程实践提供新的视角和实证依据，学习脑科学也有助于我们为幼儿的学习与发展提供基于脑、适于脑、利于脑的环境和教育，促进幼儿主动学习，为他们的终身发展奠定良好的基础。

例如，脑科学研究证明"大脑具有跨多个领域的工作机制"，是按照整体性原则进行生理和心理活动的。在环境刺激作用下，大脑不同功能区域的神经元之间建立神经联结，诱发神经网络多通道多层面的可塑性，从而达到全面开发大脑的目的。3～6岁幼儿阶段是大脑神经网络最旺盛的时期，幼儿在游戏中的学习就是对多种感官刺激进行信息整合、建立神经网络的过程，同时伴随情感和注意的调节，最终实现整体性学习与发展。认识到这一点有助于教师以整体论的方法看待儿童发展，进一步明确游戏促进幼儿多领域整合发展的价值，并意识到丰富多元的物质环境与安全愉悦的心理环境同等重要。

例如，髓鞘化是大脑成熟的重要标志之一，是个体能够控制动作和冲动的源泉。髓鞘化的发展遵循一定的时间顺序，最先完成髓鞘化的是感觉通道部位，然后是和骨骼肌肉之间的通路，这也是为什么幼儿最先发展起来的是感官，然后开始能逐渐掌握越来越复杂的动作。而掌管人类高级认知功能的大脑额叶的神经髓鞘化要在青春期以后才能够逐渐完成。脑科学研究证明，大脑在髓鞘形成之前并不能有效运作，应遵循儿童大脑髓鞘化规律，将儿童的学习编排在最合适的大脑系统中，否则在神经生理层面将形成一种坏习惯和消极动机。认识到这一点，有助于我们从神经发育角度去理解儿童在游戏中学习的必然性，并进一步认识到学前教育"小学化"带来的危害。

再例如，神经科学理论研究者艾力克·杰森（Eric Jensen）认为，每一个大脑都是独特的，大脑本身在适应其独特的个人经验，以其独特的方式进行学习的时候在生理上重新进行连接，个体独特性是有关学习方式、情绪、选择、多元智能等研究的基础。杰森的这一原理表明，在不同的学习者之间进行比较是没有意义的，只有在学生个体不同的时间段进行比较才有意义。认识到大脑的个体差异性有助于教师认识和理解幼儿游戏行为中体现出来的个体差异，建立科学的儿童观，并通过适宜幼儿个性化发展的师幼互动给予支持，实现因材施教。

总之，随着脑科学的快速发展，脑科学与教育的深度合作，关于脑的知识、关于儿童如何学习的知识，将成为高素质教师和家长的核心知识，使他们从认知神经科学的角度，认识教育现象、解读教育规律；从关注儿童的行为表现，到关注儿童的潜能发展，再到关注儿童的大脑发育，为当前幼儿园落实"以游戏为基本活动"的课程改革带来新的契机和动力，从而进一步促进教育质量的提升。

脑科学素养应成为教师专业发展的重要组成

根据不完全统计，自《纲要》颁布以来，国务院、教育部等部门联合颁布的有关幼儿教师专业发展的政策性文件超过20项，其中《关于全面深化新时代教师队伍建设改革的意见》提出要创建高素质专业化创新型教师队伍，说明政府对教师专业发展的高度重视，也反映了现实对教师专业发展的迫切要求。2020年3月，教育部发布《幼儿园新入职教师规范化培训实施指南》，对"幼儿研究与支持"和"幼儿保育与教育"两方面提出更新、更高的专业要求。其中观察与分析幼儿行为、研究与支持幼儿的个体差异、研究与支持幼儿的学习过程、幼儿发展评价与激励、将幼儿研究转化为保教活动成为新教师五项岗位的核心素养。2022年2月教育部印发《幼儿园保育教育质量评估指南》，强化过程评估，聚焦班级观察，在师幼互动方面更加突出教师对幼儿在游戏中的行为进行观察、倾听、理解、回应、支持的专业科学性，并成为幼儿园教育质量的决定性因素。

然而，相关调查发现，不少幼儿教师对于相关教育理念和原则的理解还容易停留在文本表面，并未真正建立起科学正确的儿童观和学习观，尤其对幼儿行为的观察、分析、支持等仍存在不同程度的空泛、笼统、主观化现象，大多从经验、直觉出发，这背后反映出教师对儿童学习特点和规律的理解存在肤浅泛化、缺乏整合、不会应用等问题。即使对于实践中一些正确的做法也难以自行找到契合的理论依据，进而影响他们形成稳定、系统的专业认知与行为方式。这些都成为当前幼儿园教育改革持续深化与教师专业发展过程中的关键难点。

越来越多的教育家认为，认知神经科学可以作为启动循证教育学和教育实践的一个重要转折点，它有助于增强教师的专业表现。了解儿童学习的脑机制是了解儿童学习过程的基础，也是开展早期教育的基础。借鉴脑科学最新研究成果，深度揭示儿童学习与发展的规律并形成一定的教育原则、策略及方法，能够使教师知其然也知其所以然，并探寻适于脑和利于脑的科学方法与策略，从而真正实现知行合一。

董奇教授曾直言，要成为高素质专业化创新型卓越教师，就必须具备丰富的脑科学知识，读懂学生的脑，知晓学生的脑是如何学习的。以神经科学为主的脑科学知识和应用能力应成为幼儿教师专业素养中重要的组成部分，加强对幼儿教师脑科学素养的培养，将有效地架起理论与实践深度结合的桥梁，激发教师潜能，帮助教师获得专业成长与职业幸福。

据了解，我国幼儿教师专业结构存在明显缺陷，不论是职前培养还是职后培训，不论是管理者培训还是教师培训，几乎没有涉及关于儿童学习或认知的大脑机制以及最新脑科学研究方面的介绍，教师脑科学知识匮乏，且存在一些违背脑发育科学规律的做法，严重制约了幼儿教师的专业发展，脑科学素养亟待提升。

本书的由来与意义

2020年，北京市教育科学"十三五"规划2020年度重点课题"基于脑科学的幼儿园区域游戏实践指导研究"（CBAA2020036）正式立项，来自认知神经科学、心理学、学前教育等专业领域的研究人员与来自一线幼儿园的园长、教师组建课题组，联合共同开展了为期三年多的课题研究，本书是该研究初步成果的集中呈现。

未来教育的重要特征之一就是要基于脑、适于脑、促进脑，表明教育要遵循科学规律才能促进学生的健康发展。基于此，本课题的基本研究逻辑也是

"基于脑、适于脑、利于脑"，具体来讲，就是基于对脑科学相关知识理论的学习，了解幼儿是如何学习的，然后在此指导下与幼儿园区域游戏相结合，探索适于脑的区域游戏支持策略，最终回报利于幼儿的大脑发育、健康成长。

本研究不同于科学家在脑科学实验室的探索发现类研究，而是在浩如烟海的脑科学已有研究成果、理论文献中挖掘和梳理与儿童早期教育发展、幼儿园区域游戏课程密切相关的内容；教师本身已具有一定的儿童发展理论的认识基础和实践经验，故本研究"基于脑科学"也并不是对教师原有经验的完全抛弃，而是在脑科学指导下，对教师原有认知和经验的重新审视、科学传承、大胆突破和革新。在此精神指导下，本课题的基本实施逻辑则是，理论研究适度先行，构建脑科学与区域游戏联结桥梁，介入行动研究，以子课题的方式指导实践者在教育实践场景中开展行动研究，行动研究又进一步推动充实理论研究，双向共同建构，最终实现促进教师专业提升与区域游戏质量提升的效果。

著名教育家吕型伟认为，科学和技术的发展，使教育正面临重大而深刻的复苏，一种崭新的教育将在世界诞生，从而取代产生于工业时代一直沿用至今的教育模式。这种新教育模式将建立在两个全新的基础之上：其一是信息技术，即教育的物质基础与外部条件；其二是脑科学，这是人类对自身的发现，即内部条件。前者使教育的手段更加先进，后者使教育更自觉、更符合规律。两者结合，将使教育产生新的飞跃。

本研究对于教育变革具有创新性和推动力，但同时也具有极大的难度和挑战。正如学者所言，脑科学的知识并不能直接平移到教育实践中，任何神经科学研究成果都不大可能直接转化为教育教学实践的具体操作，而是需要教师在脑科学循证启发下，根据实际需要，在丰富的教育实践中进行积极转化和应用。大多数教师在此之前并没有多少生物学或神经科学方面的先验知识，在日常生活和工作中也没有怎么接触过脑科学知识，将有关大脑结构和功能的知识与教育过程联系起来的尝试对他们来说更是前所未有。所以，本研究既是教师克服已有认知和思维定势，在脑科学指导下对幼儿学习与发展的重新认识和发现，也是在科学循证基础上对幼儿园区域游戏组织和实施的大胆探索和积极尝试，使之更"基于脑，适于脑，利于脑"，充分说明了幼儿教师终身学习、跨界融合、理论与实践相互促进实现专业成长的无限可能与美好前景。

本书的主要内容与特点

"基于脑科学的幼儿园区域游戏实践指导研究"课题研究主要解决了四个方面的问题。

"是什么"和"为什么"。本课题研究并不是希望把教师培养成为脑科学专业人士，而是使他们能够掌握一些有关大脑如何运作、幼儿如何学习的必要的知识，能够对幼儿学习与发展中的一些行为表现进行准确理解和解释，从而引导教师改变他们对待幼儿的方法，对幼儿的学习与发展持更科学、更积极的态度。

但有关脑科学的知识和最新研究成果非常庞杂，像群星，虽闪耀却散落在各个角落；表述大多晦涩难懂，不利于非本专业人员阅读、理解和消化；还存在"神经神话"误导现象，给教师带来困扰……为此，需要进一步对脑科学知识和研究成果中与儿童发展和教育相关的核心结论进行专业严谨的筛选和体系化梳理，去粗取精、去伪存真，进行系统化分类整合，方便教师进行学习和理解。

于是，课题组在文献研究基础上，遵从主动学习（active learning）理念，制定出区域游戏脑科学指导依据框架，从物质环境、情绪氛围、计划与反思、社会性互动、深度学习五个方面呈现脑科学循证依据、相应的教育启示和指导建议，为行动研究提供理论指导。本框架还与《指南》进行深度联结，帮助教师基于已有认知经验更好地理解脑科学对幼儿学习与发展的指导价值，有利于教师换一种思路解读《指南》，跳出五大领域割裂学习《指南》的局限，从幼儿大脑发育、幼儿主动学习的视角领会《指南》精神，践行落地《指南》，大大降低了教师的研究难度，减轻了教师的心理压力，增强了教师的教育信念。

"做了什么"和"还能做什么"。教师在脑科学指导依据框架下不断学习尝试以脑科学的视角和理论知识来理解幼儿的学习，同时还要提高应用脑科学的能力，依据脑科学教育原则动态调整教育实践。教师在研究过程中回溯已有经验和做法，发现从脑科学能够找到相应的证据，增加了教师的专业自信，也激励他们改变过去模糊的、不适宜的做法，探索更有利于幼儿发展的区域游戏理论和实践，并尝试进一步将其延伸转化为对家庭教育的指导。

本课题经过前期充分酝酿，从区域游戏的环境、过程与结果三个维度与大脑情绪与认知机制、大脑执行功能、创造性思维、大脑信息加工四个方面进行匹配，明确了四个子课题支持教师开展行动研究，分别是"基于脑科学的幼儿园区域游戏心理环境创设研究""脑科学指导下区域游戏中幼儿计划与反思能力的培养""以美工区低结构材料为切入点培养幼儿创造性思维的实践研究""基于脑科学的幼儿园建构游戏中深度学习的实践研究"。四个子课题聚焦当前幼儿园区域游戏关键问题，从实践现状入手，在脑科学指导依据框架下阐释脑科学对该问题的启示，并总结梳理出相应的实践策略和典型案例。

本书内容依托上述四个研究要点，共分为七个章节。第一章和第二章为脑科学基本理论篇，分别为"了解大脑""认识学习"，对大脑如何发育、大脑如何进行信息加工进行概述；第三章介绍了本研究制定的区域游戏脑科学指导依据框架；第四章、第五章、第六章和第七章，分别围绕四个子课题，集中呈现脑科学指导下幼儿园区域游戏在心理环境、计划与反思、创造性思维培养和深度学习等方面的理论认识和实践做法。本书附录部分分享了本研究关于幼儿教师脑科学素养状况的调研报告以及教师参与课题研究的一些反馈和感受。

随着脑科学的普及推广，已有大量脑科学科普读物得以出版和传播，但面向幼儿教师的、将脑科学与教育实践紧密结合的专业图书尚且没有发现，本书既体现了一种跨学科、跨领域的理论探索，也在尝试搭建从理论到实践的桥梁，试图为学前教育游戏课程注入新的能源，为教师专业发展提供新的支架，填补了脑科学指导幼儿园区域游戏理论和实践的空白。

本书在撰写过程中力求专业严谨，并与大量案例相结合，使理论和策略更直观情境化，文字生动，通俗易懂，能激发读者对脑科学的兴趣，产生将脑科学与教育实践相关联的冲动，从而使更多幼儿园和教师愿意学习脑科学、应用脑科学。当然，我也深知本书对大脑的了解仍然非常初浅，脑科学支持幼儿在游戏中学习与发展的实证依据还远远不够充分，脑科学在实践中的应用也尚不成熟，而这也正是我们需要不断努力、持续研究的动力所在。

回首三年多课题组走过的研究之路，充满挑战与考验。我还记得当初实验园的老师们在进行脑科学相关文献阅读和专家培训的过程中叫苦连天：太难了，看不懂！太难了，不知道专家在讲什么！这么高大上的脑科学和我们有什么关系？……如今，老师们在结题汇报进行案例展示时，能够熟练自如地说出诸多脑科学概念术语，能够将脑科学的知识与幼儿的行为表现、教师的观察分析和回应支持进行自然结合；他们甚至在家庭中应用脑科学进行科学育儿。

我相信，在教师的大脑中，一定生长出了很多神经突触，新的神经网络在建构，并与他们已有的神经网络产生联结，终身学习真实地发生着，他们的观念和行为也在悄然改变着……他们的破茧化蝶让我看到了教师的专业自信一定来自迎难而上，来自坚持不懈，来自对未知的探索，来自对自我的革新！

现代化的教育必须是遵循人的发展规律的，应该是体现人道的，要有温度、有感情，关注教育中的每一个个体，不论儿童还是成人，都将获得爱、自由、尊严和发展。希望本书能令广大读者感觉到脑科学并不神秘，而是就在我们身边；脑科学不仅能帮助我们更好地理解儿童、支持儿童，也能帮助我们更好地认识自我、发展自我。

李一凡
北京教育科学研究院早期教育研究所
2023 年 7 月

目 录

第一章　了解大脑——大脑如何发育 ………………………………… 001
　第一节　大脑的基本组成 ………………………………………… 002
　第二节　大脑的基本组织结构与功能分区 ……………………… 008
　第三节　大脑发育的规律和特点 ………………………………… 018
　第四节　影响大脑发育的因素 …………………………………… 026

第二章　认识学习——大脑的信息加工 ……………………………… 035
　第一节　学习的本质是神经网络的建构 ………………………… 037
　第二节　学习是大脑信息加工的过程 …………………………… 040
　第三节　大脑学习的特征 ………………………………………… 046

第三章　幼儿园区域游戏脑科学指导依据框架 ……………………… 056
　第一节　创设良好的区域游戏物质环境 ………………………… 058
　第二节　营造区域游戏积极的情绪氛围 ………………………… 065
　第三节　重视区域游戏计划与反思 ……………………………… 070
　第四节　促进区域游戏中的社会性互动 ………………………… 075
　第五节　推进区域游戏中的深度学习 …………………………… 080

第四章 区域游戏心理环境的创设 089
- 第一节 幼儿园区域游戏心理环境创设的内涵与意义 090
- 第二节 脑科学对区域游戏心理环境的启示 092
- 第三节 脑科学指导下区域游戏心理环境创设的实践探索 098
- 第四节 实践案例集锦 124

第五章 区域游戏中幼儿计划与反思能力的培养 144
- 第一节 幼儿计划与反思能力的内涵与意义 145
- 第二节 脑科学对区域游戏中幼儿计划与反思能力培养的启示 154
- 第三节 脑科学指导下区域游戏中幼儿计划与反思能力培养的实践探索 161
- 第四节 实践案例集锦 179

第六章 以美工区低结构材料为切入点培养幼儿创造性思维 223
- 第一节 低结构材料对幼儿创造性思维发展的价值 224
- 第二节 脑科学对美工区低结构材料培养幼儿创造性思维的启示 228
- 第三节 脑科学指导下美工区低结构材料培养幼儿创造性思维的实践探索 237
- 第四节 实践案例集锦 253

第七章 以建构游戏为例促进幼儿深度学习 ·················· 282
    第一节 深度学习的内涵与意义 ································ 284
    第二节 脑科学对幼儿深度学习的启示 ························ 289
    第三节 脑科学指导下在建构游戏中促进幼儿深度学习的实践
           探索 ·· 294
    第四节 实践案例集锦 ······································ 319

附　录
    幼儿教师脑科学素养状况与提升对策 ························ 345
    "我与脑科学" 教师征文随笔 ······························· 355

参考文献 ·· 364

后　记 ·· 374

第一章
了解大脑——大脑如何发育

脑科学是研究大脑结构和功能的科学。脑科学的概念有狭义与广义之分，狭义的脑科学也叫神经科学。美国神经科学学会对此定义为：神经科学是为了了解神经系统内分子水平、细胞水平、细胞间的变化过程，以及这些过程在中枢功能控制系统内的整合作用所进行的研究。神经科学在20世纪50年代后期逐渐演变为一门独立的学科。[1]

广义脑科学还包括从行为学或心理学角度出发对大脑的高级功能进行研究，例如思维、语言、想象、记忆等过程。传统的心理学基础研究即认知心理学，仅是从行为、认知层次上探讨人类认知活动的结构和过程；而认知神经科学作为一门新兴的研究领域，则高度融合当代认知科学、计算科学和神经科学，把研究的对象从纯粹的认知与行为扩展到脑的活动模式及其与认知过程的关系，根本目标就是阐明各种认知活动，如思考、创造、交谈、计算、学习、记忆时大脑神经系统的工作机制，揭开大脑—心灵关系之谜。随着各种神经技术的发展，以及功能磁共振（fMRI）、事件相关电位技术（ERP）、脑磁图（MEG）、光学成像（optical image，OT）等各种脑成像技术的日益成熟，神经科学，尤其是认知神经科学得到了飞速的发展。[2]

---

[1] 周加仙. 基于脑的教育研究：反思与对策[D]. 上海：华东师范大学，2004.
[2] 贺晓玲，陈俊. 从神经科学到教育研究[J]. 宁波大学学报（教育科学版），2019，41（6）：123-128.

21世纪被世界科学界公认为是生物学、脑科学的时代。脑科学是一门从微观角度研究人在各种状态下大脑的结构、功能、作用及变化规律的科学。近几十年来，随着科学技术的进步，越来越多的脑科学研究帮助我们探测到人类个体是如何进行认知活动，如何学习，如何进行信息加工，又是如何受情绪和环境的影响。学习脑科学有助于我们为幼儿的学习与发展提供基于脑、适于脑、利于脑的环境和教育，为他们的终身发展奠定良好的基础。

认识大脑的基本结构以及大脑是如何发育的，是亲近大脑、了解脑科学的第一步。作为教师，掌握大脑结构、基本功能与发育规律等相关知识，是更好地理解认知神经科学关于认知、学习等更多研究成果的基础，也是教师将脑科学指导与教育实践相结合的必要准备。

本章将带领读者开启走进大脑的初始之旅。尽管幼儿教师并不需要像神经科学专业人士那样学习更高深、更晦涩的理论以及术语，但下面这些内容也依然是你平时并不常接触的信息和文字，可能会给你带来不小的挑战，但却很有趣。

第一节 大脑的基本组成

一、大脑开始发育的时间

大脑是神经系统的重要组成部分。人的神经系统可以被划分为两部分：中枢神经系统，包括脑和脊髓；外周神经系统，由遍布全身的感觉和运动神经元组成。中枢神经系统像一个指挥官，负责存储和分析外周神经系统接收来的信息，并发出运动信号传递给肌肉、腺体和器官。由此，我们才能对这个世界有所感知、了解，并在此基础上协调我们的行动，成为能动的个体。

大脑是出生以后才开始发育的吗？当然不是。研究者观察发现，早期胚胎里有一个叫内细胞群的组织，里面挤满了细胞。这些细胞分为三个层次，分别是内胚层、中胚层和外胚层。对,你可以把它想象成一个汉堡包!外胚层逐渐发育出神经管,并形成胎儿的脊柱,神经管远端分化成胎儿的屁股,近端则分化成胎儿的大脑。① 每个妈妈在怀孕的时候一定都会服用 B 族维生素叶酸,其是用来保护胎儿神经管正常发育的,可以降低大脑发育异常的风险。

大脑发育一旦开始,就以惊人的速度生产神经元。有多快呢?每分钟 50 万个神经元,厉害吧?后期大概到第 7 个月的时候,这些大量的神经元则开始陆续迁移到大脑特定的位置并承担特定功能,神经元之间逐渐产生突触以建立连接,感觉系统开始发育。而此时,大脑的基本功能和结构也基本形成了,感觉系统进一步使得大脑接受子宫内外环境的刺激而不断发展更多的神经连接。

大脑的重量大多数来自水(大约 78%),其余是脂肪、蛋白质、少量的糖类和盐类。新生儿大脑重量为 350~400g,只占成人脑重的 25%,而到 2 岁末时已能达到成人脑重的 75%,在 3 岁时脑重接近成人。虽然在幼儿阶段大脑发育速度没有婴儿那么快,但神经活动水平几乎是成人的两倍,这种水平会持续到 10 岁。因此,幼儿阶段被称作大脑发育的关键期、黄金期。

二、大脑的基本组成

大脑的外形看起来像个核桃,而且表面也像核桃仁一样凹凸不平、布满褶皱。其实,科学家对不同动物的大脑进行了比较,发现鼠类的大脑表面很光滑,几乎没有明显褶皱,而猴类的大脑在外观上比较接近人类的大脑,已经具有很多褶皱,人类的大脑则褶皱更多、更深。人类大脑的褶皱也不是从一出生起就有很多,而是随着大脑发育,体积不断增大,皮层不断增厚,逐渐开始折叠压缩,进而形成褶皱。这些褶皱可以帮助大脑生长、容纳更多的神经元,从而提升认知能力。

---

① 梅迪纳. 让孩子的大脑自由 [M]. 王佳艺,译. 杭州:浙江人民出版社,2012:19.

那么神经元又是什么呢？这就不得不去了解大脑的基本构成单位。

大脑像人体其他器官一样，基本构成单位也是细胞。构成人脑的细胞可以分成两大类，分别是神经细胞与神经胶质细胞。

（一）神经细胞

神经细胞又称为神经元（neuron）。神经元是大脑处理信息的基本单元，专门用来进行信息传导处理，属于功能性细胞。大脑皮层有130多亿个神经元。神经元主要由细胞体、树突和轴突组成（见图1.1）。神经元的细胞体是营养与代谢的中心，有多种形状，如锥形、颗粒形、梭形、星形等；细胞体周围长有一些突起，数量多、个头比较小的叫作树突；比较长、个头比较粗大的叫作轴突，像细胞体拖了一根长长的尾巴。① 这些突起与信息传导密切相关，树突负责接收信息，轴突则负责传出信息，从而使神经元之间相互连接。

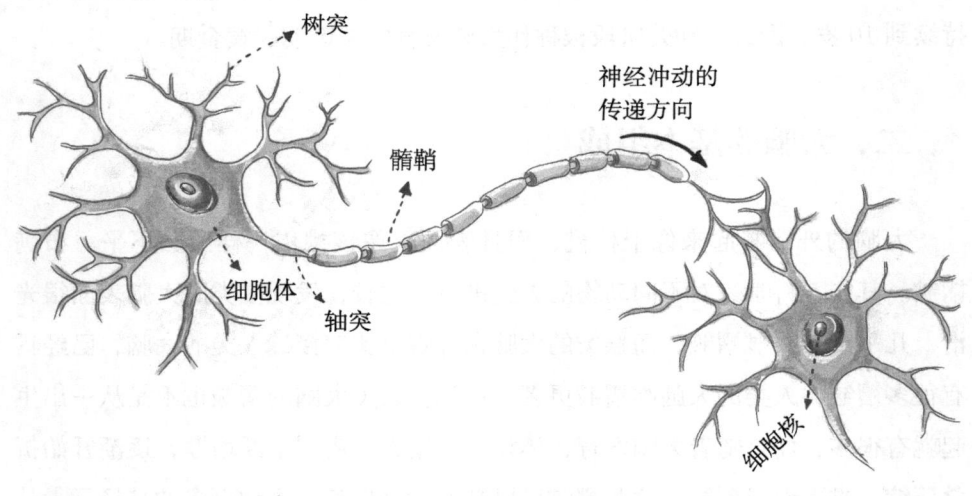

图1.1 大脑神经元的组成

---

① 尹文刚.神奇的大脑：大脑潜能开发手册[M].北京：世界图书出版公司北京公司，2012：19.

但千万不要以为神经元之间真的"手拉手"了，它们不是实实在在地互相接触在一起，而是通过电化学信号来实现彼此间的信息交流。这是怎么发生的呢？作为对环境刺激的一种反应，信息会以电脉冲的形式从细胞体沿着轴突传送，在轴突末端释放出某种神经递质（属于化学物质），与另外一个神经元的树突通过一个很细微的缝隙连接在一起，这个缝隙被称作突触（见图1.2）。大脑接受的刺激越多，电脉冲就越多，神经元之间的连接就越多。每个神经元都与其他几千个神经元连接，接收成千上万个突触的信息输入，形成错综复杂的神经通路。亿万个神经元在大脑中夜以继日地处理着无数丰富而具有差异的信息，执行着脑的各种功能，并形成了大脑功能活动多样性的基础。

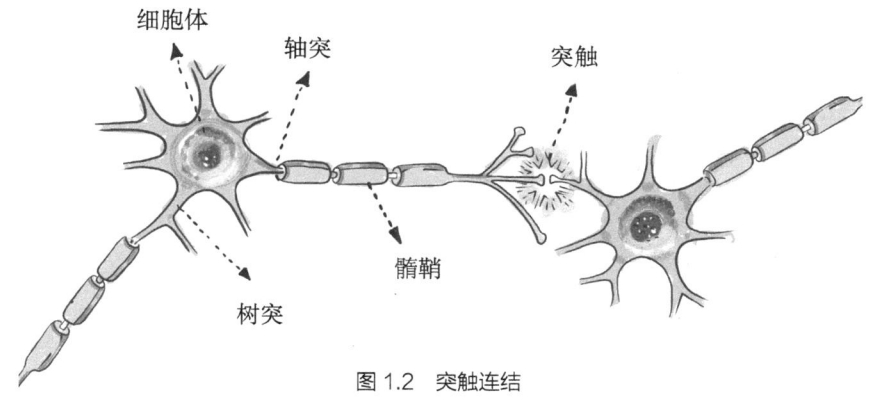

图1.2　突触连结

（二）神经胶质细胞

神经元处理信息十分辛苦，而且耗费大量的能量，这项伟大的工作离不开神经胶质细胞的极大配合。神经胶质细胞是维系神经细胞的活动并且为它们提供营养和支持作用的细胞，占据了大脑一多半的体积，在数量上远多于神经元。神经胶质细胞的突起交织成网，相互联结成支架，为神经元细胞体和纤维提供结构支撑；而且神经胶质细胞还终身保持细胞分裂的能力，当神经细胞消亡时，神经胶质细胞可通过再生填补空间位置，起到修复再生的作用。神经胶质细胞最重要的功能和贡献是髓鞘的形成。在神经元负责传递神经电流的长长的轴突周围会包裹一层髓磷质，即髓鞘，有点像电线外面缠绕的一层绝缘体，具有绝缘和传导信息的作用，可以保证神经信息传导的速度和准确性，使信息更快更准确地进行传递，并与其他神经元连接，从而保证脑细胞间的信息沟通更高效。

神经元轴突的伸长、连接和包覆绝缘体的整个过程就叫作髓鞘化。髓鞘化越良好，神经传导的速度就越快，神经电流通行速度可达 120 米 / 秒；而如果髓鞘化不良，则容易导致神经电流信息的流失，造成对其他感觉信息的干扰，导致无法专注（见图 1.3）。所以，科学家认为髓鞘化是脑细胞成熟的重要标志之一，研究者在总结各年龄段脑发育的阶段表征时，髓鞘化一直是一项重要的指标。

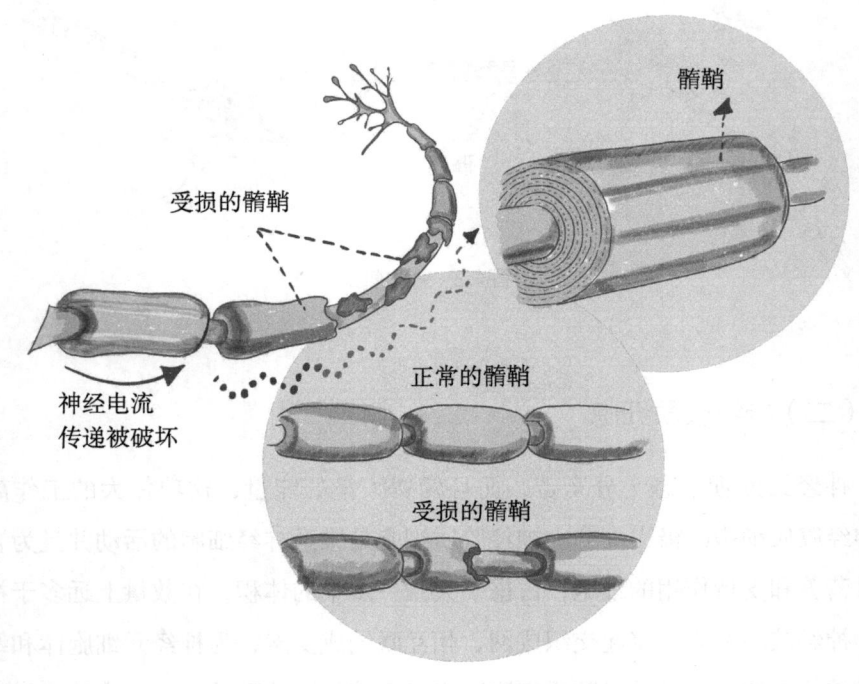

图 1.3　髓鞘化与神经电流的传递

> 希里（Healy）博士曾经谈到学习者的准备和大脑髓鞘形成过程之间的关系。她认为，大脑在髓鞘形成之前不能有效地运作，因此，要求孩子在必要的成熟之前学习学术类的技能可能导致混乱的学习方式（mixed up patterns of learning）。人们应该将孩子的学习编排在最合适的大脑系统中，但是如果最合适的系统还没有形成，或者还不能有效运作，强迫学习会形成一种功能性结构，这种结构会训练适应能力不强的、低层次的系统来完成学习任务，并形成一些很难消除或改正的大脑或身体功能模式。我们要耐心地等待孩子思维传输系统生长到与任务相当的水平，否则就会陷入不良的次级技能发展的危险中，对于该活动陷入一种持续性的无能的境地，甚至可能在神经生理层面形成一种坏习惯和消极动机（negative motivation）。①

髓鞘化就是髓鞘发展的过程，是个体能够控制动作和冲动的源泉。髓鞘化的发展也遵循一定的时间顺序。个体生命早期只有一小部分神经元包有髓鞘质，最先完成髓鞘化的是感觉通道部位，然后就是和骨骼肌肉之间的通路，所以这也是为什么幼儿最先发展起来的是感官，然后才开始能逐渐掌握越来越复杂的动作。越来越多的研究证明，大脑前额叶的神经髓鞘化要在青春期以后才能够完成，因此，青少年信息加工速度要快于学前和学龄初期儿童。

---

① 周加仙. 基于脑的教育研究：反思与对策［D］. 上海：华东师范大学，2004.

第二节　大脑的基本组织结构与功能分区

一、大脑的基本组织结构

即使你并不能十分清楚准确地说出大脑内部结构的专业名称，但你也或许听说过"三位一体脑"（见图1.4）的说法：我们的脑从下往上一共分为三个部分，最底层的叫爬行脑，它的样子有点像爬行动物，而且它也是爬行动物所具有的脑结构，主要指脑干部分，负责人类的不受思想控制的自动化生理性活动；中间层是哺乳脑，是哺乳动物所具有的脑结构，是繁殖的控制器，还包含情绪中心，控制人类的情绪和情感活动；最上层是大脑新皮层，占到了大脑全

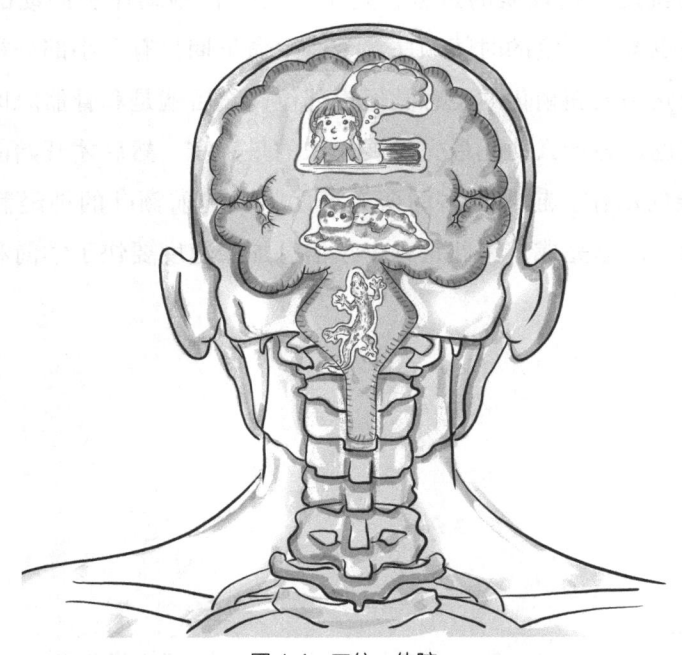

图1.4　三位一体脑

部皮质的96%，是人类进行思维活动的部分，掌管人类各种高级认知功能和有意行为。科学家认为这三个脑一个套着一个，从下到上逐渐进化出来，且后者对前者具有一定的调控作用。比如此时此刻，你进行了一上午的紧张工作，饥肠辘辘，爬行脑和哺乳脑可能会驱使你产生马上大吃一顿的冲动，但新皮层却会提醒你，使你抑制这种冲动：为了避免在食堂排队拥挤，你还需要再等15分钟。再比如，幼小的孩子远远地看到妈妈，爬行脑和哺乳脑会驱使他激动地跑过来，扑在妈妈身上，让妈妈抱，让妈妈亲，而青春期的孩子，逐渐成熟的新皮层则会提醒他，注意公共场合的自身形象，因此他可能会拍拍妈妈的肩膀，并露出含蓄的微笑。

当然，只了解"三位一体脑"仅仅能帮助你对大脑结构形成一个大概的粗略印象，继续仔细阅读下面更详细的介绍会有利于你对大脑的每一部分形成更深刻的认知（见图1.5）。

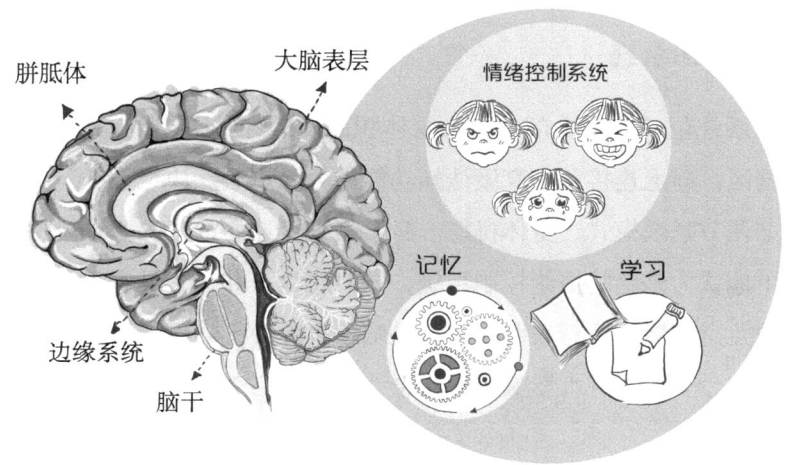

图1.5　大脑边缘系统被称为情绪控制系统

（一）脑干和小脑

相对而言，脑干是较小的组织，在结构上连接脑和脊髓，保证了我们的生存。脑干的核心部位是网状激活系统，与脑干的其他部分和小脑产生连接，对维持脑的觉醒和意识状态有重要作用。[①]脑干主要用来完成自动调节功能，比如呼吸、吞咽、心跳，控制代谢速率，控制感觉处理等，当脑干遭受严重损伤时，自动调节功能也会受到影响。

小脑虽然只占整个脑体积的1/10，却拥有大约110亿个细胞，是另一个非常重要的脑结构，又被称作"小大脑"。小脑是一个功能多样、复杂的脑结构，它位于大脑之下，脑干之上，主要调节机体运动，对身体的平衡、姿态、行走和动作的协调具有核心作用。小脑还负责精细的感觉运动的整合，接收大脑的指令以及有关四肢位置、肌肉紧张度的信息，使机体能进行平稳、准确的运动。你可以自动化地完成一系列动作任务，比如骑车、开车、书写，拧开盖子喝水甚至打球、弹琴、跳舞，这些都有赖于小脑。小脑在运动及认知和思维的协调中也扮演着重要角色。比如运动过后你会发现自己的思维变得更加清晰，或者突发灵感，提升创造力，这其中就有小脑的功劳。

（二）边缘系统

边缘系统位于脑的中部，占大脑体积的1/5，向下连接负责自主调节功能的低级脑区，向上连接负责高级认知功能的大脑皮层。边缘系统具有很多重要功能，如调节睡眠模式、身体机能、激素、神经递质的分泌、欲望冲动等，但常被简单地认为是脑的情绪控制系统，同时对学习和记忆具有重要作用。越来越多有关儿童发展的证据表明，情绪是脑发育的关键方面，它的发育始于生命早期，对生命全程有巨大影响。边缘系统主要包括杏仁核、丘脑、下丘脑和海马体（见图1.6）。

1. 丘脑和下丘脑

丘脑负责指挥来自各种感官（除了嗅觉）的信息流向脑的其他部分，感

[①] 纳格尔.生命之始：脑、早期发展与学习[M].王治国，等译.北京：教育科学出版社，2016：29.

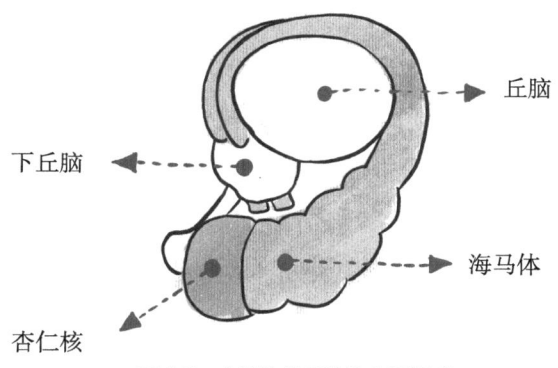

图 1.6 大脑边缘系统的主要组成

觉信息经由丘脑投射至其他关键脑区并进行加工,是感觉信息的过滤器和中继站。①

下丘脑的体积要比丘脑小,但其重要性并不比丘脑低,有人把下丘脑形容为连接情感和身体感觉的桥梁。下丘脑除了在心率、血压和体温监控、内分泌系统以及社会情感行为等方面起调节作用,还加工脑内的应激信号并释放应激激素,如去甲肾上腺素和皮质醇。大量应激激素会影响海马体的记忆、大脑前额叶的高级思维,故而出现我们常说的"悲惨状况"——"好紧张啊,我的大脑一片空白!"有研究发现,得到体贴、安全和精心照料的儿童,在轻度应激情境下产生皮质醇的可能性要比其他儿童低,脑功能和神经系统将受到较小的伤害;而相反,经常处于紧张应激状态下的儿童,由于皮质醇长期处于高水平,则会导致认知、社会性、运动等方面的发展延缓。

2. 杏仁核与海马体

顾名思义,杏仁核的确长得像杏仁儿,海马体也的确长得像海马,二者被称为情绪的中枢,是产生情绪、识别和调节情绪,控制学习和记忆的重要组织。早期研究表明,杏仁核在应对危机方面起关键作用,是脑的预警系统,能够评估来自外界的刺激,然后决定是接近还是逃跑。当恐惧或紧张的情境传

---

① 纳格尔.生命之始:脑、早期发展与学习[M].王治国,等译.北京:教育科学出版社,2016:30.

递出警觉信号到杏仁核,杏仁核就会调动内分泌系统,释放一定量的荷尔蒙,并使肌肉做好反应的准备。有研究发现,信息刺激到达杏仁核的时间要比到达大脑皮层的时间早40毫秒。比如当你忽然发现宝宝独自站在一个危险的高台上,你会马上心跳加快,并跑过去把他抱下来,抱下来以后你会发现:哦,原来他离高台边缘还有一定距离,其实并没有那么惊险。这似乎也能解释为什么人们在受到情绪刺激后总是冲动先于理智,冲动往往也是出于生存保护的机制。

海马体负责保存刚刚发生的记忆,并把记忆转入长时记忆。杏仁核与海马体联合协作,使得情绪与记忆紧密相关,所以那些曾经引起我们强烈情绪的事件和经历更容易被记住,并终生难忘。如果你和孩子一起外出游玩,回来让他描述一路的见闻,他可能不会完整讲述整个过程,或者说出某些细节,但一定会说出那些引起他情绪体验的经历,比如玩冲浪的时候水花溅了一身兴奋地大叫,或者玩过山车时惊险眩晕的体验等。所以,当孩子以积极愉快的情绪完成一定的记忆任务,就会更轻松也更容易成功。

> 研究实验数据表明,当大脑处于恐惧、焦虑等压力状态中,杏仁核会对学习产生阻碍作用,妨害记忆,导致大脑认知能力降低。另有研究发现,海马体对于新异刺激更欢迎,新异的学习经验会激活边缘系统,也更容易被储存在记忆中。①

(三)大脑

大脑是脑重最大的区域,占脑重80%以上。前面我们说大脑像核桃,除了大脑的外形和表层的褶皱与核桃非常相似,大脑也可分为左右对称的两个半球,每个半球的大脑皮层又被分为四个脑叶(见图1.7),具有特定的大脑功能。

---

① 纳格尔.生命之始:脑、早期发展与学习[M].王治国,等译.北京:教育科学出版社,2016:32-33.

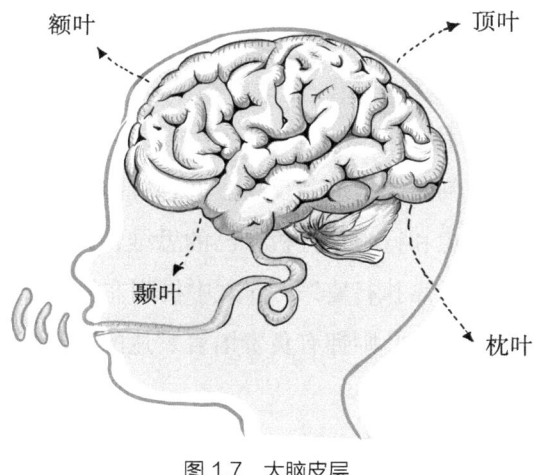

图 1.7 大脑皮层

1. 颞叶

颞叶位于耳朵的上方，主要负责听觉刺激加工，还与音乐感知和理解、高级视觉加工、记忆和言语理解有关。专门负责言语理解的威尔尼克区就位于左侧颞叶。

2. 枕叶

枕叶位于大脑的后部、小脑上方，负责处理视觉刺激中的各种属性，包括形状、颜色、亮度、视觉定向、空间定向和运动。

3. 顶叶

顶叶位于大脑半球的顶端及边缘，负责处理感觉信息，如疼痛、触摸、温度知觉、身体位置等。它协助个体定位物体并将注意集中于环境中的刺激物上。简单地讲，顶叶使我们能够触摸和感受被触摸的物体。该功能在儿童出生前已经出现，是早期学习的主要机制之一。① 顶叶还负责对不同类型的感觉信息进行整合，产生各种感觉之间的联系活动。比如听觉和视觉的联合，躯体感

---

① 纳格尔. 生命之始：脑、早期发展与学习［M］. 王治国，等译. 北京：教育科学出版社，2016：35.

觉、听觉和视觉的联合活动等。

4. 额叶

额叶被认为是脑的思维中心,包括前额叶和运动皮层。前额叶与各个大脑功能单元都有连接,协调整合大脑多种功能,是执行功能的主要部位,负责计划、决策、执行、判断、推理、反思、问题解决等复杂的心理功能,使我们能够意识到自己的思想和行为,分析自己的思维,并能够进行更好的抑制控制,所以又叫大脑的"首席执行官"。前文中提到左侧颞叶拥有负责言语理解的威尔尼克区,那么左侧额叶则拥有负责语言表达的布洛卡区,掌管着我们的说话和书写。

大脑四大脑叶的发育成熟在时间上并不是同步的,而是有先有后。最先成熟的是枕叶,接下来是顶叶,然后是颞叶,最后才是额叶[①],要到青春期以后,甚至生命的第三个十年才发育成熟。对大脑功能分区以及发育顺序的了解,能更好地帮助教师理解幼儿为什么遵循整体性发展原则,为什么以多种感知联合行动、体验操作为主要学习方式,为什么难以集中注意和控制冲动等。

二、大脑的功能分区

人类大脑分为左右两个半球——左、右脑,二者之间通过联合纤维——胼胝体进行连接。我们的身体呈左右两侧对称,大脑左半球支配身体右侧部分的感觉和运动,而右半球则支配身体左侧部分的感觉和运动,形成交叉性支配。左、右脑在高级心理机能上存在着不同的特性。我们可以通过表1.1来说明左、右脑的功能差异。

---

① 尹文刚. 神奇的大脑:大脑潜能开发手册[M]. 北京:世界图书出版公司北京公司,2012:27.

表 1.1 左、右脑功能差异

左脑功能	右脑功能
言语（听、说） 阅读 书写	大小形状识别 空间定向 地图 模式
数学计算 逻辑推理 线性思维	直觉 想象 形象思维 情绪
精细加工 细节分析	整体加工 顿悟

前面我们已经介绍过，负责言语理解功能的威尔尼克区和负责言语运动、说话功能的布洛卡区都位于大脑左半球。科学家通过对大量脑损伤病人的实验研究发现，左侧大脑受损的病人会出现言语障碍；而右脑损伤，则会出现空间机能方面的问题，比如辨认图形、看地图、认路等。

当然，我们不能把左、右脑的功能特性简单理解为左、右脑各司其职、互不干扰，这种功能特性的差异实际上说明的只是左、右脑在同时处理一组信息时的优势倾向。别忘了，它们之间还"手拉手"呢！也就是说一个半球的许多神经细胞会伸展到另一个半球中，使得它们可以联合行动。人的各种复杂的认知活动都是由左、右脑相互协同配合而完成的，所以说大脑两半球的机能不存在孰优孰劣，而是对立统一、均衡发展的，不存在绝对的"左脑人"，也不存在绝对的"右脑人"。

比如语言沟通。左脑帮助你"听话"和"说话"，但仅限于字面意思，这时就需要右脑来辅助你理解对方的表情、眼神、语气、语调、还有身体姿势和手势，这才能使沟通得以顺畅。明白这一点，我们就能理解，你和孩子进行交谈的时候，孩子是用左脑和右脑同时进行信息加工的，所以你所说的话和你的表情语气同样重要。幼儿玩搭积木等建构游戏时，他们对空间、形状进行观察、分析、精细操作和逻辑推理，也是左、右脑联合工作的过程，如果再辅之以语言讲述，则更能推动左、右脑的协同发展。

再比如创造性。有人说创造的源泉主要来源于右脑的直觉、想象或灵感顿悟，但大量研究发现，创造还有赖于左脑对信息进行精细组织、加工、记忆，进行计划统筹和逻辑推理，所以，创造也是左、右脑联合工作的结果。幼儿用黏土制作了一个造型独特、装饰丰富、富有想象力的生日蛋糕，这个行为除了需要情绪调动、空间感知、形象思维和灵感，还建立在多次操作练习和不断反思调整的基础上，离不开他对生活中各种蛋糕的观察、记忆，离不开对材料、作品的精细加工和分析推理。

所以，要想使大脑良好运行、完成各种高级的心理机能，左、右脑进行整合就非常重要。当前早教市场有不少产品和项目如"小小爱因斯坦""莫扎特音乐效应""闪卡""蒙眼识字""超感认知课程"等，都是对右脑开发的片面夸大和误导。幼儿阶段是大脑发育的黄金时期，但重点任务在于幼儿通过调动感官与周围的客观世界进行真实的互动，在大量的环境刺激下不断建立越来越发达的神经网络，为形成认知、建构经验、进行有意义的学习奠定坚实的基础，而不能简单化地理解为通过某些片面训练使大脑具有超强的"速记能力"。

> **你知道自己的大脑潜能吗？——多元智能的提出与对个体差异的尊重**
>
> 在脑神经科学研究领域，对于什么样的大脑是聪明的，一直是人们所好奇和研究的热点。认知神经科学探讨个体语言、记忆、思维、学习和注意等高级认知功能的神经机制，但也有一些科学家致力于挑战以语言和数理逻辑为框架的传统智力结构，探讨人的多种智能的可能性。1983年美国哈佛大学发展心理学家加德纳（Gardner）依据实验心理、心理测量、特殊教育、儿童发展以及神经心理等多方面的研究资料，特别是通过神经心理学关于脑与心理的关系的临床研究指出，人类智力不是单一性的，而是多方面的或是多元化的。他认为智能是人在特定情景中解决问题并有所创造的能力，每个人至少拥有八种主要智能：①逻辑－数学智能，指的是人的逻辑推理和数字运算以及用科学方法调查的能力；②语言智能，指的是人对语言的感知和表达能力；③空间智能，指人对空间事物的认知和操作的能力；④音乐智能，指人对音乐的感知和表达能力；⑤人际智能，指人对人们之间的关系的认知，对他人情绪的感知和理解，以及由此做出适当反应的能力；⑥身体

运动智能，指人对躯体活动和运动技能的掌握和运用能力；⑦内省智能，指人对自我行为和情绪的认知和调整的能力；⑧自然观察智能，指善于对自然界中各种事物进行认知和分类的能力。多元智能在幼儿身上的体现集中在动作、认知和社会性发展上。

幼儿动作发展为有效运用身体运动智能、音乐智能的教学提供了必要的前提。幼儿阶段动作发展较快，动作的灵活性、控制能力不断增强。

幼儿认知发展是进一步有效运用语言智能、空间智能、逻辑－数学智能的基础。这一阶段幼儿的求知欲和探索欲较强，喜欢进行有创造性的活动。语言表达能力逐渐提高，能够很好地与同伴、老师、家长进行沟通，能自信地表达自己的观点。空间知觉、形状知觉的发展，表现在可以认识简单的图形、判断图形的大小、能正确地把自己的左、右方位词联系起来从而产生最初的左、右概念等。幼儿的抽象思维开始萌芽，可以进行简单的概括和分类，能将一些简单的数字运用于生活当中。

幼儿社会性发展为有效运用内省智能、人际智能提供了保障。幼儿的社会化行为开始形成，具有初步的社会认知。幼儿的自我认识、自我评价、自我调节能力都得到了发展，有一定的规则意识、合作意识、自我保护意识，能遵守基本的行为规范。

每一种智能都在大脑中有相应的位置，存在着脑功能的不同定位。每个人都拥有相对独立的多种智能，这些智能在每个人身上的组合方式、发展顺序、表现形式、发展程度各不相同，这就是差异。但这种差异不能用聪明与否来区分，只存在不同的个体各自在哪个方面聪明以及怎样聪明的不同。这些差异除了有某些遗传基因的作用，更重要的是环境和教育所造成的，良好的环境和教育可以帮助个体把潜能开发出来。

第三节　大脑发育的规律和特点

刚出生的宝宝身子小头大，关于这个特点，相信大多数人都会表示赞同。这是因为大脑的发育远远领先于身体的其他部位，人脑绝大多数的神经细胞在胎儿时期就已经基本形成，出生1年后脑重会增至出生时的3倍，出生后2～3年内迎来脑重的迅速增长和神经胶质细胞的大量增殖，在6岁的时候，一个孩子的大脑体积就已经达到了他一生中最大值的95%[①]。但大脑达到最大体积，和大脑成熟并不能划等号。生命早期，大脑主要通过感觉刺激形成最简单的神经环路，所以，基本的感官能力是最早发展的心理能力之一。随后才逐渐具备语言技能和认知技能。基因决定的是大脑发育的轨迹，但大脑并不是一块白板，而是在丰富的外界环境刺激作用下发育的，因此，早期经验尤其重要。

一、四个并行的发育顺序

大脑各部分的发育和成熟并不同步。研究发现，大脑的发育遵循严格的程序性，其发展是循序渐进的，存在有四个并行的、既定的规律，即"从后到前""从内到外""从下到上""从右到左"的规律。

"从后到前"：脑叶成熟的顺序是枕叶—顶叶—颞叶—额叶，即位于枕叶的负责视力的大脑区域最先成型，而前额叶成熟最晚，直到个体进入成年期之后仍在发育。

"从内到外"：即大脑的内部结构发育早于外部结构。大脑的内部结构是边缘系统掌管情绪的一部分，外部结构则属于大脑皮层理性分析的一部分。

---

① LENROOT R K, GIEDD J N. Brain development in children and adolescents: Insights from anatomical magnetic resonance imaging [J]. Neuroscience and Biobehavioral Reviews，2006, 30（6）：718–729.

"从下到上"：即负责心跳、呼吸、体温等基本功能的脑干发育得非常早，依次再到中部边缘系统，而负责注意、控制和协调的大脑皮层前额叶则发育比较晚。

"从右到左"：即在早期发育阶段，大脑右半球比左半球更为活跃，直到婴儿出生1年后，随着负责接收和表达语言的区域逐渐固定于大脑左半球，左侧大脑的能力才慢慢显现。

二、三大基本功能区发育顺序

苏联神经心理学家鲁利亚将人的大脑分为三个基本的功能区，他的研究证明，大脑皮层各个区域功能的发育与人的智能发育顺序也是一致的。通过功能区的划分，我们能更好地将大脑的发育与人的智能发展和学习联系起来。

第一基本功能区位于大脑中心部分，它调动着人的注意力，负责人的警觉和兴奋水平，为各种心理活动提供基础。这一部分发育得很早，出生时就能正常运行了。

第二基本功能区在大脑皮层上的中央沟和外侧裂之后的部分（包括顶叶、颞叶和枕叶），负责接收和形成感知觉，并以此为基础完成对各种事物的认知。这个功能区可以分为三个级别：感知觉初级区——感觉形成；感知觉二级区——知觉形成；感知觉三级区——信息处理。三级组织一级比一级高级、复杂。

第三基本功能区在大脑皮层上的中央沟和外侧裂之前的部分，即额叶，负责人的反应活动。这个功能区也可以分为三个级别，即运动初级区、运动二级区、额叶三级区（负责计划、组织和控制机能）。同样的，也是一级比一级更高级和复杂。

三个基本功能区的工作方式大致可以归纳为：第一功能区调动情绪和注意；第二功能区接收信息形成感知觉并进行加工分析，形成意义；第三功能区进行大脑统合，规划组织，完成行为反应。

例如，当区域游戏快要结束时，音乐轻轻响了起来。首先，第一基本功能区使幼儿产生警觉，注意到音乐声。其次，音乐声这一听觉信息刺激进入第二基本功能区，由其进行信息分析处理，联系过去已有的信息和记忆，形成意义：音乐响起，区域游戏要结束了，开始准备收拾玩具了。最后，第三基本功能区开始工作，对以上信息和意义进行评估，做出相应的计划和安排并采取行动，即停下手中的游戏，把玩具放回玩具柜中。

通过这个例子可以帮助我们清晰地了解大脑三个基本功能区如何各司其职、相互配合，推动个体的一系列认知和行为。

三大基本功能区成熟的时间是不一样的。将其各自的发展成熟历程与我们都熟知的皮亚杰认知发展理论结合起来看，可以帮助我们更好地将大脑发育和儿童发展结合起来（见表1.2）。

表1.2 大脑三大基本功能区与皮亚杰认知发展阶段对照

皮亚杰认知发展阶段	鲁利亚三大基本功能区发展顺序	
感知运算阶段 0～2岁	第一基本功能区 第二基本功能区（感知觉初级区） 第三基本功能区（运动初级区）	怀孕3个月到12个月 怀孕3个月到1岁左右
前运算阶段 2～7岁	第二基本功能区（感知觉二级区） 第三基本功能区（运动二级区）	怀孕3个月到5岁左右
具体运算阶段 7～11岁	第二基本功能区（感知觉三级区）	5岁到12岁
形式运算阶段 11、12岁以后	第三基本功能区（额叶三级区）	12岁到25岁左右

资料来源：尹文刚．神奇的大脑：大脑潜能开发手册［M］．北京：世界图书出版公司北京公司，2012.

如表所示，幼儿园阶段正处于前运算阶段，也是幼儿大脑处于第二基本功能区和第三基本功能区中的二级区发展的阶段，应着重促进幼儿大脑在感知、运动基础上的信息加工和处理。小学和中学阶段处于具体运算阶段和形式运算阶段，大脑处于第二基本功能区和第三基本功能区的三级区的重点发展阶段，应逐渐促进和发展大脑对于复杂的、与语义相关的信息处理能力，提高组织、计划、控制等机能。

当然，要准确预测每名儿童的脑结构与功能的发育时间，几乎是不可能的，每个儿童都是独一无二的，即使是在相同的生理年龄阶段，里程碑式的发育也会存在个体差异。不过我们仍然可以梳理出 4～6 岁的幼儿在大脑发育和发展方面的显著变化（见表 1.3）。

表 1.3　4～6 岁幼儿大脑的显著变化

神经变化/活动	相关技能/特征
脑消耗的能量（葡萄糖）占身体 30%	前额叶是消耗葡萄糖最多的脑区，说明该脑区正在快速发展过程中，也预示着高级思维过程在该阶段也在迅速发展
网状激活系统全面髓鞘化，产生更多突触	网状激活系统最重要的两个功能是维持警觉和意识，说明此阶段儿童的注意和意识聚焦能力在提高
神经活动的同步性和一致性增强	说明大脑可以更好地整合"过去"和"现在"，儿童对时间的概念有了更好的理解
产生乙酰胆碱的神经元开始出现。边缘系统内的海马体和杏仁核的神经连接增强，与其他脑区的神经连接也在增强	乙酰胆碱是一种氨基酸，有助于长时记忆发生，此阶段儿童的大脑记忆系统更成熟，记忆更清晰牢固。负责情绪加工的脑区与负责理智的额叶有更好的连接
大脑前额叶多巴胺水平接近成人	多巴胺是一种神经递质，有助于集中精神、注意和提高动机，此阶段儿童表现出目标性行为，前额叶具有重要作用
顶叶以及与数学能力相关的脑区开始发展	4 岁儿童开始能够按正确次序数数，该能力随年龄增长而提高
边缘系统、额叶、顶叶、颞叶、小脑及胼胝体等区域髓鞘化程度明显上升	阅读和理解能力提高，加工事件的细节能力提高；运动技能提高，视觉运动协调能力提高；情绪更加稳定，能够调节自己的情绪；记忆策略开始发展，6 岁已表现出特定的记忆策略
伴随左半球血流量增加，布洛卡区（语法、语言表达）和威尔尼克区（语言理解）神经连接更紧密，6 岁时，右半球树突连接更紧密。	语言能力包括理解和运用都在显著发展，词汇量显著增加，语句更复杂，语法、句法正确性也在提高，对语言的运用理解更深入，交流能力得以增强，进而获得更多的学习机会

续表

神经变化/活动	相关技能/特征
早期经历被大脑各区域编码为长时记忆进行存储，技能自动化程度提高	随着认知技能（如单词识别和基本的书写能力）自动化水平提高，脑更多地关注对内容的理解，促进记忆的进一步发展，儿童更多依赖记忆学习新的任务

资料来源：纳格尔.生命之始：脑、早期发展与学习[M].王治国，等译.北京：教育科学出版社，2006.

三、关键期和敏感期

发展神经生理学研究表明，动物的某些感觉、运动以及语言能力想要得到正常发展，必须在发展过程中的特定阶段获得特定的经验。否则，会对功能造成不可逆的改变。这个特定阶段就叫关键期，它的提出来源于著名行为生态学家洛伦兹（Lorenz）的"印刻-关键期效应"实验。[①]

> "印刻-关键期效应"实验
>
> 出生 10～16 小时的小鹅不先看到母鹅，而是先看到洛伦兹自己，于是有趣的事情发生了：洛伦兹在前面走，小鹅在后面跟着，把洛伦兹当成了自己的妈妈。洛伦兹发现，小鹅在刚出生 20 小时内会有明显的认母行为，它会把第一次见到的任何活体动物当成"母亲"，洛伦兹把这种无需强化的、在一定时期容易形成的反应叫作"印刻现象"。但小鹅的这种能力与它特定的生理时期密切相关，超过 20 小时，小鹅的认母行为能力就丧失了，这个有效时期就被称为关键期。洛伦兹因此发现获得了诺贝尔奖。

---

① 严启英，欧阳常青.西方脑科学研究的进展及其对教育的启示[J].广西梧州师范高等专科学校学报，2001（1）：54-58.

人类是否也有这种关键期？许多脑科学家对脑发育的"关键期"进行了大量的研究，发现脑的不同功能的发展确实具有不同的关键期，某些能力在大脑发展的某一时期很容易获得，而过了这个时期，其可塑性和复原能力将有可能大打折扣。大量研究证实，幼儿大脑功能发展不是平稳的直线，而是在不同的时间呈现不同的特征，大脑皮层不同区域特化成熟的时间不同，由此也带来幼儿各种认知技能的获得，比如语言、知觉、注意、智能等的发展，也出现在不同的时间阶段。这是人脑种系演化和个体演化共同的结果。

在 20 世纪 90 年代，人们将关键期与突触生长（synaptogenesis）和突触的修整联系起来，认为关键期与突触的大量形成阶段是一致的，当大脑中支持某一系统的突触密度由于成熟而稳定下来时，关键期就结束了。突触被作为关键期的一个表征，关键期还会因人而产生个体差异。

在脑科学与儿童发展领域，对于"关键期""敏感期"的运用存在着混乱的现象。"敏感期"与"关键期"虽然常常交换着使用，但是两者之间存在细微的区别。"敏感期"指特定的生物事件可能出现的最佳时间段，在这个时期，儿童会对某些学习内容表现出特别的敏感性，但不是获得某种技能所必须的，个体在以后仍然可以掌握这一技能，但是会相对更困难一些。因此，"敏感期"强调的是儿童特别容易受到某种环境、经历的影响，强调提供这些经历的理想时间。而"关键期"是指在一个时间段里没有出现重要的生物事件，将从此丧失机会，强调的是正常发展中，某种经验必须发生（见表1.4）。相比较，"关键期"的意义最为严格。经济合作与发展组织的"教育研究与创新中心"（CERI）组织论坛进行讨论以后，倾向于采用"敏感期"这一术语。[①]

历史上最先把敏感期应用到教育领域中的是意大利早期教育专家蒙台梭利。她认为在敏感期内学，事半功倍；错过敏感期，事倍功半。她提出了下述几个敏感期：语言（6 岁以前），秩序（2～4 岁），感官（6 岁以前），对细

[①] 周加仙. 基于脑的教育研究：反思与对策［D］. 上海：华东师范大学，2004.

微事物感兴趣（1.5～4岁），动作（6岁以前），社会规范（2.5～6岁），阅读（4.5～5.5岁），文化（6～9岁）。这些敏感期还需得到科学的进一步证实和修正。

敏感期的研究证明了儿童早期教育的重要意义，尊重儿童的"敏感期"，对儿童进行适时、适当的教育介入，能最有效地、充分地实现人的大脑潜能。过度超前可能会因其超越了儿童的心身发展的特性而使儿童学无所获，甚至产生一种负效应，如增加儿童的学业负担，造成心理和生理上的压抑等；而滞后则因对儿童大脑潜能的估计不足而造成儿童潜能的浪费。以"不要输在起跑线上"为由，过度夸大早期教育，想要把大部分的教育都集中于生命早期，是不科学的，也是不现实的。

表 1.4 机会之窗—神经连接形成的关键期

单位：岁

项目	1	2	3	4	5	6	7	8	9	10	11	12
运动能力发展	■	■	■	■	■	■	■					
情绪控制	■	■	■	■								
同伴/社交能力			■	■	■	■	■	■	■			
双眼视觉	■	■	■	■	■							
习惯化反应	■	■	■									
语汇增长	■	■	■	■	■	■	■					
语言发展	■	■	■	■	■	■	■	■				
符号认知	■	■	■	■								
器乐		■	■	■	■	■	■	■	■	■	■	■

资料来源：纳格尔. 生命之始：脑、早期发展与学习［M］. 王治国, 等译. 北京：教育科学出版社, 2006.

四、大脑的可塑性

人类对大脑可塑性的研究起源于人们对大脑某个区域受到损害时其他区域是否能够替代这一功能的探索。后来的许多研究发现，不仅脑损伤患者的大脑存在可塑性，而且一些非正常人群的大脑皮层也存在可塑性，如视觉、听觉受损人群。大脑可塑性即指大脑组织的可变性，特别指大脑皮层区域有代替其他区域功能的能力。那么，这种神奇的能力是如何产生的呢？

近年来，随着脑成像技术的发展和完善，认知神经科学研究越来越注重从动态的视角来研究大脑受发展与经验的影响而出现的结构与功能的变化。大脑是一个复杂的动态系统，大脑结构和功能组织是在发展的过程中形成的，是生物因素和早期经验结合的产物。研究者据此将可塑性分为两种：经验期待型（experience-expectant）和经验依赖型（experience-dependent），前者指遗传倾向引起的脑结构的改变，后者指在复杂环境下的改变。[1] 大脑的可塑性可以保持终身，尤其是认知系统如学习和记忆，这就为终身学习、终身教育提供了充分的可能性，可塑性成为学习的基础。（已有新的研究证实，大脑海马回这一对学习和记忆非常重要的脑区，终身可以产生新的神经细胞。）

哪些因素会影响大脑的可塑性呢？认知神经科学研究表明，年龄是影响大脑可塑性的一个很重要的因素。一方面，在个体发展的不同阶段，可塑性是动态变化的，年龄越小，可塑性越强；另一方面，就大脑各脑区的发展而言，它们并不是同步的，因而不同脑区在不同的时间阶段其功能活性及其可塑性本身也不一样。王亚鹏研究发现大脑的视觉、听觉、躯体感觉以及运动皮层都具有极强的可塑性，而且不同的大脑皮层之间还存在跨模块的可塑性。[2]

另外一些脑科学研究者试图从其他角度诠释大脑结构可塑性是如何发生的。尹文刚研究认为神经突触的生长和神经网络的建构才是大脑可塑性的来源。

---

[1] 经济合作与发展组织. 理解脑：新的学习科学的诞生 [M]. 周加仙, 许晓婧, 吴少勤, 等译. 北京：教育科学出版社, 2014：12.

[2] 王亚鹏, 董奇. 脑的可塑性研究及其对教育的启示 [J]. 教育研究, 2005（10）：35-38.

刚出生的婴儿、6岁幼儿和14岁儿童大脑皮层神经网络的照片，没错，正是6岁幼儿大脑神经网络最密，到14岁的时候又会变得稀疏。这是由于神经网络的发育遵循"用进废退"的原则，经历由密到疏重组的过程。幼儿大脑对外界环境和刺激更为敏感，又有大量接触的机会，会产生大量的神经突触建立神经连接，从而成为大脑神经网络生长最旺盛的时期。然后随着年龄增长，有些经验和刺激重复被选择和强化，那么神经连接更稳固；有些经验和刺激则逐渐消失，最终导致相应的神经连接慢慢萎缩消退。进入青春期，大脑会剔除闲余的突触连接并进行自我重塑，以促使大脑更加高效地运转。

> 实验研究发现，与标准实验室环境下养育的动物相比，同窝出生，但在有许多同伴和玩具环境下生长的动物的大脑更重，神经元之间的连接更为广泛。（Greenough & Black，1992；Rosenzweig，1984）而且如果在丰富刺激环境下养育的动物被转移到缺少刺激的环境下，大脑复杂连接将会减少。（Thmopson，1993）[1]

第四节　影响大脑发育的因素

正如前文所述，大脑发育不是单纯的既定成熟程序的展开，而是生物因素和早期经验结合的产物。今天，大多数人都同意把人的早期发展看成天性与养育之间的一个合成的节律跃进过程，尤其在人出生后的最初几年里是教养引导着这个节律跃进过程。还有研究表明，儿童早期经验对认知能力的影响比遗传的影响要强有力得多。

---

[1] SHAFFER D R，KIPP K.发展心理学——儿童与青少年［M］.邹泓，译.北京：中国轻工业出版社，2009：187.

一、遗传基因

脑科学研究告诉我们，虽然每个大脑的基本结构和功能都是相同的，但是基因的不同使得大脑结构大小、细胞连接的组织方式和连接强度也不同，这成为个体差异的生物基础。一项脑科学研究发现，遗传了阿尔兹海默症致病基因——载脂蛋白 ApoE4 基因的婴儿在大脑形成髓磷脂（神经细胞周围的绝缘材料）的速度上落后于非携带者，且大脑的皮质区体积更小，而额叶区域更大。[1]这说明带有某些遗传病基因的婴儿可能与未携带这类基因的婴儿在大脑发育方面存在差异。因此，可以说携带遗传基因的受精卵决定了我们大脑的生物学特征，为大脑的发育及成熟提供了先天密码，让大脑的基本功能发育完善，拥有了智能发展的可能。

二、环境和早期经验

遗传固然重要，但大脑具有强大的可塑性，在每一个儿童的成长和成熟过程中，环境与早期经验发挥着巨大的作用，并塑造着来自遗传的性征。我们都知道，在妊娠期，如果孕妇生活的环境或摄入的食品中包含咖啡因、尼古丁、酒精、海洛因等有害物质，将会对胎儿的大脑发育产生直接和持续的影响，造成流产或脊柱裂等多种新生儿出生缺陷，也可能造成儿童期的身体、心理或情绪方面的问题。造成这些后果的主要原因是这些有害物质可能会在胚胎期极大地伤害神经管——神经元的产生器。

大脑的发育和成熟在于神经突触的增长与神经网络的建构，"用进废退""突触修剪"的过程，从某种意义上说就是环境和经验通过刺激神经网络

---

[1] ALZFORUM. Brain Volume, Myelination Different in Infants Carrying ApoE4 [EB/OL]. [2013-12-06]. https://www.alzforum.org/news/research-news/brain-volume-myelination-different-infants-carrying-apoe4.

的改变来塑造大脑。马莉安·黛尔梦德（Marian Diamond）指出，结构复杂、潜能无限的大脑具有高度的可塑性和可变性，在孩提时代和人的一生中，都受到经验的巨大影响。我们的行为、感觉和记忆都是大脑功能和结构的强有力的塑造者，希望促进孩子智力健康发展的聪明的家长或教师所要做的就是在适当的时候提供适当经验。杰森在2002年的《大脑知识与教学》以及2008年的《基于脑的学习》两本书中都曾论及复杂环境具有以下一些关键特征：学习具有挑战性；学习具有新颖性；为经验提供交往与学术的反馈；有大量阅读和学习语言的机会；多提供运动刺激；鼓励儿童积极思维解决问题。[1]

综上所述，我们提出大脑发育所需环境与经验要遵循以下几条原则。

① 丰富多样。大脑发育需要在环境中获得各种各样的感知运动经验，环境刺激首先要满足丰富多样的原则。有研究发现，变化多、玩法多、限制性弱、操作性强的玩具更能刺激大脑突触的增长，激发孩子的观察力、想象力和创造力，使兴趣保持得更持久；而精致、昂贵，却玩法单一、缺乏趣味性、操作性和挑战性的玩具则不仅不能促进大脑神经连接，反而还会导致孩子厌倦学习。

② 健康适宜。主要指环境刺激应该是健康的、美善的、有益的、适时的。其中，适时主要是指顺应大脑发育的顺序。健康适宜的环境才是安全、支持性的环境，获得安全感的儿童才能愉悦和自信地进行探究、尝试新的想法、接受挫败、解决问题。有科学家认为，如果没有对大脑成熟发育总体发展轨迹的深入理解，只是打着提供丰富化刺激的幌子，追求更多更好，很有可能会导致过度刺激，出现"神经拥挤"现象，那些功能尚不明确的脑区可能会因此而逐渐减小，而这些脑区很有可能是青少年与成人进行创造性活动所必需的。简而言之，就是过量的早期学习对后期学习会产生不利影响，过犹不及。

③ 稳定新颖。重复是幼儿特有的学习方式和特点，幼儿恰恰是在重复感

---

[1] 周加仙. 基于脑的教育研究：反思与对策[D]. 上海：华东师范大学，2004.

知和练习的过程中，大脑不断巩固已有的神经连接，同时也在不断生成新的神经连接，这就是我们表面上所观察到的"熟能生巧"的内在机制。经验巩固到一定程度，新的连接也不再产生，这时就需要环境的新颖性。环境中的新异刺激会触发神经系统的警觉与定向，更好地引起幼儿注意，让幼儿感到愉悦，激活脑的多个区域，从而促进神经网路的连接。同时，新颖的学习经验也更容易被存储为记忆，大大提高幼儿的学习兴趣和学习效果。

三、营养

　　毋庸置疑，儿童的健康发展需要丰富的营养膳食，但大多数人仅仅是从身体健康的角度去理解，并没有意识到营养对于大脑发育的重要性。绝大多数大脑神经细胞在胎儿时期就已经基本形成，脑重的迅速增长和神经胶质细胞的大量增殖主要发生在出生后2～3年。因此，孕期和孩子出生后2～3年的营养非常重要，若出现营养不良，儿童极有可能出现智力缺陷、语言发展缓慢，甚至感觉运动障碍等问题。与营养正常的儿童相比，营养不良的儿童大脑体积偏小，神经发育不足，而且髓鞘化水平更低。[1]

　　营养是大脑发育的物质源泉。儿童摄入的热量几乎有一半用来支持大脑的活动，尤其是神经网络的建构和巩固。智力的正常发展是建立在全面、充足的营养供给的基础之上的。

　　在人类所必需的六大营养素中，蛋白质、脂肪、微量元素和维生素这几类与脑的发育和智力的发展关系最为密切，组成大脑的各种细胞都需要从食物中吸取营养。如维生素中的维生素C参与神经介质的构成，维生素D可以增强人的神经细胞反应能力等。蛋白质和氨基酸都是构成大脑的基本物质，是大脑发育、生长和进行各种生理活动所需要的基本物质。脂肪中的亚油酸是构造神经细胞膜所必需的脂肪酸，DHA对大脑的发育十分有益，卵磷脂可以促进

---

[1] 纳格尔.生命之始：脑、早期发展与学习[M].王治国，等译.北京：教育科学出版社，2016：99.

大脑的兴奋和抑制过程的成熟和发展等。糖类则是大脑的"能量棒",科学家科罗尔(Korol)和戈尔德(Gold)研究发现,大脑是人体葡萄糖消耗量最大的器官,葡萄糖的摄入有助于增强短时记忆和长时记忆,也有助于学习,[①]想要让大脑正常运转就要不断地为它提供糖。另外,还有锌、碘等也是保证大脑神经系统生理活动不可或缺的微量元素,常见的如核桃、枣、苹果、深海鱼类等都是对大脑发育有益的食物。

可见,合理的饮食习惯以及适当的营养搭配有利于大脑功能的发展,需要注意的是食品中的各种添加剂会对大脑产生副作用,如果孩子存在挑食、偏食、节食、吃过量零食等不良饮食习惯,就会影响他们的营养摄入,从而影响大脑发育。

因此,在日常生活中应注意幼儿饮食的营养均衡,为大脑提供丰富的"食粮",但同时也要杜绝过度"补脑",以免造成进食的营养过多而影响身体健康。

> 美国亚利桑那州公立学校一项对 6~12 岁儿童的研究发现,给儿童提供膳食补充,能让儿童智商提高 10~15 分。美国有一项调查发现,一些有特殊才能的儿童,他们的父母平时就很注意孩子的饮食,常常给孩子吃一些有助于提高记忆力的卵磷脂类的食物。当然,我们指的可不是打着"健脑"幌子的保健品。

四、运动

正如我们认为营养膳食是为了身体健康,较少考虑其对大脑发育的贡献一样,对于运动,我们也大多是出于增强体质、提高运动能力、保持身体健康的目的,很少去考虑运动与大脑发育的关系。

---

① 贺晓玲,陈俊.从神经科学到教育研究[J].宁波大学学报(教育科学版),2019,41(6):123-128.

第一，运动可以促进大脑的血液循环，以供大脑的工作所需，提高大脑的工作效率。研究发现大脑工作所需的血液是肌肉活动所需的 15～20 倍，占心脏总输出量的 20%。

第二，运动时会使脑内神经递质增多，如血清素、多巴胺和内啡肽，会使人感到愉悦、兴奋，有助于情绪调节。脑科学研究还发现，小脑作为运动控制中心与脑的边缘系统——情绪控制中心之间有双向的神经联系，因此身体运动刺激会传导到情绪控制中心，从而释放情绪能量和压力，使人得到放松，减轻焦虑和抑郁。

第三，运动可以有效地提高人的反应速度和反应强度。以视觉运动反应为例，将视觉信号传导到大脑皮层，经过分析判断后由运动区发出指令，将信息传导至肌肉，再做出相应的反应行为，经常运动的人比不经常运动的人，视觉运动反应要快得多，说明运动对于神经系统开发具有积极作用。

第四，运动可以大大提升速度知觉、距离知觉和深度知觉，提升大脑，尤其是右脑的能力。儿童通过运动整合周围的世界，他们通过活动的身体感知空间、方向和位置，如平衡、投掷和跳远等运动要比单纯的跑步更能影响儿童的数学学习。

第五，运动可以促进大脑皮层的发育，以及大脑皮层和皮层下结构的连接。从大脑的皮层功能分布图上可以看出，与手指对应的皮层范围比例非常大，反映了手指运动可以促进相应脑区的分化程度，促进相关的大脑机能得到发展。孩子通过身体感官获取到的信息，要让手产生动作，大脑才有发展的可能性。尤其是学前幼儿，一定要在感官、大脑以及双手和身体之间进行高度整合与协调合作，才能在大脑中形成完整的运动序列，才能形成熟练的、自动化的、无意识的活动。

第六，运动可以诱发更多的大脑神经冲动，建立神经通路，增强信息运输速度，提高专注力并能改善记忆。有实验证明，长期运动的孩子比不运动的孩子更能促进前额叶的发育，这意味着前者有更好的高级认知活动和更好的控制能力。所以，看似让孩子疯跑了半个小时，但实际上却让他更能坐得住了。

中科院心理研究所有关运动员脑成像的最新研究，发现了与意志品质相关的关键大脑结构组织，研究结果显示运动员专家组在左侧楔前叶、左侧顶下小叶、右额上叶的皮层厚度明显大于对照组，在意志品质总分及自觉性、独立性、果断性和坚韧性上均显著优于对照组。①

五、睡眠

几乎没有人会对新生儿在一天中大概有70%的时间处于睡眠状态而心存疑惑和担忧，大家都愉快地认为，宝宝正在长身体！没错，睡眠正是机体复原再生、骨骼和肌肉增长以及免疫系统增强的关键环节，睡眠中生长激素分泌明显增多，高峰时的分泌量超过白天分泌量的5～7倍。新生儿总是不断地睡着又觉醒，然后啼哭，逐渐表现出一定节奏的睡眠周期。20世纪50年代，科学家尤金·阿瑟瑞斯基（Eugeiie Aserinsky）在观察儿童睡眠的脑电波变化时发现，生命早期婴儿有一段睡眠时间处于快速眼动睡眠（REM）状态，又称为积极睡眠，此时脑电波更类似于觉醒状态。有研究理论认为，婴儿至少有一半的时间为快速眼动睡眠，这为新生儿提供了足够多的内部刺激以保证其神经系统的正常发育。更有研究发现，快速眼动睡眠时间在婴儿6个月时快速减少，因为婴儿大脑迅速成熟，对刺激更为警觉，不再需要快速眼动睡眠提供刺激了，在觉醒状态受到越多视觉刺激的婴儿，快速眼动睡眠时间越少。不论怎样，我们至少可以得出结论，睡眠与大脑的发育密切相关，充足的睡眠是保证大脑健康发育的必要条件。

越来越多的研究发现睡眠有助于大脑高级认知机能的发展。以色列的魏茨曼（Weizmann）科学研究所的诺姆·索贝尔（Noam Sobel）教授带领研究团队发现，非快速眼动睡眠阶段对于记忆的巩固极为重要，并且能无意识地改变

---

① 中国科学院心理研究所.心理所通过冬奥会运动员脑成像研究发现与意志品质相关的关键大脑结构组织［EB/OL］.［2020-07-20］. http://www.bjb.cas.cn/kjdt2016/202007/t20200721_5638951.html.

个体在清醒时的行为，"人们在睡觉的时候也可以学习新的知识"①。保证充足的睡眠不仅有助于加强大脑的突触连接，帮助儿童巩固记忆，而且它们之间还存在相辅相成的作用。睡眠能促进记忆巩固，将学习内容从短时记忆存储到长时记忆，同时记忆巩固的过程也有助于保持睡眠。在德国吕贝克大学盖斯（Gais）等的研究中发现，在学习作业后没有睡眠的学生的平均遗忘率高达15%，而正常睡眠的学生则基本不会忘。可见儿童越早形成稳定的睡眠周期，保证充足的睡眠时间，越能促进大脑的发育。

相反，睡眠时间不足则会影响大脑的认知功能。美国宾夕法尼亚大学的研究者发现，相比睡眠充足的人，睡眠不足会使大脑不同区域的激活程度逐渐减少，包括背侧前额叶皮层、海马体等，使人出现注意力明显下降、认知加工速度变慢、认知任务的学习减缓、无意识的短暂昏睡等问题。

除此之外，睡眠不足还会增加杏仁核这一情绪脑关键区域在受到负性刺激时的激活程度，且损害前额叶对杏仁核的调节抑制作用，从而影响儿童的情绪调节功能，使儿童在人际交往方面情绪反应失衡，社交退缩，孤独感增加。

近几年，美国波士顿大学的脑科学家发现了人在睡眠时的"洗脑"现象，并且用仪器将其拍摄了下来，整个"清洗"过程一览无遗。原来人在睡眠时，大脑中的血液会周期性地大量流出大脑，从而为脑脊液（CSF）进入大脑的流动营造更多空间。脑脊液是一种围绕着大脑和脊髓的清澈液体，当其快速流过大脑时可加速清除大脑中产生的代谢废物、毒素，如清除导致阿尔兹海默病的 β-淀粉样蛋白。而这样的清洗只有在人睡着后才能进行，这就是为什么当我们睡到自然醒的时候会感觉神清气爽，大脑更为清醒，也更容易高效地投入学习和记忆的原因。

然而，《中国国民心理健康报告（2019～2020）》的调查显示，我国青少年儿童睡眠不足现象严重，小学生和初、高中学生睡眠时长均未达标，严重影

---

① 贺晓玲，陈俊.从神经科学到教育研究[J].宁波大学学报（教育科学版），2019，41（6）：123-128.

响了身心健康发育。教育部办公厅于 2021 年 3 月 30 日印发《关于进一步加强中小学生睡眠管理工作的通知》，进一步强调了睡眠对大脑发育、骨骼生长、视力保护、身心健康和提高学习能力与效率的重要作用，对学生的必要睡眠时间、学校作息时间、晚上就寝时间等 3 个"重要时间"做出明确要求，全方位落实减轻学业负担、保证良好睡眠。其中规定小学生每天睡眠时间应达到 10 小时，初中生应达到 9 小时，高中生应达到 8 小时。对于 3～5 岁的幼儿来说，每天推荐的睡眠时间为 10～13 小时（见表 1.5）。

表 1.5　0～5 岁儿童推荐睡眠时间

单位时间：小时

年（月）龄	推荐睡眠时间
0～3 个月	13～18
4～11 个月	12～16
1～2 岁	11～14
3～5 岁	10～13

资料来源：《0～5 岁儿童睡眠卫生指南》（中华人民共和国国家卫生和计划生育委员会 2018）。

第二章
认识学习——大脑的信息加工

教室里，区域游戏时间，上中班的小月做计划的时候说要去家庭区做饭，然后请小朋友给澄澄过生日。老师问她要请几个小朋友，她说10个。于是小月拿着小篮子挑选了10个小碗，10个小勺，一个挨一个摆在了长长的桌子上，然后又在每一个小碗里放入了"蔬菜"和"水果"。然后她跑到玩具区拿出磁铁积木，用很快的速度拼了一个"蛋糕"摆在桌子上。最后她把过生日的澄澄叫过来，拿着"请帖"到处邀请小朋友来参加生日会，还把老师也请了过来。小朋友们坐在一起开心地唱起了生日歌。

游戏时间，乐乐一直坐在椅子上认真地拆解玩具车，他熟练地转动玩具螺丝刀，把螺母一个一个拆下来，然后又把零件一个一个重新组装起来。等他装完，发现桌子上剩下了一个螺母。他奇怪地拿着玩具车仔细查找，却没有找到安装这个螺母的地方。于是他果断地把车又拆开检查，发现在里面有一个地方少装了一个螺母。他把剩下的螺母装了上去，最终把车完整拼完。

幼儿按照自己的计划走进游戏区开始游戏了，小强在美工区做手工，做到一半，听见表演区的小朋友哈哈大笑的声音，就放下手里的作品跑过去看发生了什么，结果游戏时间快结束了，他的作品还没做完。嘉明几乎每天都选择玩益智区的拼插玩具，从来也不选择其他游戏；而善宝则迷上了在家庭区里洗小衣服，每天在教室里找各种可以洗的物品，甚至把老师的小毛巾也拿去洗。老师试图想让他们多参加其他游戏从而多些体验，但是他们却表现得很不情愿。

当前，随着对《幼儿园教育指导纲要》（以下简称《纲要》）、《3～6岁儿童学习与发展指南》（以下简称《指南》）的学习，以及在2018年发布的《关于学前教育深化改革规范发展的若干意见》指导下，学前教育课程改革获得了有效推进，"以游戏为基本活动""游戏是幼儿主要的学习方式""每个儿童都是积极的主动学习者"等观念已逐渐深入人心。以上案例中的这些情景，教师一定都不陌生，教室里每天都会上演孩子们活力四射、精彩纷呈的游戏。在游戏中，教师看到了幼儿在动作、认知、思维、情感、社会交往、意志品质等各方面的发展。当然，正如案例中所描述的，幼儿的很多行为也给教师带来诸多困惑和不解，想"尊重"，却又担心"丧失机会"；想"干预"，却又唯恐"帮倒忙"。

教师已经充分认识到不仅要关注幼儿学习与发展的整体性、个体差异，还要理解幼儿的学习方式和特点、重视幼儿的学习品质。皮亚杰认知发展阶段理论与维果茨基社会文化理论共同成为人们了解和认识幼儿的认知、思维发展规律，以及对幼儿实施适宜教育的主要依据，在实践中更强调幼儿的自主活动，提供实物让幼儿动手去操作，促进社会参与和合作，从而实现幼儿自主建构知识的过程，"最近发展区""支架"等概念有助于教师思考教与学的关系，思考如何在尊重幼儿主动性的基础上，发挥教师作用，促进幼儿获得最大化的发展。

2020年3月，教育部教师工作司发布《幼儿园新入职教师规范化培训实施指南》，对"幼儿研究与支持"和"幼儿保育与教育"两个方面提出更新、更高的专业要求。其中，观察幼儿行为的能力、研究幼儿个体差异和有针对性地提供支持的能力、研究幼儿学习过程与特点并给予适宜支持的能力、评价幼儿发展并有效激励幼儿的能力、将自己对幼儿的研究转化为保教活动的能力，成为教师核心素养的关键要素。"以幼儿为学习中心""研究并支持幼儿的学习过程"的内涵更为凸显。然而在现实中，研究者通过大量的调查、访谈与实际观察，发现不少教师对幼儿学习与发展的认识仍停留在对政策文本的理解，或对《指南》的死记硬背和套用上，知其然而不知其所以然，理论与实践无法结合，仍然存在忽视幼儿主体性、违背幼儿发展特点和学习特点的做法。

通过第一章，我们已经了解到幼儿阶段是大脑发育的黄金时期，脑的发育是儿童与生俱来的基因与环境和经验共同作用的结果，而大脑则是学习和思维的主要器官，大脑的结构与功能是智力的基础和体现。如果缺乏对幼儿学习的大脑机制和规律的了解和认识，就无法对幼儿的学习与发展形成更深入的理解，也不能提供更有效的支持。基于以上考虑，我们需要开启第二章的学习，基于对大脑的认识，了解幼儿的学习是如何发生的。你会发现，这些新知识能够与我们已有的认知很好地结合，能够帮助我们更好地理解皮亚杰、维果茨基与埃里克森的理论，从而发挥重要的作用。

> 20世纪70年代，"基于脑的课堂研究"出现，基于人类大脑结构与功能的"学习科学"快速形成，标志着脑科学向"脑教育学"的转变。到了20世纪90年代，脑科学研究借助脑成像技术开始实证性地阐明教育现象，看到学生在学习知识和解决问题时，人脑的哪个部位发挥了怎样的功能，认知脑科学取得的重大进展实现了认知科学与技术学的融通。人们越来越清楚地认识到大脑认知神经活动与人类心理密切关联，尤其是神经科学和教育教学之间的关系越来越紧密。对人类大脑与心智活动揭示得越清晰、越准确，对教育就越有裨益。

第一节　学习的本质是神经网络的建构

当我们思考和学习时，我们的大脑会"亮起来"。是的，在环境刺激的作用下，信息以电脉冲的形式从细胞体沿着轴突传送，在轴突末端释放出某种神经递质，产生突触，就与其他神经元产生了连接。我们的神经系统就是具有这样的性质，一部分神经元兴奋，会引起其他神经元的兴奋，共同兴奋的神经元倾向于建立更多的联系，从而产生更多的信息交换的通道。随着它们不断地共同兴奋，它们之间的联系就不断加强，最后形成一个整体，这个整体就被称为"神经通路"。大脑接受的刺激越多，电冲动就越多，神经元之间的连接就越多。每个神经元都与其他几千个神经元连接，接收多达成千上万个突触信息的输入，形成错综复杂的神经网络。

脑科学专家认为，神经系统的学习是用神经通路来表达一个特定的刺激的。学习的本质就是大脑神经元之间通过电化学冲动存储、传递信息形成突触连接，建立神经网络的过程。或许很多人会困惑，这和我们学习的知识、经验究竟有什么关系呢？我们所理解的知识和经验都是一个一个具体的存在，如认识字母表、数字和各种图形符号，知道"橘子是酸甜的""太阳可以把地上的水晒干""乌龟遇到惊吓会把头缩回壳里"，知道"接水的时候接半杯，这样才不会洒""玩具玩儿完放回玩具筐，下次再玩儿的时候才容易找到"……它们在神经网络中是怎样的存在？如果，正如科学家所言，"似乎我们知道的每一个事实，我们理解的每一个想法，我们采取的每一个行动都有我们大脑中神经元网络的形式"，那么它们是怎么形成的呢？

任何学习的起点都是从感觉信息的输入开始的，无论是文字阅读还是音乐舞蹈，都是从基本的单通道感官逐渐过渡到信息整合，幼儿由于感觉、动作功能的发展，有更多机会与周围的客观世界进行互动，接受更多的刺激。起初，他们接受的刺激有可能是零散的、随机的，但这些刺激之间却可以建立关联，从而具备更强的信息整合能力。

比如，阅读就是一个复杂的神经网络激活的过程，包括视觉皮层，连接声音和文字形状的语音循环，以及大脑负责词语意义的区域。幼儿看图画书的时候，图画书的信息通过视觉系统输入，成人的声音通过听觉系统输入，他把声音转换成语言，再将其与看到的视觉信息相结合，从而理解图画书的内容和情感意义。这个信息整合的过程就是信息通路形成、信息网络建构的过程。虽然，关于语言能力是先天具备的能力，还是后天习得的能力，至今还存在争议，但阅读能力则一定是在环境和教育影响下通过学习而获得的。伴随着神经网络的建构，大脑的记忆功能也在发展，记忆就是建立在神经网络基础之上的。当幼儿记住了图画书里的内容，他将视觉信息、听觉信息进一步转化为语言进行复述，或者表演，则是在原有神经网络基础上又新建了在语言表达和动觉表象之间的神经通路。

随着孩子不断地去学习，他们的神经网络也会变得越来越丰富，越来越复杂，最终会变成一个非常紧密的神经网络，其承载着大量的已获得的知识和经验，形成一定的结构。早期形成的神经网络越广泛、越牢固，意味着学习能力也会越高。

依照神经网络"用进废退"的原则，必要的重复是很重要的，重复是幼儿学习的主要方式，同时也是他们巩固大脑神经网络的需要。明白这一点，当看到幼儿重复进行某类游戏行为时，或者重复多次才能掌握某项技能时，教师就会减少很多焦虑了。

台湾知名脑科学研究专家洪兰教授曾在访谈中指出，创造不是凭空产生的，创造力是两个不相干的回路碰在一起，活化出第三条回路。这就是我们常说的顿悟。2004年，一项采用功能性磁共振成像（fMRI）技术记录人类大脑在发生顿悟瞬间的脑区活动状况的研究发现，相对于静息状态，人脑在顿悟过程中有广泛的脑区被激活，顿悟是多个脑区共同活动的成果。顿悟实际上就是我们的认知重组，之前已储备的丰富的知识和实践经验形成的记忆，甚至是试误探索过程中的失败经验，都参与到了搭建新的神经通路的过程中。原有的神经通路突然产生了一种新的连接，对外界事物的表达或问题的解决又多了一种更有效的新的方式。

如果我们多问问幼儿曾经做过哪些尝试，有哪些发现，除了这种方法还有什么别的方法，在原有经验基础上创设新的问题情境激发幼儿更多的联想和迁移等，那么就更会促进幼儿神经网络的巩固和扩展，并有更多重组和产生新连接的可能。经验越丰富、越可靠，就越有迁移和不断建构的机会，这是幼儿学习能力的体现，也成为他以后提高学业成绩的基础。

第二节　学习是大脑信息加工的过程

计算机信息加工是指利用计算机对数据进行处理，根据信息类型和加工要求选择合适的计算机软件或程序进行一系列的数据处理。那么人的大脑思维与计算机工作之间有什么相似之处呢？

信息加工理论者将人脑与计算机进行类比，用计算机处理信息模拟人脑进行信息加工的过程，探究人类心理操作的方式。计算机的硬件是指机箱主板、中央处理器、内存、显卡、硬盘等，大脑思维的"硬件"则是神经系统，包括大脑、感官系统以及神经连接；计算机工作的软件是存储和处理信息的程序，大脑思维的"软件"则是规则、策略或者其他心理程序，这些"软件"用来实现信息在大脑中的输入、加工、存储和提取。[①]

美国著名的教育心理学家加涅（Gagne）据此提出了学习的信息加工理论，认为学习就是大脑信息加工的过程，每个个体都是积极的信息加工者，个体与环境相互作用，获得刺激信息，存储在记忆中，并付诸行动。在我们眼里，我们所观察到的都是孩子们真实生动的一系列行为表现，如他们行走奔跑，他们说话唱歌，他们动手操作玩具、翻阅图书，他们和同伴嬉戏打闹，做出各种夸张的表情……我们并不能直观地观察到信息流在他们大脑中加工的过程。不知道为什么有的孩子可以完整地复述一个故事，有的孩子却需要成人提供线索；不知道为什么有的孩子在建构一艘轮船时遇到困难能够快速找到解决问题的办法，而有的孩子却总是处于低效的重复。

我们常常用个性气质、兴趣爱好和发展水平来解释个体差异，甚至总是习惯用"聪明"一词评价那些学习能力强、成绩优异的孩子，至于怎么聪明、为什么

---

① SHAFFER D R, KIPP K. 发展心理学——儿童与青少年[M]. 邹泓, 译. 北京：中国轻工业出版社，2009：272.

聪明，往往又不得而知。信息加工理论所描述的信息加工流程给我们提供了一种视角，能帮助我们更清晰地理解人类大脑基于神经网络进行思维和行动的过程。

人的信息加工系统包含四个主要成分：感觉器官、短时记忆或工作记忆、长时记忆，肌肉系统（受到神经冲动激发执行动作行为）。在该系统支持下，信息加工的一般程序为：信息输入—信息登记—信息编码—信息存储—信息提取。

我们将这个程序和系统结合起来理解就更容易些（见图2.2）。

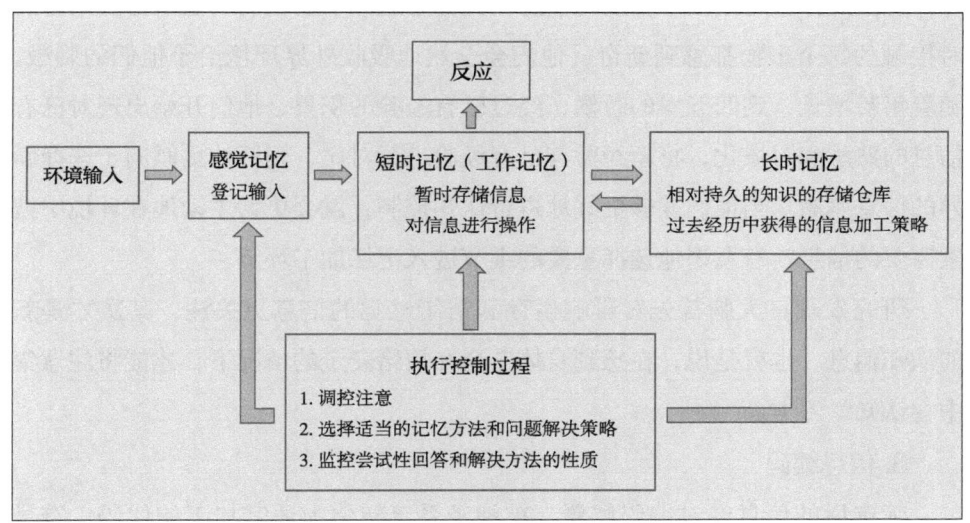

图2.2 人类信息加工系统

资料来源：Atkinson Shiffrin，1968.

下面具体介绍一下信息加工的一般程序。

1. 信息输入

环境中的信息刺激经由我们的感觉器官，如眼、耳、鼻、舌、身输入，其中视觉、听觉和触觉的贡献最大，仅视觉接收的信息刺激就达到所有感觉器官的60%，另外在日常生活中，我们观察事物的行为占比也极高。

2. 信息登记

不同的感觉器官接收到信息刺激后会在不同脑区留下短暂的感觉记忆，

以后像或回声的方式暂时存储，只能保存极短的时间，如果不继续进行加工，很快就会消失。感觉器官会进行筛选，把重复性的、不重要的信息刺激过滤掉，将大脑的注意力集中在重要的事情上，这是节约大脑能量的需要。完成这项工作的就是网状激活系统，包括边缘系统的丘脑和部分脑干，又叫感觉登记系统。

那么，究竟什么样的信息会被优先筛选而进入有意识的编码环节呢？比如你走在路上，迎面走来的行人与你擦肩而过，你看到了，但你马上就忘了。但是，如果他长得很像你的某个朋友，那么或许相关信息就会进一步被保存，并可能激发你长时记忆中更多的信息，让你想起那个朋友的一些事情。小婴儿对接触的每个事物都感到新奇，他们会全然地吸收外界环境给予他们的刺激，随着年龄增长，到四五岁的时候，经过已有经验的积累，他们开始出现对已有信息的熟悉和习惯化，将新经验与已有经验进行对比，则开始更倾向于选择新异的信息刺激。当他们能够更好地进行认知控制，就会更为主动地在环境中搜索需要的信息，有意识地选择重要的细节进入记忆加工环节。

研究发现，大脑首先对影响生存和情绪感觉的信息更关注，其次才是新的认知信息。也就是说，在感到身体安全和情绪安定的情况下，才能将注意集中在认知学习方面。

3. 信息编码

筛选后的信息经过编码解释，被神经系统转化为适宜加工的代码、符号或表征，成为短时记忆。比如你看了一眼某个电话号码，产生视觉的瞬时记忆，但是你很快就忘了，如果你要拨打这个号码，那么你就需要有意识地记住这个号码，从而进入短时记忆，又叫工作记忆。所以，工作记忆又被称作有意识的活动的开始，是我们在日常生活中完成相应任务的必备条件。在前文阅读图画书的例子中，把成人讲读的声音信息转化为语言符号，与视觉信息输入的画面符号相结合并进行加工，进而形成记忆也是这样一个过程。

工作记忆加工能力是有年龄差异的，记忆效率在 4～8 岁迅速增长，青春期开始接近成人水平，这与神经发育成熟水平有关。年幼儿童由于额叶髓鞘化远远不成熟，抑制控制和灵活调节能力较弱，难以排除与目标任务无关的信息，也难以抑制与目标任务无关的思维和冲动，所以在进行信息编码形成工作记忆的过程中会受到大量无关信息的干扰，降低效率。比如要完成一幅拼图，需要观察、辨识、寻找细节，这就需要有注意的集中，通过意志努力自主监控和调节自己的认知活动，决定注意哪些信息、选择用哪些策略来帮助记忆、决定解决什么问题，这就叫认知策略——为完成一定的任务而有意采取的心理操控活动。

另外，信息的内容、形式与新异变化对工作记忆的形成也很重要，过长时间、过多内容或者单调重复的信息，势必会降低幼儿对信息的注意与选择，并丧失主动进行编码加工记忆的积极性；而与幼儿已存储的先验知识之间并非简单重复，而是可以以新的方式建立新的关联的信息则会更容易被注意和编码。

4. 信息存储

编码后的信息仍然是零散的、碎片化的，需要进行进一步分类整理，进入长时记忆进行存储，成为个体的知识库，以备在需要时被提取出来提供决策参考。这个知识库就像一张网，网线联结在一起的每个节点或交叉点代表一个记忆痕迹，如一个事件或概念。网线联结越强，表示记忆之间的联系越强。[①] 回到前文查看一下，我们是不是也说过：学习的本质就是大脑神经元之间通过电化学冲动存储、传递信息形成突触连接，建立神经网络的过程，每一个事实，每一个想法，每一个行动都有我们大脑中神经元网络的形式。

长时记忆的"保存键"位于大脑边缘系统，海马体像一个驿站或者过滤器，决定哪些信息可以被保留并转化进入长时记忆库中。一般来说，那些新异刺激或伴随强烈情绪体验的事件更容易进入长时记忆。除此之外，被个体理解和对个体有意义的信息也更容易进入长时记忆。什么样的信息更容易被理解、更具有意义呢？就是与已有知识可联结的信息。大脑通过已有知识学习新知识的特性，不仅能帮助人们记忆，还可以帮助人们将新旧零散碎片的知识进行整合，形成结构，从而加深对知识的理解和认识。这也是为什么我们在给幼儿提

---

① 托马斯. 儿童发展理论：比较的视角 [M]. 郭本禹，王云强，陈友庆，等译. 上海：上海教育出版社，2009：215.

供新的材料、提供新的活动内容时，都要去研究和考虑幼儿已有的生活经验、认知经验，结合他们的兴趣，活动才有意义。例如，当幼儿参观了某个建筑，有些零散的记忆，我们在积木区为他们提供相应的材料，就会激发他们的已有认知，使他们在新的探索过程中不断产生新旧知识的联结、碰撞、扩展，学习由此而逐渐加深。

随着年龄增长，信息加工的速度、复杂性、系统各部分的整合性也在增强，存储在长时记忆中的信息数量、种类和复杂性也在增长。从某种意义上讲，年幼儿童的知识库像一件小的、宽松的编织物，只是用一些记忆痕迹线索和最简单的针法将项目编制起来，而青少年的长时记忆更像一个由杂乱交织的线构成的、复杂的、分布广泛的结构，① 产生更多记忆节点之间的联结，将知识联系起来，且更容易在不同的情境中进行知识的迁移和转换，这意味着解决问题能力的提升。

5. 信息提取

在一定情境激发下，长时记忆中的某些信息会经过神经传导，激活相应的肌肉产生相应的行为，完成信息输出。当然，信息输出也不完全都依赖于肌肉发生外显动作行为，内省思考、得出结论同样也属于信息输出。大量研究发现，人脑可以迅速对各种记忆材料同时加工，记忆材料可以通过不同路径进出该系统。

当然，实际情境中在人类复杂多样的思考和行为方式背后，信息加工的过程要比以上所描述的流程复杂得多，但这并不妨碍我们借助这样一个工具去了解孩子在环境中是如何进行学习、吸收知识、建构经验、形成记忆，并指导自身行为的。

通过下面这个例子，我们来尝试学习运用信息加工的流程解读孩子的行为。

妞妞看到小朋友在荡秋千，于是跑过去，妈妈告诉她不要离得太近，结果她还是凑得太近，果然被秋千碰到了。（信息输入，接收视觉、听觉、触觉多重信息）

---

① 托马斯.儿童发展理论：比较的视角［M］.郭本禹，王云强，陈友庆，等译.上海：上海教育出版社，2009：217.

这是一个新的刺激事件，引起了孩子的紧张和注意。（信息登记，筛选注意的信息）

妈妈告诉孩子：离得太近，会被碰到，这样危险。孩子习得了一条规则：在别人玩秋千时如果离得太近容易碰到。（信息编码、与过往相关经验相联结，存储进入长时记忆库）

当再次看到有人玩秋千时，妞妞又兴奋地跑过去，想起来妈妈的话，在一定距离处停了下来，确保自己不被碰到。（信息提取，通过身体行为体现）

> 信息加工理论的观点虽然还有待进一步发展和完善，但它对于我们理解儿童的智力发展很有启发。信息加工理论中强调儿童有意识地对信息加以注意、选择，并进行思维的自我控制和调节，寻找有效的策略，在原有知识经验基础上进行建构和发展，与皮亚杰理论相一致，或者是对皮亚杰理论有益的补充。

支持幼儿在生活和课程活动中主动学习是如今被学前教育领域广为接受的理念，日本产业综合研究所研究员仁木和久（Kazuhisa Niki）博士对具有主动学习特征的"学习行动"的脑认知机制做了深入的研究，为"主动学习"这一教育理念增添了新的脑科学依据。"学习行动"是指学习者在特定的教育活动中所表现出的信息加工过程和动机情感特点，集中反映了学习者当前的脑认知系统、教育教学情境和学习内容三者间的相互作用形式与特点。[①] 研究发现，具有主动学习特征的"学习行动"可以彻底激活整个脑认知系统。在幼儿主动学习的过程中，需要调用额叶、枕颞叶、额顶叶和内侧颞叶脑区，用于支持幼儿的认知、记忆编码、语义提取和语言分析等自我信息加工过程。这些过程相互作用、相互影响，推动深度学习的产生，从而使幼儿获得更为长久稳定的学习经验。这让我们看到，相比计算机的信息加工，人类大脑的信息加工更为复

---

① 儿童研究网. 理解和利用活跃的"大脑"：介绍脑认知科学项目——"大脑主动学习"[EB/OL].［2020-02-18］. https://www.crn.net.cn/research/kodomo/20200218_001494.html.

杂和精妙，促使我们在思考幼儿学习——大脑的信息加工方式时，千万不能忽略其情绪、动机等主观能动性对大脑的影响。

第三节　大脑学习的特征

基于对前两部分的了解，我们已充分认识到学习的本质就是大脑神经元之间通过电化学冲动存储、传递信息形成突触连接，建立神经网络的过程；是大脑进行信息加工的过程，经过信息输入、信息登记、信息编码、信息存储、信息提取的程序，在环境中积极进行知识和经验的建构，获得学习与发展。在此，我们再对大脑学习的特征或遵循的原则做一总结梳理。

一、学习的整体性

《指南》在实施建议中的第一条就指出要关注幼儿学习与发展的整体性。具体解释为：儿童的发展是一个整体，要注重领域之间、目标之间的相互渗透和整合，促进幼儿身心全面协调发展，而不应片面追求某一方面或几方面的发展。如何从脑科学的视角出发，从大脑学习的角度去理解这一整体性原则呢？

脑科学研究告诉我们，大脑正是按照整体性原则进行生理和心理活动的，"大脑具有跨多个领域的工作机制"，在环境刺激作用下，大脑不同功能区域的神经元之间建立神经连接，诱发神经网络多通道、多层面的可塑性，从而达到全面开发大脑的目的。正如前文所述，大脑对来自身体器官以及眼、耳、鼻、舌、口的多种感官刺激进行信息整合、建立神经网络的过程，同时伴随边缘系统对情感和注意的调节，最终实现整体性学习与发展。所以说，大脑具有跨多个领域的工作机制，大脑学习是认知、生理、情绪和社会性整合的产物。

如今幼儿园坚持以游戏为基本活动，重视一日生活皆教育，正是发现了生活和游戏本身所具有的天然的整体性这一价值，符合大脑整体性学习的特点，孩子在丰富的生活和游戏中自然而然地融合着各个领域的学习，获得全面、整体、和谐的发展。

二、学习的具身性

具身认知理论认为，人类的学习是身体、智力和情感协调互动、共同作用对事物进行认知和把握的过程①，是学习者全身心投入到活动中，与环境、与人进行互动的系统工程。人的身体和人所处的环境，大脑、身体和外部世界构成了人学习、认知和思维发展的全过程，凸显了认知依赖于具有各种感知运动的身体经验，以此为基础通过对符号的操作动作而内化为抽象运算能力；更加凸显了大脑、身体与外界环境、情境的互动，具有涉身性、体验性和嵌入性特点。

通过前面的学习，我们已了解，大脑是在遗传与环境的共同作用下发育成熟的，正是环境和经验通过刺激神经网络的改变来塑造大脑，也正是环境和经验帮助儿童成为积极的信息加工者。身体的感觉和运动成为大脑整体性学习的基础和关键，学习的过程，就是身体感知器官与环境中的材料和人物交互作用的过程，在活动过程中加强大脑对信息的加工整合。由于人的生理差异和生活经历不同，每个人的身体感官接收信息的敏感程度以及大脑组织加工信息的方式也会有所不同，可能存在优势通道，所以在认知上会存在一定的倾向性。比如有的幼儿喜欢用眼睛去看，看到的东西更容易记住，这属于视觉型认知倾向；有的幼儿喜欢听和说，听到的东西更容易理解，说出来的东西更容易记住，这属于听觉型认知倾向；有的幼儿喜欢动手操作和身体运动，亲身实践过的才印象深刻，这属于动觉型认知倾向；有的幼儿的各感觉通道使用效果则没有太大差异，还没有发现明显优势，则可能属于均衡型认知倾向。

---

① 李荐，方中雄.学习科学 友善用脑［M］．北京：商务印书馆，2016：3.

幼儿活蹦乱跳是很正常的，他们在阅读、画画、讲故事、游戏的过程中，在参与生活劳动的过程中，时时需要身体动作的参与，尤其需要动手操作，积累充分的具体感知操作经验才能真正为他们走向未来的抽象符号运算奠定基础。

> 科学家认为，眼睛、大脑和手是使人具有高度智慧的三大重要器官之一。上海纽约大学曾做过一个非常有趣的实验，因为汉语有声调，外国人学汉语要掌握声调是一件非常困难的事情，在实验中，借助手势来教外国人学习汉语，他们的学习效率得到了非常明显的提高。①

三、学习的主动性

《指南》在关于重视幼儿的学习品质的论述中指出，要充分尊重和保护幼儿的好奇心与学习兴趣，帮助幼儿逐步养成积极主动、认真专注、不怕困难、敢于探究和尝试、乐于想象和创造等良好学习品质。幼儿在活动中表现出积极主动的态度与良好行为倾向是其终身学习与发展的必备品质。主动性是一切学习品质的主要统领，主动性不是一时的好奇和冲动，也不是浅尝辄止的简单体验，而是一种对自己的思维和行动进行有意识的目标定向的启动机制和维持机制。

从前文信息加工理论的有关论述中，我们可以了解到，主动性伴随信息加工全过程。仁木和久博士对产生主动学习时的大脑通过核磁共振成像技术（fMRI）进行研究，结果显示，主动学习过程伴随着一个"更加活跃的大脑"②。"记忆中枢"海马体、"情感中枢"杏仁核、负责"认知转换和对人的认知"的前扣带皮层和负责"心智理论"的颞顶联合区共同构成主动学习的核心脑回路，并与相邻的额顶叶网络、注意网络、突显网络互相配合，从而在主动学习中实现重要的"目标指向意愿"和"自我调整学习功能"。

---

① 袁振国.在脑科学中寻找教育智慧［J］.同舟共进，2020（1）：18-21.
② 儿童研究网.理解和利用活跃的"大脑"：介绍脑认知科学项目——"大脑主动学习"［EB/OL］.［2020-02-18］.https://www.crn.net.cn/research/kodomo/20200218_001494.html.

"目标指向意愿"是主动学习的动力,在学习过程中教师应激发幼儿的求知意愿,助推幼儿形成"学习意图",呵护幼儿主动求知的能力,才能使幼儿成为自强自立,并具有自我提升和塑造能力的积极学习者。

"自我调整学习功能"也恰恰体现了大脑执行功能在发挥学习主动性过程中的重要作用,成为人类信息加工过程与电脑操作过程最大的区别。人类个体必须主动发起、组织和监控自己的认知活动,自己决定注意哪些信息,自主选择使用哪种策略来保存和提取输入的信息,自己选择解决什么样的问题,并自行组织解决问题的程序。[1]

幼儿阶段大脑执行功能的发育还很稚嫩,处于发展的关键时期。儿童在早期建立好大脑执行功能的基础,才更有利于早期读写,记住相关步骤,参与同伴游戏讨论,制订计划,完成小组任务,并有机会成为学业优秀的学生和受欢迎的朋友。[2]

美国著名的心理学家、神经科学家杰克·肖可夫(Jack Shonkoff)研究团队曾对执行功能培养总结了如下经验:有效的学习经验、良性的社会互动经验以及社会性游戏、独立操作的经验。研究证明,那些在日常社会交往中常常有机会获得这些经验的儿童,更能够抵抗干扰、控制自身的行为和情绪,能遵守一定的规则,能在学校参与目标明确的活动。儿童需要成人提供良好的社会互动环境,积极主动地投入制订计划、确立目标、抑制冲动、组织信息、解决困难的学习与任务中。

四、学习的愉悦性

学习是要寻求快乐的,而大脑本身就是生存优先、寻求快乐的器官。当

---

[1] SHAFFER D R, KIPP K. 发展心理学——儿童与青少年[M]. 邹泓,译. 北京:中国轻工业出版社,2009:274.

[2] 周兢,陈思. 建立儿童学习的脑科学交管系统——脑执行功能理论对学前儿童发展与教育的启示[J]. 全球教育展望,2011(6):28-33.

学会新的知识或新的技能，解决了问题，大脑得到积极的反馈就会释放更多的化学物质多巴胺，使人感到快乐和满足。正是这种愉悦感成为个体学习动力的来源，进一步激发内在的动机。相反，如果大脑没有感受到快乐，反而频频受到恐惧、焦虑、内疚等应激刺激，那么就会导致持续性应激激素的产生，皮质醇长期处于高水平，导致海马体与额叶皮层的损失，从而使认知能力降低，妨害记忆和学习。

研究发现，高水平的多巴胺还会提高思维的专注力，提高认知的灵活性，最后激发创新思维的产生。国外还有一些科学实验结果证明当神经非常放松时，大脑皮质特别是前额叶基本激活水平低，是产生发散思维和创造性思维的最佳状态；相反，如果神经时刻处于高度紧张状态，大脑皮质高度激活，就难以产生创造性思维。[①]

可见，积极的情绪能够帮助幼儿激发和保持兴趣。鼓励幼儿的好奇心，并给他们充分的自由对自己感兴趣的事物进行深入探索，满足大脑学习的快乐原则，可以帮助幼儿释放紧张与焦虑，还具有一定的情绪治疗作用，是情绪的调节解码器。

但学习的过程并不总是那么愉快，谁也不能保证孩子的情绪总是积极高涨的。学习任何知识和技能，都是从不会到会、从陌生到熟练的过程，也难免会经历困难、挫折，幼儿从最初的好奇、兴奋到后来的抵触、烦躁，也常常让老师和家长为难。我们要明白，大脑所追求的快乐并不是单纯建立在感官刺激基础上的享乐，而是具有奖赏意义的快乐，也就是说，是孩子从兴趣出发、主动学习发现新知产生的快乐，是通过意志努力克服困难、突破自身极限、获得成功的快乐。选择肤浅的快乐满足的是孩子一时的需求，反而会让他失去享受高层次快乐的机会。

---

① 徐艳，张杨. 脑科学研究新进展对创造性思维培养的启示 [J]. 教育探索，2004（8）：11-12.

五、学习的意义性

人类大脑的学习是一个由表及里、由浅入深的过程，是寻找和创建意义的过程。只有大脑感受到学习材料对学习者的意义，能满足他们的某种需求，学习才可能真正发生，学习材料才能被纳入学习者已有的知识结构中。① 当学习者认识到新的信息与个人兴趣和需要有关联时，以个性化的方式将新的信息与个人关联起来时，与先前的学习和经验联系起来时，新的信息就获得了意义，大脑就创建了新的参照框架。② 这不仅有助于新知识的记忆，还能帮助个体从不同角度和领域对同一个知识进行分析，从而加深对知识的理解和认识，对知识进行整合，构建一个完整的知识体系。于是，建构意义的过程就是信息完成编码并进行网络化和结构化的过程，将零碎的信息转化为结构化的知识，再将知识内化，形成个体知识库，便于以后遇到新的情境，进行迁移应用或创新来解决问题。当新知识与已有经验相联结、碰撞时，大脑会感到"原来如此"而发出"哇""啊哈"的感慨，这往往也是积极决策和解决问题的信号。

> 英国莱斯特大学曾通过让实验对象观看名人照片的实验来研究人们是如何记住事情的。实验发现，当实验对象看到同一个人出现在另一张照片里的时候，相同的神经细胞会受到刺激。也就是说，人们的大脑在看到新照片时，没有为它单独开辟空间，而是调用以前的回忆，形成了新的记忆。这证明把学生已经完成编码的信息进行网络化和结构化，形成信息间的联系，就是信息存储的过程。人们记住新知识更好的办法就是将其同已有的知识进行联系。③

---

① 罗义铭. "熟"为什么就没有生出"巧"来？——脑科学对中小学教学的启示［J］. 科教文汇，2016（7上）：109-110.
② 周加仙. 基于脑的教育研究：反思与对策［D］. 上海：华东师范大学，2004.
③ 刘志霞. 基于脑科学的深度学习研究［D］. 重庆：西南大学，2019.

有的孩子在某些领域感兴趣，比较擅长，积累了大量的认知经验，甚至具备了专家型知识，那么他们对于新输入的信息就会有一定的组织加工策略，学习保存新信息时就会更容易，也更容易使用先前的知识经验在其他相关情境中解决问题，达到自动化的水平，令成人自叹不如。

大脑抵制强加的无意义信息，拒绝与个体学习者先前经验没有联系的、孤立的、片段的信息。教师在日常生活、游戏或学习过程中，要考虑幼儿的已有经验，及时帮助幼儿进行梳理回顾，形成相应的认知经验纳入长时记忆库。当遇到新的问题情境时，还可提醒幼儿在记忆中检索有效的信息，进行迁移或想到新的方法解决当下的问题。比如幼儿剪纸的时候地上掉了很多碎纸屑，游戏结束后的清理非常麻烦。他可能会用小手一片一片地捡起来扔掉，也可能会用小笤帚去扫，但是纸片乱飞，困难重重。试想如果有用胶带、胶钉粘贴物品的经验，他会不会想到用胶带去粘碎纸屑的办法呢？

六、学习的交互性

正如社会文化心理学派代表人物维果茨基（Vygotsky）所言，儿童的心理活动与"发现"不仅仅来自自身的探索，还有更多产生于与成人、同伴进行合作或者交谈的情境。研究证明，那些日常生活中常常有机会获得社会交往经验的儿童，更能抵抗干扰、集中注意、控制自身的行为和对他人的情绪，更能遵守游戏的要求和规则、参与目标明确的活动。

人的学习需要直接经验，也需要间接经验。大脑镜像神经元具有视觉思维和直观本质的特性，可以帮助人类根据已有经验更有效地识别和理解他人的行为，也使他们能够通过直觉、观察进行模仿，而不需要复杂的推理过程，这就是一种掌握间接经验的能力，不用事事都去亲身体验、直接试误来获得经验，大大提高了学习效率。同时，镜像神经元还可以帮助观察者像照镜子一样通过内部模仿体验而理解他人的情绪、行动、意图、意义，并且作出相应的情感反应，产生共情（empathy），从而搭建"神经桥梁"，使得人与人之间的沟

> **镜像神经系统为人类的观察模仿学习提供神经基础**
>
> 1996年意大利科学家贾科莫·里佐拉蒂（Giacomo Rizzolatti）首先发现恒河猴腹外侧运动前皮层F5区的神经元细胞不但在它做出动作时产生兴奋，而且看到别的猴子或实验员做相似的动作时也会兴奋。比如，猴子捡起葡萄干的时候，特定脑区会被激活；猴子看着其他猴子捡起葡萄干的时候，这些脑区也会被激活，说明大脑在模拟其他个体的行为。
>
> 这些特殊的神经元被称作镜像神经元（mirror neuron），意指像镜子一样可以映射他人行为，后来科学家通过进一步的科学实验研究，证实人脑中也广泛存在镜像神经元，其中一部分存在于大脑皮层的布洛卡区（控制说话、动作和对语言的理解的区域），而且更加敏锐，进化程度也更高，不仅可以处理视觉信息，对语言、声音等抽象信息也会产生反应。

通变成现实。

我们既鼓励幼儿通过自主探索获得认知和建构经验，也需要积极推动他们在与同伴或成人的社会互动中，通过相互观察、模仿、交流、借鉴，在共同探究、共同解决问题的过程中更好地完善自己的想法和行为。有研究发现，带着理解意图去模仿和无意识被动模仿相比，镜像神经元激活的程度不同。也就是说，幼儿无论是和成人还是和同伴之间，在积极的、有意义的互动过程中，产生的模仿会更具有学习的价值。这种互动既可以发生在模仿过程中，也可以是模仿之后的讨论。比如教师和幼儿平行游戏一起玩黏土的时候，聊聊自己的想法和对玩黏土的感受，那么，幼儿模仿的不是教师捏了什么，而是教师投入创作的态度和行为，保留了他自身的主动性和创造性；再如教师示范某种工具的使用方法和注意事项时，如果能够清晰地说明原因，那么也更有助于幼儿正确模仿规范的使用方法。

然而，前额皮层的成熟在时间上远远滞后于镜像神经元系统的成熟，这就会导致幼儿在人际交往与社会互动过程中无法有效抑制不必要的模仿行为。

例如幼儿在看到同伴间肢体或语言冲突等社会性暴力行为时，往往会不自觉地参与。① 教师需要理解并尊重这一客观现象，并积极介入，及时阻断消极模仿。

人类的大脑和思维在与他人的不断交互中得以塑造。儿童在大脑执行功能的发育过程中，需要有良好的社会互动环境和经验，以帮助他们组织信息、解决困难、完成任务和制订修改计划。这些对每一个儿童都具有重要的意义，是"最近发展区"通过指导性参与或合作学习而使儿童认知和思维得到发展。

当前脑科学研究逐渐重视在真实社会交互情境中的认知和行为，Keysers 和 McKay（2011）认为人脑不是"孤立的刺激加工机器"，而是一种与其他个体的大脑共鸣的装置。多人同步脑成像扫描技术（hyperscanning）使探究人与人在社交互动中的神经机制成为可能。据一系列言语交流的研究发现，倾听者和说话者在交谈中，他们的脑活动出现同步反应，这是维持有效交流的神经基础。②③ 有趣的是，实验研究进一步证明，当个体与同伴具有共同目标和期望，需要联合行动执行同步行为的合作任务时，他们具有更显著的脑间同步。

据脑成像科学实验表明，在教室里，儿童在学习或活动中，大脑的一些脑区会相应激活；与此同时，教师大脑中的一些脑区也在努力工作着。Holper等（2013）研究发现，师生在对话过程中脑际神经活动的同步性是学生理解能力和迁移能力形成的标志。当学生真正理解教师的意图后，师生双方大脑的激活模式更接近。④ 最早的同时记录教与学过程的研究发现，在成功的教学中，

---

① 陈巍，陈喜丹.镜像神经元系统的个体发生学及其学前教育意蕴[J].学前教育研究，2015（4）：3-8.

② STEPHENS G J, SILBERT L J, HASSON U. Speaker-listener neural coupling underlies successful communication[J]. Proceedings of the National Academy of Sciences, 2010, 107（32）：14425-14430.

③ DIKKER S, SIBERT L J, HASSON U, et al. On the same wavelength：predictable language enhances speaker-listener brain-to-brain synchrony in posterior superior temporal gyrus[J]. The Journal of Neuroscience, 2014, 34（18）：6267-6272.

④ 周加仙，贾胜洲."教学脑"的研究与教学的有效性[J].教育家，2018（28）：61-63.

学生与教师的脑活动就出现了同步的模式，①且学生受到的关注程度与脑际神经活动的同步性具有相关性——受到更多关注的学生会表现出更高的神经活动同步性。

可见，当幼儿投入活动中时，教师如果是冷漠旁观、游离的，或者和幼儿的想法南辕北辙，则没有实现脑间同步，就会影响幼儿的专注、投入、坚持、灵活、协调。教师应提高互动意识，时时注意儿童的学习状态和心理状态，调整节奏和步伐，对儿童的需求敏感回应。除了师生之间，学生与学生之间也会在学习与活动中产生脑间同步，而且实验发现，座位更临近的、可以面对面交流的学生彼此之间的脑间同步更高，所以小组讨论、合作探究也是非常有益的活动组织方式。

---

① HOLPER L, GOLDIN A P, SHALÓM D E, et al. The Teaching and the Learning Brain: A Cortical Hemodynamic Marker of Teacher-student Interactions in the Socratic Dialog [J]. International Journal of Educational Research, 2013, 59: 1-10.

第三章

幼儿园区域游戏脑科学指导依据框架

通过前两章，我们大致了解了人类大脑的结构、功能与发育规律，对基于大脑信息加工的人类的学习是如何发生的、有哪些特点也有了一定认识，那么，大脑机制和幼儿园区域游戏之间又有哪些关联呢？对大脑和学习的科学认识如何作用于幼儿园区域游戏的组织和实施呢？

为更好地搭建脑科学与幼儿园区域游戏之间的桥梁，指导教师为幼儿提供基于脑、适于脑、利于脑的区域游戏环境和支持，本研究遵循科学严谨的原则，基于对脑科学相关理论成果的文献研究，结合当前幼儿区域游戏实践研究现状和需求，遵从主动学习（Active Learning）理念，即由学习者发起的学习，是学习者通过操作物体与人、观念、情境的相互作用，主动地建构关于现实知识的过程，包含材料、操作、选择、语言、成人的支持等五个要素，拟从创设良好的区域游戏物质环境、营造区域游戏积极的情绪氛围、重视区域游戏计划与反思、促进幼儿区域游戏中的社会性互动、推进区域游戏中的深度学习五个方面提出脑科学指导依据框架，并在指导依据下提出对区域游戏五个方面的启示和指导建议。本框架还与《指南》进行深度关联，帮助教师基于已有认知经验更好地理解脑科学对幼儿学习与发展的指导价值。

理论前提与假设

主动学习（Active Learning）理念

由学习者发起的学习，是学习者通过操作物体，与人、观念、情境相互作用，主动地建构关于现实知识的过程。

主动学习五要素

材料：要提供丰富的、适应幼儿不同发展需要、方便取放的材料。

操作：要满足幼儿自由进行操作、转换、组合材料的需要。

选择：幼儿应能自由地选择材料与活动，选择自己喜欢的探究方式。

语言：幼儿有机会进行描述、表达、谈论，与其他幼儿进行交流。

支持：幼儿与成人积极互动，获得成人的尊重、鼓励与适宜支持。

大脑学习特征与原则

整体性、具身性、主动性、愉悦性、意义性、交互性。

研制过程

第一，需要对脑科学基本理论与研究成果进行全面、深入的学习和了解，尤其要筛选出与早期儿童发展和教育紧密相关的内容。

第二，进行系统化分类整合，去粗取精、去伪存真。

第三，参考主动学习理念和五要素确定区域游戏五个方面作为指导单元，与脑科学理论进行深度连接；

第四，针对每个单元选取核心内容编制脑科学依据，确保科学严谨、通俗易懂；

第五，在脑科学指导下，结合区域游戏实践问题需求提出适宜可行的启示和建议；

第六，对照《指南》梳理出参照呼应点。

价值意义

该指导依据框架从浩如烟海、庞杂艰深的文献中为教师整理出相对系统、清晰,聚焦于区域游戏的内容清单,减轻了教师的心理压力,便于他们更好地学习和吸收脑科学知识,并与区域游戏理论实践紧密结合。

该指导依据框架中的启示建议与脑科学依据高度契合,有利于教师知其然、知其所以然,有利于知行合一,促进行为的发生。

每个单元的脑科学依据和启示建议与《指南》呼应关联,有利于教师换一种思路解读《指南》,跳出五大领域,能从脑科学的视角,从主动学习、从区域游戏的视角领会《指南》精神,践行《指南》。

第一节 创设良好的区域游戏物质环境

幼儿的身心发展特点决定了他们不是以书面的文字符号作为主要的学习内容,而是通过感性经验来学习的,是在情境中思考,在行动中积累经验的。因此,幼儿在区域游戏中实现主动学习首先需要的一项基本条件就是:材料丰富多样而且可以自主选择和掌控物理环境。

幼儿是在环境中学习的,环境的适宜性和丰富程度决定了幼儿经验的丰富程度。因此,区域游戏需要教师为幼儿提供"有准备的环境",支持幼儿在与环境的互动中不断建构自己的经验。

如何从脑科学角度理解幼儿的游戏、学习与物质环境的关系?给教师的教育和支持带来哪些启发呢?

一、脑科学依据

1. 学习的过程就是大脑建立神经网络的过程

幼儿阶段，大脑发育速度虽然没有婴儿阶段那么快，但脑重已接近成人，大脑神经活动水平是成人的两倍，这种水平会持续到 10 岁。

这得益于幼儿大脑神经细胞和胶质细胞的逐渐增长和成熟。人的大脑皮层有将近 130 多亿个神经元，神经元和神经元之间由于信息传导而产生电化学冲动，生出突触而形成连接。幼儿大脑接受的刺激越多，电化学冲动越多，神经元之间的连接就越多，从而逐渐形成神经网络。胶质细胞作为神经纤维周围的一层髓质，为神经细胞提供营养，促进髓鞘化，可以保证神经信息传导的速度和准确性，进一步促进了神经网络的建构。

大脑的神经网络就像城市的高速公路，决定着信息的有效传导，形成人类大脑功能系统的基本框架，是大脑可塑性的重要来源。幼儿阶段是大脑最活跃的阶段，是大脑神经网络建立连接最旺盛的时期。儿童学习的过程就是大脑不断接受刺激，增长突触，建立神经网络的过程。所以，研究者指出，大脑发育是生物因素和环境经验相结合的产物。

有实验发现，与标准实验室环境下养育的动物相比，同窝出生、在有许多玩具的环境下生长的动物大脑更重，神经联结更广泛；而且，如果这些动物被转移到缺少刺激的环境下，大脑复杂联结又会减少。

2. 大脑发育顺序决定了幼儿阶段思维以感知运动为主

脑科学研究发现，大脑所有部位并不是以相同的速度成熟的。幼儿阶段正处于大脑第二和第三基本功能区——感知觉初级区域和额叶运动皮层一、二级区域发展阶段，表现为皮亚杰提出的感知运动阶段与前运算阶段。髓鞘化是脑细胞成熟的重要标志之一，也是大脑发育的重要表征指标。研究认为，大脑髓鞘化也遵循一定的时间顺序，与神经系统的成熟一致，最先完成髓鞘化的是感觉通道，然后就是和骨骼肌肉之间的通路，青春期以后负责高级认知功能的大脑前额叶的神经髓鞘化才能够逐渐完成。所以这也是为什么幼儿最先发展起来的是感官，然后开始能逐渐掌握越来越复杂的动作，再然后开始进行逐步高级和复杂的认知活动。

3. 大脑神经网络的发育遵循"用进废退"的原则

大脑早期建立的神经网络虽然密集，但是只有经常被刺激、强化的神经元和联结才会被持续巩固，而不被刺激的神经元连接就会逐渐消退。幼儿大脑对外界环境和刺激更为敏感，在与环境大量接触的过程中，会产生大量的神经突触建立神经连接，但这些神经连接并不稳定，有些经验和刺激重复被选择和强化，那么神经连接就会更稳固，但有些经验和刺激则逐渐消失，最终导致相应的神经连接慢慢萎缩消退。所以，大脑神经网络的发育会遵循"用进废退"的原则，经历由密到疏重组的过程。这也是大脑可塑性的基础，环境和经验对这一过程具有重要影响。

4. 大脑工作遵循整体性原则

有研究者将大脑分为脑核（Central Core）、脑缘系统（Limbic System）、大脑皮质（Cerebral Cortex）三个部分；还有一种通俗的说法，是把大脑分为爬行脑、哺乳脑和新脑，分别对应间脑、边缘系统和大脑皮质。随着大脑发育，神经元迁移到大脑特定位置承担特定功能。"大脑具有跨多个领域工作的机制"，在环境刺激作用下，大脑不同功能区域的神经元之间建立神经连接，诱发神经网络多通道多层面的可塑性，从而达到全面开发大脑的目的。也就是说，大脑正是按照整体性原则进行生理和心理活动的，学习的本质就是大脑对来自身体器官以及眼、耳、鼻、舌、口的多种感官刺激进行信息整合、建立神经网络的过程，同时伴随情感和注意的调节，最终实现整体性学习与发展。

所以说，人类的学习就是身体、智力和情感协调互动、共同作用对事物进行认知和把握的过程，是多个领域整体发展的过程；是学习者全身心投入到活动中，是认知、身体和环境相融的统一体。

5. 手部运动与大脑机能高度对应

人的躯体各个部分在大脑皮层功能区的分布上均有所对应，但这种对应并不是按照躯体面积大小而定的，而是依据在机能上的重要程度和应用程度而定。越重要的部分，功能区就越大。比如手臂、躯干占了我们身体很大一部分，但是它们所对应的大脑皮质区却并不多，而手部则占用了很大的区域，反映了手部运动对大脑机能的重要性。

孩子通过身体感官吸收到的信息，要让手产生动作，大脑才有发展的可能性。尤其是学前幼儿，一定要在感官、大脑，以及双手和身体之间产生协作，才能在大脑中形成完整的运动序列，才能形成熟练的、自动化的、无意识的活动。例如进行编织、打结儿、串珠，完成拧开水壶盖—端起来倒水—拧上水壶盖等一系列动作，握笔涂鸦、画画或者写出自己的名字等，这些都需要大脑在感官信息刺激下产生神经联结，并与手部肌肉进行高度整合与协调合作。当然，这样的协调合作是建立在大量的实际操作和练习的基础上的，所谓熟才能生巧，手巧才能心灵。

6. 注意神经系统受环境刺激影响

注意是一切活动正常进行的前提条件和基础，这一切都受大脑所掌控。认知神经科学结合脑电波和脑成像技术，认为注意是通过多个脑区的神经网络活动来实现的，包含警觉系统、定向系统和执行控制系统 3 个子系统（见表 3.1）。

表 3.1　注意的神经网络系统

神经系统	主要位置	功能
警觉系统 （alerting）	包括脑干及右侧前额叶皮层	进行信息的搜索加工，引发并维持警觉状态
定向系统 （orienting）	顶叶皮层的空间指向网络和颞叶皮层的客体识别路径	感知刺激的方向，识别注意目标
执行控制系统 （executive）	额叶皮层特别是前额叶皮层	调节信息冲突，进行信息选择，控制情绪

注意的神经系统要求首先引起警觉。当环境刺激符合幼儿以具体形象、感知操作为主的思维特点，又具有一定挑战性、新异性时，就更容易引起幼儿

注意的警觉和定向，并执行控制；相反，抽象形式的、简单重复、缺乏新鲜感和挑战性的信息和任务，则会让幼儿感到无聊和乏味，难以引起注意的警觉、定向和执行控制。

7. 智能存在个体差异

美国哈佛大学教育研究院加德纳教授提出多元智能理论，认为我们每个人都拥有八种主要智能：逻辑—数学智能；语言智能；空间智能；音乐智能；人际智能；身体运动智能；内省智能；自然观察智能。脑科学研究指出，智能是一组能力，不是一种能力。作为个体，每个人都拥有相对独立的多种能力，这些能力在每个人身上的组合方式、发展顺序、表现形式、发展程度各不相同，都有自己的智能优势和弱势，这就是差异。

这些差异除了某些遗传基因的作用以外，更重要的是环境和教育所造成的，智能是与生俱来的身心潜能与外在环境互相作用的产物。不能仅以现时的智能表现、发展方向和程度来评价个体智能的优劣，而是要充分尊重每个幼儿的智能特点，为他们提供发现与培养优势智能的条件、机会，使他们的潜能得到充分开掘。

二、启示和建议

上文从环境刺激与幼儿大脑发育和游戏学习的关联角度提出了幼儿园区域游戏物质环境创设的脑科学依据，在此指导下对教师如何创设区域游戏物质环境提出以下策略建议。

① 符合大脑整体性学习规律。大脑按照整体性原则进行生理和心理活动，使教师认识到需要用一种整体论的方法看待人的发展，认识到幼儿学习是身体动作、认知、情感与社会交往之间相互依赖和相互促进的过程。游戏环境要使幼儿可以全身心投入活动中，既有身体动作的参与，又有感知体验，并能激发幼儿与他人的互动。

经验来自具有各种感知运动的身体，身体的感觉和运动成为整体性学习的基础和关键。物质环境要注意创设一定的情境，促进幼儿多种身体感知器官与环境交互作用，在活动过程中加强大脑对各种感知信息的加工整合；同时基于物质环境满足幼儿安全、自主、可控的心理需要的前提，从而使幼儿产生积极的情绪，保障大脑整体性学习。

② 满足适宜性原则。顺应大脑发育的顺序，给幼儿提供的环境和材料要满足感知动作发展的需要，符合他们的发展水平。给孩子提供的环境和材料如果单一乏味，趣味性、操作性太弱，或者过于复杂高于孩子的发展水平，或者过于简单没有给孩子带来挑战，这样的刺激不仅不能促进大脑神经连接，反而会导致注意力不集中，厌倦学习，造成孩子潜能的浪费。

无论高结构玩具还是低结构玩具，无论专门化玩具还是非专门化玩具，只要是适宜于幼儿游戏兴趣，使幼儿能够实现自己的游戏意图的，都可以促进幼儿神经网络的建构，促进大脑发展。

③ 满足多元差异性原则。幼儿的大脑发育需要在环境中获得各种各样的感知运动经验，环境刺激首先要满足差异性原则，为孩子提供多感官的环境、材料和活动供他们个性化选择和体验，允许他们以自己的方式探究和了解同一个事物或主题，使他们获得丰富的感知经验。

④ 环境、材料兼顾稳定性和新颖性。当幼儿长时间着迷于某一种或几种玩具材料，不要轻视或打击孩子的"重复"学习，看似简单重复的行为背后，大脑正在不断巩固已有的神经连接，同时也在不断生成新的神经连接，这就是我们表面上所观察到的"熟能生巧"的内在机制。教师所能做的就是观察、接纳和鼓励，要尽量避免频繁地更换材料，要给幼儿充分的时间和空间去重复探索和练习。

当然，当经验巩固到一定程度时，新的连接也不再产生，也就是幼儿开始感到厌倦的时候了，要在幼儿兴趣和已有经验基础上对环境和材料进行延伸和扩展，这样更容易激发孩子学习新的经验。比如偶尔进行一些空间的重新划分，座位的变换，家具摆设位置的调整，或增加一些新的材料或装饰，都可以有效提高幼儿的注意，激发新的活动，延长游戏时间。

⑤满足手部肌肉操作和练习的需要。所有的玩具材料都需要幼儿的动手操作，可以给幼儿充分的手部锻炼的机会，尤其要鼓励他们使用剪刀、锤子、螺丝刀、胶带等各种工具去解决游戏中和生活中真实的问题，这会让他们感到自己的小手很能干，对自己更充满信心，这样的反馈又会给大脑带来更多学习的动机。五六岁的孩子进入书写敏感期，他们可能会产生书写字母、数字和汉字的兴趣与需要，这有利于大脑形成相应的神经网络和动作序列。教师可以在环境中提供不同材质特性的纸张和笔，供幼儿探索使用。要避免对幼儿不合理的要求，如长时间握笔练习书写，不仅不会让手部得到锻炼，而且会导致大脑产生厌恶情绪，阻止大脑神经网络的建构。

三、指导依据在《指南》中的体现

《指南》中五大领域的相关发展维度和发展目标以及教育建议中有大量论述与物质环境支持幼儿大脑发育和学习的机制相契合，现将相应指导依据在《指南》中的体现，梳理如下。

（1）健康·动作发展·手的动作灵活协调

创造条件和机会，促进幼儿手的动作灵活协调，如提供画笔、剪刀、纸张、泥团等工具和材料，充分利用各种自然、废旧材料和常见物品，让幼儿进行画、剪、折、粘等美工活动。多提供原材料和半成品，让幼儿有更多机会参与制作活动。

（2）语言·阅读与书写准备·具有书面表达的愿望和初步技能

让幼儿在写写画画过程中体验文字符号的功能，培养书写兴趣。准备供幼儿随时取放的纸笔等材料，可利用沙地、树枝等自然材料，满足幼儿自由涂画的需要。通过把虚线画出的图形轮廓连成实线等游戏，促进手眼协调，帮助幼儿学习由上至下、由左至右的运笔技能。

（3）科学·科学探究·亲近自然喜欢探究·在探究中认识事物和现象

为幼儿提供有趣的探究工具，多为幼儿选择能操作、多变化、多功能的玩具材料或废旧材料，在安全前提下，鼓励幼儿拆装或动手自制玩具。

支持幼儿在接触自然、生活事物现象中积累有益的直接经验和感性认识，提供丰富的材料和适宜的工具，探索并感知常见物质、材料的特性和物体的结构特点。

（4）科学·数学认知·感知理解数、量和数量关系，感知形状和空间关系

感知常见事物的大小、多少、高矮、粗细等量的特征，学习使用相应词汇描述这些特征；结合具体事物让幼儿理解量的相对性，比较多少。引导幼儿感受生活中各种物品的形状特征，并尝试识别和描述，鼓励和支持幼儿用积木、纸盒、拼板等各种形状材料进行建构游戏和制作活动。

（5）艺术·表现与创造·喜欢进行艺术活动并大胆表现

提供丰富的便于幼儿取放的材料、工具和物品，支持幼儿进行自主绘画、手工、歌唱和表演等艺术活动。

第二节　营造区域游戏积极的情绪氛围

情绪是行动的组织者和调节者，情绪也是身体、思维、社会和文化综合的产物。幼儿在区域游戏中的情绪既与空间、物质环境有关，也受师幼关系、同伴关系所影响。在教师文化价值观念主导下所创设的情绪氛围是幼儿实现主动学习最重要的基础，也是教师最重要的一项工作。

良好的情绪氛围有助于培养幼儿良好的秩序感，更好地适应环境，激发幼儿学习兴趣和热情，以最佳的情绪状态主动投入和参与，从而获得最佳的学习效果。如何从脑科学角度理解情绪如何发生，如何影响注意和认知以及交往，给教师的教育和支持带来哪些启发呢？

一、脑科学依据

1. 大脑工作遵循整体性原则

对大脑基本结构和功能的研究证明，需要用一种整体论的方法看待人的发展。大脑具有跨越多个领域工作的机制，大脑的情绪部分和理性部分是紧密相连的，通过人际关系、情绪和理解外部世界来学习。也就是说，身体动作、认知、情感与社会交往之间存在相互依赖的关系，学习就是学习者全身心投入活动中，实现认知、身体、情绪和环境融为统一体的过程。

2. 儿童情绪体验影响大脑神经发育

儿童在一天当中会产生多种情绪体验，有积极的情绪体验，也有消极的情绪体验。有研究表明，得到体贴、安全和精心照料的儿童，在轻度应激情境下产生皮质醇的可能性比其他儿童低。皮质醇是一种应激激素，可能会损害脑功能和神经系统的发育。拥有高焦虑水平的儿童皮质醇水平较高，有应对策略、能很好地缓解压力的儿童皮质醇水平较低。持续性的压力和焦虑会导致持续性应激激素的产生，皮质醇长期处于高水平的儿童的认知、社会性和运动能力发展会相对迟缓，还会损害身体系统，如心血管、消化和免疫系统。

3. 大脑情绪反应通路遵循安全优先法则

大脑是随着人类进化而发展的，进化过程中，人类的首要任务就是活下来，生存反应始终是大脑的首要功能。只要有恐惧信息、威胁生存的信息，大脑马上会调动最重要的资源和能量快速应对。

大脑的情绪中心、情绪控制系统位于边缘系统中，主要包括杏仁核、丘脑、下丘脑和海马体，其中杏仁核被认为是产生情绪、识别情绪和调节情绪的管理中枢。杏仁核能够评估来自外界的刺激是否安全，然后决定是接近还是逃跑，从而确保个体安全。它会调动内分泌系统，释放一定量的荷尔蒙，并使身体做出反应的准备。有研究发现，信息刺激到达杏仁核的时间要比到达大脑皮层的时间早40毫秒，这使得情绪唤醒更占优势而且能够控制思维。所以，当遇到危险或恐惧压力时，杏仁核感受到威胁，产生一连串生理反应，让身体做出战斗或逃跑的反应，从而引发相应的行为表现。

4. 大脑情绪机制影响学习动机

大脑本身就是寻求安全、快乐的器官。当学会新的知识或新的技能，解决了问题，大脑中的化学物质多巴胺就会释放出来，使人感到快乐和满足，从而成为个体学习动力的来源，引发内在的动机。也就是说，在积极情绪状态下，个体会保持趋近和探索新事物、与环境主动联结的倾向，从而促进活动的连续性。

相反，消极情绪则与特定的行为动机相联系，例如，愤怒生成攻击欲望。如果大脑没有感受到快乐，反而频频受到恐惧、焦虑、内疚等应激刺激，则会降低学习动机。如果儿童个体的成就动机并非那么足的话，那么让他们在学习活动和任务中感到愉快，增强游戏的娱乐体验，则可以激发学习动机。

5. 大脑情绪机制影响认知记忆

大脑边缘系统另一个重要的结构是海马体，可以帮助保存记忆，并把记忆转入长时记忆。杏仁核与海马体联合协作，使得情绪与记忆紧密相关，所以那些曾经引起我们强烈情绪的事件和经历更容易被记住，并终生难忘。

只有在情绪体验安全愉快的时候，大脑才能较好地发挥认知学习功能。积极情绪可以提高注意广度、整体性思维和想象中的行动反应，引发更好的技能，如创造力、探索性和整合知识容量，可以提高解决问题的灵活性，改善决策。所以，安全愉悦的情绪体验是大脑工作的最佳状态，能提高认知活动的效果。相反，持续的压力和威胁则会导致海马体与额叶皮层的损失，影响记忆和信息加工，从而使认知能力降低。

二、启示和建议

上文从情绪氛围与幼儿大脑发育和认知学习的关联角度提出了幼儿园营造区域游戏情绪氛围的脑科学依据，在此指导下对教师如何营造区域游戏积极的情绪氛围提出以下策略建议。

① 利用好物质环境中可感知要素对情绪的安抚作用。温暖明亮、开放共享的区域空间，富有情趣、贴近幼儿生活的情境创设，可供自主选择、方便把握、自由移动的材料，适宜的空间、摆设、色彩、光线、声音等都可以帮助幼儿释放紧张与焦虑，还具有一定的情绪治疗作用，是情绪的调节解码器。研究发现，听 20 分钟音乐就会降低被试血液中压力激素和皮质醇的水平。

② 进行民主温和的教室管理。提供稳定的、可预期的区域游戏工作流程，与幼儿共同制定和维持教室规则，并树立温暖、友善、遵守规则的模范，降低游戏中不必要的冲突和障碍。禁止用体罚或羞辱引发幼儿感到内疚来激发学习动机或遵守规则，这些做法都会有损于大脑功能的正常发展，更不利于智力的开发。

③ 游戏内容与幼儿发展兴趣、水平相适宜。提供的玩具材料和游戏内容应首先服务于幼儿自身的兴趣和意图，鼓励差异化、个性化的学习内容，允许幼儿自主选择、决策和控制游戏的节奏进程。既不会因为简单无聊引起他的厌倦，也不会因为太超出其发展水平而导致挫败和焦虑，而是正处于适度挑战的"心流"区域，能使幼儿全神贯注地将热情与投入结合在一起，并在这一过程中获得愉悦的情绪和最佳效果。

④ 在幼儿游戏过程中给予关注和及时反馈。关心所有幼儿，为每个幼儿提供展示、被提问、分享、充当领导者的机会，使他们感到被关注、被信任，获得安全感和掌控感。尤其在他们遇到困难或挫败的时候，对他们进行情绪安抚，引导他们学习自我调控，发展出良好的情绪管理能力，并重新获得理性，尝试解决问题。如果幼儿得到的是鼓励的、奖赏的、支持的反馈，那么他们就会逐渐拥有开放的、热爱学习和创造的大脑；如果得到的是惩罚的、否定的、拒绝的反馈，那么他们就会逐渐回避冒险、习惯依赖，大脑变得封闭。

⑤ 善于运用幽默调节气氛，避免讥讽戏弄。运用幽默的表情、语言、动作或者图画等符号，可以缓解压力，调节气氛，有助于幼儿更好地理解规则、解决冲突或者迎接挑战。但要避免把幽默当成对幼儿的讥讽戏弄，否则更容易

伤害幼儿的自尊，引发更深的情绪焦虑。

⑥自然利用同伴资源，增强幼儿归属感。引导幼儿关注和参与同伴游戏，容许和鼓励幼儿之间的闲聊、互助，开展幼儿之间的相互评价，引导幼儿以合理方式解决同伴冲突，避免欺凌与退缩影响幼儿对区域游戏的参与。

⑦尤其关注带着情绪入班的幼儿，与家长积极沟通。观察幼儿参与游戏的情绪状况和专注程度，对于有明显情绪问题的幼儿要额外关注。如果身体和语言安抚都无法改变状况，要和家长积极沟通，了解幼儿受情绪困扰的原因，有针对性进行引导，并争取家长的配合。

三、指导依据在《指南》中的体现

《指南》中相关领域的发展维度和发展目标以及教育建议中有大量论述与情绪影响幼儿大脑发育和学习的机制相契合，现将相应指导依据在《指南》中的体现，梳理如下。

（1）健康·身心状况·情绪安定愉快

营造温暖轻松的心理环境，让幼儿形成安全感和信赖感。保持良好的情绪状态，以积极愉快的情绪影响幼儿。以欣赏的态度对待幼儿，发现幼儿的优点，接纳个体差异。幼儿做错事时冷静处理，不厉声斥责，更不能打骂。和幼儿一起谈论分享自己的情绪，帮助幼儿学会恰当表达和调控情绪。当幼儿不高兴时，主动询问情况，帮助他们化解消极情绪。

（2）社会·人际交往·愿意与人交往·自尊自信自主

主动亲近关心幼儿，经常和他们一起游戏活动，让幼儿感受与成人交往的快乐，建立亲密的师生关系，创造交往的乐趣，让幼儿体会交往的乐趣。关注幼儿感受，以平等态度对待幼儿，鼓励幼儿自主决定、独立做事，使幼儿感受到自己被尊重。对幼儿好的行为表现多给予具体、有针对性的肯定和表扬，让他对自己有所认识并感到满足和自豪。鼓励幼儿尝试有一定难度的任务，调整难度，让他感受经过努力获得的成就感。

（3）社会·社会适应·具有初步归属感

亲切对待幼儿、关心幼儿，多和孩子一起游戏、谈笑，营造温馨的氛围，让他感到教师是可亲、可近、可信赖的，幼儿园是温暖的。

第三节　重视区域游戏计划与反思

越来越多的幼儿在教室里开展区域游戏时开始设置计划—工作—回顾（反思）的流程。游戏开始前，幼儿先制订计划，明确游戏意图，然后再进入工作，最后进行回顾和反思。计划—工作—回顾的流程有利于幼儿形成自觉、自主和主动的意识，提升他们在游戏中的专注力、坚持性。最重要的是，他们的思维因此而获得更大的发展，形成积极的学习品质，使计划与反思成为终身受益的习惯。

脑科学研究为区域游戏计划—工作—回顾流程，为幼儿计划和反思能力的发展，提供了哪些依据？给教师的教育和支持带来哪些启发呢？

一、脑科学依据

1. 学前阶段是大脑执行功能发育的关键期

大脑执行功能是指一个人能够集中保持注意力、对各种信息进行过滤干扰并控制转换的能力。它能够帮助个体在同时面对多重来源信息时控制冲动、调节情绪、保持注意力，从已有信息中找到决策的线索，在头脑中形成目标，并根据实际情境灵活调整自己的行为，监控可能出现的错误，这需要同时调动注意、记忆、情绪调节、问题解决等多项大脑其他高级认知功能，是每个人日常生活和学习工作不可或缺的基本核心技能，也是儿童学习与发展的核心能力。

研究者指出，大脑执行功能是在一定的环境和教育中通过大量的实践经验逐渐发展起来的，学前阶段是人生构建脑的执行功能的关键时期。儿童在早期建立好大脑执行功能的基础，才更有利于早期读写，记住相关步骤，参与同伴游戏讨论，制订计划，完成小组任务，并有更多机会成为学业优秀的学生和受欢迎的人。

2. 大脑执行功能为计划和反思提供神经基础

脑科学研究指出，执行功能所依靠的大脑区域主要包括前额皮质、前状束和海马区。前额皮质位于大脑的最前端区域，是脑部的命令和控制中心，负责注意、计划、推理、选择、问题解决等高级认知功能，是大脑最晚成熟的区域，实现完全髓鞘化要到青春期以后甚至到 30 岁，这决定了幼儿大脑执行功能的发育还很稚嫩。

海马区是大脑情绪中心，是边缘系统的重要结构，负责记忆，是回顾反思的重要依托。积极的情绪和轻微适度的压力能够提高儿童专注力和控制力，促进记忆和提升学习效率；但是持续的情绪威胁或过度的压力则会影响注意、记忆和信息加工，从而影响大脑的执行功能。

大脑执行功能被研究者划分为抑制控制、工作记忆与认知灵活性三个维度。抑制控制是指抑制情绪、行动、想法的能力，即使有强烈的愿望也能抑制冲动、延迟满足不做某事，即使没有意愿也能让自己做某事，如停止游戏、收好玩具等；工作记忆，是指在头脑中暂时存储一些信息，它是个体记住并持续注意和完成一定任务的基础；认知灵活性，是指在不同任务和心理状态中灵活转化的能力，包括分散注意，随着情境变化，产生新的想法，形成新的目标或计划，或根据当前行为所获得的反馈对自身行为进行调节修正，以适应变化的环境。认知灵活性的发展关键期为 3～9 岁。

计划—工作—回顾（反思）的流程实施需要经历制订计划—实施计划—反思调整、评估计划完成情况的思维过程，这个过程正是依赖于抑制控制、工作记忆与认知灵活性的神经基础。

3. 左右脑联合为多种表征提供基础

人类大脑分为左右两个半球，左右脑之间通过胼胝体进行联结，使得左右脑可以联合行动。人的各种复杂认知活动都是由左右脑相互协同配合而完成的。科学家证实左右脑在高级心理机能下存在不同的特性，左脑更擅长逻辑推理、言语思维，右脑则更多地处理空间图像、模式化信息、想象、艺术和整体感知觉。左右脑功能上的互补联合使得右脑表征过的直观形象、图像化信息经左脑的进一步加工，可以通过言语、推理等逻辑思维的方式进行转换表达。

计划和反思，都需要幼儿先能够在头脑中描绘出事物和行动的图像，才能再进一步进行表征。表征分为言语表征和视觉化表征。言语表征本质上是对被表征对象进行相对抽象的表述；视觉化表征则是运用图像符号，对被表征对象进行相对形象的描绘，具有具体、形象、直观的意义，便于个体快捷地视觉化被表征对象的整体结构和意义，使表达想法和记忆加工变得更容易。视觉化表征和言语表征的结合是左右脑联合的全脑思维，是右脑形象艺术创作与左脑思维结合的产物。

二、启示和建议

上文从大脑执行功能与左右脑联合的角度提出了幼儿园区域游戏实施计划与反思的脑科学依据，在此指导下对教师如何在区域游戏中培养幼儿计划与反思能力提出以下策略建议。

① 增强执行功能中抑制控制能力。抑制控制是执行功能中的核心成分，包含对情绪和行动冲动的抑制，遵循目标，排除无关干扰以维持注意。抑制能力弱的幼儿难以控制随时产生的冲动、想法和行为，不利于计划的执行，需要教师紧密观察幼儿是否在游戏工作环节时刻以完成计划意图为目标控制自己的行为，出现没有执行计划的情况要及时介入，询问了解情况，并与幼儿协商解决。

② 增强执行功能中工作记忆和灵活调节认知的能力。执行计划离不开工作记忆，教师要通过与幼儿之间有意识的互动，提醒幼儿计划内容，帮助幼儿将计划、过程与结果联系起来，推动他们更好地完成计划。教师还要着眼于支

持幼儿更好地回忆、表述和分析，通过"如果……将如何……""还有什么方法""上次你用了什么方法，发生了什么""下次你打算怎么做才能避免……"等开放性问题启发幼儿灵活调节认知的能力。幼儿对自己的活动过程进行分析，不仅能表述自己做了什么，学到了什么，有什么感受，还要对没有完成什么，原因是什么，下次如何做可以解决这个问题有自己的思考，从而监督未来计划的执行。

③ 促进计划丰富性。在幼儿表示有某些想法或者想要做某一件事的时候，要抓住时机回应孩子的想法，和他一起讨论这件事情将要如何做，做到什么程度，帮助幼儿进一步明确他的意图和做事情的步骤。

④ 发挥同伴在反思调节中的作用。让幼儿观察同伴在工作中是如何解决问题的，站在他人角度进行反思，并练习结合自身的问题情境与经验进行灵活迁移，调节认知和行为，从而建构新的经验。还可以在回顾反思环节，鼓励同伴之间更多的交流和质疑，推进反思能力更大发展。

⑤ 营造积极安全、民主平等的心理环境。教师转变主导、掌控、权威评判的角色，倾听幼儿的心声，尊重和接纳幼儿的想法，并鼓励他们获得对游戏的掌控感和对游戏的自我评价权，这有利于从根本上促进他们计划与反思能力的发展。

⑥ 鼓励幼儿通过视觉化表征方式进行计划和反思。除了口头陈述，还要鼓励幼儿通过视觉化表征进行计划和反思。视觉化表征可以帮助他们进一步将人物、材料与行动或事件之间建立关联，使计划和反思更具体直观，还有利于增强工作记忆中的视空记忆，巩固已获得的经验。另外，视觉化表征还有助于帮助幼儿储备一定的前书写能力。画得好不好不重要，更重要的是表达所思所想。

⑦ 将零散回顾分类整合，进行经验建构。随着幼儿年龄增长，大脑发育和认知发展水平的提升，游戏复杂性与同伴交往能力的提升，他们的计划和反思能力会经历从简单到复杂、从单一到多元，从笼统到具体、从个体到小组团队的变化。大班幼儿还有可能会制订出包括材料选择、整合资源、具体步骤以

及与同伴的分工合作等详细信息的计划，并出现更频繁、更深度的反思，借助记忆和想象将更多习得的经验迁移到当下或未来的情境中，预想到问题解决的方案，并调整新的计划和行为。教师需关注、跟随幼儿的游戏过程，根据游戏主题与情节的开展，帮助幼儿及时梳理，将零散经验进行分类整合再建构，形成网络，有利于幼儿知识网络的建立。

三、指导依据在《指南》中的体现

《指南》中相关领域的发展维度和发展目标以及教育建议中有大量论述与增强大脑功能支持幼儿计划反思的机制相契合，现将相应指导依据在《指南》中的体现，梳理如下。

（1）科学·科学探究·亲近自然喜欢探究·具有初步的探究能力

通过拍照和画图等方式保留和积累有趣的探索与发现，和幼儿共同制定调查计划，讨论调查对象、步骤和方法，一起设法用图画、箭头等标志呈现计划。

鼓励幼儿用绘画、照相、做标本等办法记录观察探究的过程和结果，注意要让记录有意义，通过记录帮助幼儿丰富观察经验，建立事物之间的联系和分享发现。

支持幼儿与同伴合作探究与分享交流，引导他们在交流中尝试整理、概括自己的探究成果，体验合作探究和发现的乐趣。如一起讨论和分享自己的问题与发现，一起想办法收集资料和验证猜测。

帮助幼儿回顾自己的探究过程，讨论自己做了什么，怎么做的，结果与计划是否一致，分析一下原因以及下一步怎么做等。

（2）语言·阅读与书写准备·具有初步的阅读理解能力

与幼儿一起讨论或回忆书中的故事情节，引导他有条理地说出故事的大致内容。鼓励幼儿与他人讨论自己在阅读中的发现、体会和想法，鼓励幼儿用表演、绘画等方式表达自己对图书和故事的理解。

（3）社会·人际交往·与同伴友好相处

利用相关图书故事，结合幼儿交往经验，和他讨论什么样的行为受大家欢迎，想要得到别人接纳，应该怎样做。

第四节 促进区域游戏中的社会性互动

儿童早期的社会性经验对儿童的学习与发展非常重要。在与他人的社会交往过程中，儿童获得各个领域的知识和技能，观察并尝试运用不同的互动方式。这些知识和经验会直接影响他们日后与家人、朋友和同事之间是否能形成良好的关系，是否能为他们赢得个人发展的良好机遇。

区域游戏是幼儿与同伴进行社会互动的最佳途径，当然，也包括教师。游戏中，幼儿可以自由探索和实现自己的各种想法，在这个过程中与同伴互相观察、交流、借鉴和学习，学习更好地完善自己的想法和行为，学习通过合作解决问题。

如何从脑科学角度理解幼儿的社会性学习和互动的发生、发展与意义？给教师的教育和支持带来哪些启发呢？

一、脑科学依据

1. 镜像神经系统为人类的观察模仿学习提供神经基础

1996年意大利科学家贾科莫·里佐拉蒂首先发现恒河猴腹外侧运动前皮层F5区的神经元细胞不但在它做出动作时产生兴奋，而且看到别的猴子或实验员做相似的动作时也会兴奋。比如，猴子捡起葡萄干的时候，特定脑区会被激活；猴子看着其他猴子捡起葡萄干的时候，这些脑区也会被激活，说明大脑在模拟其他个体的行为。

这些特殊的神经元被称作镜像神经元（mirror neuron），意指像镜子一样可以映射他人行为。后来科学家通过进一步的科学实验研究，证实人脑中也广泛存在镜像神经元，其中一部分存在于大脑皮层的布洛卡区（控制说话、动作和对语言的理解的区域），而且更加敏锐，进化程度也更高，不仅可以处理视觉信息，而且对语言、声音等抽象信息都会产生反应。比如看到别人打哈欠的时候你也忍不住要打哈欠，听到别人吃饭的声音你会忽然感觉肚子很饿……也有科学家认为，镜像神经元是经验的产物，是具有高级视觉属性的感觉神经元与具有感觉运动属性的运动神经元之间连接，进行联想序列学习的产物。

镜像神经元具有视觉思维和直观本质的特性，可以帮助人类根据已有经验更好地识别和理解他人的行为、行为意图，也使他们能够通过直觉、观察进行模仿，而不需要复杂的推理过程。这也是一种掌握间接经验的能力，不用事事都从亲身体验、直接试误中来获得经验，大大提高了学习效率。

2. 镜像神经系统为共情能力提供神经基础

人作为社会性动物，在社会交往过程中，为了了解和预测他人的行为，需要了解他人的情绪情感。镜像神经元可以帮助观察者像照镜子一样通过内部模仿体验而理解他人的情绪、行动、意图、意义，并且作出相应的情感反应，被称作"大脑魔镜"。在通过镜像神经元理解他人感情的过程中，观察者与被观察者经历了同样的神经生理反应，直接体验了这种感受，产生了同样的情绪状态，是一种直接的体验式理解方式。镜像神经元搭建"神经桥梁"，使得人与人之间的沟通变成现实。

这种能力被称为共情（empathy），就是把自己置于被认识对象的地位，设身处地，从他人的角度进行思考和认识，理解他人的行为、意图，理解他人的情绪情感，是一种与他人分享情绪体验的能力，是维系人际关系、解决冲突的重要技能。

当前的实验数据显示，前额皮层执行功能也会参与对镜像神经元系统的调控。然而，执行功能成熟程度远远滞后于镜像神经元系统的成熟程度，所以会导致儿童有时无法抑制不当的模仿行为。

3. 大脑执行功能与社会性互动互为相关

人类的大脑和思维在与他人的不断交互中得以塑造。大量实验研究与扫描技术发现，背外侧前额叶和额下回会在涉及注意分配、揣测他人想法、协调自我和他人时激活。也就是说，社会性互动如合作行为与执行功能的认知过程相关。

儿童在大脑执行功能发育过程中，需要有良好的社会互动环境和经验，来帮助他们组织信息、解决困难、完成任务和制定、修改计划，这些对每一个儿童都具有重要的意义。儿童许多真正重要的发现和经验的建构都产生于与老师和同伴的合作以及交谈的情境中。研究证明，那些日常生活中常常有机会获得社会交往经验的儿童，更能够抵抗干扰、集中注意、控制自身的行为和对他人的情绪，能遵守游戏的要求和规则、参与目标明确的活动。

从独自游戏到平行游戏再到合作游戏，能够合作执行长达几个小时甚至几天的计划，完成具有多个角色、多个步骤和复杂情节的社会角色游戏，都充分体现了儿童大脑执行功能的发展与作用。

4. 脑间同步影响学习效率

Keysers 和 McKay（2011）认为人脑不是"孤立的刺激加工机器"，而是一种与其他个体的大脑共鸣的装置。当前科学研究逐渐重视在真实社会交互情境中的认知和行为，为脑间同步提供了证据。实验研究进一步证明，当个体与同伴具有共同目标和期望，需要联合行动执行同步行为的合作任务时，具有更显著的脑间同步。

科学家发现，在人们的交谈互动中，演说者与倾听者之间脑活动会出现同步反应，大脑电波高度重合。前提是演说者讲的内容足够生动、有趣、完整，而且演说者与倾听者之间有共同的语言基础。据脑成像科学实验表明，在教室里，儿童在学习或活动中，大脑的一些脑区会相应激活；与此同时，教师大脑中的一些脑区也在努力工作着。师生之间的脑活动会出现同步的模式。而且幼儿对教师的喜欢程度越高，幼儿与教师的脑间同步越强，教学效果越好。

这说明，当幼儿正在活动时，教师如果是冷漠旁观、游离的，或者和幼儿的想法南辕北辙，则没有实现脑间同步，就会影响幼儿的专注、投入、坚持、灵活、协调。

除了师生之间，学生与学生之间也会在学习与活动中产生脑间同步。而且实验发现，座位更临近的、可以面对面交流的学生彼此之间的脑间同步更高。

二、启示和建议

上文从大脑镜像神经系统、执行功能以及脑间同步等角度提出了幼儿在区域游戏中进行社会性学习和互动的脑科学依据，在此指导下对教师如何在区域游戏中促进幼儿社会性互动提出以下策略建议。

① 更多呈现视觉材料便于学习规则。将班级规范或者游戏中需要遵守的规则以视觉化形式呈现在幼儿经常看到的位置或者相应情境发生的场所。如积木区易发生碰撞，教师和孩子们共同讨论出取放材料以及搭建游戏过程中应注意的安全事项，通过图画方式贴在积木区方便看到的位置，可加强幼儿的观察和感知。

② 鼓励更多有意图和目标的合作。创设和提供鼓励幼儿与同伴间产生更多合作游戏的空间、材料和项目，区域游戏开放、自主、流动的特点又给他们提供充分的互相观察、模仿、交流的机会。研究发现，带着学习意图去模仿的行为和单纯的无意识的模仿相比，镜像神经元激活的程度不同，要引导幼儿之间以完成一定的计划或任务、解决问题为意图，产生深度的互助与合作。

③ 重视社会角色游戏。鼓励幼儿多开展象征性游戏和角色扮演游戏，使幼儿更多地学习换位思考，学习倾听和理解，知道别人具有与自己不同的想法和感受，结合具体情境，指导幼儿学习解决冲突的基本规则和技能策略。有意识地转变偏重益智游戏的倾向，加强对角色游戏的关注与分享。

④ 充分发挥榜样示范和观察学习的作用。当幼儿向教师求助时，教师可启发幼儿观察其他幼儿的行为，给幼儿发现、讨论、调整、解决问题的机会；

也可以根据情况给予必要的示范或请其他幼儿提供示范和帮助。观察学习的过程是观察者以整体知觉的方式仔细注意榜样的行为，积极进行信息编码，形成表象或言语记忆，从而产生模仿，教师可及时辅之以言语提示，有助于强化表象和记忆。

⑤ 尊重幼儿独处的权利。当幼儿想自己独自玩耍或者只是平行游戏时，教师不必强求幼儿必须与同伴互动。

⑥ 在最近发展区创造幼儿提升的空间。通过日积月累的观察评估，教师要深刻了解每个幼儿的发展状况，并判断出幼儿的最近发展区，敏感关注幼儿的学习探索过程，给予积极的反馈。当幼儿顺利完成任务时，教师试探提出新的挑战建议，并随时提供材料等方面的支持；当幼儿遇到困难或问题时，如果幼儿进行反复尝试独立完成或同伴合作完成，教师及时介入鼓励幼儿回顾反思，巩固新的认知经验，加强记忆；当幼儿无法完成任务时，教师根据情境提供可行性帮助，启发幼儿更多地观察、推理与反思，形成新的经验。

⑦ 身教重于言教。教师平时的面部表情、动作姿态、语言语气，以至待人接物的方式、人格修养等都是幼儿观察模仿和学习的榜样。教师要时刻注意自身形象，与幼儿互动时保持温暖激励的正向回应，也会获得幼儿同样积极的反馈。

三、指导依据在《指南》中的体现

《指南》中相关领域的发展维度和发展目标以及教育建议中有大量论述与大脑镜像神经系统、执行功能和脑间同步促进幼儿社会性学习和互动的机制相契合，现将相应指导依据在《指南》中的体现，梳理如下。

（1）社会·人际交往·愿意与人交往·能与同伴友好相处·关心尊重他人

人际交往和社会适应是幼儿社会学习的主要内容，也是社会性发展的基本途径。幼儿在与成人和同伴交往的过程中，不仅学习如何与人友好相处，也在学习如何看待自己、对待他人，不断发展适应社会生活的能力。

幼儿的社会性主要是在日常生活和游戏中通过观察和模仿潜移默化地发展起来的。成人应注重自己言行的榜样作用，避免简单生硬的说教。

多为幼儿提供自由交往和游戏的机会，鼓励他们自主选择，自由结伴开展活动。当幼儿不知如何加入同伴游戏，或提出的请求不被接受时，建议他拿出玩具邀请大家一起玩，或扮演角色加入同伴游戏。当幼儿与同伴发生矛盾冲突时，指导他尝试用协商、交换、轮流玩、合作等方式解决冲突。多为幼儿提供需要大家协作才能完成的活动，让幼儿在具体活动中体会合作的重要性，学习分工合作。

结合具体情境，引导幼儿换位思考，学习理解别人。提醒幼儿注意别人的情绪，了解他们的需要，给予适当的关心和帮助。

（2）社会·社会适应·喜欢并适应群体生活·遵守基本的行为规范

经常和幼儿一起参加群体性活动，支持幼儿和不同群体的同伴一起游戏，丰富其群体活动的经验。幼儿园组织活动时，可以打破班级界限，让幼儿有更多机会参加不同群体的活动。结合生活实际，帮助幼儿了解基本行为规则或其他游戏规则。经常和幼儿玩带有规则的游戏；学习自觉遵守规则；创设情境，让幼儿体会没有规则的不方便，鼓励幼儿讨论制定规则并遵守。

（3）科学·科学探究·具有初步的探究能力

支持幼儿与同伴合作探究与分享交流，引导他们在交流中尝试整理、概括自己的探究成果，一起讨论和分享自己的问题与发现，一起想办法收集资料和验证猜测。

第五节　推进区域游戏中的深度学习

学习是一个由表及里、由浅入深的过程。美国学者根据对学生学习过程的实验研究提出了深度学习和浅层学习，学习过程往往就决定了学习结果。浅层学习的特点是被动、机械，缺乏深入探究与思考，学习内容脱离生活实际，与以往的经验缺乏关联，强调记忆而非理解；深度学习则更注重主动探究、批判理解，强调新旧知识之间的联系以及多学科知识的融合，重视经验的迁移运用和问题解决。

幼儿在区域游戏中对感兴趣的事物进行积极探究，过程中面对出现的问题情境不断调动已有经验试误、反思、调节、创新，建构形成新的经验，促进高级思维的发展，从而使游戏和学习产生意义，就是深度学习的体现。

脑科学为幼儿在区域游戏中的深度学习提供了哪些依据，给教师的教育和支持带来哪些启发呢？

一、脑科学依据

1. 大脑信息加工系统直观呈现学习意义的建构

美国著名的教育心理学家加涅提出的信息加工理论，认为学习就是大脑信息加工的过程，每个个体都是积极的信息加工者，个体与环境相互作用，获得刺激信息，存储在记忆中，并付诸行动。人的信息加工系统及信息加工的一般程序前文已有分析，不再赘述。

环境中的信息刺激经由我们的感觉器官输入，经过感觉器官的筛选，将大脑的注意力集中在重要的信息刺激上。筛选后的信息经过编码解释，被神经系统转化为适宜加工的代码、符号或表征成为短时记忆。编码后的信息仍然是零散的、碎片化的，需要进行进一步分类整理，然后进入长时记忆进行存储，成为个体的知识库，以备在需要时被提取出来提供决策参考。面对一定的情境，长时记忆中的某些信息会经过神经传导，激活相应的肌肉产生相应的行为，或产生内省思考得出结论，最后完成信息输出。

人类大脑的学习首先是寻找和创建意义的过程。要判断个体处理的信息是否有意义，就取决于这个信息能否与个体已有的经验之间建立联系。建构过程的意义就是信息完成编码并进行网络化和结构化，形成信息间的联系，完成信息储存，并在新的问题情境中进行有效提取。

2. 大脑神经网络结构化为知识经验迁移提供神经基础

科学家认为，学习就是大脑对外部环境刺激做出反应、建立神经元连接的过程。幼儿接受的信息刺激大多是零散随机的，随着年龄的增长逐渐开始将已有的神经元连接进行结构化整合，使其能够在与新的神经元构成连接时，迅速形成更具有系统性的连接和神经回路。这就是对知识进行结构化整合，建立结构性思维的过程，是批判反思和迁移能力的神经基础。神经网络的牢固程度、广泛程度和结构化程度最终将决定一个孩子的学习能力。大脑只有通过信息加工将大量的零碎信息与已有经验相连接碰撞并转化为结构化的知识，才能将知识内化，迁移到新的情境中，用来创新应用或解决问题。

研究者进一步提出，尽可能多地让幼儿整合多个感觉通道的信息，通过不断重复加强已有神经网络，尽可能多地进行试误学习，产生顿悟，都是对已有知识经验进行巩固、拓展、丰富的过程，从而帮助幼儿提升记忆，为新旧经验的联结、迁移奠定基础。

年长儿童比年幼儿童会产生更多神经连接，知识联系更复杂、更广泛、更稳固，且不断出现记忆策略。年长儿童更容易认识到某一情境中习得的经验如何适用于另一个不同的情境。

对某些领域感兴趣、擅长的幼儿，通常有更丰富的认知经验，那么他们对于新输入的信息就会有一定的组织加工策略，存储新信息就会更容易，也更有利于从长时记忆知识库中提取有用信息，提高问题解决的效率，甚至达到自动化。而缺乏更多经验的新手则没有建立起强大的神经网络和知识结构，在长时记忆库中难以检索到可迁移的有效信息，降低了解决问题的效率。

3. 大脑功能影响创造性思维与问题解决

研究者指出，有心理负荷锻炼的大脑在生活中更加聪明，更富有创造力。要求紧张思维的、具有挑战性、新异性和复杂性的任务和多重任务，同时进行多种类型的思维，对于大脑尤其有好处。深度学习中的问题解决正是锻炼大脑的最佳契机，其中创造性地解决问题更是批判反思、新旧连接、迁移应用的最好体现。

任何成功的创造性都是发散性思维和聚合式思维的结合，是形象思维和抽象思维的统一。创造需要大量感性经验和知识经验的积累，并在此基础上进行概括、分类、推理、举一反三，使思维逐渐抽象化，发现新旧事物之间的联系，从而在新的任务情境中找到新的解决方法。越来越多的研究证明创新思维并非依赖于大脑的某一单个专门化区域，而是多个脑区共同参与、协同作用的结果。如大脑左右半球的协调统一共同对创新思维起作用，创新是左脑的言语和逻辑功能与右脑联想、想象、直觉和灵感共同作用的结果。

台湾脑科学研究专家洪兰教授曾在访谈中指出，创造不是凭空产生的，创造力是两个不相干的回路碰在一起，活化第三条回路。就是我们常说的顿悟，就是我们的认知重组，原有的神经通路突然产生了一种新的连接，当二者相互碰撞，产生意义时，大脑会感到"原来如此"而发出"哇""啊哈"的感慨。这就是积极决策和解决问题的信号。

一般情况下，当情绪愉悦时，大脑产生的神经递质如多巴胺、去甲肾上腺素、血清素和内啡肽等会影响注意、计划和执行等高级认知功能，提高认知灵活性，引发创新思维。还有一些科学实验结果证明，当神经非常放松时，大脑皮质特别是前额叶基本激活水平较低，也是产生创造性思维的最佳状态；相反，如果神经持续处于高度紧张状态，大脑皮质高度激活，则难以产生创造性思维。

二、启示和建议

上文从大脑信息加工、神经连接结构化以及创造性思维的发生等角度提出了幼儿在区域游戏中进行深度学习的脑科学依据，在此指导下对教师如何在区域游戏中推进幼儿深度学习提出以下策略建议。

① 满足大脑"快乐""爱挑战"的学习原则。营造安全、民主、自由的氛围，激发并尊重幼儿的好奇心和兴趣，同时又不是对兴趣简单的追随和放任，不是对"快乐"肤浅的追求，而是创设更多的问题情境，鼓励幼儿对自己感兴趣的事物进行深入探索，并提供足够的时间和空间保障，创造出神经适度紧张、适度放松的最佳状态，培养他们良好的发散思维和创新热情。

② 鼓励重复和试误。允许他们在兴趣专注的前提下不断重复巩固经验；随时关注他们的新想法、新发现，鼓励质疑，支持并带领幼儿通过多种途径共同探索和验证；接纳错误尝试，反思调节，梳理经验。当幼儿找到一个答案或者想到一种方法，还要继续追问："你是怎么想到的？""过去有过相类似的经验吗？""你还有没有其他的想法呢？""还有别的办法吗？"……激励他们产生更多自发性和原创性的想法。

③ 借助表征等多种手段实现知识经验结构化，便于迁移。在日常生活、游戏或学习过程中，及时带领幼儿通过多种表征方式梳理回顾相对零散的已有经验，通过网络结构化处理形成相应的可视化认知结构，纳入长时记忆库。当遇到新的问题情境时，提醒幼儿在记忆中快速有效检索有用的信息，促进他们的知识和经验在新情境中产生迁移和创新。如："上次你是用了什么材料，什么方法？""你记得**小朋友是如何做的？这个和那个有什么不同？可以怎么做？""我们曾经在做……实验的时候证明这两种材料都不适合，都失败了，今天的这个实验还要用这些材料吗？"

④ 多种策略发展推理思维。可利用游戏回顾、点评、分享环节，带领幼儿共同参与同伴游戏中问题解决的过程，引发讨论、鼓励大胆猜测、使用已有知识进行推理，促进抽象思维的发展。还可以通过玩类比推理的游戏发展幼儿推理思维，有利于更好地深度学习、解决问题。

⑤ 区域游戏主题化发展。当幼儿积累了一定的经验，可以顺利完成游戏任务时，教师要为幼儿创设新的问题情境和挑战，使游戏自然生成更多主题供幼儿选择，并辅之以丰富、开放性、低结构的游戏材料以及各种工具和道具，使游戏持续时间得以延长，游戏内容更丰富，问题更复杂，从而推动深度学习

的发生。

⑥鼓励创造性解决问题。当幼儿在不断地重复、试误、操作体验的过程中产生顿悟时，教师要积极回应，与幼儿分享这些非预期的、不寻常的体验，正面激励幼儿进一步验证，找到独特的方法，形成新的经验。

三、指导依据在《指南》中的体现

《指南》中相关领域的发展维度和发展目标以及教育建议中有大量论述与借助大脑信息加工、神经连接等功能促进幼儿进行经验结构化整合、迁移应用、批判创新、解决问题等深度学习的机制相契合，现将相应指导依据在《指南》中的体现，梳理如下。

（1）语言·阅读与书写准备·具有初步的阅读理解能力

经常和幼儿一起阅读，引导他以自己的经验为基础理解图书的内容。仔细观察画面，结合画面讨论故事内容，建立画面与故事内容的联系，一起讨论和回忆书中的情节，引导幼儿有条理地说出故事的大致内容，并与他人讨论自己的发现和体会。

鼓励幼儿依据画面线索讲述故事，大胆推测、想象故事情节的发生，改编故事情节或续编故事结尾。鼓励和支持幼儿用表演、绘画等方式表达自己对图书和故事的理解，自编故事，自制图画书。

（2）科学·科学探究·亲近自然喜欢探究·具有初步的探究能力·在探究中认识事物和现象

真诚接纳、多方面支持和鼓励幼儿的探索行为，学习观察的基本方法，学习进行简单的分类概括，积极动手动脑寻找答案和解决问题。教师鼓励幼儿根据观察或发现提出值得继续探究的问题，提出有探究意义的激发幼儿兴趣的问题，鼓励幼儿大胆联想猜测问题答案并用自己的方法收集证据，进行验证。

鼓励幼儿用绘画、照相、做标本等办法记录观察探究的过程和结果，让记录有意义，通过记录帮助幼儿丰富观察经验，建立事物之间的联系和分享发现。

引导幼儿在探究中思考，尝试进行简单的推理和分析，发现事物之间明显的关联。如根据常见物质材料特性推测证实它们的用途、与人们生活的关系。

（3）科学·数学认知·感知生活中数学的有用和有趣

引导幼儿感知和体会生活中很多地方会用到数，关注周围与自己生活密切相关的数的信息，体会数可以代表不同的意义，尝试使用数的信息进行简单的推理。引导幼儿观察发现按照一定规律排列的事物，体会其中的排列特点和规律，并尝试自己创造出新的排列规律。引导幼儿体会到生活中很多事情都是有一定的排列顺序和规律的。

鼓励和支持幼儿发现、尝试解决生活情境中需要用到数学的问题，体会数学的用处。

表 3.2 为幼儿园区域游戏脑科学指导依据框架。

表 3.2 幼儿园区域游戏脑科学指导依据框架

区域游戏维度	脑科学指导依据	对区域游戏的启示和建议	关联《指南》
第1单元 创设良好的区域游戏物质环境	1. 学习的过程就是大脑建立神经网络的过程 2. 大脑发育顺序决定了幼儿阶段思维以感知运动为主 3. 大脑神经网络的发育遵循"用进废退"的原则 4. 大脑工作遵循整体性原则 5. 手部运动与大脑机能高度对应 6. 注意神经系统受环境刺激影响 7. 智能存在个体差异	1. 符合大脑整体性学习规律 2. 满足适宜性原则 3. 满足多元差异性原则 4. 环境、材料兼顾稳定性和新颖性 5. 满足手部肌肉操作和练习的需要	1. 健康·动作发展·手的动作灵活协调 2. 语言·阅读与书写准备·具有书面表达的愿望和初步技能 3. 科学·科学探究·亲近自然喜欢探究·在探究中认识事物和现象 4. 科学·数学认知·感知理解数、量和数量关系，感知形状和空间关系 5. 艺术·表现与创造·喜欢进行艺术活动并大胆表现

续表

区域游戏维度	脑科学指导依据	对区域游戏的启示和建议	关联《指南》
第2单元 营造区域游戏积极的情绪氛围	1. 大脑工作遵循整体性原则 2. 儿童情绪体验影响大脑神经发育 3. 大脑情绪反应通路遵循安全优先法则 4. 大脑情绪机制影响学习动机 5. 大脑情绪机制影响认知记忆	1. 利用好物质环境中可感知要素对情绪的安抚作用 2. 民主温和的教室管理 3. 游戏内容与幼儿发展兴趣、水平相适宜 4. 在幼儿游戏过程中给予关注和及时反馈 5. 善于运用幽默调节气氛，避免讥讽戏弄 6. 自然利用同伴资源，增强幼儿归属感 7. 尤其关注带着情绪入班的幼儿，与家长积极沟通	1. 健康·身心状况·情绪安定愉快 2. 社会·人际交往·愿意与人交往·自尊自信自主 3. 社会·社会适应·具有初步归属感
第3单元 重视区域游戏计划与反思	1. 学前阶段是大脑执行功能发育的关键期 2. 大脑执行功能为计划和反思提供神经基础 3. 左右脑联合为多种表征提供基础	1. 增强执行功能中抑制控制能力 2. 增强执行功能中工作记忆和灵活调节认知的能力 3. 促进计划丰富性 4. 发挥同伴在反思调节中的作用 5. 营造积极安全、民主平等的心理环境 6. 鼓励幼儿通过视觉化表征方式进行计划和反思 7. 将零散回顾分类整合，进行经验建构	1. 科学·科学探究·亲近自然喜欢探究·具有初步的探究能力 2. 语言·阅读与书写准备·具有初步的阅读理解能力 3. 社会·人际交往·与同伴友好相处

续表

区域游戏维度	脑科学指导依据	对区域游戏的启示和建议	关联《指南》
第4单元 促进幼儿区域游戏中的社会性互动	1. 镜像神经系统为人类的观察模仿学习提供神经基础 2. 镜像神经系统为共情能力提供神经基础 3. 大脑执行功能与社会性互动互为相关 4. 脑间同步影响学习效率	1. 更多呈现视觉材料便于学习规则 2. 鼓励更多有意图和目标的合作 3. 重视社会角色游戏 4. 榜样示范和观察学习 5. 尊重幼儿独处的权利 6. 在最近发展区创造幼儿提升的空间 7. 身教重于言教	1. 社会·人际交往·愿意与人交往·能与同伴友好相处·关心尊重他人 2. 社会·社会适应·喜欢并适应群体生活·遵守基本的行为规范 3. 科学·科学探究·具有初步的探究能力
第5单元 推进区域游戏中的深度学习	1. 大脑信息加工系统直观呈现学习意义的建构 2. 大脑神经网络结构化为知识经验迁移提供神经基础 3. 大脑功能影响创造性思维与问题解决	1. 满足大脑"快乐""爱挑战"的学习原则 2. 鼓励重复和试误 3. 借助表征等多种手段实现知识经验结构化，便于迁移 4. 多种策略发展推理思维 5. 区域游戏主题化发展 6. 鼓励创造性解决问题	1. 语言·阅读与书写准备·具有初步的阅读理解能力 2. 科学·科学探究·亲近自然喜欢探究·具有初步的探究能力·在探究中认识事物和现象 3. 科学·数学认知·感知生活中数学的有用和有趣

第四章

区域游戏心理环境的创设

《纲要》指出:"环境是重要的教育资源,应通过环境的创设和利用,有效地促进幼儿的发展。"幼儿的身心发展特点决定了他们不是以书面的文字符号系统作为主要的学习内容,而是通过感性经验来学习的,是在情境中思考,在行动中积累经验的。因此,幼儿是真正在环境中学习和发展的,从一定意义上说,环境的丰富程度决定了儿童经验的丰富程度。所以,幼儿园的环境创设是幼儿园质量建设的重要内容,是幼儿园最基本的建设工程,如何为幼儿创设良好的游戏环境,有效促进幼儿更全面的发展就显得至关重要。

随着幼儿园游戏课程的深入开展,区域游戏环境创设在很大程度上也受到重视,但是,从幼儿园区域游戏环境创设的研究和实践中我们发现,一提起区域游戏环境创设,有些幼儿园仍更多地把环境创设片面理解为物质环境的打造,如区域空间场地的规划创设、游戏材料的提供与投放、墙面的设计与装饰等,并为此花费大量的时间、精力和财力进行研究和投入。虽然物质环境在满足幼儿的大脑发育、游戏意图、学习和发展中至关重要,但仅仅考虑物质环境又是远远不够的。幼儿园环境应包括物质环境和精神环境,幼儿区域游戏环境同样应是物质环境和精神环境的统一体。刘焱在《玩具和游戏对幼儿有多重要》中提到,游戏之所以会成为幼儿的主动学习方式,是因为游戏的环境满足了幼儿主动学习所需要的条件。研究表明,幼儿主动学习需要的基本条件包括:材料丰富而且可以自主选择的物理环境;支持和鼓励幼儿大胆探索、想象和创造的安全的精神环境；与材料的相互作用；与伙伴和成人的相互作用；经验的整合建构。幼儿与物质世界之间的"非社会性关系"是在成人与幼儿的社会性关系中获得发展的。这个观点体现了幼儿园区域游戏对物质环境与心理环境的需求，也体现了物质环境与心理环境相辅相成、缺一不可的关系。

幼儿园一方面要依据幼儿年龄特点配备安全适用、数量充足、种类丰富的设施、材料和玩教具，满足幼儿活动需求，促进幼儿发展；另一方面，幼儿园还要注重为幼儿营造宽松、自主、平等的心理环境，建设和谐师幼关系，关注幼儿在园的安全感、归属感和信任感。由此可见，心理环境的创设是提升幼儿园办园质量的重要组成部分，而区域游戏作为幼儿在园游戏的主要形式，也应打造适合幼儿发展需求的心理环境。

第一节 幼儿园区域游戏心理环境创设的内涵与意义

一、幼儿园区域游戏心理环境的概念界定

首先，我们了解一下，什么是幼儿园的心理环境？有研究者认为，心理环境是主体所能接触到的对其心理能够产生影响的一切信息的总和。[1] 也有研究者认为，心理环境是幼儿日常生活的氛围，如教师对待幼儿的态度和方法，教师与幼儿以及幼儿之间的相处方式等。[2] 还有研究者提出，心理环境即在游戏中存在于幼儿周围并对其心理能够产生影响的环境，它包括了心理氛围、人

---

[1] 张承宇．小班幼儿科学游戏的心理环境创设［J］．四川教育学院学报，2008（6）：111-112.
[2] 姚伟．幼儿园教育环境及其对幼儿发展的影响［J］．教育导刊，1999（S4）：37-38.

际关系、幼儿园文化等因素。① 美国幼儿教育协会（NAEYC）提出的发展适宜性实践课程理念着眼于环境对于幼儿个性、社会性发展的重要意义，将精神环境称作社会/情感环境，特指幼儿在环境中可以接触到的人和各种关系，提出了性别认同、文化种族认同、主动性、友谊等方面的问题，主张通过环境的创设和游戏行为，促进幼儿健康情感的发展以及关系的建立，培养个体认同感，提高自我控制，培养亲社会行为，促进合作能力，减少攻击性行为等。

在对有关幼儿园心理环境文献研究的基础上，我们认为幼儿园区域游戏心理环境是指，在幼儿园区域游戏中对幼儿心理情绪情感以及社会性发展产生影响的环境，包括指向幼儿心理的物质环境、师幼关系、同伴关系、情绪状态和游戏氛围等。

二、幼儿园区域游戏心理环境创设的意义

创设良好的游戏心理环境对幼儿的发展具有重要的意义和价值，在这一点上，国内外研究者有很多共识。有研究者提出良好的心理环境有助于培养幼儿良好的秩序感，帮助幼儿独立工作并学会适应环境以及培养幼儿的文化素养；也有研究者指出良好的心理环境可以激发幼儿的学习兴趣和热情，使他们以最佳的情绪状态主动投入参与，诱发身体、情感、认知、社会活动等身心综合潜能的释放，从而支持幼儿自然和谐发展。

幼儿的生活是生动活泼、新鲜有趣的。教师在区域游戏中根据班级实际情况，按照幼儿的兴趣与发展水平，提供丰富多元的区域游戏材料，同时创设温暖、轻松的心理环境，营造自主、愉快的游戏氛围，可以让幼儿感受游戏的快乐，激发学习兴趣，并产生探究的内驱力和自我效能感。随着幼儿主动发起自己的活动，享受他们的成果，并感受他们的行为价值与意义时，他们的主动性、自我认同感也获得了满足和发展。

---

① 连静. 幼儿园开放性游戏环境创设的实证研究——以福建省直象峰幼儿园为例［D］. 福建师范大学，2017.

同时，幼儿在师幼平等、尊重，同伴接纳、友善的人际关系中，可以根据自己的兴趣爱好和游戏意图自主选择游戏材料和游戏方式，通过开放友好的社会交往与互动，进行多种形式的交流与学习，从而获得多方面的经验，认知能力、情感、意志、社会性都得到了锻炼和培养，这对于促进幼儿全面和谐发展具有重要作用。一个回应性、充满爱的环境不仅有助于幼儿的情绪情感健康，还为幼儿习得社会人际交往提供了良好的榜样和暗示，有研究发现，一开始和成人建立良好关系的儿童，在与其他人交往时也会表现出更多的和谐交往方式。

　　另外，尊重、安全、温暖的心理环境还会使幼儿更容易专注于活动，更能投入持续的探究中，在遇到困难挫折时、在遇到交往冲突时，能够学习控制自己的冲动，调节自己的情绪，尝试摆脱自我中心的思维局限，学习站在他人的立场看问题，学习从客观事物情境出发进行推论，从而调节自身的行为，去解决问题。正是基于教室良好的心理环境才能发展幼儿与教师和同伴之间信任的关系，幼儿也更能够发展"良心"———一种"自我观察、自我引导、自我惩罚"的内部声音，[1]内化教师和同伴对自身行为的反应，表现出约束性顺从，也更愿意遵守集体规则，接受教师的引导，聆听同伴并进行协商合作，积极承担责任，从而有利于规则意识和秩序感的形成。

第二节　脑科学对区域游戏心理环境的启示

　　幼儿园区域游戏的心理环境包括指向幼儿心理的物质环境，游戏中的师幼关系、同伴关系、情绪状态和游戏氛围等因素。如何为幼儿游戏创设适宜的心理环境？脑科学的研究成果将带给我们一个全新的视角，我们将聚焦情绪的

---

[1] 格斯特维奇.发展适宜性实践：早期教育课程与发展［M］.霍力岩，等译.北京：教育科学出版社，2011：214.

脑科学研究，以期为创设区域游戏心理环境的教育实践提供科学依据。

一、情绪的大脑机制研究及启示

情绪是脑发育的关键方面，它的发育始于生命早期，对生命全程具有巨大影响。边缘系统作为大脑的情绪控制系统，同时对学习和记忆也具有重要作用。有关情绪的脑科学研究发现，人的情绪能够引起大脑的生理反应，在思维的过程中情绪的变化会影响思维的质量，学习离不开情绪的参与。

边缘系统主要包括杏仁核、丘脑、下丘脑和海马体。下丘脑被形容为连接情感和身体感觉的桥梁，还被认为是支配愤怒和恐惧的中枢，加工脑内的应激信号并释放应激激素，如去甲肾上腺素和皮质醇。大量应激激素会影响海马体的记忆、大脑前额叶的高级思维。有研究发现，得到体贴、安全和精心照料的儿童，在轻度应激情境下产生皮质醇的可能性要比其他儿童低。[①] 杏仁核是产生情绪、识别情绪和调节情绪，控制学习和记忆的脑部组织，以杏仁核为核心的广泛连接的神经环路在情绪调节中起着重要作用。杏仁核与海马体联合协作，使得情绪与记忆紧密相关，所以那些曾经引起我们强烈情绪的事件和经历更容易被记住，并终生难忘。

研究还发现情绪情感与主管智力发育的大脑皮质有密切联系，这种联系在1岁左右迅速形成，以后不断的情绪体验会使这种联系通道定型，进而形成稳定的情绪反应习惯。0～6岁是"情绪脑"发育的关键期。"情绪脑"控制着人的喜怒哀乐，对人的学习、记忆、决策以及生存和适应有重要的影响。然而，"情绪脑"又比较脆弱，持续较大的压力、慢性疾病、不良睡眠、噪声污染等因素，都会使之受到不同程度的不良影响，所以从小呵护孩子的情绪、培养孩子良好的情绪管理习惯非常重要。[②]

---

① 纳格尔.生命之始：脑、早期发展与学习[M].王治国，等译.北京：教育科学出版社，2016：10.
② 李荐，方中雄.学习科学 友善用脑[M].北京：商务印书馆，2016：112.

在有关儿童情绪发展的研究中，研究者发现，游戏能够促进"情绪脑"的发展。儿童在游戏中会伴随着微笑、哈哈大笑、手舞足蹈和其他愉快的表情。当儿童兴高采烈地尖叫时，通过成人的拥抱和鼓励能够增强大脑生物电信号以及连接大脑稳定的回路。与此相对的是，压力、过度或持续的精神创伤，会导致持续性应激激素的产生，皮质醇长期处于高水平，导致海马体与额叶皮层的损失，从而使认知能力降低，妨害记忆和学习。所以说，环境不安全、情绪不安定，脑就不认知、不学习，因为脑是情绪优先主义者。一项包括孩子和成人的研究发现，即使是幼儿也能察觉到真正影响他们学业表现的压力情境的类型。

情绪的脑机制研究给我们带来一些启示，由上述研究可知，游戏可以促进幼儿"情绪脑"的发展，安全、温暖、鼓励的心理环境可以保护大脑功能和神经系统避免受到伤害，而在充满焦虑、压力的教室环境中，幼儿激素水平显著增高，从而损害身体系统，影响认知和学习。这使得给予幼儿充分的游戏时间和空间、营造积极的教室氛围，减少焦虑和压力，提高幼儿积极情绪，降低消极情绪显得至关重要。

二、积极情绪的研究及启示

积极情绪在个体情绪调节和心理健康维护过程中扮演着重要角色。大量研究表明，积极情绪能拓宽注意范围，提高个体对积极事件的敏感性，降低消极情绪引发的情绪体验和生理唤醒，使个体身心处于和谐、安宁的状态。[1]

（一）积极情绪是唤醒心理活动和激活一般行为的动机

有关研究表明，情绪是个体在进化过程中为了适应环境而产生的心理工具，尤其是消极情绪是在应对具有生存困难的环境中逐渐进化而来的，以便于应对危险情境和生存挑战。在进化的阶梯上，消极情绪与特定的行为动机相

---

[1] 石长地，蒋长好.积极情绪的脑机制［J］.中国特殊教育，2009（6）：80-85.

联系。例如，愤怒生成攻击欲望。但一般研究认为，积极情绪只伴有一般性激活，如快乐伴随无目的激活。虽然积极情绪不伴随特定的行为动机，但会产生一般的行动激活，即趋近倾向。在积极情绪状态下，个体会保持趋近和探索新事物与环境主动连接的倾向，从而促进活动的连续性。[①] 如果儿童个体的成就动机并不是那么足的话，让他们在学习活动和任务中感到愉快，可以激发他们的学习动机。

（二）积极情绪能促进高级认知

研究者 Sroufe 认为情绪是脑内的一个监察系统，对其他心理活动具有组织作用。该作用表现为积极情绪的协调、组织作用和消极情绪的破坏、瓦解作用。一般来说，积极情绪可以提高注意广度、整体性思维和想象中的行动反应，引发更好的技能，如创造力、探索性和整合知识容量，有利于提高认知活动的效果，主要表现为以下几点。

1. 有利于组织认知加工过程

许多研究发现，脑内的材料在积极情绪状态下更容易被加工，也就是说，证明了积极情绪涉及认知的组织过程之中。研究还发现，中等强度积极情绪状态对思维和决策的影响不仅是充分的，而且有利于改善思维和决策的质量。

2. 提高问题解决的灵活性

大量的实验说明，积极情绪能够促进思维的灵活性。感到愉快状态的人比感受一般状态的人更能够对刺激物作出概念上的联想，发现差异和复杂关系。积极情绪状态下，人的操作比在中性情绪状态下更顺利，是因为他们的大脑神经网络得到了更多的信息，可以进行更多的联系，去知觉相似性和发现差异。[②]

3. 激发创造性思维的产生

大量研究发现有助于产生好的情绪情感的神经递质，在脑内的活动对创新思维有巨大的贡献。如多巴胺控制着大脑的"快乐中心"，高水平的多巴胺

---

① 王新．积极情绪述评［J］．科协论坛，2009（11）：57-58．

② 同①．

会提高思维的专注力，提高认知的灵活性，最后激发创新思维的产生。国外还有一些科学实验结果证明当神经非常放松时，大脑皮质特别是前额叶基本激活水平低，是产生创造性思维的最佳状态；相反，如果神经时刻处于高度紧张状态，大脑皮质高度激活，就难以产生创造性思维。

积极情绪的研究带给我们一些启示，游戏中保持积极的情绪，可以帮助幼儿激发和保持兴趣，与环境主动连接，提高专注力，促进持续的探索行为；积极的情绪状态还可以促进幼儿大脑信息加工，提高认知活动的效果，提升思维的灵活性与创造性。

三、情绪识别的研究与启示

随着年龄增长，幼儿逐渐有能力学习表达自己的情绪，发展认知能力，识别特定的情绪。他们识别他人的情绪主要依据的是脸部线索，而且前运算思维的局限性使他们一次只能识别一种情绪。敏感发现并准确识别他人情绪，有助于幼儿在与他人建立关系时产生共情、理解，有助于幼儿更好地调节自身行为以适应关系和环境。

那么，情绪识别是如何发生发展的呢？脑科学研究发现，在现实生活中，有效的情绪识别往往依赖于大脑不同通道间的信息整合，这可能是因为面孔和声音等情绪信息整合需要更多的大脑皮层参与，需要对其表达的复杂信息进行精细编码。[①] 多个脑功能区域，包括颞叶、杏仁核、丘脑、梭状回、脑岛等是面孔表情和声音情绪信息整合中心。研究认为，面孔表情信息和声音情绪信息在个体早期知觉阶段即产生交互作用，且在早期由初级感知觉皮层负责两者信息的编码，也就意味着此时的识别仅仅处于引发感觉的水平；而发展到后期由感知觉三级区负责处理信息，负责计划、组织和控制机能的高级脑区额叶参与对情绪信息内容的认知评估和整合。此外，神经振荡活动在多个频段上的功能

---

① 李萍，张明明，李帅霞，等.面孔表情和声音情绪信息整合加工的脑机制[J].心理科学进展，2019（7）：1205-1214.

耦合促进了跨通道情绪信息整合。

还有研究者发现，不同的面部表情是由不同的神经通道负责加工的。如杏仁核，尤其是左侧杏仁核与恐惧的面部表情的加工有关；前脑岛和壳核（putamen）与厌恶的面部表情的识别有关；而前扣带回和额叶的背侧则在愤怒的表情加工中起着主导作用。[①]

20世纪90年代大脑镜像神经元的发现为情绪识别和理解提供了更生动、更迷人的视角。研究者指出镜像神经元可以帮助观察者像照镜子一样将看到的他人的情绪表现与自己的内在体验进行神经匹配，从而达到理解他人情感体验的目的。在通过镜像神经元理解他人感情的过程中，观察者与被观察者经历了同样的神经生理反应，直接体验了这种感受，产生了同样的情绪状态，是一种直接的体验式理解方式。这种能力被称为共情（empathy），就是把自己置于被认识对象的地位，设身处地，从他人的角度进行思考和认识，是一种与他人分享情绪体验的能力，是维系人际关系、解决冲突的重要管理技能。

科学家认为镜像神经元是自然选择的结果，是进化的产物；也有科学家认为，镜像神经元是经验的产物，是具有高级视觉属性的感觉神经元与具有感觉运动属性的运动神经元之间连接，进行联想序列学习（associative sequence learning，ASL）的产物。[②]

情绪识别的研究带给我们一些启示，有效的情绪识别依赖于不同通道间的信息整合，面孔表情和声音等情绪信息整合是多脑区的相互作用的结果。因此，在游戏过程当中，幼儿对同伴、教师的语言、表情等情绪信息通过大脑皮层进行信息加工整合，帮助他有效识别他人的情绪，这为他进一步的社会交往和人际互动提供了基础。那么教师如何以适宜的表情、语言回应幼儿，幼儿之间如何适宜地表达自身情绪，则直接关系到幼儿对情绪的感知和识别，理解和

---

① 王亚鹏，董奇.情绪加工的脑机制研究及其现状[J].心理科学，2006，29（6）：1512–1514.
② 陈巍，陈喜丹.镜像神经元系统的个体发生学及其学前教育意蕴[J].学前教育研究，2015（4）：3–8.

调节。如果幼儿接收到的是鼓励和正向的语言、表情、动作信息，那么幼儿将识别到更多的他人的积极情绪，进而自身产生积极情绪，对游戏的开展起到促进作用；相反，如果幼儿识别到害怕、厌恶等非积极情绪，则会引起幼儿自身的消极情绪体验。适度的压力可以帮助幼儿产生积极的自我反思、调节行为，过度的压力则可能导致幼儿的主动性和自我认同受到伤害。

第三节　脑科学指导下区域游戏心理环境创设的实践探索

基于脑科学对情绪的发生机制、积极情绪的重要意义以及情绪识别等方面的研究成果，我们对幼儿园区域游戏创设什么样的心理环境更适宜，怎样创设良好的心理环境等问题，从指向幼儿心理的物质环境、区域游戏中的情绪管理、游戏氛围、师幼关系、同伴关系五个维度展开探索与实践。

一、改善指向幼儿心理的物质环境

适宜的环境能使幼儿处于安定、愉快的情绪状态，安全、温暖、鼓励的心理环境可以保护大脑功能和神经系统避免遭受伤害，而在充满焦虑、压力的教室环境中，幼儿激素水平显著增高，从而损害身体系统，影响认知和学习。因此，从满足幼儿安全、归属感、成就感等心理角度出发，应创设、改善符合儿童心理情感需要的区域游戏物质环境，促进幼儿积极情绪的发展。

（一）利用环境中可感知要素安抚情绪

脑科学研究表明，脑是情绪优先主义者，环境、情绪不安全，脑就不认知、不学习。提供良好的物质环境是促进儿童学习与发展的重要条件,《纲要》明确指出:"幼儿园应为幼儿提供健康、丰富的生活与学习环境,满足他们多方面发展的需要。"幼儿的情绪容易受到情境的感染,温暖安全的环境可以使幼儿产生积极的情绪体验,而杂乱局促的环境可能导致幼儿处于一种消极的心理状态。

幼儿主要通过感官来认识周围世界,只有在获得丰富的感性经验的基础上,他们才更容易理解事物,才能对周围世界形成抽象概括的认识。然而,客观事物的特征是多方面的,如色、香、味、软硬、光滑、粗糙、大小、形状、冷热、声音等。幼儿需要通过视觉、听觉、味觉、触觉、嗅觉等器官去感知事物各方面的特征。大脑遵循整体性原则,具有跨越多个领域工作的机制,通过认知、身体、情绪、环境相互融合实现学习。在区域游戏环境中利用可感知要素改善环境氛围,调动幼儿的多种感官参与游戏,可以对幼儿的情绪起到安抚作用,给幼儿以正向、积极的心理支持和引导,让幼儿在环境中去体验、发现、探索,有利于促进幼儿在情感、态度、能力等多方面的发展。

1. 打造开放共享、自主主动的区域空间

幼儿可以按照自己的兴趣、爱好及能力自主选择游戏,处于轻松、愉快的情绪状态,获得充分游戏的机会。教师根据幼儿兴趣需要和发展目标,设置不同的区域,并在区域里投放适宜、丰富、有探索性、有层次的材料,幼儿可以在开放共享、动静分离、软硬搭配的区域环境中安全地自主掌控、选择决策,有利于幼儿保持愉悦的情绪开展游戏。

2. 创设贴近幼儿生活、可感知的情境

幼儿的情绪容易受到环境的影响,贴近幼儿生活、富有童趣的环境可以使幼儿产生积极、正面的情绪体验,为幼儿学习调节和控制情绪提供隐性的支持。区域游戏生活化的情境有助于增进幼儿对环境的信任感,促进幼儿获得良好的情感体验。温暖的色彩、柔和的光线、舒缓的音乐、适宜的空间、柔软的饰品等都可以帮助幼儿释放紧张与焦虑的情绪。

小班表演区的灯有些暗,孩子们说"在这里跳舞就会想妈妈",会产生害怕的情绪,孩子们希望表演区的灯光是可以不停变换的。于是,教师把灯换成了又亮又能变换的,只要轻轻一拉灯绳,灯就会随着拉动的力度而变换造型,照射出来的灯光也千变万化。孩子们非常喜欢,来这里跳舞的小朋友越来越多了。

当关注到幼儿因为某一样材料或物品出现焦虑不安的情绪时,教师就要思考材料投放是否适宜,是否需要及时调整。教师及时关注幼儿在表演区游戏中的情绪表达,通过光线的调整帮助幼儿释放了紧张与焦虑的情绪。

音乐作为一种艺术形式,对幼儿情绪安抚具有独特的作用。幼儿通过音乐欣赏,保持愉快而稳定的情绪,从而使大脑及整个神经系统处于良好的活动状态,并保持身体各器官的功能,与心理活动协调一致。

中班区域游戏开始时,教师会选择轻柔的音乐,让幼儿在温馨、舒适的环境中进行游戏。为了满足幼儿的游戏体验,不打扰幼儿的专注游戏状态,但又要满足幼儿的饮水量,为此教师特意选择了两首小朋友非常熟悉的儿歌音乐,《小跳蛙》和《幸福的脸》分别作为女孩子和男孩子饮水的音乐。这两首音乐都是幼儿非常熟悉的早操音乐,他们都非常喜欢,听到音乐都感到很开心,而且也会对于接下来要去饮水这件事做到心中有数。当幼儿听到属于自己的饮水音乐时,就会自主地根据自己的需求去饮水,然后继续游戏。除此之外,区域游戏结束时,教师也会播放《小宝贝》这首音乐提示幼儿开始收玩具。这首音乐节奏欢快,歌词朗朗上口,能带给幼儿积极的情绪,使他们感受到收玩具的轻松氛围,体会到收玩具也是一件快乐的事。

在区域游戏环境中增添一些柔软、温馨的摆设、装饰品,如在图书区摆放柔软舒适的沙发,铺上干净软和的地毯等,可以让幼儿对游戏环境产生安全感,以放松情绪愉快地参与到游戏中。尤其是小班幼儿,创设像"家"一样的游戏环境,让幼儿心情舒畅地学习和游戏,从而喜爱周围的环境,促进幼儿情绪健康地发展。

小班孩子都喜欢娃娃家,但他们会觉得自己的游戏因为同伴的行为被打扰,希望娃娃家具备更多的功能。于是,教师选了一个带粉色刺绣桃心图案的白色纱帘，小纱帘将娃娃家的卧室和客厅空间隔开，给人干净温馨的感觉，幼儿会有意识地选择在相应空间里的游戏内容。比如：在卧室里安静地看书，照顾娃娃，梳洗打扮自己；在厨房里制作美味的饭菜；在客厅里给好朋友过生日。小纱帘的出现，让原本情绪有些浮躁的孩子感受到动静交替的游戏情境，从而对游戏也更专注更持久。

（二）提供可以让幼儿表达情绪情感的材料

在区域游戏中，教师可提供帮助幼儿缓解压力的相关材料，使幼儿通过游戏表达、调节、释放情绪。

小班幼儿入园适应阶段，教师提供纸和彩笔，让幼儿通过绘画的方式，把对"妈妈"的想念画下来，通过艺术创作的方式表达、缓解新入园的焦虑情绪和压力。

教师看到小班幼儿在娃娃家里拿着玩具电话，向"另一边"的妈妈表达着自己的想念，想让妈妈早点来接她，于是便在娃娃家增加了电话的数量，为幼儿通过适宜的表达方式缓解入园紧张焦虑的情绪提供更多便利。

二、关注区域游戏中的情绪管理

脑科学研究发现，多巴胺控制着大脑的"快乐中心"，高水平的多巴胺会提高思维的专注力，提高认知的灵活性，激发创新思维的产生。当神经非常放松时，大脑皮质特别是前额叶基本激活水平低，是产生创造性思维的最佳状态；相反，如果神经时刻处于高度紧张状态，大脑皮质高度激活，就难以产生创造性思维，因此游戏中要保持积极的情绪状态。

幼儿在区域游戏中所呈现出来的情绪情感态度，对情绪的认知和调节会直接影响其游戏行为。教师要及时关注幼儿的情绪状态，培养幼儿良好的情绪认知和调节能力，以积极的、正向的情绪状态获得愉快的游戏体验和成功感，提高幼儿游戏的主动性和自我效能感。

（一）帮助幼儿正确识别、理解自己和他人的情绪

1. 正确识别情绪

情绪识别是指通过分析表情及其发生情境等因素了解表情含义的能力。[①] 颞叶、杏仁核、丘脑、梭状回、脑岛等多个脑功能区域是面孔表情和声音情绪信息整合中心。大脑皮层对面孔和声音等情绪信息进行整合，并对其表达的复杂信息进行精细编码，才能实现有效的情绪识别。情绪识别作为一种基本的情绪能力，是情绪表达和情绪调节的前提。通过人物的表情、动作、语言等方面识别情绪，可以培养幼儿正确识别自己和他人情绪的能力。

对于幼儿而言，他们在日常生活中已经开始觉察到自己会出现的不同情绪，但是他们不知道什么是情绪，有哪些情绪，怎样去分辨，这些情绪的反应是什么样的，如何面对这些情绪……区域游戏中，教师可通过游戏的方式帮助幼儿正确觉察和识别自己和他人的情绪。

插插粒是幼儿喜欢的玩具，可以插出不同的造型。教师在益智区投放了插插粒和一面镜子，透过镜子，幼儿随时都能看到自己的情绪变化，然后根据自己的情绪插出他们的五官表情。

中班幼儿在科学区用小小机械师玩具拼搭出了男孩和女孩，并且认识到人有不同的情绪，如开心、害怕、伤心、惊讶等。教师把这些情绪制作成了各种表情贴片，幼儿在科学区随意拼摆变化的情绪。在游戏操作中，他们发现，原来情绪的变化会表现在脸上，五官会随着情绪改变而有不同。

从自己和他人的表情、动作、语言等方面，幼儿可以识别情绪。面对最初接触"情绪"的幼儿，中班在图书区设立了"情绪图书馆"，借助绘本阅读等活动帮助幼儿了解情绪、识别情绪、应对情绪。

通过集体教学活动，教师和幼儿阅读了《情绪小怪兽》，感受了"开心、难过、平静、愤怒、害怕"五种情绪的不同，并且谈论了在日常生活中什么

[①] 蒋小燕. 通过绘本阅读活动培养幼儿的情绪识别能力［J］. 学前教育，2017（5）：40-41.

情况下会出现这五种情绪，幼儿了解了这五种基本情绪。

看到了幼儿对情绪的兴趣，与幼儿共同商量后，教师把班级图书区打造成"情绪图书馆"，决定用五种情绪对图书进行分类。要想知道这本书带给"我"的感受是什么样的，情绪是什么样的，必须要读完才知道。图书区的书很多，于是还开展了"图书借回家"的活动，每周幼儿借走一本书，然后将自己读后的情绪制作成一个书签粘在封面上。把书带回来的当天，幼儿可以分享自己的情绪读后感。图书区的书柜中创设了情绪分类格，幼儿将同一种情绪的书放在一起，方便分类取放。在"情绪图书馆"，幼儿可以自主选择自己想要感受的情绪的图书阅读。通过区域游戏活动的开展，幼儿对这五种情绪认识得更加清晰，能很快地识别出自己当下是哪种情绪。

幼儿通过图书区的活动，能够根据自己、他人与环境中的语言、非语言行为辨别自己阅读后的心情是怎样的，有什么样的感受，并能接纳当时自己的情绪，培养幼儿觉察、辨识情绪的能力。

2. 恰当理解情绪

情绪理解是指个体理解情绪与引发该情绪的情境及所表现的行为之间关系的能力。[①] 在区域游戏的分享环节，通过师幼谈话交流，幼儿能够探寻情绪出现的原因，明白不同的个体对于同一件事情会产生不同的情绪。幼儿还能辨别同一件事可能会有多种情绪。

在"情绪图书馆"中，有时不同的幼儿借到同一本书，阅读后的感受和情绪体验是不同的，教师会请他们说一说各自情绪体验不同的原因。幼儿发现面对同一故事或同一件事时，大家的情绪反应是不一样的，没有固定的正确答案，什么样的情绪都可以有。幼儿在交流情绪感受时还会发现自己对一个绘本故事不只有一种情绪，有时情绪也会随着故事的变化而改变。例如糖糖说："读这个故事的时候，一开始我是害怕的，因为恐龙很吓人，但是读完以后我是开心的，因为我发现这是一个可爱的善良的恐龙，它帮助了小动物

---

① 唐久晴，姚小喃，寇彧. 5～6岁幼儿对四种基本情绪相关词汇的理解和运用[J]. 学前教育研究，2021（2）：30-41.

们。所以我有两种情绪。"教师帮助幼儿总结经验,孩子们明白了情绪是会随时变化的,情绪不是固定的,我们会根据周围的环境、自己的想法随时改变自己的情绪,这些都是正常的。

通过谈话分享,教师和幼儿一起认识、理解情绪与相应的情绪、行为表现之间的关系。

小玉说:"老师,我今天不高兴。"

"哦,我看出来你不高兴,你的小嘴巴都噘起来了。你今天为什么不高兴啊?"

"因为晴晴说不想和我玩了。"

"那你知道晴晴为什么不想和你玩吗?"

"我知道,她今天生我气了。"

"她因为什么事对你生气呢?"

"因为今天她画画的时候我碰到了她的胳膊,然后她画的公主就长了一个长长的鼻子,所以她很生气。"

"她觉得你碰到她,所以她画坏了是吗?"

"嗯,她的公主变得很丑。所以,她很生气。"

幼儿情绪理解能力的提升将对理解自己和他人的情绪,以及二者之间的相互影响产生积极作用。培养幼儿的情绪识别和情绪理解能力,为幼儿恰当的情绪表达和情绪调节提供了必要条件。

(二)帮助幼儿学会恰当表达和调节情绪

1. 教师关注带着情绪参与游戏的幼儿

安全愉悦的情绪体验是大脑工作的最佳状态,能提高认知活动的效果。相反,持续的压力和威胁则会导致海马体与额叶皮层的损失,影响记忆和信息加工,从而使认知能力降低。

教师应观察幼儿参与游戏的情绪状况和专注程度,尤其要关注那些有明显情绪问题的幼儿。教师要及时了解幼儿受情绪困扰的原因,有针对性地进行引导，帮助幼儿摆脱情绪困扰，重新投入到游戏中。

"老师，你看我给恐龙搭的家。"睿睿邀请老师欣赏他的作品，"这个是霸王龙的家，霸王龙个子很高而且很强壮，所以他的家就要高一些，我搭了两层，这样它就不用总弯着腰。这里还有很高的窗户，它可以晒太阳，也可以从这里进出，就像门一样，这里还有通向森林的路。"看到睿睿的作品，听了他的介绍，老师表示了对他的肯定："你真是太有想法了，我看到了你对恐龙的喜爱。你想得可真周到。"老师给作品拍照记录下来，更多小朋友被吸引过来。只听"哗啦"一声，伴随着焦急的喊声"我不是故意的"，霸王龙的家倒塌了。

"你干什么呀！"睿睿冲着弄倒作品的小朋友大声喊，老师看到他愤怒的眼神，眼泪在打转。老师马上走过去抱住睿睿，轻轻地抚摸他的后背，对他说："我知道你现在肯定特别生气，你花了好长时间搭的霸王龙的家，一下子被破坏了。""是啊，我好不容易搭好的。"睿睿带着哭腔说。这时候碰倒作品的小朋友过来道歉，睿睿的情绪稍稍缓和了一点。老师说："你先平静一下，咱们一起想个办法吧。我刚才给霸王龙的家拍了照片，咱们照着给它恢复原样怎么样？"睿睿点点头。

霸王龙的家修复工作开始了，老师和睿睿根据照片里的样子搭建，睿睿的情绪慢慢平复。同时在其他小朋友的帮助下还有了更好的创意。看着给霸王龙搭好的新家睿睿很开心，并且感受到了来自同伴的热情和友好，遇到困难可以一起想办法。

除此之外，教师还需和家长进行沟通，合力帮助幼儿提高情绪管理能力，排解消极情绪的影响。

"老师，苗苗抢我的积木"，"老师，我的基地被梓睿碰倒了"……游戏时间小宇总是会有各种理由哭闹着来找老师告状、寻求帮助。每次老师都能耐心地听他讲完，再进行引导，但小宇不能很好地调节自己的情绪，处理和小朋友之间的关系，已经影响了他在游戏中的专注和持续性，也不利于他和同伴之间的合作。老师和家长沟通后了解到小宇是家中的弟弟，在家里备受关注和宠爱，他需要时时获得周围成人的关注，遇到问题也总是有成人的保护，稍有困难就会以哭闹求得家人的疼爱。在和家长沟通后，老师对小宇有了更多了解，也和家长想了更多办法一起帮助孩子缓解情绪压力，提高自身解决问题的能力。

2. 学会情绪表达

情绪表达是个体能够运用多元的表达策略，根据情境选择合乎社会需求的、正确的方法，用外显的行为表达自我或对不同人、事、物的内在感受。①

（1）接纳消极情绪

幼儿的情绪有直接外显的特点，这使得幼儿常常会毫无顾忌地用哭、笑等原始的、强烈的方式表达情绪。如果教师不允许孩子哭，在幼儿发脾气时强硬压制，必定会适得其反。首先，教师要以正向态度容许与接纳幼儿消极情绪的出现，并引导幼儿学会运用恰当的、符合社会文化的方式表达消极情绪。在幼儿发脾气时不硬性压制，等其平静后告诉他什么行为是可以接受的。其次，教师要引导幼儿接纳自己与他人的情绪，让幼儿意识到消极情绪是普遍存在的，从而将接纳消极情绪的对象从幼儿自己迁移到他人，帮助幼儿以积极的态度面对他人的消极情绪。

早饭后孩子们正在进行区域游戏，这时老师接到了大帆妈妈的电话，说大帆现在在幼儿园门口闹情绪，不肯进来。于是老师赶快跑到门口，妈妈说大帆昨天睡得太晚了早晨起不来，现在正在生"起床气"。大帆妈妈着急上班就走了，保安师傅抱起情绪低落的大帆尝试安抚他，并对他说："别着急，我送你回家。"这句话拉近了他们两人的距离。在保安师傅的陪同下，大帆顺利地走进了教室。本以为他进了教室，看到其他幼儿在游戏会顺利地加入。但是当保安师傅说要回到自己的岗位时，大帆说："叔叔，我要跟你走！"听到大帆的想法，老师并没有立即拒绝他，而是询问他："你想跟保安叔叔走，是因为叔叔说他能把你送回家吗？"大帆肯定地点点头。这下老师了解了他

---

① 赵金苹，曹能秀. 台湾地区新课纲幼儿园情绪领域的特色及启示［J］. 教育评论，2017（1）：26-29.

的需求，尝试和他共情，而没有生硬地告诉他现在是活动时间，他应该遵守幼儿园一日生活常规，和其他小朋友一起参与区域游戏。于是，老师允许大帆和保安叔叔离开了班级，并加入了保安叔叔巡查的工作。仅仅过了五分钟，大帆就回到了班里，还带着满脸的笑意。原来在保安叔叔的陪同下，大帆的"起床气"消失了。他走进班级，情绪愉快地开始了区域游戏活动。

（2）学习表达情绪的语言

除了接纳幼儿的情绪，教师还应对幼儿的情绪表达给予支持与指导，帮助他们向他人表达自己。教师应先让幼儿描述自己的感受，然后提出一些建议性语言让幼儿学习运用在对他人的表述中。

"当昊昊抢你的玩具时你是什么感受？""你可以告诉他，'昊昊，我不喜欢你抢我的玩具，我很生气'。"

教师要鼓励幼儿表达各种情绪，尤其要鼓励并引导他们使用已经理解的情绪词汇，接纳他们消极情绪词汇的运用，如当幼儿出现低落情绪时，引导他们通过使用"我现在很难受／难过／伤心……"等语言来表达情绪。培养幼儿用语言准确表达自身情绪的能力，有助于幼儿获得丰富的情绪概念，发展情绪认知，提高情绪表达的质量。

3. 学会情绪调节

情绪调节是指与情绪体验相关的行为表现，是个体通过语言、表情、行为等将内部情绪体验表现出来的过程。①

（1）谈论分享

在区域游戏中，教师可以和幼儿一起谈论高兴或者生气的事，分享自己的情绪，从而帮助幼儿学会恰当表达和调控情绪。

中班老师和幼儿进行谈话活动，谈话主题是"区域游戏中让我生气的事"。"xx刚才碰了我一下，我很生气。""我刚搭好的玩具被xx碰倒了，我很生气。""我的位子被别人占了，我不高兴。"接着，老师就"如果你再遇到

---

① 唐久晴，姚小喃，寇彧. 5～6岁幼儿对四种基本情绪相关词汇的理解和运用[J]. 学前教育研究，2021（2）：30-41.

不开心的事,可以用什么方法调节情绪"的问题和幼儿进一步讨论,幼儿纷纷表达自己的观点。

亚航:"我可以把不开心的事情讲给妈妈听,妈妈每次都会安慰我。"

潇阳:"可以像现在一样和小朋友们坐在一起,聊聊天。"

果融:"还可以告诉老师,请老师帮忙!"

昌睿:"可以换个区去玩儿玩具,这样很快就忘记不开心的事了。"

幼儿在分享与交流中认识到消极情绪是可以通过某种方式进行调节的,只要合理地调控情绪,消极的情绪就可以转化为积极的情绪。

教师要帮助幼儿学习合理控制情绪和应对情绪问题的方法。当幼儿面对自身或他人的情绪问题时,要学会选择应对不同情绪的策略,如沟通、寻求帮助、认真倾听等。情绪的出现是不可避免的,幼儿只有正确识别情绪并接纳情绪,面对情绪问题时能够合理解决,才能避免出现心理问题。

(2)提供正当的发泄途径

脑科学研究表明,皮质醇是一种应激激素,可能会损害脑功能和神经系统的发育。拥有高焦虑水平的儿童皮质醇水平较高,有应对策略能很好地缓解压力的儿童皮质醇水平较低。持续性的压力、焦虑会导致持续性应激激素的产生,皮质醇长期处于高水平的儿童,其认知、社会性和运动能力的发展会相对迟缓,还会损害身体系统,如心血管、消化和免疫系统。

精神分析理论认为,个体遭到挫折就会产生紧张、焦虑的情绪,这种情绪需要通过一些合理的方式进行宣泄,来保持心理的平衡。宣泄可以采取各种各样的形式:让幼儿想哭就哭,哭既是人的痛苦的外在流露,也是一种心理保护措施;让幼儿学会倾诉,鼓励幼儿将自己内心的情绪表达出来,如果幼儿能用语言发泄自己的情绪,那么他就能更加主动地控制自己的情绪;为幼儿创建安全的宣泄渠道,如通过绘画、唱歌、跳舞、故事表演等艺术化、戏剧化的方式表达情绪;让幼儿借外物宣泄,当幼儿遇到一些让自己生气、愤怒的事,教师可以提供一些替代物用来发泄,如击打皮球、沙袋、枕头,提供可以撕碎的纸、可以揉捏的泥和面团、可以叫喊的角落、可以独自待一会儿的"心情小屋"等。但是，幼儿宣泄情绪的原则，一定是以不伤害自己或者其他人、不破坏公共环境为前提的。

通过正当宣泄，幼儿把在现实中对某些人、事的不满情绪释放出来，他们常常会体验到一种满足和快感。所以教师在允许幼儿出现消极情绪的同时，还要注意创造一定的条件，提供可供发泄的材料和途径，让幼儿在游戏中有发泄的机会，并且对幼儿在游戏中无意表现出来的一些具有宣泄意义的行为，也应多一分谅解和接纳，意识到幼儿正处在紧张、有压力的心理状态，进而通过各种方式，努力帮助幼儿缓解当前的消极情绪，寻找到适合自己的调节情绪的方式方法。

三、营造安全积极的游戏氛围

安全积极的游戏氛围有助于激发幼儿的学习兴趣和热情，增强他们的自信心，使他们以最佳的情绪状态主动投入游戏，从而获得最佳的学习效果，促进自我评价的完善。

（一）创设主动、安全、可信赖的教室氛围

在高控、压制的教室环境中，幼儿激素水平显著增高，常常会感到焦虑不安，情绪波动较大，从而影响认知和学习；而安全、可信赖的教室氛围则可以给幼儿带来安全感。在充满安全感的情绪环境中，幼儿可以放松、自在地表露情绪，幼儿对自己、对同伴、对教师是信任和依赖的，幼儿也被认为是自信的、有能力的学习者，幼儿相信自己有能力学习表达情绪，也相信教师可以帮助他们学会控制情绪。

提供稳定的、可预期的、幼儿乐于接受的区域游戏流程，可以帮助幼儿逐步形成对游戏活动的秩序感、可控感和胜任感，从而有助于幼儿情绪的稳定。与幼儿共同制定和维持教室规则，共同遵守规则，减少或避免游戏中可能出现的冲突和障碍。

教师放手让幼儿设计图书区，利用自制的书签和标志进行图书分类。教师倾听幼儿关于图书的分类想法，支持幼儿结合自己的阅读经验对图书进行分类。幼儿感受到自己是图书区的主人，他们有参与权和决定权，这调动了幼儿的积极情绪，激发了幼儿参与的兴趣和欲望。中班幼儿用特定符号代替具象的图画，设计图文结合的标签、标志；他们还共同制定、遵守规则，创设出了温暖、安全、美观、有趣的图书区。

（二）提供与幼儿兴趣、水平相适宜的游戏内容

1. 提供适宜的玩具材料

根据幼儿的兴趣、发展需要和意图，教师可提供相应的玩具材料和游戏内容，鼓励差异化、个性化学习，使每一名幼儿都可以获得愉快的游戏体验。

小班科学区投放了帮助幼儿理解5以内数概念的玩具材料——"喂小动物吃饭"。材料选取幼儿喜欢的动物造型及相对应的"食物"，同时还铺上小桌布，摆好盘子，给每个小动物创造了良好的"就餐环境"。观察发现，材料的设计满足了"手口一致点数""按数取物"等不同幼儿发展水平的需要，游戏中幼儿在自己的"最近发展区"内不断挑战，始终保持着愉悦的情绪，获得了成功和满足感。

如果游戏的挑战难度相对幼儿的能力而言过低，幼儿就会因为简单产生松懈，感到乏味和厌倦；如果游戏的挑战难度过高，幼儿就会产生紧张、挫败感，导致担忧、焦虑。而当游戏的挑战难度和幼儿的能力都处于较高水平，并且相互匹配时，幼儿正处于适度挑战的"心流"区域，经历着"最近发展区"里的发展，能使幼儿全神贯注地将热情与投入结合在一起，并在这个过程中获得愉悦的情绪和最佳效果。此时，幼儿身心充分舒展，深层次地参与游戏，安全和归属感的需要获得了满足。

因此，教师要了解班级中的每一名幼儿，才能针对每一名幼儿的能力提供水平最为适宜的游戏内容和材料。

2. 允许幼儿控制游戏节奏

大脑是寻求安全、快乐的器官。当学会新的知识或新的技能，解决了问题时，大脑中的化学物质多巴胺就会释放出来，使人感到快乐和满足，从而引发内在动机。在积极情绪状态下，个体会保持趋近和探索新事物并与环境主动连结的倾向，从而促进活动的连续性。在区域游戏中，允许幼儿自主选择、决策和控制游戏的节奏，教师追随幼儿的兴趣，并提供相应的材料与心理支持，能使幼儿游戏向更高水平发展，帮助幼儿获得成功感。

洋洋和梓睿、嘉溢喜欢在乐高区进行枪支的拼搭，对于枪他们了解了很多，关于枪的类型、名称、结构他们说得头头是道。梓睿兴奋地说："老师，我这个是AK47，用这个瞄准器，基本上一枪击中。"小宝连忙跑过来介绍："老师，我这个特别厉害，我这本书里有很多枪。"拼完枪后，他们立即开始了最喜欢的枪战游戏。

但是由于班级的空间有限，枪战游戏不能尽兴，梓睿去问老师："老师，我们能到操场上进行枪战游戏吗？"经过商量，枪战游戏由室内改成了室外。这下，孩子们玩枪战游戏更开心了，在宽敞的操场上，他们个个情绪高涨。但是后来，孩子们发现操场太空旷了，没有地方可以躲避。"我们用什么来当障碍物呢？"梓睿问。孩子们开始东张西望地找材料。"这个怎么样？"洋洋高兴地拍了拍户外游戏的拱形门。"还有这个，也可以啊！"嘉溢笑着指了指地上的轮胎。小宇还兴奋地找到沙包作为枪战时的手榴弹。就这样，一场更激烈的户外枪战游戏拉开了帷幕。

"老师，我们是童童队，他们是心心队。"孩子们自发地分为两队，还开心地取了队名。老师发现每队孩子们都参加了队长的征选，在队长的带领下孩子们选择了各自占领的地盘。这回，枪战游戏更有趣了。孩子们拿着自己拼搭的枪支，分为两大阵营进行游击枪战游戏。孩子们有攻有守，分工配合，情绪高涨，非常投入地进行着游戏。"有音乐的话会不会更嗨啊？"孩子们提出了一个新想法。为了让游戏的氛围更加浓烈，梓睿还特意从家里拿来了音响，"一、二、三、四、像首歌……"播放的都是关于军队的歌曲，在音乐效应的鼓舞下，他们更加投入地进行着枪战游戏。

（三）关注、回应游戏过程

情绪状态直接影响幼儿的游戏行为和游戏体验。关心所有幼儿，给每个幼儿都能提供展示、被提问、分享的机会，无论是他们获得成功还是遭遇挫败，教师的积极关注和回应反馈都会使他们感到被关注、被信任，从而获得情绪的稳定和游戏过程中的持续与专注。

游戏结束时间就要到了，豆豆正在乐高区搭建乐高城市，但正在搭的建筑却没有预想中的结实，突然一下子倒掉了，生气的豆豆把乐高积木全都扔在了地毯上，大哭起来，老师感受到了他的无助与崩溃。于是，老师把豆豆搂在怀里，低声问道："我看到你把积木都扔了，你一定很生气吧？"豆豆没说话。"我很想知道发生了什么，你愿意说一说吗？"豆豆看了看老师，一把抹掉眼泪说："是他们收玩具的时候把我搭的给碰倒了，可是我想快点把它修好。""小朋友把你辛苦搭好的建筑弄坏了，所以你很难过。"老师继续说道，"你觉得时间有点来不及了，所以你很着急，对吗？""是的。""我觉得可以商量一下怎么能帮你。你愿意让乐乐老师和你一起修吗？"豆豆接受了这个建议，在老师的帮助下，很快把乐高建筑修好了，豆豆的脸上也露出了笑容。

（四）提供视觉化材料内化规则

镜像神经元具有视觉思维和直观本质的特性，幼儿可以通过直觉、观察进行模仿，而视觉化材料为幼儿模仿、学习提供了"一面镜子"。教师通过有准备的环境，运用区域环境中图画、文字、实物、作品等符号，促进幼儿在区域环境中的互动，为幼儿发展提供安全的心理支持。

教师可以将班级常规或者区域游戏中需要遵守的规则以可视化的形式呈现出来，张贴在幼儿可以经常看到的位置或者相应情境发生的场所。

幼儿可自己制定美工区区域游戏规则，大家共同遵守。幼儿围绕平时玩区域游戏时出现的矛盾问题展开讨论,最后共同归纳出美工区的游戏规则,如材料轻拿轻放、安全使用剪刀、小声交谈、材料分类整理收放等,并让幼儿用图画的形式表现出来,贴在活动区。

科学区容易发生科学材料、水等液体碰洒的情况,老师和孩子们共同讨论材料取放、实验过程中应注意的安全事项以及碰洒后的处理方法,通过图画形式贴在科学区醒目的位置,有利于幼儿观察和遵守。

规则提示可以帮助幼儿了解游戏规则的意义,调整自己的行为,帮助幼儿建立规则意识,推进幼儿社会性情感和行为的发展。视觉材料的提供和运用,保障了游戏活动的基本进程,保障了幼儿在活动中的基本权利。

四、建立民主、平等、亲密的师幼关系

师幼关系对幼儿的身心发展起着潜移默化的作用。教师在与幼儿的互动中形成的关系以及幼儿感知到的教师的态度,会直接影响幼儿能否积极主动地参与区域游戏活动。幼儿在与教师的社会交往过程中,通过观察和模仿,不仅学习了如何与人友好相处,也在学习如何看待自己、对待他人,不断发展社会适应能力。

(一)尊重、支持幼儿的游戏想法

教师无论是幼儿游戏的旁观者还是参与者,都需保持民主、平等的原则,倾听他们的需要,尊重他们的想法,关注他们的感受,以欣赏的态度对待幼儿的行为,发现幼儿的优点,保持良好的情绪状态,以积极愉快的情绪感染幼儿。

有一天,萱萱主动来邀请老师做美发店的模特,因为她担心"准妈妈"老师不能一直伸胳膊,所以她提议为老师编好看的头发。听到邀请,老师放心地把头发交给她。萱萱开始梳通老师的头发,一边梳一边说:"我给你编麻花辫吧,一边一个的那种,我和妈妈一起学的,可好看了。"老师点头同意。

第一次没有编上,萱萱一直在说"咦?",一定在疑惑怎么会这样,但她没有放弃,又开始尝试第二次,这次力度变大了,她在努力调整。这次真的编上了,于是开始绑皮筋,一个麻花辫就编好啦!然后她开始熟练地编另一边,最后还为老师戴上了粉红色的小卡子。她欣赏了一番,说:"好啦!很好看!"然后笑了起来。老师照了照镜子,笑着表示很喜欢,感谢萱萱用心编的发型,并第一时间拍了照片和她分享。

在这个角色游戏中,教师作为一名顾客,顺从地参与到幼儿的游戏中,满足了幼儿想要为老师编头发的愿望。即使在这个过程中幼儿完成得并不是很顺畅,有困惑、有失败,幼儿或许会产生焦躁、不耐烦的情绪,但教师始终耐心配合,一直保持轻松愉快的情绪,欣赏着,等待着,给了孩子极大的鼓励,直到成功。

孩子需要鼓励就像植物需要水,教师正向的鼓励、表扬会给孩子带来成功感和满足感,会产生积极、愉快的情绪。同样,面对幼儿游戏失败的情境,教师的不同反馈也会对幼儿的情绪、思维模式带来影响。如果幼儿没有完成游戏任务,教师应对幼儿在游戏过程中使用的策略提出建议,而不是针对游戏结果或者幼儿本身进行批评。因为,针对幼儿本身的批评会使幼儿感到只有成功,自己才有价值,才能受到尊重,这样他们会害怕失败,焦虑恐惧,造成更多的负面情绪。

(二)积极倾听

教师对幼儿的积极倾听,可以让幼儿感受到尊重和接纳,帮助幼儿更好地了解自己,更好地表达,也能让教师更加准确地理解幼儿所表达的内容,建立关系的联结。

教师可以使用"谈话邀请"的方式,如"我很想知道你的看法""这似乎对你很重要""给我讲一讲吧"等,邀请幼儿分享他自己的想法、判断或者情绪。在积极倾听的时候,教师要用接受性的语言与幼儿对话,向幼儿传达教师的接纳和信任,可鼓励幼儿敞开心扉,释放情绪,如"在我看来你……""听上去你感到……"。

如果使用批判指责、说教警告、命令等"不接受"的语言，会让幼儿感到厌烦和排斥，从而不愿意表达自己的想法和感受。

若熙是新入园的小朋友，她在美工区没精打采地一个人玩。

教师："若熙，你看起来不高兴，你想说一说吗？"

若熙："老师，我想找妈妈。"

教师："看来你是想妈妈了，你想回家了。"

若熙："嗯，我要回家。"

教师："你看妈妈还没来接你，你有点着急吧。"

若熙："是的。"

教师："当我们想妈妈、想回家的时候，确实会着急。我想想有什么办法可以让你开心一点？我们一起画个妈妈怎么样？"

若熙："好吧。"

教师："她长什么样子呀？"

若熙："我妈妈可漂亮了。"

教师："你妈妈的眼睛是什么样的？"

若熙："我的妈妈，眼睛大大的。"

教师一边和若熙交谈，一边用油画棒画妈妈。

"这就是我的妈妈。"若熙肯定地说。

"我把这幅画送给你吧。"老师说。

"好的。"若熙开心地回答。

"我看到你笑了，看起来你很开心！"

"是的。"

"你愿意把咱们班好玩儿的玩具介绍给妈妈吗？"

"愿意。"若熙开心地带着"妈妈"走出美工区，去寻找其他有意思的玩具。

（三）正确示范情绪管理

幼儿的情绪容易受到他人的感染，教师作为幼儿心中的权威人物，对其情绪有很大影响。但教师对自我情绪的表达和调节也可以为幼儿提供理解、体验他人情绪，学习情绪管理的机会。所以，教师应加强自身的社会情感学习，提高自身情绪管理能力，及时疏导自身不良情绪，以积极稳定的情绪去影响幼儿。

"我现在很生气，因为这么多孩子挤在一起，没有排队。我要安静一分钟，然后再和你们谈谈。"

"我感到很伤心，因为浩浩在建筑区搭的'熊猫的家'被两个小朋友踩塌了。我现在想平静一会儿，你们可以先自己商量决定怎么来帮他。"

教师的语言表达让幼儿理解了他们的行为是怎样影响他人的情绪的，幼儿通过观察、模仿榜样，习得了情绪表达的正确方式。

（四）教师保持积极的情绪状态

脑科学研究表明，情绪识别是对面孔表情、声音等情绪信息进行整合，是多脑区相互作用的结果。在游戏过程中，幼儿对教师的表情、语言等情绪信息通过大脑皮层进行加工整合，帮助他有效识别他人的情绪，为社会交往提供基础。教师如果用积极、鼓励的表情、语言回应幼儿，那么幼儿将接收、识别教师的积极情绪，从而自身产生积极情绪，对游戏的开展起到促进作用。

因此，教师在游戏时应保持积极的情绪，亲切对待幼儿、关心幼儿，经常和幼儿一起游戏、对话、谈笑。注意面部表情、动作姿态、语气语调语速，以及待人接物的方式等，让幼儿感受到教师的关心和亲近，感受到集体的温暖和归属感。

游戏时诺诺总是一个人闷闷不乐，老师了解到因为她不想一个人玩，暂时还没有找到同伴和她一起做游戏。于是老师安慰她："没关系呀！晓旭老师愿意做你的第一个朋友，你愿意吗？"她点点头，情绪渐渐平复了下来。后来，老师和她分享了一个秘密："其实在小朋友还没有上幼儿园的时候，我第一个认识的小朋友就是诺诺，所以我很荣幸做你的第一个好朋友。我们就从第一个好朋友开始，相信诺诺一定会在小四班收获更多的好朋友，加油！"

因为诺诺是小班初入园的幼儿，有一些分离焦虑情绪，教师对于她来说是陌生的，但是教师积极、正向的语言，减轻了幼儿对教师的顾虑与隔阂，让幼儿感受到教师的关心和亲近，让幼儿在陌生的环境中感受到温暖和归属感，师幼关系也变得平等和谐。

五、促进积极互动的同伴关系

情绪是行动的组织者和调节者，情绪也是身体、思维、社会和文化综合的产物。幼儿在区域游戏中的情绪既与空间、物质环境有关，也受师幼关系、同伴关系所影响。研究证明，有很好的同伴关系的儿童具有更多积极的情感体验，那么反过来说，有良好情绪管理能力的儿童也才更容易成为受同伴欢迎的人，从而更有助于社会交往。那些受欢迎的儿童往往成为游戏的领导者，被拒绝的儿童则往往独自玩耍或表现出攻击倾向，而被忽视的儿童则由于退缩常常表现出游离、观望、不专注的行为。

同伴交往和友谊对于幼儿的情绪情感发展非常重要，区域游戏则是幼儿与同伴进行社会互动的最佳途径，教师要有意识地发挥幼儿同伴资源的价值，引导幼儿关注和参与同伴游戏，允许和鼓励幼儿之间的闲聊、互助，开展幼儿之间的相互评价，增强幼儿的归属感，引导幼儿以合理方式解决同伴冲突，避免欺凌与退缩等行为影响幼儿对区域游戏的参与。

（一）重视社会角色游戏

社会性角色扮演游戏是一种表征活动和社会性活动的整合，对幼儿的社会性、想象、语言、思维和情绪情感发展具有重要意义。象征性游戏和角色扮演游戏能使幼儿在自己所能控制的环境中改造和理解现实,使幼儿把自己想要而得不到、不敢或不能公开表现在真实生活中的情绪情感以游戏的方式表现出来,以自己的方式解决内心的矛盾冲突,把困惑、沮丧、恐惧转换为理解、掌握和愉快。角色游戏还能唤醒幼儿内心深处的同理心,使他们逐渐摆脱"自我中心化",学会换位思考,站在他人的角度思考问题;通过遵从角色要求和游戏规则,从而发展抑制自己冲动的能力,更好地学习情绪表达与调节。在区域游戏中鼓励幼儿多开展象征性游戏和角色扮演游戏,可以为幼儿的情绪情感发展和社会性发展提供充分的机会。

轩轩是一位非常有个性的小男孩,游戏中非常有自己的主见和想法,并且很难轻易地改变,因此在和小朋友的游戏交往中,他总会因为不能很好地与同伴沟通、理解他人的情绪情感而产生矛盾,进而影响游戏的开展。

在玩角色游戏《警察与司机》时,每个"司机"都会在"小警察"的指挥下,前往自己想要去的目的地。刚开始轩轩是一名司机,他会根据自己的喜好,想去哪里就骑到哪里,横冲直撞的行为经常与小朋友发生摩擦。出于对孩子的了解,这一天,老师让有想法的轩轩成了游戏里的"小警察"。转变身份的他会怎么做呢?刚开始,轩轩一会儿站在安全岛上"巡视"着游戏中的小朋友,一会儿四处溜达。老师上前轻轻地在他耳边问道:"轩轩,你还记得你之前开车的时候'小警察'在做什么吗?他对你说过什么?""交警在行车交通中是很重要的,行车安全全靠他们。"听了老师的话,轩轩跳上了安全岛,站得直直的,小手伸得平平地指挥着来往的车辆。有的小朋友骑到了其他区域,他会及时制止并帮助他们调转车辆的方向,向规定区域里骑行,认真地执行着"小警察"的任务。

在游戏中,教师能够感受到轩轩在"小警察"角色体验中对自己行为的控制。通过角色游戏,轩轩能够更好地遵从游戏规则,逐渐摆脱"自我中心化",学会和他人共情,学习情绪表达。教师应关注幼儿在角色游戏中的情感体验,关注幼儿与同伴的沟通与交流,让其体会到角色扮演与同伴交往带来的愉悦,进而激发其内在动机,使其交往情感与交往态度得到良性发展。

（二）鼓励有意图和目标的合作

区域游戏开放、自主、流动的特点给幼儿提供了充分的互相观察、模仿、交流的机会，研究发现，带着学习意图去模仿的行为和单纯的无意识的模仿行为相比，镜像神经元激活的程度不同。因此，要鼓励和引导幼儿与同伴之间以完成一定的计划或任务、解决问题为意图，产生更多深度的互助与合作。如多个幼儿一起合作把大积木从教室搬到户外，一起扶着水壶给植物角的菜苗浇水；如一个需要多个幼儿共同完成的主题建构游戏，一幅需要与同伴合作完成的美术作品，一个需要合作完成的科学小实验等。

在游戏时间，大一班的老师拿出一个巨大的老虎头形状的底板，一下子吸引了孩子们的注意。悠悠和几个小朋友迫不及待地想要尝试制作彩泥虎牌，她们迅速组成小组开始制作。首先，她们找来老师之前打印好的图片作为参考。悠悠建议用红色的彩泥当底色，因为马上就是新年了，大家都表示同意。然后，大家一起找来了红色彩泥开始平铺整个底板。因为底板太大了，所以需要大家齐心协力完成。接着，小朋友们自主分成了不同小组，有人负责制作眼睛，有人负责制作嘴巴。当遇到困难的时候大家互相出主意，一起想办法。上上发现眼睛制作出来后一高一低，悠悠说没关系，这样更可爱。不一会儿，在大家齐心协力的努力下，巨大的虎牌制作成功，每个参与的小朋友都非常兴奋。

共同的意图和目标让幼儿和同伴之间建立起明确的任务意识和挑战意识，同伴之间的合作游戏越多、越复杂、越丰富，越能激发幼儿的积极情绪，他们也越倾向于主动持续地投入游戏，迎接挑战，克服困难，解决问题。

（三）学习社交技能获得积极情感体验

同伴交往和友谊对于幼儿的情绪情感发展具有非常重要的意义。在区域游戏中，教师要有意识地利用幼儿同伴资源，引导幼儿关注和参与同伴游戏，帮助幼儿学习有效的社交技能，发展幼儿友谊。帮助幼儿以合理的方式解决同伴冲突，避免退缩等行为给幼儿带来的消极影响。

1. 关注社会退缩的幼儿

有些幼儿不太喜欢与他人交往，平时很安静，常常独处或独自活动，在交往中表现出害羞、退缩，很少表现出主动的行为和外显的情绪情感，不易引起教师和同伴的注意，往往也成为被忽视的群体。这些被同伴忽视的幼儿缺乏与他人积极情感的交流，对他人反应冷漠，对游戏活动也缺乏兴趣，行为也会变得愈加退缩。因此，教师要帮助幼儿寻找有效的方法与同伴沟通，帮助他们发展友谊。

第一，创造机会让幼儿一对一共同开展一项活动，给幼儿提供和同伴交往、合作、交流情感的机会。

"我们需要把今天发现的机器零件'软管'画下来，大帆，请你选一个小朋友一起画好吗？"

"伊伊、想想，你们一起把剩下的零散积木收整到柜子里吧。"

第二，教师示范、指导有效的沟通技能，帮助幼儿运用恰当的方式和同伴沟通，发起社交互动。如叫同伴的名字，看着同伴的眼睛，和同伴直接交谈等，教师可以帮助幼儿练习这些沟通技能。

"笑笑，你如果想和牛牛玩，你要先叫他的名字，然后看着他说话。"

"雨曈，小颖没听到你向她借粉色的毛线，你可以大点声，再和她说一遍。"

通过示范、提示幼儿使用能够吸引同伴注意的语言，教师可以帮助幼儿强化社交技能，促进幼儿友谊的发展。

"若渝，你可以问问桐桐，'桐桐，你想组装孵蛋器吗？我们一起组装好吗？'"

"悦悦，你帮助梓睿战队捡炮弹，是想加入他们的枪战游戏吗？你问问他们战队是否还需要队员，你可以参加吗？"

第三，发挥同伴资源优势模仿学习。对于害羞、胆小的幼儿，教师可以利用同伴资源的价值，通过与同伴分享经验，使幼儿间接获取经验，并能在游戏中获得积极的情绪体验。

益智区里围坐着一桌正在玩俄罗斯方块的小朋友,而天天则站在不远处看着他们游戏。老师走近天天问:"这个游戏看上去很有意思,你想玩吗?"天天吓了一跳,赶忙冲老师摇摇头走了。但是即便走到其他区域,他的眼神依旧落在玩俄罗斯方块的小朋友们身上。

老师走向正在游戏的小朋友:"你们玩得好激烈呀。""是的,我们在比赛。谁先摆完一个方框按一下铃,谁就赢了。""谁赢的次数最多?"老师问。"是亮亮,他都赢好几回了。"亮亮不好意思地说:"不是我厉害,是因为我在家里玩过。爸爸告诉我要先拿大块的然后再用小块的填补。手速还要快一些,要不就拿不到想要的了。""这真是个好方法!"于是在当天区域游戏点评时,亮亮高兴地进行了分享。天天听得非常认真,当老师请小朋友尝试游戏时,看到了跃跃欲试的天天。老师请天天上前尝试新方法,果然速度很快,赢得了比赛。老师立即肯定他,鼓励他明天接着玩。

教师通过观察,了解了天天的游戏兴趣,对于退缩的幼儿,教师利用同伴经验分享激发其参与活动的积极性,允许他通过自己的默默关注而获取经验,通过模仿他人,向他人学习与不断尝试,收获属于自己的成功。

2. 关注与同伴冲突的幼儿

在区域游戏活动的开展过程中,有时会发生幼儿同伴冲突,使幼儿产生消极情绪。作为教师,如何有效化解这些冲突,对于促进幼儿身心健康和同伴交往行为的发展有非常重要的意义。

第一,帮助幼儿理解其行为与他人反应之间的联系。由于幼儿不能觉察、理解自身行为与他人情绪或反应之间的联系,教师有必要帮助幼儿分析、理解二者之间的联系,认识、调整自身不恰当的行为,争取得到同伴的正向回应,从而获得积极的情绪情感体验。

区域游戏活动时,大家都玩得非常开心。突然,教室里传来"哇"的一声大哭,原来是洋洋把安安给撞倒了。洋洋不以为然地说了一句"对不起"就要离开,他并没有真正意识到自己的行为给别人带来的后果。于是老师赶忙叫住了他,并伸手将安安扶起来,一边哄着一边问:"你为什么哭呀?""洋洋撞到我了,很疼。"安安边哭边说。"洋洋跟你说对不起了,你还疼吗?"老师问。"疼。"安安回答。老师转头问洋洋:"你看安安摔得那么疼,你觉得她伤心吗?""伤心。"老师又问洋洋:"你摔过跤吗?"他点点头。"你摔跤时是什么感觉?"洋洋低头说:"疼。""在你摔疼的时候,你希望别人怎么样做呢?"老师又问。"揉揉。"他想了想,小声说道,然后蹲下去伸出他的小手给安安揉了揉,还把她身上拍打干净,诚恳地说:"真对不起,还疼不疼?我给你吹吹。"这样一来,刚才哭得很厉害的安安竟然不哭了,嘴里说着:"没关系,我不疼了。"看见洋洋真诚地道歉,老师轻轻对他说:"你看,你撞倒了安安,说声对不起,做得很对。但安安还在哭,说明她还疼、还委屈呢。你帮她揉一揉,拍拍土,这样关心她,她的疼痛就减轻了。她也很快地原谅你了。所以,以后不小心碰到了小朋友除了说对不起,还需要多关心小朋友,看小朋友有没有受伤,是不是疼,帮他减轻难过。这样,你们还是好朋友。"洋洋点点头,放松多了。

面对同伴冲突,教师认可并理解幼儿的情绪,让幼儿双方表达自己的想法。这有助于幼儿理解对方的感受,反思自己的行为给同伴带来的影响,使他们能够站在同伴的角度去思考,和同伴产生共情,修正不恰当的行为,同伴之间也更容易达成谅解,愉快地投入游戏当中。

第二,在幼儿友谊受挫时给予支持。幼儿的友谊比较短暂而不稳定,因此,幼儿在面对同伴冲突、友谊受挫时,往往会出现生气、失望、沮丧等消极情绪,导致他们无法专注、愉悦地参加游戏。这时,教师应给予幼儿宽慰、疏导,给予他们情绪情感上的支持。

"雨瞳,若溪现在正在生气,等她缓解一下情绪,在她心里你还是她的好朋友。"

"小宇现在想静一静,自己玩一会儿,你可以等会儿再去找他玩。"

"我看出来你现在很难过,因为萱萱说不想和你玩了。你先冷静一下,想想事情的经过,我们一起想办法解决好吗?"

第三,结合具体情境,指导幼儿学习解决冲突的技能和策略。当幼儿与同伴发生矛盾冲突时，指导他尝试用协商、谦让、交换、轮流、合作等积极的策略解决冲突，化解消极情绪。

今天，乐高区依然是热火朝天。在游戏过程中，传来了孩子们的争吵声："这个是我的汽车，它停在我的停车场里的。""我也需要这个汽车，我要让我的小人坐进去。""我的乐高块不够用了，你这里这么多，为什么不给我用？""我还没搭完呢，你拿走了我就没得用了。""你为什么把我的乐高给拆了？我明明还没有搭建完！"争执声此起彼伏，引起了老师的关注。

区域游戏分享时，老师和孩子们一起欣赏了乐高作品，有的是小小的一块，还有的是未搭建完的半成品。那能通过怎样的方式引导幼儿自己解决争执，一起愉快地游戏呢？老师把问题抛给了孩子们。"老师，我们可以和好朋友商量，相互借用乐高。""我们可以限制玩乐高的人数。""我们可以进行比赛，看谁搭建的乐高最棒。"对同伴所提出的乐高比赛，中班孩子有着浓厚的兴趣。孩子们一起商量参赛的人数，确定每次3个人，大家轮流参加。周一到周三，3天时间，每个选手自由搭建，最后选出大家最喜欢的作品。孩子们还对怎样评选作品和发奖进行了讨论，选手要向大家介绍为什么搭建这个作品，故事情境是什么，全体幼儿将根据作品的难度和丰富性，选出最喜欢的作品。孩子们积极地投入乐高比赛中，争吵声也没有了。面对冲突，孩子们学会了协商，并且遇到问题一起想办法制定比赛规则，解决了矛盾。在下一阶段，他们还计划进行合作搭建的比赛呢。

教师指导幼儿学习协商、谦让、轮流以及合作等同伴交往的技能，有助于幼儿"去自我中心化"，获取观点采择能力，促进幼儿情绪情感和社会性的发展。在同伴冲突解决的过程中，幼儿逐渐学会换位思考、理解他人情绪、商讨解决办法，他们会有意识地把这些经验迁移到相似的情境中，有助于幼儿增强情绪的自我调控能力，树立信心建立和谐的同伴关系。

第四节　实践案例集锦

爱心小医院

一天早上入园时，刚进教室的沐晴对我说："马老师，昨天我去医院了，我太不喜欢医院了。"一旁的悠然听见了也说："我也害怕去医院，因为医生会给我打针。""我也是！医生给的药都是苦苦的。"几个幼儿纷纷附和。交流中，我了解到孩子们对医生和医院都有些排斥，认为医生就是打针、开药的，有些幼儿甚至听到去医院就会紧张、焦虑、哭闹。为帮助幼儿更加了解医生的工作，理解医生的职责，消除对医生的排斥和恐惧，我们和幼儿商议后，决定在班级创设爱心小医院角色游戏区。

爱心小医院诞生啦

我们为幼儿提供了医生、护士服装，准备了检查桌、体温枪、消毒液和听诊器等小医院中常见的游戏材料，还特意准备了一张床，以便给病人做检查时使用，爱心小医院就这样诞生啦！孩子们都很兴奋，自发地开始了游戏。

刚开始时，每天都有小朋友来小医院扮演医生、护士和病人。但几天后，孩子们的热情消退了，有时他们穿上医生的服装后，就不知道该继续做些什么了。我向孩子们询问原因，有小朋友说："看病的游戏我玩过了，不知道还能怎么玩。"了解到孩子们的困惑后，我决定从生活中寻找解决办法。每天早上，保健医都会等候在园门口，为幼儿测量体温、查看口鼻情况，了解幼儿来园时的身体健康情况。于是，我将保健医的晨检活动录成小视频分享给孩子们观看，孩子们非常感兴趣，开始模仿保健医的方式为身边的"病人"诊治。就这样，"爱心小医院"成了我们班最火爆的游戏。

分析:"幼儿在游戏中表达自己对于生活和世界的认识、体验和感受,表现着自己内心的担忧和冲突、快乐和困惑、期望与愿望。"害怕去医院,对医生有排斥和抵触情绪,是在孩子们中十分常见的现象。了解到孩子们有这样的情绪压力后,我们决定创设爱心小医院角色游戏区,为孩子们提供角色扮演材料,让他们可以通过游戏扮演更多地去了解医生的职责,逐步建立医生是为人的身体健康服务的观念,从而缓解焦虑。在游戏中,我们及时观察幼儿的游戏开展情况,根据幼儿的需求录制保健医视频,丰富幼儿对医生工作内容的认识,促进游戏进一步开展。

装修爱心小医院

一天,我来到了爱心小医院,刚要走进医院,孩子们就提示我快停下脚步。正当我一脸疑惑时,沐晴跑过来告诉我:"等一等再来看病!医院要装修啦!"我问她为什么要装修,她说因为小医院现在没有好看的装饰,来这里看病的病人心情会不好,他们希望把小医院装饰得漂漂亮亮的,这样大家看到后就会很开心。我问孩子们打算怎么装修,他们说想请美工区的小朋友帮忙用美工纸制作爱心来装饰医院。于是,我带着孩子们来到美工区,小医生和小护士说他们需要红色的爱心,还要能粘在医院的屏风上。在和美工区的小朋友进行了讨论后,他们开始忙碌了起来,有的小朋友负责折纸,有的小朋友负责剪纸,很快,他们就用红色的即时贴做出了好多漂亮的爱心。小医生和小护士将爱心贴在了医院的屏风上,小医院立刻变了一番景象,红红的爱心显得格外漂亮(见图4.1)。

图4.1 贴爱心

分析：通过小医院游戏，孩子们发现了环境和情绪的关系，这让我感觉格外惊喜。孩子们认为"漂亮的环境会让来看病的人开心"，想到用爱心去装饰医院，还主动找美工区的小朋友帮忙，共同努力让医院变得更漂亮。当我了解到孩子们的意愿后，立刻鼓励孩子们行动起来。在接下来的游戏中，我鼓励孩子们不断调整小医院的环境，让爱心小医院越来越温馨舒适；我还和孩子们讨论"我们教室里的环境如何才能让我们觉得更愉快、舒适""在你的家里让你感觉最舒适愉快的环境是什么"等，引导他们体验到更多环境与情绪的关系，并获得让自己心情愉悦的方法。

明星医生潘潘

一天，区域游戏时间，正在观察孩子们游戏的我突然被潘潘小医生告知我"感冒了"，听到这个消息，我立刻"进入状态"，连忙询问医生需要如何治疗。潘潘让我赶快躺在床上休息，他小心搀扶着我，细心地为我盖好被子（见图4.2），还帮我接了一杯热乎乎的水（见图4.3）。随后，他为我测了体温、听了心跳。检查结束后，潘潘医生说我身体都很正常，只需要吃点药。我担心地

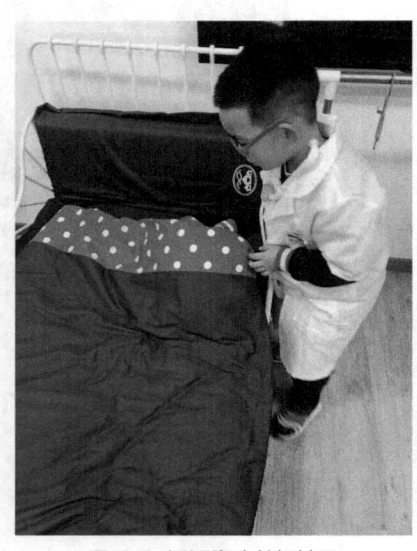
图4.2　潘潘为我盖好被子

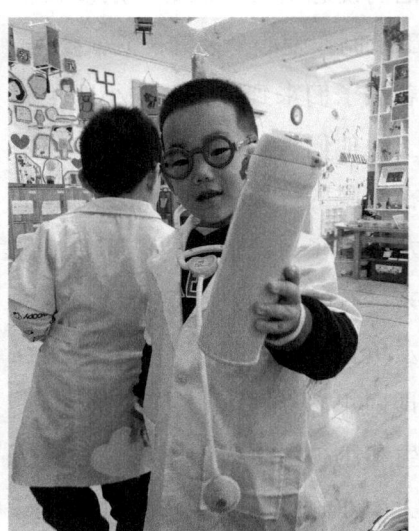
图4.3　潘潘为我接热水

问:"医生,这个药苦吗?"他摇摇头,从兜里掏出来一个小瓶子,说:"把这个一起吃下去就不苦啦,这是甜甜的糖水。"我按他的要求吃完药后,他告诉我现在可以回家了,还给了我温馨提示小卡片,嘱咐我回家以后也要多喝水、多吃水果,病很快就会好起来的。

潘潘小医生的"治疗"让我非常惊喜,他这么认真细致地做着医生的工作,给了我非常良好的"就医体验"。于是我邀请他和其他小朋友分享自己做医生的经验,潘潘爽快地答应了。游戏后的分享环节,潘潘小医生向大家介绍了他扮演医生时是如何做的。我问他:"为什么你会这么细致地照顾病人呢?"潘潘说:"因为我去看病的时候医生就是这么做的,而且我希望病人能快点好起来呀!"

听了潘潘的分享,孩子们对医生的职责更加了解了,大家认识到原来耐心细致地对待病人,能够消除病人的紧张感,治疗的效果也会更好。孩子们知道了如果自己到爱心小医院扮演医生的话,可以做些什么来更好地服务病人。

分析:面对潘潘小医生突然发出的游戏邀请,我及时配合,立刻进入了"病人"角色,支持幼儿的游戏开展。在做潘潘小医生的病人时,我感受到潘潘对如何做一名好医生有着丰富的经验和自己的想法,于是,我利用分享环节,请潘潘将自己的经验分享给全班小朋友,通过幼儿间经验的交流与分享,促进幼儿进一步了解医生的职责。

小医院来了特殊病人

这天,爱心小医院里迎来了一位特殊的病人——萱萱带着自己的小猫咪来看病了(见图4.4)。医生和护士们看到猫咪小病人之后一脸惊讶,不知道该怎么办的他们不约而同地看向了我。我没有立即介入孩子们的游戏,而是用鼓励的眼神回应了他们。随后,医生按照以往的流程为小猫咪看病:测体温、抽血化验、开药等。治疗结束后,小医生航航向我表达了自己心中的疑惑:"我也不知道这样为小猫咪看病对不对,以前我们给病人看病就是这样的。"

小医生们遇到了新问题,或许我可以为他们提供一些帮助。于是,我主

图 4.4　爱心小医院迎来了特殊病人

动问他:"航航医生,你知道有一种医院只给小动物看病吗?"他摇摇头。我立即从互联网上找了一个宠物医院救治动物的视频和孩子们一起观看,他们边看边说:"这里的医生都好厉害,小动物不说话他们都知道它生了什么病。""原来给动物看病也需要检查。""宠物医院还有隔离室,当小动物出现传染疾病的时候,就需要单独隔离,里面需要准备紫外线消毒灯。"看完视频后,孩子们发现原来为小动物治病也是一件非常专业的事情。

有了这次为小猫咪看病的经历,孩子们对宠物医院充满了好奇和兴趣,他们也想建一个宠物医院,于是我们为爱心小医院提供了专门为小动物看病的材料,如消毒灯、显微镜等。专门为宠物看病的隔离室建好了,孩子们满心期待着有新的需要治病的小动物光临爱心小医院。

分析:当小医生遇到新挑战时,我并未直接介入游戏,而是通过鼓励的方式,支持他们自己尝试解决问题。随后,我通过查找资料,丰富孩子们对宠物医院的认识,并积极提供相应的材料,支持孩子们新的游戏需求。

我们的爱心小医院每天都非常热闹,有越来越多的小朋友愿意来到爱心小医院，进行角色扮演游戏，体验医生、护士和病人之间的互动。在疫情防控常态化背景下，爱心小医院里还出现了防疫医生的身影，出现了做核酸检测等来自幼儿生活的场景。通过小医院游戏，孩子们越来越了解医生的工作和职责，对医生和医院的排斥和恐惧情绪得到了很大的缓解，有一些小朋友还认为成为一名医生是神圣而值得骄傲的事情。爱心小医院为幼儿的情绪情感发展和社会性发展提供了机会。在游戏中，教师注重与幼儿之间的交流与互动，尊重幼儿的意愿，倾听幼儿在游戏中的需求，及时调整环境与材料，为幼儿游戏提供有效的支持，让幼儿在宽松、自主、平等的心理环境中，自由、快乐地游戏和成长。

（北京市海淀新区恩济幼儿园　马晓旭　柴赛飞）

区域游戏中关注幼儿的消极情绪

研究发现，大脑是"情绪优先主义者"，幼儿的情绪不安全，脑就不认知、不学习。在区域游戏中，幼儿的情绪状态直接影响其游戏行为和游戏体验，幼儿能否积极投入、主动学习和情绪息息相关。因此，教师要敏锐地保持对幼儿情绪状态的觉察力，并能够采用适宜的方式调节幼儿的情绪，帮助他们在愉悦的情绪中自由地游戏和探索。

响屁和蔫屁

活动区游戏中，孩子们正在专心致志地给故事书贴书签。突然，一声屁响打破了宁静，由于声音很大，孩子们都抬起头，不由自主地把目光投向了发出响屁声的睿睿。紧接着，孩子们喧闹起来："哈哈，睿睿放屁了！""睿睿的屁太臭了！""哎呀，我得离你远一点。"看着小伙伴们嘲弄的神情，睿睿的脸一下子红了，连忙摆手说："不是我！不是我！"洋洋说："就是你，我听见了，就是你那边的声音。"洋洋的话让睿睿无从辩解，在大家的注视中，他小脸涨得通红，眼睛瞪得大大的，着急、尴尬又不知所措，就像是一只找不到方向的小蜜蜂。看到紧张而又窘迫的睿睿，我赶紧对大家说："老师看过一本特别有意思的书，叫《响屁 蔫屁》，你们知道什么是响屁，什么是蔫屁吗？""哈哈，响屁？蔫屁？"听到我的问题，孩子们哈哈笑起来，纷纷将目光转向了我。我快速解释了屁的由来，和孩子们一起了解了关于"屁"的知识。原来放响屁是身体健康的标志，是人类和动物都会经历的正常生理现象。

"你们放屁的时候是什么心情？"我问大家。美妍说："那天，我在好朋友家就放了一个蔫屁，我当时特别害怕，怕她听见。""是的，放屁的时候我们心里有点紧张，会担心声音太大，或者气味太臭。每个人都会放屁，这是正常的。就像故事里说的，响屁说明身体很健康呢！"我说。孩子们纷纷点头表示理解。我看到睿睿脸上的表情放松了下来，对一旁的苗苗说："苗苗，我们去整理《保卫萝卜》的书吧。"随即，睿睿和好朋友继续投入绘本的整理活动中了（见图4.5）。

分析：一个无意之中的响屁让睿睿陷入尴尬窘迫的情绪中，同伴的嘲笑和嫌弃使气氛紧张而充满压力，此时的睿睿一定心慌意乱，一定手足无措，如果老师不介入，接下来的游戏中睿睿该多么焦虑和难过。教师及时关注到这个事，深刻共情到睿睿的情绪处境，机智地借助故事书给孩子们讲述关于"屁"的知识，转移孩子们的注意力，给睿睿提供了宽松的空间。教师还运用了谈论分享的策略，让孩子们都来谈一谈自己的经历和感受，进一步引发幼儿之间的互相了解，促进了他们的共情能力，最终帮助睿睿摆脱情绪困扰，重新投入游戏中。营造安全、温暖、信赖的环境，需要

图4.5　尴尬化解后睿睿继续贴书签

教师对幼儿无条件的爱,也需要教师引导幼儿之间充满爱。

乐高的零件找不到了

区域游戏时,我正在和苗苗对战五子棋,突然听见圈圈激动地喊了起来:"你起来,浩宇!有个零件找不到了!晓萌老师,我拼不完了,怎么办?"原来是正在拼乐高的圈圈发现丢了一个零件,导致他拼的沙僧还差一个胳膊才能完成。他翻找着桌子上的其他零件,把附近小朋友的周围全都找了个遍,左翻翻,右看看,也没有合适的。"晓萌老师,我这个拼不上了,怎么办?拼不上了怎么办?"他急得跳脚。我安慰道:"你看看有没有掉在地上?"听到我的建议,他马上拉开椅子,蹲下来在桌子底下搜寻。"晓萌老师,还是没有!没有这个零件,后面的我都拼不了了!"看到他急得团团转,就要哭了,我连忙说:"我看出来你很着急,想拼好。你看看其他主题的乐高积木有没有可以替代的呢?"听到这个提议,他急躁的情绪平复了一些,赶紧在其他主题的积木中挑选材料,但是一直也没有找到合适的。就在这时,收玩具的音乐响了,圈圈的情绪再次爆发:"老师,我这个积木还没找到呢!我今天拼不完了,怎么办?"我安慰他说:"老师看出来你特别想拼好沙僧,游戏时间结束了没关系,你还可以再找找你想要的积木,薇薇老师也可以帮你,相信你很快能完成。"听到我的话,圈圈紧张的情绪平复了许多,在薇薇老师的帮助下,他们很快找到了合适的积木,仅仅用了两分钟,圈圈就完成了沙僧的拼搭。看到最后完成的作品,圈圈露出了满意的微笑(见图4.6)。

图4.6 专注拼搭的圈圈

分析:幼儿的情绪有直接外显的特点,他们常常会毫无顾忌地用哭、笑等原始的、强烈的方式表达情绪。圈圈找不到零件急得团团转，急躁的情绪很容易感染老师和同伴，此时教师管理好自身的情绪成为关键。只有教师保持平静温和的情绪和态度，才能给幼儿创设安全、接纳的环境，并给幼儿示范良好的情绪管理。教师认可了圈圈想要完成作品的渴望以及挫败的心情，有助于圈圈的内心平复，从而将注意力集中到问题的解决；教师的及时安抚和帮助也使圈圈的自我效能感得到满足，没有什么比游戏的成功更重要。如果教师在幼儿发脾气时指责或者硬性压制，反映的是教师自我情绪管理能力的不足，将无法帮助幼儿重新找回游戏的乐趣。

我想姥姥

一天，我收到菲菲妈妈的微信，得知菲菲的姥姥去世了。菲菲从小就是在姥姥的陪伴下长大的，对于姥姥的离去菲菲一定很难过，她能否接受这件事呢？

这几天菲菲都没有来幼儿园，我们也很牵挂菲菲。周三，菲菲终于来幼儿园了，我悄悄地关注着她的情绪状态。活动区游戏时间，菲菲没有像往常那样和好朋友玩这玩那，而是蹲在建构区的垫子上，拿着一块积木低着头发呆。我慢慢走近她，菲菲抬起头，一脸伤心和委屈。还没等我开口，她一把搂住我说："我想姥姥。"我抱住菲菲，轻轻地抚摸她的头发，说："我看出来你很伤心，你一定很想念姥姥。"菲菲点了点头。随后，我带菲菲来到安静的图书区，我们坐在柔软的小沙发上，我把准备在清明节分享的绘本《爷爷有没有穿西装》读给她听。故事讲述了每个人都要经历的事情——死亡，通过小主人公的对话，探究了"死亡"和"生命"的意义。听完这个故事，菲菲的情绪稍有缓和。姥姥去了哪里？是墓地还是天堂？无论是去了哪里，对姥姥来说都是一个很好的归宿。在故事和我的陪伴下，菲菲感受到了温暖和慰藉。

在接下来每天的区域游戏时间，我都在关注着菲菲的状态，鼓励小朋友们多主动和菲菲玩。"菲菲，我们班在演西游记主题的皮影戏，昨天排演了'三打白骨精'，我们去当小观众吧！"在好朋友涵涵的提议下，菲菲参与了皮影戏游戏。她认真地扮演着小观众,看小伙伴们表演,为他们鼓掌,悲伤的神情逐渐消失了(见图4.7)。

分析:家庭生活是幼儿情绪的重要来源,他们常常会因家庭的变故、家庭的重要事件、家庭成员的变化以及家庭关系而产生情绪的波动。有时他们会和老师兴奋地讲述家庭生活中新鲜有趣的事情,情绪高涨;有时又会因为妈妈的出差、爸爸妈妈吵架或者亲人的离开而焦虑紧张,无法正常投入班级活动。菲菲面对姥姥的离世,既感到悲伤失落,也充满了对死亡的困惑。老师通过与菲菲家长的沟通,及时了解相关情况,对菲菲进行有意识的关注。所以经常的家园沟通对于老师基于幼儿需要创设良好的心理环境是非常有必要的。老师给菲菲充分的理解和接纳,允许她体验和感受内在低能量的情绪;通过图画故事、角色代入帮助菲菲产生共情理解,缓解焦虑;通过同伴游戏感染带动,帮助菲菲逐步走出消沉的情绪,在温暖的集体中逐渐化解悲伤(见图4.8)。

在自由自主的区域游戏时间,孩子们玩起来专注而投入,我们经常能看到孩子们轻松的笑脸,听到他们愉快的笑声,但时不时地,他们也会遇到一些"小麻烦",愉快的游戏被消极情绪所干扰,如睿睿的尴尬、圈圈的急躁还有菲菲的悲伤。教师以爱给幼儿敏感的关切和爱护,时刻觉察幼儿的情绪状态,识别幼儿的负面情绪,为幼儿营造良好的区域游戏心理环境,使幼儿在接纳、

图4.7 皮影表演化解菲菲的悲伤

图4.8 同伴游戏带动菲菲走出消沉情绪

包容的氛围中学会理解、接纳自己和同伴的情绪,并学习自我调节,为在游戏中更专注、深入的探索提供了积极的保障。

(北京市海淀新区恩济幼儿园　张晓萌　柴赛飞)

温暖的规则小贴士

安全积极的游戏氛围有助于激发幼儿的学习兴趣和热情,促使幼儿以最佳的情绪状态主动投入游戏。教师提供稳定的、可预期的、幼儿乐于接受的区域游戏流程和规则,可以帮助幼儿逐步形成对游戏活动的秩序感、可控感和胜任感,有助于幼儿情绪的稳定。在区域游戏中,我发现幼儿时常因为玩具的使用及收整而发生争吵,导致幼儿出现消极情绪甚至中断游戏。这促使我们关注区域游戏规则的制定,发现与幼儿共同制定和维持教室规则、共同遵守游戏规则,能极大地减少或避免游戏中可能出现的冲突和障碍。

建筑区的积木该不该收

活动区收区的音乐响起时,我听见"哗啦"一声巨响从建筑区内传来,紧接着听到灏昆大声嚷道:"谁让你推我的楼房了!我还没搭完呢!"话音刚落,又是一声巨响,另一个建筑物也被推倒了,接着传来了小朋友的哭声。我赶紧走了过去,看到嘉言正站在建筑区里伤心地哭。我问嘉言:"发生什么事了,你愿意和我说说吗?""我推倒了他的楼房,他把我的也推倒了。"嘉言一边哭一边说。"你为什么要推倒灏昆的楼房呢?"我问。嘉言说:"因为收玩具的音乐响了,建筑区要收积木了。"这时,灏昆大声说:"我的楼房还没搭完,我还想明天继续搭呢,你为什么要推倒它?""因为要收玩具了,我们的建筑都要拆掉啊!"嘉言说。"我的是可以保留的,"灏昆说,"我还得继续搭呢!"

我梳理了一下事情的经过:"灏昆,你认为没有搭建完的作品可以保留,第二天继续搭。嘉言却认为收区时间到了,无论搭建成什么样都要收了,是吗?"两位小朋友点了点头。从两人的对话中,我发现他们还没有对建筑区的游戏规则建立起统一的认识。到底需要大家共同执行哪些规则,才能让游戏更好地进行呢?利用区域点评环节,我采访了班里的几位小朋友,听听孩子们对建筑区收玩具的想法。

"小朋友们,游戏时间快结束了,你们认为建筑区还没搭建完的作品该不该收呢?"大家纷纷表达了自己的想法。丫丫说:"我认为没有搭建完的建筑物是可以保留的,因为第二天还得继续玩。"小董说:"可我们也得收拾啊,不然别的小朋友想在建筑区玩就没地方了。"若曦说:"那我们就把不需要保留的建筑收起来。"最后小朋友们一致认为没搭建完的作品要保留,其他的可以收纳起来(见图 4.9)。

这时,嘉言又委屈地说道:"可我不知道哪个是没搭建完应该保留的,哪个是不用保留的啊!""那谁有什么好办法,能让小朋友知道哪个建筑是没有搭建完的、想要保留的呢?"我问。丫丫说:"我和妈妈出去玩的时候,看见过维修马路的叔叔会放一个牌子来提醒行人注意安全,我们也可以做一个牌子来提醒小朋友不要拆作品。""对,我可以画一个表示没搭建完的牌子放在我的建筑上,小朋友看见之后就不会给我推倒了。"灏昆说。"还可以画一个表示搭建完成的牌子,这样小朋友就可以欣赏我们的作品了。"小董说。"那我们什么时候可以把作品都收了呢?""可以在周五的时候收,这样,下一周我们又可以搭建新的作品了。"丫丫想到了一个好办法,小朋友们一致赞同。

图 4.9　建筑区的积木该不该收

随后，我们一起制定了建筑区游戏的收纳规则，并利用画图的方式展现出来，张贴在了建筑区的柜子上。孩子们还在美工区制作了"搭建完成""继续搭建"的标志牌摆放在旁边。从那以后，班级建筑区里再也没有出现过这一类的冲突了。

分析：整个区域游戏的时间，灏昆和嘉言都在搭建、创作，投入了很多心思，这让他们特别珍惜自己的搭建作品。当看到作品被别人毁坏的时候，内心肯定是非常愤怒与伤心的。此时，如果教师不介入，灏昆和嘉言会各执一词，陷入相互指责当中。教师及时介入，梳理了双方的想法，帮助幼儿倾听彼此，相互理解，寻找到问题的关键点。随后，教师通过组织幼儿讨论，为幼儿创造了充分的交流机会，共同协商制定游戏规则，解决问题。最终，孩子们调整了区域游戏规则，设计搭建指示牌，并且以可视化的形式呈现出来，有助于提示幼儿理解建构区规则的意义，获得对游戏的秩序感、可控感和胜任感，从而形成稳定的情绪，为愉快、放松地搭建游戏提供安全的心理支持。

这些工具，我们也能独立用

美工区是孩子们非常喜欢的区域，这里有丰富的材料可以让孩子们去尝试与创作。可就在孩子们尽情享受游戏的同时，问题出现了。辰怡和菲菲正在做发卡，她们想把好看的珍珠粘到上面。菲菲拿出了胶棒进行尝试，几次尝试之后珍珠还是掉了下来。辰怡提议到："我们用乳胶吧。"可粘完后还没等菲菲戴上发卡，珍珠又掉了下来，菲菲很着急。我走过去问她："发生什么事了？"菲菲回答："我的珍珠发卡怎么也做不好，它总是掉。"一旁的依宸说："你可以用老师的胶枪粘啊。"辰怡大声回应道："不行，那不是我们小孩子能用的材料，会烫到我们。那个是大人用的。"依宸说："可胶枪好用啊，一粘就粘上了。"菲菲对我说："老师，我能用胶枪粘一下吗？"我想了想说："可以，但是我要在你身边帮助你一起完成，好吗？"菲菲点了点头。

在制作时，只见菲菲认真听我的嘱咐并且小心翼翼地使用工具。制作完后，周围的小朋友好奇地问我："老师，以后美工区的这些工具我能使用吗？

我也需要。""对啊，我还想把我的画压个膜，这样它就不怕水了。"

现在孩子们对美工区的各种低结构材料已经很熟悉了，大家都能使用不同的材料来进行创作。但对于胶条座、订书器、别针、压膜机、胶枪等"特殊"工具，孩子们还是不够熟悉，也没有独立使用过。于是就"孩子们能不能独立使用'特殊'工具"的问题，我们展开了讨论。泽华说："胶枪太危险了，我们不能用。"灏昆说："我觉得可以在老师的帮助下使用。"嘉毅说："只要用的时候注意安全，小心一点就可以用的。"

孩子们意见不统一，怎么办？我把这些"特殊"的工具拿到了小朋友们面前，一边讲解工具的使用方法，一边和他们探讨。"哪些工具是小朋友可以用的，哪些是在老师帮助下才能使用的呢？"我问。"就像剪刀，虽然危险，但是我们知道怎么安全使用它，就是可以用的。"浩骅说。"胶条座我们可以用，但我们得小心一点。"淇淇说。"胶枪太烫了，我们需要用时，可以请老师帮忙。"瑞柯说。"压膜机很容易啊，小朋友就可以操作。"航航说。

紧接着，我们把工具分类，把小朋友可以独立使用的放在了一边，把需要在老师的帮助下才能使用的工具放在了另外一边。小朋友给不同的工具画出了安全使用步骤图。不能单独使用的工具，还画出了"请老师帮忙"的图案。我们把孩子们画的安全使用方法和温馨提示一并贴在了美工区工具使用规则里，孩子们的游戏变得更加自主、安全了（见图4.10）。

图4.10　使用胶条座修补图书

分析：从小班升到中班，幼儿的能力在逐步发展，他们迫切想要完成作品的动机使他们更愿意挑战困难、探究各种工具、学习新经验以解决问题，证明自己的能力，获得价值感和成就感。幼儿是班级的主人，教师和幼儿围绕"'特殊工具'能不能用？""如何用？"的问题展开讨论。教师虽然出于安全的考虑曾经制定了相应的使用规则,但是面对幼儿提出的质疑,进行了民主平等的回应,让幼儿自主协商,从自身的能力和需要出发去思考和选择,最后共同制定出美工区工具安全使用的规则,充分尊重了幼儿的权益,保护了幼儿的安全和自由。

教师还鼓励幼儿将安全使用方法和温馨提示用图画的形式表现出来,贴在美工区内,这些视觉材料的提供和运用,可以激发大脑镜像神经元,便于幼儿观察和模仿,也可以帮助幼儿建立规则意识,获得游戏的秩序感和安全感,推进社会性情感和自律行为的发展。

科学区的小插曲

为了给孩子们提供宽松、自主的游戏环境,我们没有限定班级桌子的使用范围,小朋友们可随意选择桌面进行喜欢的游戏。一天,区域游戏时间,小朋友们都在专心致志地玩着自己手中的玩具,只听见泽泽大嚷一声:"家睿,你的火山喷水了,都流到我这里来了。"原来家睿在做火山喷发的科学小实验(见图4.11),泽泽在玩桌面拼插玩具,两个人刚好共用了同一张桌子。"我的玩具上都是你的火山水,我都没法玩了。"泽泽生气地说。家睿在一旁不好意思地说:"对不起泽泽,我也不知道它会喷这么多水。"家睿马上拿来抹布和李老师一起把它收拾干净了。

家睿是个有些内向、脸皮薄的男孩子,事后,我一连几天也没见他再到过科学区,这引起了我的关注。这天,很多孩子都在做科学游戏,我借机跟家睿沟通:"家睿,你不是最喜欢做科学实验了吗?为什么这几天没看到你去科学区啊?"家睿一下子红了脸,小声说:"我不想玩了。"我接着问:"怎么了?发生什么事了?""没什么事。"家睿说。"是不是上次火山喷出来的水弄到泽泽的玩具上后,你很难为情,所以不敢

图4.11 家睿正在做火山喷发实验

玩了？"我问。家睿点了点头。"没关系的，科学实验中总会有我们意想不到的事情发生，我们一起来想个解决办法。"我说。于是，我利用过渡环节，和幼儿一起讨论了在科学区游戏时需要注意哪些事情。

昱泽提出："科学实验应该单独在一张桌子上做。""还需要准备点抹布，放在科学区里，如果弄脏了可以直接擦。"苏苏提议。"或者，我们可以像画画的时候一样，铺一张桌布，就不怕弄得哪儿都是了。"丫丫说。"在科学区实验前一定要戴好眼镜，注意安全。上次我做面粉实验的时候就迷眼睛了。"小董说。

根据孩子们的提议，我们调整了科学区的位置，把材料放入离第一张桌子最近的玩具柜中，并将第一张桌子设定为科学实验区，方便孩子们做实验。大家还讨论了科学区游戏的操作步骤和安全注意事项，通过绘画形式记录了下来，比如，先铺桌布、摆放抹布，再进行安全穿戴，最后选择需要实验的材料进行游戏。

分析：孩子们做科学实验和玩其他玩具的区域没有明确的划分，而科学区容易发生实验材料中的水等液体碰洒的情况，内向的家睿因为小意外而对科学实验产生了抵触心理，不愿意再去尝试。教师及时关注到了他的表现，并和幼儿共同讨论了关于科学区空间位置的设计、材料取放、实验过程中应注意的安全事项以及碰洒后的处理方法。幼儿通过图画、文字等方式，把规则贴在科学区醒目的位置，用可视化的形式呈现出来，便于在游戏中提示自己。幼儿游戏所需要的物质环境包括规则，应注意其开放、共享、积极暗示和无压力性，可以减少或避免可能出现的冲突、焦虑和挫败，从而促进游戏在积极的氛围中深入开展。

教师应时刻觉察幼儿的情绪表现和游戏行为，给予幼儿充分的机会和空间，鼓励幼儿自主制定区域游戏规则，可使幼儿在宽松、民主的游戏氛围中了解游戏规则的意义，修正自己的行为，营造良好的区域游戏心理环境。同时，教师还受脑科学研究启发，利用镜像神经元具有视觉思维和直观本质的特性，通过运用图画、文字等视觉符号，帮助幼儿理解、记忆和内化规则意识，为幼儿愉快、深入地开展游戏活动提供了保障。

（北京市海淀新区恩济幼儿园　李杉　柴赛飞）

温暖友谊是幼儿游戏的安全依赖

同伴交往和友谊对于幼儿的情绪情感发展非常重要，区域游戏则是幼儿与同伴进行社会互动的最佳途径。在区域活动时间，我们经常看到孩子们三五成群，一起愉快地进行合作游戏，但时不时地，我们也能从欢快的笑声中听到一些不和谐的音符——孩子们在游戏中产生了矛盾或激烈的冲突，这往往会导致原本的游戏计划难以继续进行。除此之外，还有些幼儿则总是观望其他小朋友的游戏，表现出退缩、游离、不专注。

面对游戏中同伴交往的种种情况，我们有意识地发挥同伴资源的价值，引导幼儿关注和参与同伴游戏，增强幼儿归属感，指导他们以合理方式解决同伴冲突，避免欺凌与退缩等行为影响幼儿对区域游戏的参与。

负责加油的小翊

孩子们对美工区新投放的剪纸材料非常感兴趣，区域游戏时，我看到诺诺、茜茜和小翊都在美工区里，诺诺拿着绿色的纸尝试剪出一片一片的叶子，茜茜用各种颜色的纸进行拼贴，小翊则单独坐在稍远的位置，她什么也没干，但眼睛却一直盯着两位同伴的动作（见图4.12）。这是怎么回事呢？

看到我走近，茜茜说："秦老师你看，我们在剪春天呢。""你们太有想法了，可以把春天的景象用剪纸的方法展现出来。"我鼓励道。通过观察，我发现桌子上虽然有各种颜色的彩纸，但用来粘贴的底纸却只有一张，便问道："怎么只有一张底纸呢？你们三个人一起用吗？"三个人纷纷点头。诺诺向我介绍："我们一起合作完成，我和茜茜负责把剪好的叶子和花朵贴上去，小翊负责加油。""原来小翊负责加油啊，那么小翊想不想也一起剪呢？"我问小翊。小翊看了我一眼，把目光转向别处。这时，快言快语的茜茜说："她不会剪小花，叶子也剪不好，所以只能加油啦。"小翊听见后，低下了头，咬了咬嘴唇。

我拉着小翊的手，对她说："小翊，你一直在看她们剪贴，是不是也想试试？如果剪不好小花和叶子，你可以问问还有没有其他需要剪的？"听了我的话，小翊小声地问诺诺："诺诺，还有其他我可以剪的吗？"诺诺一时间也想不出还可以剪些什么。"我觉得这个小纸条特别像小草。"我将手里的纸条晃

图 4.12　站在一旁观看的小翊

了晃。诺诺看到纸条，对小翊说："你可以照着这个样子剪小草。"小翊瞬间开心了起来，又问了一句："我可以吗？"诺诺肯定地告诉她："当然可以啦，小草本来长得就不一样。"小翊又看了看我，我鼓励她道："诺诺的主意不错，我觉得你肯定行，试试看嘛。"得到了肯定的小翊，认真地投入到了剪小草的游戏中。

分析： 诺诺、茜茜和小翊在美工区一起游戏，虽然她们玩的合作游戏看似分工明确，但实际上较为内向、胆怯的小翊却没能真正地参与到游戏之中。观察到小翊想参与却又不知道该做些什么时，教师及时地介入，支持小翊缓解了挫败和焦虑的情绪压力，并积极找到了融入游戏的解决办法。

面对在同伴交往中表现出害羞、退缩的小翊，教师并未直接动用自身的权威力量为她"安排"一个游戏角色，而是采用示范、增加游戏材料等策略，鼓励她积极与同伴进行协商和沟通，其他幼儿也在老师的影响下表现出更多的接纳和鼓励，促进了同伴友谊在游戏中健康发展。

一起修补图书

区域游戏时间，安静的图书区突然传来了"嘶拉"一声，我循声望去，看见果果手里拿着一页从图书上撕下来的纸。正当我准备去查看情况时，一旁的点点走了过去。愣了一会儿的果果，把撕掉的书页夹在书里准备离开，点

点大声对果果说:"书撕坏了要修好才行。"果果说书不是自己弄坏的并转身要走,点点伸手拉他,果果却一把打掉了点点的手,然后离开了。

点点的脸涨得通红,看到我注视的目光,他立刻来到我身边,小声对我说:"秦老师,这本书被果果不小心撕坏了。"看见这一幕,果果大喊:"不是我,就不是我,你胡说!""就是你,我看到了,你还打我了。"点点的声音也大了起来。"就不是我撕的!"果果的声音更大了。"你撕书还不承认!"点点愤怒地大喊。我感受到了孩子们情绪的变化,连忙对点点说:"点点,果果把书撕坏了,没有修好就走了,这让你很生气,是吗?"点点说:"是的。""果果说不是他弄坏的,我来问问他好吗?如果果果把书修好了你还会这么生气吗?"点点说:"我只是想告诉您他把书弄坏了,我想帮他一起把书修好,结果他自己先走了。""嗯,我了解了。"我说。

我走到果果身边,把他搂在怀里问:"果果,你能告诉我是怎么回事儿吗?"果果小嘴抿得紧紧的,貌似对点点"告状"的行为非常愤怒,一言不发。我安抚他道:"你刚刚说书不是你撕的,我相信你。你能告诉我事情的经过吗?"听到我这样说,果果紧绷的身体放松了下来,打开了话匣子:"我拿到的时候(书)就破了,翻书的时候可能劲儿大了点,就掉了。点点非说是我撕的,我懒得理他。"怪不得果果坚持不承认,我说:"原来是这样啊,其实你也是不小心的对吗?点点说他只是想和你一起把书修好,但是你转身就走的行为让他感到生气。其实你可以跟他说清楚呀,就像你跟我一说,我就明白啦。"

随后,我鼓励果果把事情的经过告诉了点点,两位小朋友冰释前嫌,决定一起把书修补好。果果从美工区找来胶条和剪刀,点点说:"我来扶着书,你把胶条打开粘在上面,你等我对齐了再粘啊。秦老师,您能帮忙把胶带剪一下吗?"按照点点的方法,我们三个人齐心协力,很快就把书修好了(见图4.13)。看着修好的书,点点对果果说:"下次看书一定得小心点,撕坏了就不好啦!"果果点了点头。

分析:发生在图书区的这场风波最终得以圆满解决,点点和果果不仅维持了良好的友谊,还合作修补好图书,不仅能够继续愉快地游戏,而且获得了

图 4.13　一起修补图书

更为丰富的经验。教师在这个过程中，敏锐观察到了孩子们之间发生的冲突以及情绪变化，判断他们是否可以自主调节处理，是否需要教师的介入。教师积极倾听，了解冲突产生的原因，并共情幼儿的情绪，通过及时宽慰和疏导，帮助幼儿缓解了消极情绪带来的压力；同时，也帮助幼儿通过与同伴对话，理解自身行为与他人情绪或反应之间的联系，鼓励幼儿调整自身不恰当的行为，得到同伴的谅解，从而获得积极的情绪情感体验。幼儿只有获得了安定的情绪，他们才能将注意力投入到游戏中，投入到问题解决中。

情绪是行动的组织者和调节者，情绪也是身体、思维、社会和文化综合的产物，幼儿在区域游戏中的情绪深受同伴关系和师幼关系的影响。同伴关系良好的幼儿会产生更多积极的情感体验，而有良好情绪管理能力的幼儿也更容易受到同伴欢迎，加入到同伴游戏中，获得归属感，促进自我认同。区域游戏中，教师要引导幼儿关注和参与同伴游戏，帮助幼儿学习有效的社交技能，发展幼儿友谊。同时，也要支持幼儿以合理的方式解决同伴冲突，避免攻击和退缩等行为对幼儿带来的消极影响，这对增强幼儿情绪的自我调控能力、促进幼儿的身心健康和同伴交往行为的发展有着非常重要的意义。

（北京市海淀新区恩济幼儿园　秦炜　柴赛飞）

第五章
区域游戏中幼儿计划与反思能力的培养

美国高瞻课程是当代著名的学前教育课程模式，它的独特之处在于从幼儿游戏活动的结构入手，创设计划—工作—回顾游戏活动环节，支持幼儿能有机会主动选择并自己计划活动，专注于实施计划、实现自己意图的游戏中，并对自己所学习的经历进行回顾，从而促进幼儿有价值地发展。"计划—工作—回顾"这一游戏活动结构是高瞻课程的基础和发动机，可确保幼儿能够实现主动学习，并被证明与幼儿的发展过程有着显著的正相关。"计划—工作—回顾"的流程有利于幼儿形成自觉、自主和主动的意识。幼儿学会做计划和反思，不仅能够帮助他们提高自我调节能力、问题解决能力，而且还有助于幼儿养成坚持、专注、内控等良好的学习品质，帮助幼儿主动建构知识经验。最重要的是，幼儿的思维因此而获得更大的发展，使计划与反思成为其终身受益的习惯。尤其对于大班幼儿来说，在升入小学前具备一定的计划和反思能力可为其顺利适应今后的学习和生活奠定良好基础。

脑科学研究认为，形成计划和反思的前提是头脑中需要对想要做的事情或已经完成的事情形成图像，即心理图像。发展心理学家将这种用于计划和反思的心理工具称为"执行控制结构"或"执行功能"。使认知过程成为一种协调有序、具有目的性的行为，是每个人日常生活和学习工作中不可或缺的基本核心技能，也是儿童学习与发展的核心能力。大脑执行功能的发育是幼儿计划与反思能力的神经基础，而游戏中通过"计划—工作—回顾"的环节也有利于促进大脑执行功能的发展，对幼儿的身心健康、可持续发展至关重要。此外，个体的计划与反思行为与元认知也息息相关。认知神经科学研究认为，幼儿元认知的发生和发展是与幼儿大脑皮层的成熟度相对应的，没有相应的大脑机能结构区的相对成熟，幼儿就无法有效地做出计划、进行监控调节和检查评价。[①] 大脑执行功能和元认知为幼儿计划和反思能力的发展提供了必要的神经基础和心理基础。以往教师对幼儿计划与反思的认知理解多凭借实际工作经验，缺少脑科学、心理学依据，现在从执行功能、元认知视角重新理解幼儿计划与反思，帮助教师更加认清幼儿计划和反思的本质以及影响幼儿计划与反思能力发展的根源性因素，为幼儿计划与反思能力的培养和实践提供了有力的理论支持和科学的方向指引。

第一节　幼儿计划与反思能力的内涵与意义

从一般发展规律来看，随着幼儿年龄的增长，认知、语言、思维等发展水平的提升，他们的计划和反思行为会经历从简单到复杂、从笼统到具体、从单一到多重复合的发展阶段。与此相同步，幼儿的计划与反思能力也会经历从低水平向高水平逐渐发展提升的过程。

一、幼儿计划与反思能力的内涵

（一）计划能力

查阅文献可知，当前关于计划的研究较为丰富。Read（1987）将计划定义为"为了特定目标而对行动进行选择和组织"。Simon 和 Galotti（1992）将

---

① 王海英.智慧的跷跷板——幼儿元认知研究［D］.南京：南京师范大学，2005.

计划看作"一种对于目标实现过程的心理模拟，这种模拟经过改进后能将具有竞争性的目标之间的冲突降至最低"。McDermott（1978）认为，"计划是一种问题解决活动，它包括识别与组织子任务或执行成分，并执行一个问题解决方案。"Chaiklin（1984）也提出"计划是一组引导问题解决的指令"。概括地说，计划是对未来行动序列的积极和有意识的构建或心理模拟，从而指导行动并使特定的结果实现最大化，其包括目标形成、计划构造和计划执行三个部分。关于计划能力，加拿大心理学家戴斯（Das）认为，计划能力是人类智力的本质，因为计划过程包括选择目标、制订方案、监控以及调节等一系列解决问题的能力，他认为计划系统负责认知活动中的计划工作，包括计划、监测、调节、评价等过程。[①]

（二）反思能力

反思能力是思维品质的重要组成部分，是自我监控和自我调节的重要技能。反思主要是指通过对先前的经验进行思考，有所发现、创造和解决新问题的能力。它是一种反省、内省的过程，是对自己的想法及行动的合理性及有效性进行批判思维的过程，是辩证思维的一种体现。心理学上的反思又被称为元认知。人们通过元认知把自己的行为/思维等置于自我监督和控制之下，进而控制其按照一定的规则或者原定计划进行。姚林群认为，反思能力是反思者进行反思活动时所必需具备的心理特征和条件，往往通过个体内隐的思维过程和外显的行为表现出来。他总结出反思能力的特征包括"强烈的自我意识""理性的批判精神""主动的探究能力""坚韧的意志力""有效的行动力"。[②]

（三）幼儿计划与反思能力

根据上述介绍，幼儿计划与反思能力可以理解为幼儿进行计划和反思活动时所必需具备的一组心理特征和条件。那么在区域游戏中，什么是幼儿的

[①] 袁鸣.学前儿童计划能力的发展研究［D］.南京：南京师范大学，2009.
[②] 姚林群.论反思能力及其培养［J］.教育研究与实验，2014（1）：39-42.

计划？有研究者将幼儿计划界定为"幼儿对进入哪个区，使用什么材料，和谁玩，如何玩以及完成什么目标的预期和安排，它包括幼儿制订计划、幼儿实施计划和幼儿回顾计划三个阶段"。① 从中可以看出，幼儿的计划并不是单一的维度，而是计划中要包含幼儿对目标、材料、同伴、策略等活动要素的预期，以及进一步推导出后续实施过程和回顾反思的一系列行为活动。那什么是幼儿的反思呢？高瞻课程支持者凯伦·沃斯和莎伦·格罗尔曼（Karen Worth&Sharon Grollman，2003）指出："操作材料的直接经验很重要，但是还不够。幼儿还需要反思他们的工作。幼儿需要分析自己的经验、思考模式和事物之间的关系，尝试新的理论并与他人交流。这些过程会使幼儿用一种全新的方式思考自己都做了什么，是怎么做的，以及对他们来说什么最重要。"② 高瞻课程模式通过在区域游戏中创设"计划—工作—回顾"环节，将计划、行动和反思的整个活动过程联系起来，支持幼儿发展计划和反思能力。这给我们的启示是，计划和反思不能割裂来看，两者共同构成一个贯穿幼儿游戏始终、循环连续并螺旋上升的活动过程，教师应当同等重视并在游戏和一日生活中进行有效的支持和培养。基于以上观点，我们认为幼儿计划与反思能力是幼儿思维品质的重要组成部分，具体包括幼儿选择目标、制订方案、执行计划、监控调节、检查评估等一系列解决问题的能力。

二、引导幼儿在区域游戏中做计划和反思的意义

在高瞻课程模式中，计划性和反思被视为两项关键发展指标，而与此相呼应的"计划—工作—回顾"是构成高瞻课程区域游戏的三个基本环节。三个环节中，"工作"是幼儿的游戏活动，"计划"和"回顾"是成人加在幼儿自由

---

① 张思文. 昆明市C幼儿园大班区域活动中幼儿计划的个案研究［D］. 昆明：云南师范大学，2018.

② 爱泼斯坦. 学习品质：关键发展指标与支持性教学策略［M］. 霍立岩，李金，刘璐，等译. 北京：教育科学出版社，2018：83.

游戏活动之上的，被认为对于幼儿的发展具有重要的价值。"计划"可以促进幼儿行动的目的性和计划性，培养幼儿独立做出决定的能力；"回顾"可以促进幼儿元认知能力的发展。"计划"和"回顾"都可以促进幼儿社会性交往能力、语言和（表征）思维能力的发展。①

众多实践和研究都证明，引导幼儿学会做计划和反思，培养计划与反思能力，对他们自身的学习和发展具有多方面的促进作用，具体来说体现在以下五个方面。

第一，引导幼儿为自身活动制订计划并进行回顾反思有利于支持他们形成对活动的自主安排，帮助幼儿更加明确自己的选择和意图，增强其目的意识和任务意识，从而合理利用时间，提高活动效率，是推动游戏和学习持续深入的内驱要素。

第二，引导幼儿在区域游戏中坚持进行计划和反思有利于培养幼儿良好的习惯。幼儿阶段是习惯养成的关键时期。《指南》中提出，要重视幼儿的学习品质，帮助幼儿养成良好的行为习惯和积极的学习态度。坚持做计划和反思，幼儿能够变得更加自律、自主，逐步养成做事有计划、计划能执行、事后有反思的行为习惯。

第三，学会做计划和反思有利于幼儿认知和思维的发展。幼儿的认知发展多依赖于直觉行动和具体形象思维。通过做计划和反思，幼儿能够将外部行动和内部认知联系起来，活跃大脑思考，丰富心理表征，逐步将具体事物抽象化，进而发展出更高水平的思维能力。

第四，幼儿的计划和反思能力与学业成功具有高度相关性，而引导幼儿学会在游戏和生活中进行计划和反思在幼儿计划与反思能力的培养上发挥着重大作用。这一点早已被高瞻课程模式通过大量的研究证实。例如，有研究者发现，反思可以提高读写和数学能力（Bodrova&Leong，2007）。② 计划和反思

---

① 刘焱.也谈幼儿园游戏与课程［J］.学前教育，2021（19）：4-13.
② 爱泼斯坦.学习品质：关键发展指标与支持性教学策略［M］.霍力岩，李金，刘璐，等译.北京：教育科学出版社，2018：83.

能促进幼儿思维能力的发展，培养幼儿作为决策者、思考者及问题解决者的自信，对幼儿今后的学业生活和人生发展具有积极的影响。[①]

第五，引导幼儿学会做计划和反思是幼小衔接中重要的一部分。2021年教育部颁布了《幼儿园入学准备教育指导要点》，其中"学习准备"方面具体提到要培养幼儿"做事有一定的计划性""能坚持做完一件事情，遇到困难不放弃""乐于独立思考并敢于表达"等学习习惯。可见，培养幼儿计划与反思能力对做好幼小衔接具有独特而重要的意义。

除此之外，从幼儿园角度看，在区域游戏中培养幼儿计划和反思能力还有助于进一步完善课程结构，提升课程质量。区域游戏是幼儿园一日课程的重要构成，其实施效果影响着幼儿园课程的整体质量。"计划—工作—回顾"是区域游戏中培养幼儿计划和反思能力的三个关键环节，每个环节互为关联，共同构成完整的课程模式。区域游戏中支持幼儿做好"计划—工作—回顾"的每一个环节，不仅有益于促进幼儿的思维发展、提升幼儿的游戏水平，同时也对促进高质量的师幼互动、深化课程的内涵价值以及提升课程过程的质量发挥着不可小觑的作用。

三、幼儿计划与反思能力发展的一般规律和年龄特征

正确认识和把握幼儿计划与反思能力的发展规律和特征，有助于教师在实践中科学有效地引导幼儿进行计划和反思，在幼儿计划与反思能力培养方面少走弯路。

（一）幼儿计划与反思能力发展的一般规律

综观有关研究，不少研究者都分析探讨了幼儿计划与反思能力的一般发展规律。通过梳理，我们总结出以下共识。

---

① 张思文.昆明市C幼儿园大班区域活动中幼儿计划的个案研究［D］.昆明：云南师范大学，2018.

1. 幼儿的计划与反思能力会随着年龄的增长而提高

总体来说，幼儿所表现出的计划与反思能力是有限的，且与年龄存在高度相关。如袁鸣在《学前儿童计划能力的发展研究》中通过实验研究提出，随着年龄的增长，儿童的计划水平有所提高。中班时期可能是计划能力发展的关键期之一。到了大班时期，儿童思维品质得到明显提高，他们更能意识到计划在整个完成任务阶段中的关键作用。① 年龄小的幼儿一般不倾向于进行计划活动。有研究者认为造成这种表现的原因有：计划需要努力，需要相当的知识经验和对事件序列的理解和预期；计划需要严格地执行，缺少一些灵活性；计划需要幼儿抑制优势反应、认知惯性和已经自动化的行为，进行自我控制，学会等待和忍耐；等等。关于其中的机制，脑科学和元认知研究表明，大脑前额皮质对于人类预见和实现未来事件、进行目标导向和对行为进行时间上的组织具有重要的功能。年龄越小的幼儿，前额皮质越不成熟，其计划、调节和控制自己行为的能力，即元认知能力也远未发展起来。4～6岁的幼儿，其前额皮质的成熟处于明显的发展过程中，与此相对应，前额皮质的计划、调节和控制的心理机能也更加成熟。② 这启示我们，教师要接受幼儿计划和反思能力的现有水平，尊重幼儿计划和反思能力的发展规律，依据年龄特点，科学引导幼儿的计划和反思行为。

2. 幼儿计划能力的发展先于反思调节能力，且前者是后者的重要前提

幼儿计划和反思能力包含了其在进行计划和反思中所需的多种能力要素。计划常常表现为产生目标、制订方案和执行计划等一系列行为，而反思一般表现为事后回忆、分析评价、改进调整等一系列行为。如果把计划和反思放进一个完整的行动过程中来看，二者产生的序列是不同的，计划的产生往往先于行动，行动是对计划的实施和执行，而反思则是在之后对行动的回顾分析以及对预期计划的调整等。

同样，如果把计划能力和反思能力放在幼儿的整个认知思维体系中来看，二者的发展序列也是不同的。一般来说，3岁多的幼儿便可以表现出一些初期

---

① 袁鸣.学前儿童计划能力的发展研究［D］.南京：南京师范大学，2009.
② 王海英.智慧的跷跷板——幼儿元认知研究［D］.南京：南京师范大学，2005.

的与计划相关的行为。幼儿的计划可以具体体现在一日生活活动中，如生活活动、学习活动和游戏活动，并且可以从他们的语言、动作、心理倾向来判断。① 如小班幼儿，多数在自由活动时间里都能做出自己的选择并按照初步的想法开始某项活动。相较而言，幼儿反思能力的形成则要相对滞后，尤其是自我监控和调节的能力。实践中我们经常可以观察到一种现象，就是在幼儿计划和反思的萌芽时期，他们更擅长表达出自己的一些想法和计划，但却不能保证对计划有较好地执行，在过程中也难以清晰监控自己的行为以及根据现实情境进行灵活调节。由于受到思维发展水平的限制，学前时期的幼儿往往更擅长直觉行动思维和具体形象思维，而尚未完全具备进行反思调节所需的抽象思维和"去情境"能力。

3. 幼儿的计划与反思离不开内部和外部两种支持

有研究指出，幼儿计划与反思所需的内部支持是指幼儿自身相关知识经验、认知技能、心理机能（如工作记忆、抑制控制能力、元认知能力）等的获得，外部支持则包括来自物理环境与社会环境的支持，如物质环境和材料、成人的适宜介入和支持、同伴作用、心理氛围等。在熟悉的计划情境中，儿童可以依赖自身所具备的知识经验，使他们仅仅需要很少的来自外部环境的支持就能建构和执行事件计划。而在不熟悉的计划情境中，儿童只有很少的背景知识，他们就需要更多的来自他人的支持以构造和执行计划。② 例如，一个儿童想要制作一辆模型车，并且他对车子的已有了解比较多，那么他就会比较顺利地确定一个目标，选定需要的材料，并在过程中按照自己的设计快速地着手工作，教师则不用过多地与幼儿一起商讨计划；而如果他对制作机器人感兴趣，但其所了解的关于机器人的知识经验有限，因此仅靠幼儿个人并不能制订一个可实施的计划去将头脑中的想法实现，计划可能会失败，此时儿童便需要更多的外部支持。此时，教师可以帮助幼儿丰富关于机器人的知识，一起讨论可以用什么材料制作以及如何制作，从而促进幼儿进行更好的计划和实施。同理，

---

① 梁娟. 儿童计划的研究 [D]. 成都：四川师范大学，2013.
② 袁鸣. 学前儿童计划能力的发展研究 [D]. 南京：南京师范大学，2009.

幼儿的反思调节亦是如此。

对于幼儿计划与反思能力的发展和培养，内部支持与外部支持都必不可少，且二者互为补充。在不同的情境或者在不同的发展阶段，内部支持与外部支持对提升幼儿计划与反思能力发挥着不同的优势。教师和家长应当敏锐甄别幼儿所处的不同情境或所处的不同发展阶段，进而合理利用幼儿内部条件和外部手段促进幼儿的计划、行动和反思能力的发展。比如在不熟悉的情境或发展初期，教师和家长应尽可能为幼儿提供有效的外部支持和引导，以帮助幼儿顺利地进行计划与反思；而如果在熟悉的情境或发展后期，成人和外部支持则可以适当退出，更多鼓励幼儿利用自身所具备的知识能力做好计划、反思和调节。只有内部支持和外部支持协同发挥作用，才能确保幼儿能从被动角色转化为主动角色，从而将计划与反思行为内化为一种个人的能力和品质。

（二）幼儿计划与反思能力发展的年龄特征及典型表现

大量研究和实践表明，不同年龄段的幼儿计划与反思能力的发展水平不同，其具体表现出的计划、执行、反思行为也呈现出不同的典型特征。了解幼儿计划与反思能力发展的年龄特征，有助于教师清晰地认识幼儿在各个年龄段进行计划和反思的突出特点，准确把握不同年龄段的幼儿计划与反思能力的培养目标和重点，从而为幼儿提供更有针对性的支持和帮助。参阅高瞻课程《0～6岁儿童发展评价量表》中关于幼儿计划和回顾的界定标准，下文专门梳理出了3～6岁时期幼儿在不同年龄段计划与反思行为的典型表现。

1.3～4岁时期：幼儿计划性开始萌芽，反思意识和能力相对不明显

从3岁开始，幼儿的计划性便开始萌芽。在游戏和生活中他们会慢慢做出一些与计划相关的行为，会选择去参加自己认为有趣的和对自己有意义的活动。起初，幼儿的计划性表现得比较笼统、模糊，计划表征方式多借助言语、动作或手势来直接表达。例如，在计划时间当被问到想去玩什么时，幼儿有时会将身体转向某个有趣的东西或者一直向着感兴趣的事物移动，有时会用一两个词语或短句来陈述自己的计划，说出想去哪儿，想干什么。成人则可以通过

观察幼儿的言行看出其大致的活动意图。但在这一时期，幼儿的计划性并不稳定，计划的类型也可能因人而异。比如有的幼儿可以先做计划后行动，有的幼儿则是先行动后做计划，而有的幼儿可能在游戏活动中始终没有计划，行为的随意性较大或经常处于游离状态。直到 4 岁左右，幼儿基本上才能较为熟练地做出计划和表达计划，并在一定的工作时间按照自己的意图从事活动，形成初步的计划意识。另外，3～4 岁的幼儿的计划与反思能力还有一些典型表现值得关注，比如在实施中容易被外界干扰，注意力容易分散，计划不能较好地执行，游戏过程中可能会遗忘或改变初始计划。例如，计划时间幼儿一开始表示想要玩拼图，结果工作时间却被旁边搭磁力片的同伴吸引并加入其中。与此同时，3～4 岁的幼儿的反思意识和能力相对不明显。回顾环节中，一般在成人的引导和提示下，他们能通过回忆说出较短时间内做过的事情或玩过的物品，有的会用手指出或给成人展示一个刚玩过的玩具或物品，但是缺少对更多细节的回忆和思考。另外，这一时期幼儿对情境的灵活调节能力不足，对问题、困难的自主解决能力不够。

2. 4～5 岁时期：幼儿计划能力明显提高，自主反思倾向加强

4～5 岁时期，随着年龄的增长，幼儿掌握的知识经验越来越丰富，对幼儿园环境和日常生活事件也更加熟悉，加上认知、思维和语言等能力的发展，他们的计划能力得到明显提高，自身行为的计划性和目的性增强。在计划内容上，他们的想法和表达变得更为明确、丰富，他们可能会制订两个或更多互相独立的计划，也可能会制订一项包括区域、目标、材料、游戏伙伴等更多信息的计划，但这一时期幼儿往往还考虑不到对实施步骤和策略的提前思考。在计划表征方式上，幼儿逐渐由口头做计划向书面表征计划转变，能够运用简单的图像符号等书面形式把脑海中的预想具体直观化，更好地促进计划的实施。在计划执行上，这一时期幼儿每天能花一段较长的工作时间（至少 20 分钟以上）来实施初始计划，保证行动与计划一致。在回顾反思方面，这一时期幼儿能在老师的引导下或者在没有提示的情况下自觉回忆起自己曾做过的事情或事件发生的顺序，对活动过程进行更为清晰的回顾，描述出更多事件中的细节。比如

描述在活动中用过什么材料，用这些材料做了什么以及都有谁参与了，最后的结果怎么样，甚至能够意识到过程中遇到的问题和困难。但 4～5 岁的幼儿普遍表现出较为有限的自主调节、解决问题能力。他们多习惯求助于老师，有的更会因为遇到困难而直接放弃原有计划。

3.5～6 岁时期：幼儿坚持"计划—行动—反思"环节，调节意识和能力增强

经过前两个时期的奠基，5～6 岁的幼儿已经非常熟悉"计划—工作—回顾"环节，他们能够主动把每一次的计划、行动和反思完整地联系起来，形成良好的思维循环。具体而言，5～6 岁的幼儿对活动目标、材料使用和实施步骤有较为清晰的安排，并且他们的计划一般需要花几天时间才能完成。在实施过程中，他们能更加清晰地监控自身行为，也能敏锐地意识到遇到的问题或困难，灵活运用情境调节、策略调节尝试自主解决。他们还能使用更多的外部资源（如查阅资料、与成人探讨等）来实现自己的想法，确保原定目标得以完成。在回顾反思方面，5～6 岁的幼儿能评价事件的结果并分析事件发生的原因，回顾什么做法有用、什么做法没用以及下次遇到类似事件或情境时该怎么做，思考如何避免问题的发生，通过反思来制订新的调整计划。此外，这一时期幼儿能回顾发生在别人身上的行为或事件，并将自己所观察到的运用在相似的情境中。如此反复，幼儿逐渐能够在游戏和生活中运用计划和反思能力促进深度学习，从而实现自主整合经验，有利于知识网络的主动建构。

第二节　脑科学对区域游戏中幼儿计划与反思能力培养的启示

通过文献梳理，从脑科学角度分析幼儿计划与反思能力的发展，与大脑执行功能、左右脑、元认知存在密切关联，这些研究为幼儿计划与反思能力的培养提供了理论依据和指导。

一、大脑执行功能研究及启示

在学习和生活中,我们时常需要实施计划行为,形成推理,解决问题,同时完成多项任务,适应新的环境,遵守社会规范。要做到这些,我们必须随时监控外部世界和内心活动,排除或抑制无关信息的干扰,选择必要的信息输入,并从长时记忆中提取有关信息,对这些信息进行比较与整合;我们需要抑制自己当下不必要的、但又早已形成的优势反应,以产生协调有序的动作和行为,进而完成任务、达成目标。这一系列活动的完成都需要大脑"执行功能"的参与。[①] 那么,什么是执行功能呢?

脑科学研究认为,大脑执行功能是指一个人能够集中注意力、保持注意力、利用脑中的信息工作,对于各种干扰信息进行过滤并控制转换的能力。执行功能主要包括工作记忆、抑制控制与认知灵活性三大构成要素,其本质是对其他认知过程进行控制和调节,其中执行的根本目的是产生协调有序、具有目的性的行为。目前,脑科学领域的专家学者普遍认为额叶(尤其是前额叶)是执行功能的核心脑区。此外,前扣带回、纹状体、海马体和小脑也都是执行功能脑网络的重要组成部分。

研究表明,执行功能并非人脑与生俱来的能力,儿童生而具备的仅仅是发展执行功能的潜力。在幼儿阶段,执行功能在总体发展水平上随着年龄的增长而呈上升趋势,且在 4 岁左右快速提高,尤其体现在抑制控制与认知灵活性上。儿童的执行功能存在较大的个体差异,需要在实践中得到发展。通过研究,我们得到如下三点启示。

(一)启示 1:增强执行功能中的抑制控制能力

抑制控制能力是个体控制自己的注意力、自己的想法、自己的行为以及

---

① 杨元魁.脑科学视野下儿童执行功能的发展及其对早期教育的启示(一)——抑制控制中的动作控制[J].幼教 365,2020(24):16-19.

情绪的能力，以此保证认知过程的完整性，防止无关信息进入或储存在短时记忆中。抑制控制能力弱的幼儿难以控制随时产生的冲动、想法和行为，不利于计划的执行，需要教师紧密观察幼儿是否在游戏、工作环节中时刻以完成计划为目标控制自己的行为，如果出现没有执行计划的情况教师要及时介入，询问、了解情况，并与幼儿协商解决。

（二）启示 2：增强执行功能中的工作记忆能力和认知灵活性

巴德利（Baddely）等人最早提出工作记忆概念，认为工作记忆是一种对信息进行短暂的存储和加工的记忆系统，在过去的经历与当前的行动之间提供时间和空间的连续。有研究者提出，视觉空间工作记忆是影响计划能力的重要因素。计划能力是个体根据当前的情境、以往的经验对未来时间内的活动进行的安排，贯穿过去、现在和未来，因此需要工作记忆提供时间和空间的连续性。[①] 由此可知，幼儿制订计划、执行计划离不开工作记忆，教师要通过与幼儿之间有意识的互动，提醒幼儿计划内容，帮助幼儿将计划、过程与结果联系起来，推动他们更好地完成计划。

此外，认知灵活性是个体能够灵活切换、合理调整，以适应不同条件下各种规则的能力。它使儿童能转换视角考虑问题，适应多变的需求，并在有信息更新时修正做事方式。教师要着眼于支持幼儿更好地回忆、表述和分析，通过"如果……将如何……""还有什么方法？""上次你用了什么方法，发生了什么""下次你打算怎么做才能避免……"等开放性问题启发幼儿灵活调节认知和行为的能力。幼儿对自己的活动过程进行回顾分析，不仅仅能表述自己做了什么，学到了什么，有什么感受，还要对没有完成什么，原因是什么，下次如何做可以解决这个问题有自己的思考，从而调节未来的计划和执行。

---

① 刘淑敏.幼儿计划能力的可塑性［D］.长春：东北师范大学，2012.

（三）启示3：营造积极安全、民主平等的心理环境

研究表明，如果儿童在生命早期缺乏良好的教育和养育环境，其执行功能的发展将会遭受严重影响，甚至阻碍其今后在学习与生活等方面的健康发展。从神经解剖学的证据看，成长中的有害压力会对大脑的结构发展产生破坏性影响。这些有害的压力会影响执行功能发展所涉及到的大脑回路的化学基础，也会损害特定的神经结构。这些神经结构正是个体试图维持工作记忆，抑制习惯性动作，或以更灵活的方式解决问题的区域。[①] 这启示我们，在区域游戏中教师应转变主导、掌控、权威评判的角色，倾听幼儿的心声，尊重和接纳幼儿的想法，并鼓励他们获得对游戏的掌控感和对游戏的自我评价权，这有利于从根本上促进他们计划与反思能力的发展。

二、元认知研究及启示

心理学认为，元认知是主体以认知过程与结果为对象的认识，这种认识不仅是主体对认知活动的客观反映，而且是主体对认知活动的能动反映，即这种认识又将反作用于主体的认知活动。元认知既是主体对自己的认知活动、过程、结果以及与之有关的知识的认知，又是主体对自身认知活动的计划、体验、监控和调节。元认知的实质就是主体对认知活动的自我意识和自我调节，表现在主体以主体及其活动为意识对象，根据活动的要求，选择适宜的策略，监控认知活动的进程，不断反馈和分析信息，及时调节自己的认知过程，坚持或更换解决问题的方法和手段。[②] 可见，元认知本身就包括计划、反思和调节等相关能力。因此，某种意义上来说，元认知水平决定着计划与反思的水平。

研究发现，幼儿已经具有初步的元认知能力。5岁时的儿童已经能够有意

---

① 栾文双，王静梅，卢英俊.学前儿童执行功能研究综述［J］.幼儿教育，2013（Z6）：5.
② 王亚南.元认知的结构、功能与开发［J］.南京师大学报（社会科学版），2004（1）：93–98.

识地对自己的活动过程进行监控,他们会对自己的操作过程进行反复的调整,并且有意识地选择合适的策略来解决问题。[①] 王海英认为幼儿元认知可以从静态与动态两个纬度来理解:静态层面包括元认知知识、元认知体验和元认知调节;动态层面包括自我计划、自我调节、自我检查以及自我评价。研究还指出,无论是幼儿元认知知识的积累、元认知体验的丰富还是元认知调节能力的发展,5岁都是一个关键年龄。在元认知调节中,幼儿自我计划的合理性、自我调节的有效性和自我评价的完善性正不断地发展,幼儿对自身的言语调节、对情境认知的调节表现突出,策略调节常常表现不足。6岁左右的幼儿元认知调节能力,尤其是策略调节能力开始发展。[②] 上述研究启示我们,幼儿在元认知能力发展方面具有巨大的潜能。幼儿计划、反思能力与元认知能力存在密切关联,培养幼儿元认知能力是提升幼儿计划与反思能力的有效途径。我们获得的启示具体有如下三点。

(一)启示1:重视在一日生活和游戏中培养幼儿元认知能力

研究表明,幼儿具有初步的元认知能力,但其进一步的提高还需要依赖外界的支持和培养。幼儿元认知能力培养应当渗透在一日生活和游戏中。教师要为幼儿多创设开放性活动,并为幼儿提供自由选择的机会,引导幼儿选择难度适中的活动任务,鼓励其根据任务性质和自己的认知特点制订计划。教师还要为幼儿营造自由、宽松的环境,安排适宜的活动节奏,让幼儿具有充分的探索实践,允许幼儿根据实际情况适当对活动过程做出反思和调节。[③] 此外,发挥同伴在反思调节中的作用。让幼儿观察同伴在工作中是如何解决问题的,站在他人角度进行反思,并练习结合自身的问题情境与经验进行灵活迁移,调节认知和行为,从而建构新的经验。还可以在回顾反思环节,鼓励同伴之间更多

---

① 陈英和,王雨晴,肖兴荣.3~5岁幼儿元认知监控发展特点的研究[J].心理与行为研究,2006,4(1):5-8.
② 王海英.智慧的跷跷板——幼儿元认知研究[D].南京:南京师范大学,2005.
③ 袁利芬.4-6岁幼儿区域活动中元认知培养的干预研究——以数学活动为例[D].开封:河南大学,2017.

地交流和质疑，推进反思能力获得更大发展。教师则更多地扮演引导者、协助者的角色，支持幼儿养成自主计划、自主反思和自主调节的学习习惯。

（二）启示2：鼓励幼儿通过视觉化表征方式进行计划和反思

有研究提到，利用书面表征和记录的方式对于幼儿元认知发展具有明显的促进作用。这启示我们，除了口头陈述，还可以鼓励幼儿通过视觉化表征进行计划和反思。视觉化表征是引导幼儿借助图象或符号将大脑中抽象的想法绘制为直观可见的书面表征。视觉化想象可以帮助他们进一步将人物、材料与行动或事件之间建立关联，使计划和反思更具体直观，还有利于增强工作记忆中的视空记忆，有助于幼儿在活动过程中始终将注意力集中在当前的活动任务。此外，及时记录也为幼儿与同伴、教师的交流讨论及其自我评价提供了依据，有助于幼儿巩固已获得的经验。

（三）启示3：引导幼儿将"计划—行动—反思"联系起来，整合经验建构

随着幼儿年龄增长、大脑发育和认知发展水平的提升，幼儿计划和反思能力也得到了明显提高。例如，大班幼儿可能会制订出包括材料选择、整合资源、具体步骤以及与同伴的分工合作等详细信息的计划，并出现更频繁、更深度的反思，借助记忆和想象将更多习得的经验迁移到当下或未来的情境中，预想到问题解决的方案、策略，并调整新的计划和行为。教师需关注、跟随幼儿的游戏过程，根据游戏主题与情节的开展，帮助幼儿及时梳理，将计划、行动和反思联系起来，进而将零散经验进行分类整合再建构，以利于知识网络的建立。

三、左、右脑研究及启示

人类大脑分为左右两个半球，科学家证实左右脑在高级心理机能上存在

不同的特性，左脑更擅长逻辑推理、言语思维，右脑则更多地处理空间图像、模式化信息、想象、艺术和整体感知觉。左右脑之间通过胼胝体进行连接，使得左右可以联合行动。人的各种复杂认知活动都是由左右脑相互协同配合而完成的。如计划、反思、调节等高级认知功能就在极大程度上依赖左脑对信息进行精细组织、加工、记忆，进行计划统筹和逻辑推理，而源于右脑的直觉、想象或灵感顿悟也必不可少，如幼儿在实施计划过程中反复尝试、调整，在大量的试误基础上的顿悟有助于他们的反思和调节。

另外，左、右脑联合为多种表征提供基础。计划和反思，都需要幼儿先能够在头脑中描绘出事物和行动的图像，才能再进一步进行表征。表征分为言语表征和视觉化表征，言语表征本质上是对被表征对象进行相对抽象的表述；视觉化表征则是运用图像符号，对被表征对象进行相对形象的描绘，具有具体、形象、直观的意义，便于个体快捷地视觉化整体结构和意义，使表达想法和记忆加工变得更容易。视觉化表征是左右脑联合的全脑思维，是右脑形象艺术创作与左脑思维结合的产物。而且也有研究发现，人们对视觉信息的加工占所有感觉信息的60%，利用好可视化信息通道促进儿童的认知和学习非常重要。

启示：通过多种表征方式相结合支持幼儿进行计划和反思

左右脑功能上的互补结合使得右脑表征过的直观形象的图像化信息经左脑的进一步加工，可以通过言语、推理等逻辑思维的方式进行转换表达。从中我们可以得到启示，培养幼儿计划与反思能力也可以左右脑功能联合并用，通过多种表征方式相结合来促进。例如，教师可以引导幼儿借助图像、符号等把头脑中的想法或者过程中的行动记录下来，并鼓励幼儿通过言语表达或者逻辑推理将图像化信息进行再次确认和转换，从而加深巩固心理表征，提高思维运作能力。

第三节 脑科学指导下区域游戏中幼儿计划与反思能力培养的实践探索

计划与反思能力对幼儿日后的学习和生活具有重要的影响，因此在幼儿园教育中开展这方面的培养显得尤为有价值。这将有助于增强幼儿对计划与反思的体验，帮助他们掌握进行计划与反思的技巧，从而从小养成良好的计划与反思习惯，为未来做好一定的准备。在已有研究基础上，我们一方面立足区域游戏实践，遵循幼儿计划与反思能力的发展规律，不断思考探寻支持幼儿计划与反思能力发展的有效策略；另一方面，坚持以脑科学、心理学相关理论作为检验依据，不断反思实践探索过程，以确保经验总结能够更加科学、严谨。

一、把握以幼儿为主体的原则，营造支持性活动环境

幼儿是主动学习者，始终是学习与发展的主人。在区域游戏中培养幼儿计划与反思能力，教师首先应该坚持以幼儿为主体的原则，尊重幼儿在计划与反思中的主动性和自主性，通过营造支持性的活动环境，帮助幼儿更好地进行计划与反思。这里所提到的"支持性的活动环境"，我们认为至少包括物质环境、制度环境、精神环境三个层面。

（一）物质环境

区域游戏情境下，计划是指幼儿根据自己的兴趣表达意图、做出计划、进行选择和决策。幼儿的计划反映了对他们来说什么是有意义的以及他们对什

么感兴趣。① 由于受思维发展水平限制，幼儿在表达计划时常常需要面对区域中真实的操作材料和活动场景才能更加清晰地在头脑中形成表征，明确自己的选择和想法。同样，反思亦是如此。幼儿对于当下或近期发生的一些事件，如果不加提示，时间一久大脑中的记忆便会逐渐模糊甚至遗忘。为此，创设支持性的物质环境可以以物化形式为幼儿提供便于进行计划与反思的外在条件，具体做法如下。

1. 活动材料应丰富多样并确保幼儿能够看到

幼儿依据个人的兴趣偏好来确定游戏选择和计划。许多研究表明，幼儿在一个具有丰富刺激同时又井然有序的环境中学习效果最佳。教师投放材料的丰富程度直接关系到幼儿计划和活动的质量。② 为了满足幼儿的需要，班级应创设不同功能的区角，并投放种类多样、数量充足的相应活动材料，让材料最大可能地激发幼儿的参与兴趣并支持其实现游戏想法。

对于班中各个区域里的活动材料，我们提倡使用透明的箱子来放置或放在明显位置以便于幼儿取用。在制订计划前，允许幼儿先进区看一看、找一找，选择自己想用的材料。这样做的目的是确保幼儿在计划和活动的过程中，能通过看到的材料激发思考，通过操作材料扩展经验。③ 通过与材料的不断互动，幼儿了解到的东西越多，做起计划来就越容易，计划的内容就越丰富，活动推进也更顺利。

2. 设置难度适中、适宜幼儿探索的活动情境

研究表明，任务难度对幼儿计划性的影响显著。若任务情境过于简单，幼儿在操作中容易出现较多的反复现象或无所事事的行为，表明幼儿没有明确

---

① 爱泼斯坦. 学习品质：关键发展指标与支持性教学策略［M］. 霍力岩，李金，刘璐，等译. 北京：教育科学出版社，2018：40.
② 张柳静. 区域活动中幼儿"做计划"的行动研究［D］. 杭州师范大学，2017.
③ 同②.

自己的计划内容,计划性发展不足。[①] 而相反,若任务情境过于复杂或困难,幼儿在操作中则需要更多的加工和注意资源,有可能导致计划关键成分的丢失以及计划执行受阻。[②] 为此,我们建议,在早期阶段教师可以创设相对简单的活动情境,提供易操作的活动材料引发幼儿的探究行为,帮助幼儿获取一定的操作经验。之后随着幼儿经验的不断丰富,教师再适当提高任务难度,定期或不定期地对材料进行补充和更换,同时指导幼儿制订详细的计划并按照计划去实施,慢慢培养幼儿做事有计划并能坚持完成的习惯。

案例:投放不同难度的材料

大班益智区有"贪吃蛇"(见图5.1)和"小鳄鱼洗澡"(见图5.2)两种玩具。它们在游戏规则和游戏玩法上是相似的,都是开头和结尾有固定的游戏块,中间需要用游戏块连接通路的玩具。两种玩具在难易程度上有所不同,"贪吃蛇"玩具的游戏板是由4×4共16个方格组成的,并且在拼接小蛇的时候,每个游戏格都会被游戏块占满。而"小鳄鱼洗澡"的游戏板是由6×6共36个方格组成的,并且在连接管道的时候不是每个游戏格都会被占满,而在拼接管道的时候,来自上、下、左、右各个方向的干扰更多,因此游戏的难度相对更大。

教师先是投放了简单一些的"贪吃蛇"的玩具,让孩子们在拼接"小蛇"的过程中去感知、熟悉这种游戏的模式,以及解决这种问题的方法和技巧,之后再投放难一些的"小鳄鱼洗澡"玩具。这样孩子们就能将前者的游戏经验运用到后者上,从而能够适应不同难度的材料。由此,幼儿也可进一步检视自身的兴趣和能力水平,从而做出更合理的游戏选择与计划。

[①] 易幽彤.任务难度、材料结构和投放方式对幼儿计划性的影响[D].重庆:西南大学,2017.

[②] 袁鸣.学前儿童计划能力的发展研究[D].南京:南京师范大学,2009.

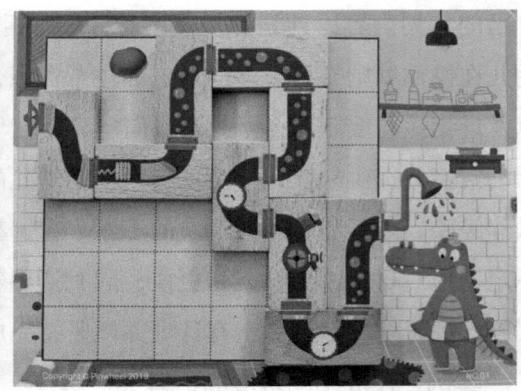

图 5.1 "贪吃蛇"玩具　　　　　图 5.2 小鳄鱼洗澡玩具

3. 创设提示性墙面环境

除了活动材料与情境，教师还可以从创设墙面环境方面来为幼儿提供物质化的支持。教师根据近期各个区域中幼儿开展活动的情况创设墙面环境。墙面环境呈现的内容可以是近期活动的主题或相关素材，也可以是对幼儿问题或经验的梳理等。呈现的方式多种多样，可以是图片、照片形式，也可以是简单的文字或思维导图等形式。创设墙面环境的作用在于利用直观显现的方式提示幼儿的工作记忆，便于他们在计划和活动中获取到更多的信息和经验。

（二）制度环境

区域游戏一般包括计划、工作、整理和回顾四个环节。将每个环节作为一日生活中的固定环节，形成稳定、有序的常规，合理安排各个环节的时间及组织形式，并保证幼儿在每个环节都能够充分参与，为幼儿的主动学习提供条件。

1. 每日预留一定的时间进行计划和反思

游戏开始之前，幼儿需要一定的时间来构思自己的想法或使用已有的知识和技能去计划和解决问题。众多研究表明，把计划作为一日生活中的固定环节，为幼儿预留足够的计划时间，让幼儿有机会和条件去制订并分享自己的计划，这样不仅有助于提高幼儿形成计划的意识，养成计划的习惯，还能提升幼儿计划的能力和水平。同理，每日在区域游戏结束后，也要留出一定的时间与幼儿一起回顾过程中的经历和感受，从而帮助幼儿在计划、行动和反思之间建立联系，逐渐养成自主反思的习惯。教师在一日生活的安排中确保每日有进行计划和反思的固定时间，是一项基础而重要的保障。

2. 采用灵活的组织形式进行计划和反思

为了从多个层面支持幼儿获得更多亲自体验计划和反思的机会，教师可以根据实际情况考虑采用集中、分散、个人、小组、结对等多种组织形式来鼓励幼儿制订自己的计划，并与同伴、老师交流计划，把自己的想法和感受表达出来，还能在与教师和同伴的互动中不断获得丰富、拓展与提升。

案例：小、中、大班的计划环节

根据不同年龄段幼儿的特点，我们按表5.1来安排小、中、大班的计划环节。

表5.1 小、中、大班计划环节的安排

年龄班	时间	组织形式	过程
小班	每天 10：10-10：20	分散+个别	由于各年龄班错峰开展户外活动，因此小班区域游戏环节统一安排在户外活动之后。户外活动结束后，小班幼儿回班盥洗，随后便可以自主选择个人感兴趣的区域和材料并分散进区开启游戏。待幼儿进区后，班中几名教师先整体巡视幼儿的游戏状态，然后再找到每名幼儿询问了解其计划和想法，与幼儿单独开展交流和互动
中班	每天 8：30-8：40	集中+分组	每天8：30进入区域活动时间。教师先将幼儿集中在活动室，并大致介绍各个区域投放的材料和正在进行的活动。随后，引导幼儿按照自己感兴趣的区域或活动内容分小组制订游戏计划，例如想去建构区的幼儿可以为一组，教师则分头指导每组幼儿做计划
大班	每天 8：30-8：40 或 可在前一天提前做第二天计划	集中+分组	大班计划环节的安排基本与中班相同。略有区别的是，大班幼儿的计划性更加稳定，因此可以适当引导幼儿在前一天过渡环节或离园前提前制订第二天的游戏计划，以便第二天有更多的游戏时间

(三)精神环境

脑科学研究表明,精神环境对幼儿在一日生活各环节中的情绪状态乃至行为表现具有显著相关性。若是长期处于一种紧张、焦虑的压力环境,幼儿的思想和行动便处于一种被动地位,长此以往幼儿的自主性发挥将受到极大限制。此外,还有研究提到,持续的威胁、不安全或过度的压力会导致海马体和前额叶的损失,影响记忆和信息加工,影响大脑执行功能。

从精神上创造支持性环境是指在计划、工作、回顾环节,教师始终要为班级营造一种宽松、自由、民主的环境,并以平等、合作的关系与幼儿展开互动,让幼儿感受到外界给予的支持,激励幼儿愿意做计划并实施自己想做的事,遇到问题和困难能够敢于挑战,坚持不放弃,活动后愿意回顾分享自己的经验或感受。

1. 建立平等、和谐的师幼关系

师幼关系无形之间也影响着幼儿计划和反思的效果。区域游戏中,只有在一种平等、和谐、合作的师幼关系支持下,教师才能在满足幼儿自由与做出适当限制确保秩序之间达成一种平衡,幼儿才能获取真正有保障的自主空间。高瞻课程提倡,在幼儿计划和反思时,教师应认真倾听领会,切忌由教师占据主导地位给幼儿出谋划策或轻易否定幼儿的计划。[1] 因此,教师应适当放手,多倾听幼儿的想法和感受,在计划、工作、回顾环节发挥好引导者、协调者、合作者和促进者的角色,支持幼儿自主掌控、体验和反思评价,这是对幼儿自主权利的关键保证。

2. 借助游戏形式开展计划

游戏是幼儿最喜爱的一种活动方式,它可以营造一种轻松的氛围,消除幼儿的紧张感和压迫感。借助游戏形式做计划,不仅能使幼儿在计划中感受到趣味,更加愿意主动参与,同时还能帮助幼儿慢慢认识计划、熟悉计划,直至

---

[1] 刘彤,王利平. 通过计划和反思有效提高幼儿思维能力[J]. 早期教育,2005(7):2.

完全会做计划。

游戏的形式丰富多样，教师可以根据幼儿不同时期的计划水平，采取不同的游戏形式。比如幼儿在小班初期学做计划时，教师可以先采用"开着火车去旅行"的游戏形式帮助幼儿熟悉计划的流程，之后等幼儿能够胜任自主表征计划后，教师可以组织"你画我猜"的游戏形式，增加幼儿参与计划的趣味性。通过游戏方式做计划，幼儿能够在轻松、快乐的氛围中增强积极情感，变得越来越喜欢去计划，也越来越享受计划的过程，计划的水平和能力也随之越来越高。①

二、依据幼儿年龄特点，选择适宜的计划与反思方式

关于幼儿做计划的方式，一些研究者都提出过建议。例如，梅舒红、张永英提出幼儿做计划有"口头计划"和"书面计划"两种方式。幼儿首先要学会用口头言语表述自己的计划，之后再由口头计划逐渐向书面计划转变。② 张柳静将幼儿学做计划分为三个阶段：第一个阶段是粗略感知阶段，即是通过言语式的计划方式帮助幼儿感知计划的流程、熟悉计划的内容；第二个阶段是改进提高阶段，旨在通过图示的计划方式，提高幼儿计划的水平；第三个阶段是合作整合阶段，旨在提高幼儿合作计划的能力。③ 由此可见，幼儿做计划按照不同的表达方式划分，可以有口头做计划和书面表征计划两种方式；按照不同的组织形式划分，则可以有个别计划和合作计划两种方式。反思亦然。

我们认为，面向不同年龄段的幼儿，应当依据其年龄特点和现有发展水平，选择适宜的计划与反思方式来支持幼儿做计划和反思。在幼儿能够接受的前提下，教师还可以将多种方式进行整合运用。下面按照初期、中期、后期三个阶段来具体阐述如何选用适宜的计划与反思方式为幼儿提供支持。需要说

---

① 张柳静.区域活动中幼儿"做计划"的行动研究［D］.杭州：杭州师范大学，2017.
② 梅舒红，张永英.培养大班幼儿的计划能力［J］.教育导刊，2019（4）：3.
③ 同①.

明的是，此处的三个阶段指向的是幼儿能力发展的不同阶段，并非严格对照小班、中班、大班三个年龄段。三个阶段是交叠、连续的，不是单独、割裂的。

（一）初期：突出个别指导与口头表达，帮助幼儿熟悉计划和反思

在幼儿学做计划和反思的初期，由于年龄尚小，他们在语言表达、思维概括、记忆表征等方面的发展都还远不成熟。从大脑执行功能发育来看，这一阶段幼儿表现出工作记忆短、抑制能力弱、灵活性不够、情绪调节差等特点，这些现有神经发育条件对他们一开始进行计划和反思造成了客观的限制和阻碍。加上这一阶段，幼儿对环境材料的探索较为初浅，缺少知识经验，对什么是计划和反思以及如何做计划和反思还不了解。因此，在初期阶段，教师的首要任务是选择适宜的方式帮助每名幼儿熟悉区域游戏中"计划—工作—回顾"的常规，使幼儿能够体验独立进行计划、执行和反思的过程，初步培养做计划和反思的意识和能力。

依据幼儿的现有水平，首先，我们建议在这一阶段应遵循个别指导原则，在计划、回顾环节教师要尽可能为每个幼儿提供表达计划、想法以及在游戏结束后进行回顾交流的机会。其次，这一阶段幼儿在认知方面主要以口头语言为基础进行想象并联系更广泛的可能性和解释[①]，但由于表达能力有限，在计划和回顾中只能用一些简单的词语、短句，有时只是用一些内敛的表情、动作、手势等来表达自己心中所想。最后，我们还建议这一阶段教师要多与幼儿开展口头对话。在交流中，教师应耐心倾听每名幼儿的表达并适当做出反馈和互动，丰富幼儿的口语表达，引导幼儿将计划和想法表述得详细、具体。当个别幼儿在表达中存在困难时，教师可以依据幼儿的意愿进行询问、追问、重复、解释、澄清等，帮助幼儿逐渐能够用清楚、连贯的语言进行表述。

案例：制作蜗牛壳

圆圆最近对美工区用废旧材料制作蜗牛壳的活动很感兴趣。一天计划时

---

① 爱泼斯坦．学习品质：关键发展指标与支持性教学策略[M]．霍力岩，李金，刘璐，等译．北京：教育科学出版社，2018：83．

间，她去美工区找出自己已经制作了一半的蜗牛壳作品，说："今天我要去美工区做小蜗牛壳。"

教师："你的小蜗牛壳还要做什么？"

圆圆："我要用小亮片装饰蜗牛壳，我还想做背带。"

教师："你怎么用亮片装饰蜗牛壳呢？"

圆圆："我想把亮片粘在蜗牛壳上。"

教师："你可以试试，看看用什么材料可以把亮片粘上。"

圆圆在给自己制作了一个蜗牛壳背回家后，表示还想要给哥哥做一个。

教师："你的蜗牛壳背回家，开心吗？"

圆圆笑笑说："开心。我哥哥也很喜欢，我要给他也做一个。"

教师："你要给哥哥做什么样的蜗牛壳？"

圆圆："我要做一个圆形的。"

教师："哦，和你的不一样了，去找一找你需要的圆形材料，开始制作吧。"

（二）中期：利用书面表征与记录，丰富计划和反思的表现方式

当愈加熟悉计划和回顾常规，同时伴随生理上的不断发育和生活经验的日渐增长，幼儿在认知、思维、语言表达等方面的发展也随之提升到一个相对更高的水平。在口头表述计划和回顾的基础上，幼儿不断建构起关于外界环境、事件及社会互动的心理表征。这一阶段幼儿内心的想法和感受越来越丰富，表达方式也不仅限于口头表达。因此，此阶段可帮助幼儿丰富做计划和反思的方式，促进其计划和反思水平向纵深发展。

我们建议，这一阶段教师可以利用书面表征的方式支持幼儿在计划中做出更多元的表达和表现。书面表征计划是指幼儿使用一些图象、绘画、符号等来表现自己的计划和想法。这样既可以增强工作记忆中的视空记忆，避免幼儿遗忘，督促计划得以执行，同时还有利于将头脑中的抽象构思转化为一种书面表达，促进与他人的沟通交流。同样，在回顾反思环节也可以利用书面表现形式，教师可以鼓励幼儿使用图画、符号、简单的文字等多种书面形式来对自己

的经验进行记录、分析、评价等。不同于口头反思的是,书面反思能使幼儿将发生过的事件在头脑中进行再现并捕捉关键情节进行信息记录、强化认知,帮助他们对事件的回忆和认识更为清晰、深刻。记录表征的过程也是幼儿自主提取、整合、建构经验的过程,有助于提高幼儿自主反思能力。

案例:我的计划本

中班初期,班中幼儿在小班有过口头表达计划的经验,能够通过简单的语言描述自己要参与的区域游戏内容。升入中班后,初期还是以口头表达的形式进行区域游戏计划的开展。然而在实施过程中,教师观察到有的幼儿口头表述的计划只是体现了自己在游戏前有个计划的动作,在游戏的过程中就忘记了,不知道自己要做的事情是什么,活动中比较散漫;有的幼儿知道自己的计划,但是计划的内容不够细致,导致自己在游戏中不知道该如何进行下去,最后甚至改变了计划内容。

为了支持幼儿更好地建立自己的计划系统,遵循幼儿的年龄特点和发展水平,教师逐步将口头做计划方式调整为书面表征计划方式。教师为班中每名幼儿提供一个计划本,每天区域游戏前会留出5～10分钟的时间请幼儿用绘画的方式将自己的计划、想法画出来,画完计划后与老师进行交流,然后再进区游戏(见图5.3)。

图5.3　幼儿使用计划本绘制计划

（三）后期：鼓励整合与合作，提升幼儿计划与反思水平

随着时间的推移，年龄稍大的幼儿逐渐能够将口头表述和书面表征两种计划与反思的方式进行整合利用，在计划回顾中能够表达或表现出更多的细节信息，从而通过听觉、视觉、言语、非言语等多种信息交流方式促进认知和思维水平的提升。与此同时，这一阶段幼儿的社会性得到极大发展，他们愿意与同伴共同讨论复杂问题的解决方案，尝试与他人合作来阐述并执行自己最初的计划。教师便可以为幼儿提供更多交往合作的机会，例如，组织一些主题性区域活动或需要协商合作完成的活动等，鼓励幼儿在计划的过程中按照兴趣意愿进行分组讨论，与同伴共同制订计划。在合作计划中，同伴的经验和行为能够为幼儿的计划提供参照，让其得以丰富和拓展，同时通过交流合作，幼儿间的个体差异以及各自在计划能力上的水平差异也能互相补充，整体提高班级幼儿的计划能力和合作能力。回顾环节，教师可以鼓励幼儿与自己的游戏伙伴一起分享感受，促进幼儿间的经验交流。

案例："别墅"拼插小分队

区域游戏前，澄澄和果宝计划用雪花插片拼插一个带滑梯的别墅。

澄澄："老师，我想和果宝一起用插片拼一个房子。"

教师："那你们想好拼什么房子了吗？"

果宝："咱们拼一个别墅吧！"

澄澄："好的，我们还可以给它拼出一个滑梯。"

澄澄和果宝拿来纸和水彩笔。澄澄先在纸上画了一个紫色长方形，又在长方形的里面画上了两条线。接着果宝在长方形的上面画了一个圆形又加上了尖尖的房顶，随后又在紫色房子的旁边用绿色彩笔画了一个矮一点的房子，并用线将两个房子连接了起来。设计图画好了，澄澄和果宝对照着设计图，把需要的不同颜色的插片筐都找了出来。澄澄说："我来负责插紫色房子。"果宝回应道："嗯，我来负责插绿色房子，这上面的圆形，我之前插过一个桔黄色的，咱们直接用那个就行。"

澄澄说:"看来我们要插很多个板子才行。"果宝说:"是的,如果还有人愿意帮咱们一起插就好了。"于是,澄澄找到了老师。

澄澄:"老师,您愿意帮我们一起插好看的房子吗?"

教师:"好的,需要我怎么帮助你们?"

澄澄:"您能用紫色插片帮我插一个板子吗?"

教师:"好的,这个板子要多大?"

澄澄:"十个插片连成棍儿,需要六根。"

教师:"好,明白了,这个板子要做什么用?"

澄澄:"做房子的地面,现在咱们三个人就是一个团队了。"

三、遵循脑科学规律,巧用视觉化支持工具

在脑科学研究中,工作记忆是一项重要的执行功能,包括听觉工作记忆和视觉空间工作记忆。听觉工作记忆是指在脑海中停留听到的言语信息,儿童必须专注信息,排除其他干扰,以及处理需要复述的信息。而视觉空间工作记忆指的是在脑海中短暂留存的视觉性的、图像化的信息。工作记忆的能力、时长和聚焦点是有限的,需要策略来平衡。儿童年龄越小或工作记忆受损程度越高,记住并执行任务的难度就越大。提高工作记忆可以有多种策略,比如复述或记录任务,使用信息组块策略,运用记忆术和关联分析,视觉化想象,运用精加工将新旧信息进行联系等。[①]

此外,幼儿的思维是具体形象性的,他们需要借助事物的具体形象或表象才能更好地指导思维和行动,而不是凭借概念、判断、推理等抽象事物。计划和反思,实际上是在头脑中进行信息处理和加工,都需要幼儿能够在头脑中描绘出事物和行动的图像,并能进行表达和解释,依赖于一定的认知能力、工作记忆与想象能力。视觉化被证实是一种能够促进幼儿认知、思维、记忆的有

---

① BRANSTETTER R. 提升孩子的执行功能——成为大脑的管理大师[M]. 赵雪莲,译. 北京:中国轻工业出版社,2022:117-127.

效策略。运用到区域游戏中，我们可以开发一些视觉化的支持工具来帮助幼儿更好地进行计划、实施和反思。

（一）提供绘画工具，鼓励幼儿绘制计划图或计划单

一般来说，中大班幼儿已经具备一定的认知能力和前书写能力，能够用简单的符号、图示或绘画表征外界事物或自身想法。对于这类幼儿，我们建议教师可以在计划环节提供纸、笔等绘画工具，鼓励幼儿将自己的计划、想法或是自己的创意设计等表征在画纸上。起初，幼儿绘制的计划图可能会比较粗略、笼统，等幼儿渐渐适应，教师便可以根据幼儿实际情况引导其在计划图中表征出更多的细节信息或是学会分解任务、细化实施步骤，将计划制订得更加细致、具体。计划实施后，教师还可以引导幼儿在计划图中对自己的完成情况或活动后的体验感受进行反思，并调整下一步的计划。此外，随着幼儿表征记录水平提高，教师还可以提供一周计划单，利用表单工具支持幼儿记录对比自己一周的活动情况。总的来说，计划图和计划单不仅可以帮助幼儿将头脑中抽象的构思转化为一种视觉化表征，增强幼儿视觉空间工作记忆，使幼儿在活动中更加明确自身目的和任务，同时还可以使幼儿完成的作品或成果得到检验，帮助幼儿进一步改进、调整。

案例：一份大班幼儿的计划单

大班幼儿随着游戏复杂性、持续性和合作性的提高，经常会出现持续一周专注于探究某一类游戏、计划较为稳定的情况。在大一班，教师经过几版尝试设计了如下计划单。计划单中设置了"计划1"和"计划2"，示意幼儿每次在做计划时先制定"计划1"的内容，活动中则可以根据实际情况在"计划2"中更改为新的计划。活动结束后，幼儿需要检核计划完成情况并可在"反思"栏具体标注。

例如下面这份计划单，该名幼儿原本计划在周一去美工区制作水晶球音乐盒，当天该幼儿提前完成了"计划1"的内容，之后他又在"计划2"一栏中画了一个图示，表示在剩下的时间计划再制作一个沙盘背景板。结果到了收区时

间，幼儿的"计划2"并未全部完成。于是在过渡环节的时候，幼儿在自己的计划单"完成情况"一栏中标记了"×"，并且在"反思"栏中画了一个背景板的图示，同时还在周二的"计划2"一栏中画了一样的图示，表示把未完成的工作提前备注到周二的计划中。在周二那天，幼儿先按照"计划1"去益智区玩了两轮方格旗，然后就接着去美工区制作前一天未完成的沙盘作品（见图5.4）。

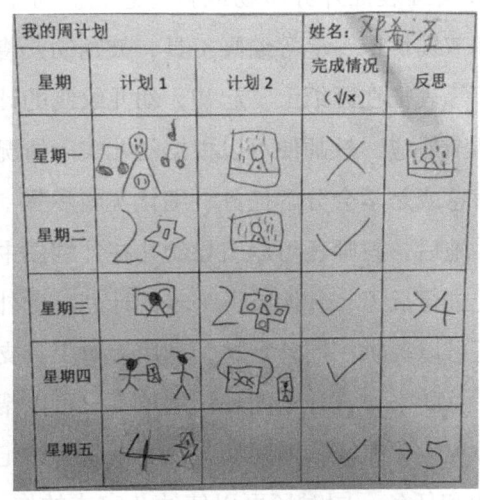

图5.4 大班幼儿计划单

（二）利用实物、图片、照片、视频等增强视觉化想象

幼儿在计划和反思中需要在头脑中对外界丰富的人物、材料、事件、观点等做出关联、构思、分析、想象、回忆等。在实践中我们发现，幼儿有时会由于缺少足够经验以及抽象思维和表达能力不足，而在更为复杂的计划和反思活动中表现出一定的困难。例如：在绘制作品的设计图时过于简单，构想不出更多的细节；或是在做表征计划时有想法但不知道如何绘画；亦或是在回顾反思中没有思路，记不起事件发生过程；等等。针对这些问题，我们建议教师可以在计划和回顾环节中适当利用一些图片、照片、视频或实物材料等作为支持工具，便于幼儿看到真实事物的形象，获得更多视觉上的刺激或提示，从而增

强想象和记忆。比如，当幼儿想要拼插某样作品，但对这样东西的外形结构并不了解，这时教师便可以为幼儿搜集相关图片或直接出示实物供幼儿参照。再如，回顾环节中幼儿在分享自己的经历或感受时，教师可以出示过程中拍摄的游戏现场的照片或视频，帮助幼儿回忆起更多的情节。

案例：搭建恐龙房子（1）

区域游戏前，小贺计划用乐高拼插恐龙房子。

教师："你今天的游戏计划是什么？"

幼儿："我想用乐高搭建房子。"

教师："搭建什么样子的房子？"

幼儿："可以住人的房子。"

教师："这个房子是什么样子的？"

幼儿："（想了想）插个恐龙房子吧，霸王龙或者是三角龙的房子，我再想想。"

幼儿："老师，我想好了，搭建霸王龙房子。"

教师："好的，你可以先尝试画出设计图，然后再根据设计图搭建。需要我为你提供图片借鉴吗？"

幼儿："好的。"

四、发挥教师外部支持，增进师幼互动

幼儿计划和反思能力的发展是以相关经验为依托的，由于幼儿年龄的特殊性，一些经验的获得还需要成人的引导和帮助。因此，在幼儿学习做计划和反思的过程中，教师的参与和支持也是非常必要的。在"计划—工作—回顾"环节，教师要善于观察幼儿的行为表现，正确分析幼儿的内在需要，并运用适宜的师幼互动策略为幼儿提供有力的外部支持。

（一）增进言语互动，发展幼儿语言和思维

言语互动是师幼互动中最为常见也是最基本的一种形式。正如前文所述，

良好的语言表达和思维能力是幼儿计划和反思的重要条件。教师与幼儿之间通过言语形式开展丰富的交流和互动,不仅可以使幼儿在这个过程中学习成人的语言表达,丰富自身的语言积累,同时也可以将语言作为一种拓展幼儿思维的工具,帮助幼儿在交谈对话中获得启发,产生更多的想法。

在计划、工作、回顾的任何时候,教师都可以运用言语互动策略来为幼儿提供支持。例如:在计划环节,有时幼儿的计划过于简单,教师就可以采用提问的策略,让幼儿通过一问一答不断地思考、不断地丰富自己的计划;在工作环节,幼儿可能并未按照原定的计划进行活动,此时教师便可以通过言语上的提示帮助幼儿重温自己的计划,或者可以再次与幼儿沟通想法,制订一项新的计划;在回顾环节,幼儿的表述可能是混乱的、零碎的,这种情形下教师则可以在幼儿表述的基础上重新组织语言,帮助幼儿能够清晰表述。此外,在言语互动中教师还要把握好适度的原则,避免过度干预幼儿的想法。

(二)开展经验互动,为幼儿提供策略支持

幼儿在实施计划过程中经常会由于一些主客观条件的限制遇到问题和困难,如果不能及时解决,可能就会影响计划执行。比如,有的幼儿在做计划时"天马行空",不考虑实际能力和现实条件,设定复杂艰巨的任务,因而导致计划的内容在实际操作中很难顺利完成,而困难又容易使幼儿降低兴趣和信心,甚至在中途放弃计划。

对于这类情况,教师首先可以对幼儿的计划提出建议,帮助幼儿分解计划的内容和难度,激励幼儿通过分阶段地完成小计划和简单计划从而逐步完成最终计划。其次,当幼儿在实施中遇到阻碍时,教师可以以游戏者身份及时介入活动,运用自身的知识经验陪同幼儿一起寻找问题解决方法。

案例:搭建恐龙房子(2)

最近木木想尝试用乐高拼插一个恐龙房子。在画好设计图后,木木开始按照设计图上的样子拼插起来。今天木木先拼插的是恐龙房子的"头部"。"老师,我要找很多绿色的乐高。""为什么呢?""因为我的设计图画的是绿色霸

王龙（见图 5.5），所以我要插一个绿色的霸王龙房子（见图 5.6）。"

木木开始在乐高拼插区寻找能代替霸王龙牙齿的材料。他说霸王龙的牙齿很尖，像三角形。

幼儿："老师，班中的乐高没有三角形的。"

教师："你想用三角形插什么？"

幼儿："霸王龙的牙齿。"

教师："哦，我再陪你一起去找找。"

教师："果真没有三角形的，那你想一想，咱们班还有什么材料是三角形的，可以用来当作霸王龙的牙齿？"

幼儿："磁力片有三角形的。"

教师："对呀，你愿意用它试一试吗？"

于是木木将目光投向了磁力片区，并找到了几片三角形的磁力片，把它镶嵌在了乐高积木中。

在搭完霸王龙的头部后，木木遇到了一个新的问题。他想让乐高霸王龙的脖子能动起来，但苦于找不到办法。

教师："想一想有没有可以旋转又可以连接的乐高材料呢？我们一起去找找，在机械筐里可能会有。"

幼儿："老师，找到了。"

教师："那我们去试试吧？"

在搭建恐龙房子的主体部分时，木木发现有一块积木很特殊。当遇到拐弯时，所有的积木都不能和它匹配，不是长一点，就是短一点。

幼儿："老师，你看这块怎么找不到合适的积木了？"

教师："不是筐里的积木不适合，而是这块已经拼好的积木的长度不适合。这块积木有 7 个小孔，其他的积木不是有 4 个小孔就是有 8 个小孔，和它不一样。"

幼儿："好吧，那我还是先把它换下来吧。"

图 5.5 恐龙房子设计图

图 5.6 恐龙房子作品

(三)由师幼互动延伸到幼幼互动,促进同伴交往

除了发挥教师的外部支持,同伴也是幼儿在计划、工作、回顾中可以利用的外部资源。在一些情形下,教师不必直接介入幼儿的计划、游戏或是回顾反思,而是可以启发引导幼儿多与同伴进行交流互动,学会借鉴同伴经验。

案例:三角形的大门

计划时间,石头表示想要到建构区给小乌龟的家搭建一个三角形的门。做完计划,他便按照计划开始游戏。第一次尝试,他拿来了四个圆柱,立在了两边,之后拿来一块三角形软积木搭在了上面,这时呈现的是一个长方形的大门。

教师:"你想搭建一个三角形的大门还是有三角形装饰的大门?"教师一边说一边比划着不同的形状。

石头:"我想搭建三角形样子的大门。"石头发现手头的积木可能搭建不出三角形大门,于是,他开始寻找其他的材料。

教师:"我们不一定非要用积木搭建,看看其他材料有没有能使用的呢?"

听完老师的建议,石头又尝试用两个纸盒斜着摆放成三角形样子,但不一会儿就倒了。

教师:"禾禾用乐高拼搭过三角形的作品,可不可以找他帮忙呢?"

说完,石头便去找禾禾询问了搭建方法,两人一起用乐高材料完成了大门的搭建并成功安装在了小乌龟的房子上。

第四节　实践案例集锦

小班幼儿计划常见问题及教师支持

区域游戏前，我们会通过老师的提问和追问，激发幼儿的游戏意图，引导幼儿表达自己的游戏选择和计划，以便能更好地进行区域游戏。但是在实际观察中我们发现小班幼儿计划意识处于萌芽的阶段，他们口头表达的计划随意性比较大，和真正实施环节常常脱节。通过观察发现，小班幼儿在做计划时经常会出现以下几种情况。

案例一：不知道玩什么的桐桐

区域游戏时间到了，桐桐在活动室里走来走去（见图5.7），看看这、看看那，一直也没真正进入区域开始游戏。我观察了一会儿，桐桐走进了自然角，又从自然角走了出来，脸上有一些失落。看到这一幕，我赶紧走上前去询问。

教师："桐桐，你今天想去哪个区？想玩什么呀？"

桐："我不知道。"

教师："你想一想，你喜欢去哪里玩呢？"

桐："不知道……"

教师："那我们一起到每个区转一转吧，看看有没有你想玩的？"

桐桐点点头，于是我拉着桐桐的手，在班级的区域里转了一圈。桐桐看了看美工区、娃娃家和玩具区的玩具。我一边带她看，一边观察着她，她的神情并没有变化。于是，我继续带桐桐转班级区域。当来到乐高区时，桐桐停下了脚步，并看着正在乐高区游戏的小朋友们。我对她说："乐高区的小朋友们正在给小动物们搭建马路呢！这条路已经快竣工了，还差一段没有建好。建好路就可以让小动物们回家了。你想帮忙吗？"她想了想，点了点头。

随后，桐桐开始了游戏。她到乐高柜拿来需要的轨道，然后开始搭建最后一小段路。渐渐地，她脸上失落的表情消失了而且露出了笑容，自主而专注地开始游戏了（见图 5.8）。

图 5.7　幼儿无目的走来走去

图 5.8　幼儿找到感兴趣的玩具开始自主游戏

分析：

小班初期，类似于桐桐这样的状况较为常见。这一阶段，幼儿对班中的玩具材料尚且处于初步尝试阶段，由于班中新玩具较多，无从选择，一时不知该玩什么，因此产生游离。同时，从与幼儿的对话中我感受到：一方面，幼儿在小班时期的语言表达能力欠佳，因而无法正确表述心中想法；另一方面，对于自己的计划，他们的头脑中尚未形成清晰的表象，因此对于计划如何实施并不明确。

教师支持策略：

为了激发幼儿的游戏意图，教师采用"走一走、看一看"的策略，并运用语言引导的方式观察幼儿对哪些材料、玩具感兴趣。教师通过介绍区域中正在开展的活动内容，帮助幼儿激发兴趣，确定想法。

除此以外，面对这一类幼儿，教师还可以创设一些情境，例如："XX 藏在哪里了？"教师可以将小动物玩偶藏在各个区域中，让幼儿去寻找；利用"去旅行、开火车"的小游戏，带着孩子们开着小火车进到各个区域中；或者将玩具赋予情境，比如串珠子送给妈妈等。运用这些游戏形式，能帮助他们快速地熟悉教室环境、区域位置及区域里的游戏材料，知道游戏玩法。只有当幼儿熟悉了班中的玩具材料时，才会想玩、爱玩。此外教师还要及时关注，为幼儿预留充分的计划时间，询问幼儿的选择、意图，帮助幼儿明确想法。

案例二：用动作做计划的妹妹

孩子们吃完加餐后，会找老师做计划，说一说自己想去哪个区玩，玩什么。妹妹吃完加餐后走到我身边，我通过询问了解她对今天区域游戏的想法。

教师："妹妹，你想到哪个区玩呀？"

妹妹："我想去玩具区玩。"

教师："你想玩什么玩具呢？"

妹妹："我想玩那个！"（妹妹一边说着，一边指着玩具区。）

我看着她手指的方向，尝试进行引导。

教师："那你过去给我指指看，你想玩哪个玩具？"

于是，妹妹走到玩具区前，指着触摸板对我说："就是这个！"（见图 5.9）看着妹妹的反应，我猜测妹妹不知道这个玩具的名字，于是我对她说："哦，原来你想玩触摸板呀！你知道你今天想玩的这个玩具叫什么了吗？"随后妹妹说道："我想玩触摸板。"

图 5.9　幼儿用手势表达计划

分析：

小班初期，幼儿还不能记住每个玩具的名称，同时，他们口语表达能力尚且不足，所以很多幼儿在做计划时都不能清晰准确地表达出自己的意图，通常是用几句零碎的语言或简单的手势动作、眼神表情来表达出自己的某种选择。

教师支持策略：

小班幼儿能够用较为简单的词语表达自己的游戏意图，因此当教师发现幼儿只能用"这个"或者"那个"表达自己想法的时候，要进一步询问或请幼儿展示他们在所指区域中即将使用的材料，为幼儿的手势动作配上话语，帮助幼儿明确想去的区域或想玩的材料。此外，当幼儿不能记住较为复杂的玩具名称时，教师还可以请幼儿为班中玩具起名字，或者使用更形象、幼儿更易识记的名称来为玩具命名，以便让幼儿更容易地表达出自己想玩的玩具。除此之外，教师也可以鼓励幼儿在过渡环节、计划前、餐后去每个区域"转一转""看一看"，帮助幼儿更好地熟悉班中玩具和材料。

案例三：计划赶不上变化的果冻

早晨做计划时，果冻对我说她今天要去娃娃家玩。为了帮助她进一步明确游戏内容，我进行了提问。

教师："你想去娃娃家干什么呢？"

果冻："我想做面条。"

教师："面条里还有别的吗？"

果冻没有回答。

为了帮助她明确意图，我继续追问。

教师："你看咱们吃过西红柿鸡蛋面、炸酱面、牛肉面等，你想要做的是什么味儿的呢？"

果冻："我要做西红柿鸡蛋面。"

做好计划，果冻换好鞋进到了娃娃家。她先拿来围裙穿戴好，开始准备制作。这时，她看到了家中的电话，拿起电话打了起来（见图5.10）。看到她久久没有做自己计划中的事情,我走过去想要了解一下情况。我问:"果冻,宝宝还饿着肚子呢!面条什么时候做呀?"果冻没有回应我。这时,她看到家中的姐姐正在给宝宝洗澡,又走过去加入了她们的游戏,开始给宝宝洗澡(见图5.11)。

看到果冻改变了自己的计划,我继续询问:"果冻,你今天的计划是给宝宝做面条,你还想做面条吗?还是想继续现在的游戏给宝宝洗澡呢?"果冻说:"我想给宝宝洗澡,再给宝宝做面条。"说完,她继续给宝宝洗澡去了。

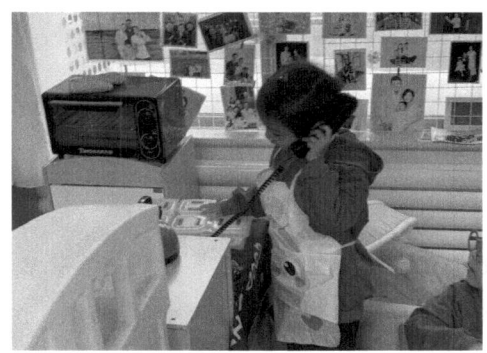 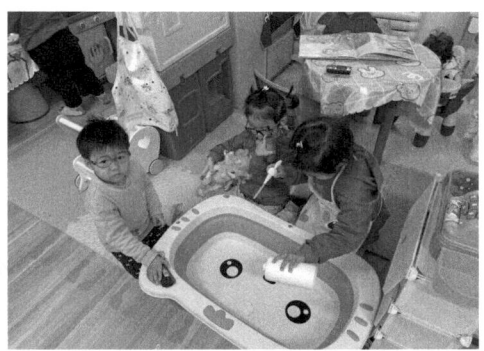

图 5.10　幼儿走到娃娃家"打电话"　　图 5.11　幼儿与家中成员一起给宝宝洗澡

分析:

案例中的幼儿属于典型的"先实施后计划"类型。小班幼儿由于直觉行动思维,做事习惯行动在前、思考在后,对事件发生过程的预判能力不足,因此经常存在行动与计划脱节的表现。同时,小班幼儿具有注意力集中时间短、容易受外界干扰、游戏过程中易临时变换意图、计划执行能力相对较弱的年龄特点。有时,外界一个小小的物件或同伴的一些行为就会分散他们的专注力,让他们丢下手头正在进行的事情。

教师支持策略:

针对这类容易改变游戏计划的幼儿,我采取了询问和提示的方式,帮助幼儿回顾计划,提示计划内容,进而了解幼儿的真实想法。

此外,教师在发现幼儿转变游戏计划的时候,应注意观察幼儿的游戏情况。一方面尊重幼儿游戏的需要，及时制订新的计划，支持幼儿真实的游戏意图和需要；另一方面，也可以通过适当的隐性指导，帮助幼儿回忆已制订的游戏计划，开展相关联的游戏内容，从而增强幼儿的游戏意图，更好地执行计划。

案例四：大轩的计划太简单

区域计划时间，大轩选择了建构区。

教师："你今天想搭建什么？"

大轩："我想搭建小兔子的家。"

教师："小兔子的家是什么样的呀？"

大轩："嗯……有个耳朵的家。"

教师："还有吗？"

大轩："没有了。"

根据和大轩的对话，我能够看出幼儿有搭建的计划，但是计划内容比较简单，不能支持幼儿完整呈现出想要搭建的内容。如：房屋的主体结构、形状、使用什么材料等。因此，对于大轩的简单描述，我进行了追问。

教师："小兔子的家是什么形状的？"

大轩："是圆形的房子。"

教师："圆形的房子怎么搭建呢？哪些材料能搭建圆圆的房子？"

大轩："可以用KT板、奶粉桶。"

教师："这座房子有几层呢？"

大轩："有四层。"

教师："房顶是什么样子的呢？"

大轩："有两个长长的兔子耳朵。这样小兔子一眼就能看到自己的家了。"

我进行追问后，大轩开始了游戏（见图5.12）。他用奶粉桶和圆形KT板搭建出了第一层，用露露罐和圆形KT板搭建出第二层，接着用空心积木和长条积木搭建了第三层，然后拿来圆柱和长条积木搭建出了第四层，最后他拿来圆柱积木放在房顶两边做小兔子耳朵（见图5.13）。

图 5.12　细化计划后幼儿开始搭建　　　图 5.13　幼儿按计划完成搭建

分析：

对于小班初期幼儿来说，他们的生活经验有限，思维和语言表达能力较弱，游戏时有意图不明确或意图过于简单的特点。本案例中，我们看到通过师幼之间围绕计划的对话交流，幼儿能用语言将计划清晰地表达出来，并且从简单到复杂，使得游戏目标更具体，计划更细致。

教师支持策略：

针对计划过于笼统、简单的情况，教师需要与幼儿进行更多的交流和互动，通过语言对幼儿进行提问，帮助幼儿进一步明确自己的游戏意图，细化计划中的游戏内容，支持幼儿创造更加丰富的作品。

在计划过程中，小班幼儿更适合面对真实材料进行计划。比如：站在区域旁边看着真实的区域材料进行计划，更容易帮助幼儿构建头脑中对于即将开展的游戏的表征，使幼儿的游戏内容更加立体和完善。另外，当幼儿描述不出事物的细节特征时，教师可以提供直观的图片资料帮助幼儿产生更多的想法，也可以咨询同伴的建议。

（北京市丰台区第二幼儿园　宋媛媛　许蓓）

魔法汽车

我想搭一辆可以坐进去开的汽车

升入中班后，班级投放了 PVC 材质的彩色吸管玩具，因其易弯曲和可操作性强的特点，孩子们为其起名为"魔法吸管"，"魔法吸管"深受孩子们欢迎。

区域计划时，大申说："老师，我想做一辆可以坐进去开的车。"我回应道："哇，这是一个很酷的想法，那你想用什么材料制作呢？"大申思考了片刻说："我想用乐高。"旁边的木木说："那你肯定需要很多乐高，我插霸王龙已经用了两筐，剩的还够插一辆车吗？"大申想了片刻说："乐高不够，磁力片容易塌，也不适合，不如我用'魔法吸管'吧！"大申将自己的想法与构思绘制成设计图（见图 5.14），随后便投入到了制作中。

图 5.14　第一版设计图

反思：

游戏前做计划能使幼儿的游戏更有目的性。孩子们在交流计划的过程中，同伴的经验分享帮助大申更明确了搭建所需的材料。同时，绘画设计图能将头脑中的思考以直观的方式呈现，成为大申完成计划的有效支撑。

这辆汽车有点小

大申依照设计图,先拼插出了长方形的汽车底盘,接着拼出了半弧形的车顶。他想钻进车内看看大小是否合适,结果发现根本进不去。于是大申将底盘扩大,底盘由四个正方形扩展成六个正方形大小,车顶也随之进行了加长。

调整后,大申再次尝试,结果还是进不去。他自言自语:"太小了,坐不进去啊。"就这样大申结束了自己的第一次搭建。

区域游戏结束后,我问大申:"你坐进小汽车里了吗?"大申说:"我遇到了问题,车顶太低,我进不去。"我追问:"那你接下来想怎么做?"大申说:"我想把车顶加高。"我说:"那你想加到多高?"大申想了想说:"我也不知道。"我引导:"想一想,平时坐在家里的车上,是车顶高还是头顶高?""车顶高。"大申说。"车顶比头顶高多少呢?"我说。"高出这么多——"大申一边说着一边用手比划着。我问:"那你知道车顶应该插多高了吗?"大申点点头:"要超过我的头顶,比头顶还要再高一些。"(见图5.15)通过讨论,大申调动起了已有经验,也明确了接下来的任务——拼插一个高过自己头顶的车顶(见图5.16)。

图 5.15 测量汽车高度

图 5.16 车辆高度调整

反思：

在游戏中幼儿的计划可能会遇到各种困难和问题，如果教师不能及时关注到幼儿的需要，适时给予支持，幼儿很容易放弃自己的计划。如"搭建汽车车顶"活动中，幼儿虽然依照设计图拼插出了弧形车顶，但是没有考虑车顶的高度导致空间不足，这一问题也给幼儿接下来的活动造成了阻碍。教师关注到幼儿的需求后，通过提问引导、联系生活，调动幼儿的已有经验，引导他想办法寻求问题的解决方法，形成了新的计划。

我可以坐进车里啦

区域游戏一开始，带着上一次的改建方法，大申调整起车顶的高度。调整后，大申进入车身内尝试，发现整个头都从空隙中露了出来。接下来大申再次将车顶加高，由每行增加一根连接棍改为增加两根。我问大申为什么要增加两根，大申回答说："因为我觉得头露出得太多了，所以我要把车顶插得再高一些。"调整后，大申迫不及待地进入车内尝试，果真增加了三根"魔法吸管"长度的车顶让车身空间变得更宽敞，大申顺利地坐进车里。但是，大申又发现了新问题，他发现之前的设计图上没有画接下来要拼插的驾驶室，于是他在设计图上添画了驾驶室和驾驶员（见图5.17）。

图 5.17　第二版设计图

反思：

游戏后及时回顾是非常重要的。每次游戏中幼儿都会有新的发现和问题，而这些新发现和新问题很可能会变成幼儿下一步活动的契机。基于前期的搭建经验，这次大申在调整车顶时更有目的性。同时，随着搭建内容的不断丰富，及时调整设计图也可以帮助幼儿记录下此时自己的想法，帮助幼儿明确接下来的搭建任务。从设计图的变化也可以看出中班幼儿的计划不是一次而成的，而是随活动推进不断丰富和完善的。

改进载人汽车

在区域分享时，大申的"魔法汽车"吸引了令枚的关注。令枚对大申说："明天我能和你一起拼插汽车么？"大申爽快地答应了。

第二天，令枚如约而至，大申开心地说："我这个车可以真地坐进去，我来给你演示。"大申顺利进入，他邀请令枚也一起加入，但令枚头伸进去可身体就进不去了。

这可怎么办呢？思索片刻，大申说："我有办法了，我们把车加宽。"令枚说："我来把底盘拆开，你往中间加'魔法吸管'怎么样？"大申听后点点头。令枚问："我们加几根'魔法吸管'合适呢？"大申想了想说："我之前插的是两个吸管宽，现在咱们两个人坐进去，就需要四个吸管宽了。"令枚听后说："我明白了，那咱们就在每行加两根吸管就可以了。"说完两个小朋友便行动起来，很快车的底盘就加宽完毕了（见图5.18）。

但是新的问题很快又产生了，由于底盘变宽，车顶被横向拉伸，车顶的纵向高度降低了。两个孩子决定马上改造车顶。有了之前的经验，这次他们决定先将椅子放在车内，坐好以后看一看头顶的高度再决定车顶的高度。因为大申的个子更高一些，所以他们决定由大申坐在里面，令枚负责测量高度。很快令枚就得出了测量结果，需要在车顶上增加三根"魔法吸管"。他们对车顶进行改造后，果真两个小朋友都坐进去了。搭建结束后，由于车体增大，大申又将设计图进行了第三次修改。为了表示现在车体被加大到四个吸管宽，大申在设计图上又添画了三个蓝色正方形（见图 5.19）。

反思：

在幼儿遇到新问题后，教师没有抢先介入，而是适当退后，给予幼儿自主解决问题的机会。在自主的环境下，幼儿积极运用前期获得的游戏经验，通过利用吸管的长度与数量来调整车内的空间，是对已有经验的回顾和运用。在本次游戏中，幼儿根据自己的调整，在行动后对设计图进行了完善和补充，设计图的功能由事前计划的功能扩展为事后的记录，设计图成为幼儿回顾、梳理自身活动与经验的有效工具。

图 5.18　加入新伙伴加宽车身

图 5.19　第三版设计图

完善汽车细节

随着第三版"魔法汽车"的搭建,由于车顶重量的增加,支撑车顶的支柱弯曲了。大申首先增加了车顶中间的连接支撑,但作用不明显。该怎么办呢?旁边的褚褚给他们带来了灵感。褚褚说:"你们这个车有点奇怪,没有车头和后备箱。"两人听后觉得有道理,经过短暂的交流,他们决定拼插长方体来当作车头和车尾,两个人一人负责一边。当插完车头令枞发现,车身的倾斜现象竟然得到了改善。他说:"大申,你快看,车身没那么倒了。"大申看了看说:"还真是,这是为什么呢?"令枞回应道:"因为车头拉住了倾斜的车身,这是拉力。"大申认真地点点头说:"哦,那我赶快把车尾也插好,帮助车身固定。"车身车尾搭建好,车身果然稳固了(见图5.20)。

图 5.20　加固车身

车身稳定后,汽车的大体结构已经完成。但是在对照设计图检查时,大申说:"之前我在设计图上画的驾驶室还没有插出来呢。"令枞想了想说:"对,反光镜、方向盘、油门刹车什么的也都没有。"大申接着说:"你说得对,那我们重新画设计图吧,把刚才说的那些东西都画上。"说完两人便开始了新设计图的绘制。在本次设计图中,幼儿将前一阶段拼插的车头、车身画了出来,并且将汽车的轮子进行了进一步的细化(见图5.21)。

画好新的设计图,大申和令枞进行了分工拼插。大申负责拼插车内细节,令枞负责拼插汽车外部。因为考虑到人要坐在椅子上,两人选择用真的椅子来

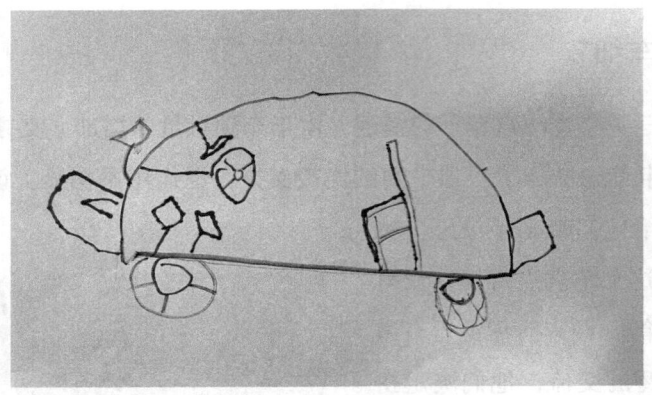

图 5.21　第四版设计图

代替车座。

在拼插汽车轱辘的时候,因为设计图上画的是用三根连接棍进行连接。令杺拿着设计图找到了我:"怎么才能将两个圆中间用三根棍连接呢?"我看过设计图后回应道:"想要连接三根棍,大圆和小圆上各需要几个连接点呢?"

图 5.22　进行轮毂支撑

令杺说:"三个。"我接着说:"那每个圆圈上最少有几个接点呢?"令杺说:"三个。"令杺在我的提示下很快就找到了方法,制作出了立体的轱辘(见图 5.22)。

反思:

在本次活动中,设计图在孩子们活动前、活动中、活动后都起到了积极的作用,设计图凝聚着对前一阶段活动的记录,对后一阶段活动的计划,同时设计图在活动过程中发挥着帮助幼儿思考、解决活动过程中的问题的功能,成为幼儿思考材料数量、连接方式的直观、有效的支撑。

安装车门

"魔法汽车"的拼插接近尾声,同时也迎来了最有技术难度的环节——安装车门。怎么才能安装出可以开合的车门,成了两个孩子这几天一直在思考的事情。孩子们找到我,希望能从我这里获得好的经验与方法。怎样才能帮助孩子们发现门开合的原理呢?我将他们带到活动室门旁,将门进行反复开合,请他们仔细观察"合页"的变化。令枞和大申很快就发现了,门在开合时"合页"的一部分是固定在门框上,另一部分固定在门上,两个部分连接在一起就可以开合但又不会分开。为什么这两个地方不会分开呢?我介入了进来说:"你们看一看它们是怎么连接的?"令枞马上回应道:"有一个套,套里装了一个棍。"我说:"这个棍叫轴。""哦,那我们找一个东西当轴,再找一个东西套在轴的外面就可以当做'合页'啦。"话音刚落,两人就马上行动了。

很快,两个小朋友就找到了吸管,他们先将吸管套在"魔法吸管"上,然后将拼好的门用胶条与吸管进行连接,一个"合页"就做好了。运用这种方式,他们在门框的上下两个位置分别做两个"合页",将汽车的车门成功安装了上去,而且真地做到了开合自如。

反思:

有效的指导策略,不仅能帮助幼儿迁移、提升、建构经验,使活动向纵深方向发展,而且能让幼儿在这个过程中体验成功的喜悦,其探究、操作、解决问题的能力也得到了提高。幼儿始终是游戏的主人,他们在自主合作的氛围中尝试和摸索。当幼儿因技能困难影响游戏时,教师选择在游戏开始前介入,了解孩子的想法,并给出了相应的建议。在接下来的实践中,当孩子们遇到搭建困难时,老师没有直接给予幼儿答案,而是通过提问的方式,充分调动幼儿已有经验,让幼儿产生思考的过程,自己找到解决的方法,从而培养幼儿主动学习、主动思考的习惯。

两个小朋友开心地坐在车上,一边手握着方向盘,一边和车外的小朋友打着招呼(见图5.23),就仿佛真开着一辆小汽车在马路上驰骋一样,路过的

图 5.23　一起去兜风

小朋友也投来了羡慕的眼光。我相信那一刻，在两个孩子的心中一定有满满的成就感，他们一定体会到了成功的快乐。

小结：计划是幼儿为了达到某种目的而进行的事件安排与行为选择，包含了幼儿想做什么和怎么做的具体思考。作为一种重要的学习品质，计划性能让幼儿做事更有条理，也能让他们未来的成长之路更加清晰。因此，我们选择孩子们感兴趣的事情，培养他们的计划性会起到事半功倍的作用。中班幼儿的注意力容易分散，有时还会忘记自己要做的事情是什么，因此，对于中班的幼儿来讲，将自己的计划记录下来是很重要的。此次活动，幼儿随着游戏活动的推进不断调整和改进设计图，再参照设计图进行拼插内容的调整与细化，最终依托设计图达成了自己的愿望，设计图的不断完善也是对幼儿计划、反思能力发展的过程记录。从小培养幼儿的计划能力，不仅能够提高幼儿游戏与学习的质量，更能培养他们未来良好的做事能力与习惯，做事的计划性是他们未来成功的重要保障。

（北京市丰台区第二幼儿园　马思思　陈文娟）

幼儿表征与记录在计划—工作—回顾环节中的有效运用

【背景】

"计划—工作—回顾"是班中开展区域游戏一直遵循的三大环节。经过小班阶段，幼儿已经较为熟悉开展计划—工作—回顾的常规方式，具备能用简单的口头语言来与他人交流计划、想法和感受的经验。升入中班，初期我们在每个环节还是以对话方式为主了解幼儿游戏前的计划以及游戏后的感受，并从中掌握幼儿自主计划和反思能力的发展情况。一段时间后，我们观察到，有的幼儿容易在玩的过程中忘记自己在游戏前口头表述的计划和想法，中途表现出无目的、无思路的散漫状态，或者被外界干扰改变计划；有的幼儿虽然记得最初的目标和计划，但是不知道如何把头脑中的计划具体实施。还有回顾环节，在集中回顾的方式下，大部分幼儿对个人经验的回顾反思仍比较内隐、零散和被动。看来，单一的口头交流的方式虽然简便，但对支持幼儿的游戏与发展仍有局限。

因此，为了帮助班中幼儿发展更高一级的计划与反思能力水平，我们遵循中班幼儿的年龄特点和发展水平，以脑科学理论作为指导，逐步引导幼儿学会运用表征和记录调整原有计划和回顾的方式，探索支持幼儿计划与反思能力提升的有效策略。下面具体介绍该策略在不同阶段的实施过程。

【实施过程】

第一阶段策略：引导幼儿尝试利用书面表征进行计划，并能与口头做计划相结合。

幼儿的表征是指幼儿使用大量的图象和符号来表达幼儿自己的记忆、想法、设想和感受，并运用这些图象和符号来与他人进行交流。幼儿的表征至少具有两点突出作用，一是以多种书面表现形式尤其是图象符号来帮助他们将头脑中形成的表象进行直观表达；二是通过书面的方式留存信息，帮助他们回忆、解说、分享个人经验，促进与他人的沟通交流。幼儿利用表征进行计划，有助于更直观形象地呈现自己的想法，同时通过书面表征不断加深头脑中对外界事物的表象，促进具体形象思维和抽象逻辑思维的同步发展。中班幼儿运用小肌肉能力进行绘画表现的能力也逐步增强，更加喜爱绘画、涂画这类活动，能够用书面表达的方式表达自己的想法，愿意跟他人讲述自己作品中的内容。此外，这一时期，幼儿的语言表达能力相比小班也有明显提高。

于是在此基础上，我们大胆尝试在区域游戏计划环节运用书面表征的方式，为每名幼儿提供计划本。每天区域游戏前教师会询问幼儿"今天想玩什么"，然后鼓励幼儿用5～10分钟的时间将自己的选择和关于游戏的计划、想法表征在画纸上，画完后再找老师进行口头介绍，然后进区进行游戏（见图5.24）。

图5.24　幼儿与老师交流计划

一、观察与反思

在使用计划本的前两周，我们发现幼儿在计划表征中存在一些值得关注和反思的问题。

1. 表征能力不足，对头脑中的计划、想法和真实事物的表现不完善

计划时间，帆帆拿着画好的计划找到我说："刘老师，今天我要去玩小球轨道。"最初，我看到他的计划本上只画了一道弯曲的线条（见图 4.25 左侧部分），用来表示弯轨材料。

教师："今天你想搭什么样的轨道呢？是按图纸搭还是自己搭？"

幼儿："我想看着图纸搭。"

教师："那你想搭哪种造型的呢？"

幼儿："（拿来图纸，指着说）这种，还有这种。"

教师："你想搭出这两种造型，是吗？"

幼儿："对。"

教师："那你可以在计划本上画两个轨道，一个上面写 1，一个上面写 2，表示你要搭两种。"说完，幼儿再次回到位置上拿起笔在画上添加了新内容（见图 5.25）。

图 5.25　幼儿表征的小球轨道计划

在运用表征初期，我们观察到一种较为普遍的现象：部分幼儿在与教师的口头交流中往往能够表达出较为丰富、细致的游戏计划，但在绘画表征上却不知道怎么表现，无法将头脑中的想法转化为书面表达。还有的幼儿仅能够用简单的图象、符号表现出材料的局部特征，不能完善地将想要参与的整个事件或完成的作品表现出来。

经过分析和思考，我们认为这是因为中班时期幼儿的绘画水平尚处于

"不完全写实期",再加上他们的抽象概括思维远不成熟,表征能力不足,难以通过绘画表现完全的真实事物和具有更多细节的游戏意图。

2. 表征内容过于繁多,计划时间较长

悦悦今天的计划是去美工区用废旧纸盒制作三层房子。她花了十几分钟表征计划,在计划本上占用了大部分空间画了一张桌子、一把椅子和一个小朋友,最后只剩了一小部分空间用来在桌子上画了一个三层的房子,房子上有些小小的数字和装饰,表现得不太清楚(见图5.26)。交流计划时,她说:"今天我要做一座三层的房子,这个小朋友是我,房子的第一层是客厅,第二层是……"她半天也没有说出来。

图 5.26　幼儿表征的美工区计划

原本悦悦的计划是要设计制作三层房子,但最后并没有在图画中很清晰地呈现出三层房子是什么样的、如何实现。出现这类情况,说明幼儿还并不明确在表征计划时应该重点表现哪些内容,同时也反映出幼儿头脑中的计划仍然较为模糊和笼统,需要更加清晰和具体。

3. 表征中缺少信息更新,体现不出计划的可操作性

石头有一段时间经常选择去建构区搭积木。一天,他在计划本上画了一座楼房,说想要搭幼儿园。画好第一稿设计图,石头便进到建构区从第一层开始搭建。之后的几天,每当计划环节,石头都快速地在计划本上画上跟之前相似的设

计图，但当被问到具体的计划时，他其实每天所描述的搭建任务是有所不同的。

教师："今天你要搭幼儿园的哪一部分呢？"

幼儿："我今天要去搭幼儿园的第二层，第二层的房顶还没有搭完。"

等房顶搭好后，第二天石头在计划表征环节依旧画了和前一天一样的设计图（见图5.27）。

教师："今天你要搭哪一部分呢？"

幼儿："我要开始搭楼梯了。"然而，他的设计图上并没有及时更新"楼梯"的表征。

图 5.27 幼儿表征的搭建计划

中班初期的幼儿仍受直觉行动性思维影响，在活动过程中时常会出现先做后想、边做边想的状况，行动比思维快，因此这类幼儿往往是实施后才能明确其真正的意图，行动跟先前的计划可能并不完全一致。石头之所以每天在计划表征中没有及时更新设计图上的信息，实则是受思维发展水平限制，游戏中更关注材料和操作本身，而对事件发展过程的抽象表征相对滞后，难以提前对活动计划形成表象并清晰地进行表征。

4. 专注于描绘自我形象，忽略对外界事物的表征

绘画计划时间，可心在她的计划本上画了两个小朋友。

教师："可心，今天你想玩什么？"

幼儿："今天我要和小淳一起去图书区看书。"

教师："你画的两个小朋友是谁呢？"

幼儿："是我们俩呀！"

教师："那这画上怎么没有书呢？"

幼儿："哦，我忘画了。"

说完，教师在计划本上用文字标注"去图书区看书"并告诉幼儿书写的内容，提示幼儿今天的游戏计划（见图5.28）。

图5.28　幼儿表征的图书区计划

幼儿在计划表征中的这类表现，说明幼儿当前仍然受自我中心思维影响，在认知里关注自我更多，专注于描绘自我形象，对外界环境的关注较少，忽略了对真正游戏材料和内容的表现。

二、调整实施

针对上述情况，为了引导幼儿能够更加清晰、合理、有效地进行计划表征，我们通过以下方式做出了进一步的调整。

1. 在计划环节增进师幼之间的对话交流

一开始，幼儿短时间内还不能较好地适应书面表征的方式，导致在表征中不能将计划完善地表现出来。为此，我们在计划环节仍然会以口头交流方式作为一种支撑。在幼儿表征计划前，班中几名教师会分头以语言方式询问幼儿的意愿和想法，帮助幼儿将头脑中的目标进一步具体化和操作化。随后，在计划交流环节，教师会对照计划本再次与幼儿交流画面所表示的意图，帮助幼儿将书面表达转化为口头表达。交流中，如果发现幼儿绘制的计划过于粗略、简单，不便认读，教师会提示幼儿适当修正，或者引导幼儿丰富一些细节表征，突出所选材料和游戏的特征；如果发现幼儿一段时间内的计划表征相似，教师则会进一步追问幼儿的真实意图，根据幼儿所描述的想法引导其在绘画中更新信息，添加新内容。

2. 组织集体讨论，优化计划表征内容

经过前两周的尝试，我们将幼儿在计划表征中出现的一些问题进行了整理，并利用集体活动的时间把问题提出来与幼儿一起讨论。在讨论过程中，教师将具有代表性的一些计划图展示出来。教师提出问题，请幼儿观察并发表自己的观点和建议。我们以"在美工区做房子""在建构区搭建幼儿园"为例讨论该如何表征完成某个作品这类计划。孩子们经过对计划表征图的观察、比较和讨论，认为对于这样的计划，把自己想做的作品画出来就可以了，设计图画得清楚一些，然后游戏时间就可以照着设计图去制作了。我们还就"如何节省绘制计划的时间，留出更多的游戏时间"进行了讨论，内容如下。

教师："最近我发现有的小朋友画计划用了很长时间，结果玩的时间就少了，有没有办法可以帮帮他们？"

小淳："不知道怎么画的时候，可以去区域里看一看照着样子画。"

圆圆："不用画很多东西，能看明白就可以了。"

米奇："老师帮我们放一首音乐，音乐结束就不能再画了。"

大硕："可以吃完早饭就先想一想自己要玩什么。"

通过集体讨论，教师与幼儿一起明确了绘制计划时应该重点表现的内容，孩子们也互相学到了其他小朋友做计划的方法。经过调整，孩子们越来越熟练运用表征做计划的方式，表征内容也越来越丰富、形象、聚焦。在实施计划时，多数幼儿也能够根据自己所表征的计划、想法进行操作。

第二阶段策略：幼儿将计划本带到工作区，确保计划得以实施。

提前进行计划表征是为了帮助幼儿树立任务意识，增强做事的目的性和计划性。幼儿绘制完计划后，便进入工作环节。我们鼓励幼儿将计划本带到参与的区域游戏中，游戏过程中计划本起到提示作用，幼儿可以回看自己的计划，教师则可以根据幼儿表征的内容进行有目的地观察和指导，对幼儿计划实施情况做到心中有数。

一、观察与反思

大多数幼儿将计划本带到工作区后都能按照自己的计划参与到游戏中，有的幼儿能根据自己画的设计图进行制作或搭建。但是，幼儿能力存在个体差异以及一些客观原因，导致幼儿计划的实施效果也不尽相同。我们发现班中幼儿在实施计划过程中有以下几种情况需要教师进一步介入引导。

1. 遇到困难，未能如期完成计划

冬冬的计划本上设计的是要用乐高材料搭建一座五层的房子。活动开始，他先用 2×4 的积木围着搭建了第一层，接着找来一块大板要做房顶（见图 5.29）。还没搭好，同伴提出房子没有门和窗户。听到同伴的话，他决定把搭好的部分拆掉一些。由于用的是互锁结构，他拆了一层又一层，也没有想好怎

图 5.29　幼儿用乐高搭建房子

么把门和窗户镶进去。后来，我观察到他把先前搭的作品放在一边，又拿来一块底板，决定重新搭建。再次搭建时，冬冬的兴致不如之前，搭建速度也慢了很多，最终他的计划没能完成。

中班幼儿在游戏过程中能够意识到自己遇到的问题或困难，但由于缺少经验，自主调节和解决问题的能力不足，因此在实施中经常会感到受阻，影响积极性，甚至中途放弃原定的计划。

2. 受客观条件限制，无法实施原计划

本学期，班中的小球轨道玩具很受欢迎，常常有好几名幼儿选择这个游戏。有一天，五名幼儿都带着自己的计划本进到了小球轨道游戏区，他们绘制的计划都是搭小球轨道。刚开始，一名幼儿取了一些材料按照图纸尝试搭建，其余几名幼儿一直在旁观看，后来也开始在旁边操作起来（见图5.30）。搭到一半，发现材料不够了，同时，地垫上的空间也越来越挤了，几个孩子便开始发生争抢，最后，他们的作品都没能呈现出来。

图 5.30　几名幼儿在搭小球轨道

出现这类情况，说明幼儿在计划实施过程中还不能根据现实情况灵活地进行调节，缺乏变通意识和能力。

3. 提前完成计划，不知后续如何进行

帆帆今天的计划是用磁力片搭房子，一开始他根据自己的设计图进行搭建，很快就搭完了一排房子（见图5.31），然后一直坐在座位上看其他小朋友

图 5.31 幼儿提前完成搭建计划

搭建,直到区域游戏时间结束,他开始收拾自己的作品和玩具。

帆帆在工作环节能够按照自己的计划开展活动,但由于原定计划较为简单,很快就能完成,剩下的工作时间便不知如何利用。这类表现反映出幼儿在事先进行计划时未能充分安排内容,游戏过程中受原计划限制没有调整新的计划。

4. 在游戏过程中产生的新兴趣、新想法,行动与计划不一致

一天,洋洋在自己的计划本上用绘画表征了想去玩具区玩记忆棋子的游戏。工作环节,我观察到她把玩具取出来搁在桌子上,过了一会儿走到地垫上和石头、诺诺一起玩磁力片轨道玩具,玩得不亦乐乎(见图 5.32)。

图 5.32 幼儿游戏中改变计划

由于幼儿在游戏过程中容易被其他事物吸引,产生新的兴趣和想法,因此会不自觉地将先前制订的计划"抛在脑后"。面对这种情况,教师需走近幼儿询问其真正的意愿,根据幼儿的表述

帮助其重新明确新的计划。

二、调整实施

对于上述情况，我们经分析认为是由于幼儿当前对计划的理解还较为刻板，并未真正意识到计划的用途，同时大部分幼儿对计划本的利用仍停留在计划环节，为此教师进一步思考了如下调整措施。

1. 引导幼儿可以根据现实情况适当调整计划

通过观察，我们发现有的幼儿虽然在游戏前表征了自己的计划，但在实际实施过程中会受到一些主客观条件限制而不能按预期计划进行游戏。为了改善这类问题，我们组织全班幼儿一起开展了关于"计划可不可以改变"的讨论。通过讨论，帮助幼儿认识到计划不是一成不变的，有时可以根据实际情况适当地做出调整和改变，从而让自己能够获得更好的游戏体验。例如：当因为材料、空间、时间等外部条件限制不能按原计划实施时，幼儿便可以更改计划或绘制一项新计划。或是当游戏过程中有新的兴趣时，幼儿也可以提出新的想法。再或是当原计划难以实现时，幼儿也可以对原计划做出调整，以便自己能够顺利将活动进行下去。

2. 提示幼儿工作环节同样可以进行计划表征

先前，班中幼儿习惯只在计划环节进行计划表征，认为画好一个计划就不用再改动了。然而实施过程中幼儿往往还会出现调整计划的需要，这时幼儿的行动与原先的计划会存在一些偏差，计划环节所表征的意义也会发生改变，因此我们也鼓励幼儿在工作环节可以将新的计划、想法再次进行表征，以便真正学会利用书面表征来表现日常生活中的经验，同时让计划更合理且能实施。

计划环节，夏夏在计划本上画了两位医生在一张桌子前等待患者，两名排队的幼儿，一名双手捂着肚子，另一名双手捂着头。她表示的游戏计划是去角色区，自己扮演肚子疼，桐桐扮演头疼，两人去"医院"看病（见图5.33）。工作环节，她很快便看完了"医生"并离开角色区。过了一会儿，她发现区域游戏时间还没结束，便又拿出自己的计划本在背面页上画了一个新的计划：去图书区看书（见图5.34）。

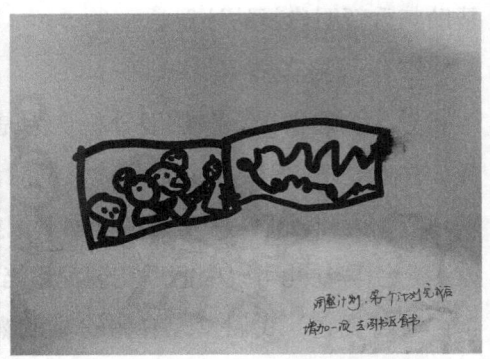

图 5.33 幼儿表征的角色区计划　　　　图 5.34 幼儿在活动过程中表征新计划

第三阶段策略：利用记录进行回顾反思，帮助幼儿整合建构经验。

利用记录进行回顾反思是指回顾环节幼儿对自己的经验进行分析和思考，并用图画、符号、简单的文字等多种适宜的形式来记录活动的主要过程、关键步骤以及完成效果等。这一环节，孩子们整理完区域材料后会逐一向老师讲述自己在工作时间参与活动的情况，用语言来介绍自己在区域里做了什么。教师则会根据幼儿的描述进一步询问了解，帮助幼儿对照最初表征的计划反思完成的效果，以及细致回顾在活动过程中遇到的关键问题，与幼儿一起梳理经验或探讨后续的解决措施。交流后，教师引导幼儿在个人计划本上进行相应的标记。

将记录的方式与回顾反思相结合，能使幼儿将发生过的事件在头脑中进行再现，并通过书面形式转化为一种直观的信息表现，帮助他们对事件的认识更为清晰、深刻。长期如此，有助于幼儿逐渐养成自主总结反思的学习习惯，主动将零散经验进行整合建构。

一、观察与反思

每天在收区后的过渡环节，教师会一对一地与幼儿回顾交流活动情况，之后会请幼儿对计划的完成效果进行自我评价并引导幼儿用简单的符号在计划本上做标记。起初，大多数幼儿都能在老师的提问引导下运用口头语言回忆起自己在活动中做过的事情，能够比较清晰地描述出大致的过程和一些活动中的细节，部分幼儿也能向老师反馈在活动过程中遇到的一些问题。但是，我们观察到这个环节中幼儿其实普遍在做记录上存在一些困难。由于之前没有过做书面记录的经验，孩子们一开始还不会运用符号表征来记录在活动过程中的事件和计划完成情况。他们的困惑主要集中在不知道要记录什么，以及用什么来记录。

二、调整实施

基于对幼儿记录表现的分析，教师通过以下策略为幼儿提供支持和引导。

1. 由记录整体效果到记录局部过程，帮助幼儿明确记录的用意

为了解决幼儿不知道记录什么的问题，教师先采用集体讲解与个别指导结合的方式使幼儿明确要先对计划的整体完成效果进行标记，例如计划完成可以画"√"，未完成可以画"×"或"？"（见图5.35）。这样，孩子们在回顾环节能够先熟悉用简单符号来记录表征计划完成情况的方式。

图5.35　幼儿用符号记录计划完成情况

没过多久，新问题又随之而来。我们发现，幼儿并不清楚如何来判定计划完成与否。无论计划本上的计划是否进行了，或是否达到了自己设定的目标，都在计划本上标记"√"，他们认为只要自己今天进的区域和自己计划本上的符合就认为是完成了计划；有些幼儿完成了一部分操作，另一部分还没有

完成，也进行"√"的标记。针对这类情况，教师在与幼儿的回顾交流中便帮助幼儿区分出计划中已完成的部分和未完成的部分，并引导幼儿在计划图中对应的位置上做出不同的标记。如图 5.36 所示，一天，幼儿在照着图纸搭电路玩具的过程中发现接好后风扇未能转动起来，其他部分的电路都检查没问题，因此在回顾交流后，教师引导幼儿可以在风扇部分画"×"或"？"表示这部分未能成功，而在其他两处画"√"表示电路连接成功。

图 5.36　幼儿在局部位置上做出不同的标记

经过不断的调整，可以看到孩子们的记录表征变得越来越清晰、具体，表明他们在回顾中对活动过程和事件细节的分析、思考也变得愈加细致、深入。书面记录上的信息对幼儿后续活动改进的提示参考价值也更加突出。

2. 聚焦解决问题的过程进行标记，帮助幼儿梳理经验

当幼儿回顾表征的关注点从"是否完成"转变到"解决问题"的具体过程以及建构的经验和获得的感受，回顾反思就逐渐变得深入，更加促进对记忆的加工以及思维抽象化。

建构区中，幼儿使用泡沫板来做楼房之间的连接，发现泡沫板不够稳固，于是他们尝试调整材料，用插片替换泡沫板。在游戏结束后，他们在计划本上用"？"和"雪花插片"的图例来标记替换材料解决问题的过程，达到梳理经验的目的（见图 5.37）。

图 5.37 幼儿记录解决问题的过程

3. 统一化符号与个性化符号兼用，支持幼儿掌握多种记录方式

除了教师提供统一的符号表征供幼儿使用，我们也支持幼儿使用个性化的符号来记录表征自己在活动中的发现或关于后续活动的想法、思考等。

米奇计划本上的内容是去美工区制作房间中的卧室。回顾环节，他告诉我作品还没有完成。于是我问道："哪些已经完成了？"他说："我刚做完桌子，小孩还没做。"说完他拿着计划本就要做标记。他在计划本上画了一个太阳。画完，他又找到我说："我画一个太阳是表示明天再做。"（见图5.38）

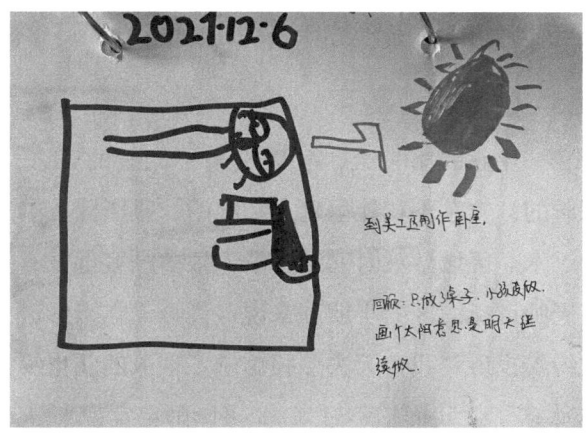

图 5.38 幼儿使用个性化符号做记录

引导幼儿学习表征与记录是为了通过幼儿的表达表现和分享交流，促进幼儿对计划—工作—回顾形成更为清晰、深入、有价值的认识，并将幼儿头脑中零碎的、片面的、不成系统的知识经验进行整合，逐步完成对知识经验的概括提升。

在以上案例中，我们引导并支持幼儿将口头表达计划的方式向运用表征与记录的方式转变，遵循了中班幼儿的年龄特点和发展水平，不仅提高了幼儿的计划能力、执行能力和反思调节能力，使幼儿真正成为游戏的主人，而且对于幼儿语言表达水平、书面表征能力和逻辑思维能力方面也有明显的提升效果。同时，这种方式也大大增进了师幼互动，教师对幼儿自主游戏情况有了及时的了解和反馈，从而更有针对性地为幼儿提供支持和帮助。

（北京市丰台区第二幼儿园　刘玲玲　彭代玉）

影子照相馆

中班上学期，班里开展关于"影子"的主题活动，结合孩子们的兴趣，角色区的"影子照相馆"应运而生。随着"影子照相馆"的游戏推进，幼儿计划、反思能力得到不断的发展。

探究1：不断调整的拍摄预约单

照相馆开业，一照难求

"影子照相馆"开业的第一天，就吸引来了大量的客人，摄影区人来人往，顾客们有闲聊的，有互不相让争着先拍照的，摄影区三名工作人员被顾客叫来叫去，分身乏术。区域游戏时间结束了，很多顾客都没有拍上照片。区域游戏小结时间，老师请摄影区的小朋友来说一说今天在摄影区的情况。没有拍到照片的小朋友纷纷投诉：我今天去照相馆排了很久的队也没拍到照片。摄影师可欣说："客人太多了，我们拍不过来。"摄影师宝宝说："人多太挤，我都动不了，拍出来的照片不完整。"

拍摄预约单初步形成

"那我们应该怎么来解决这个问题呢?"我把这个问题抛给了全班的小朋友,孩子们开启了讨论。团团说:"让摄影师们拍快点就行了。"宝宝说:"不行,拍快了拍不好,小朋友都来不及摆动作造型,我今天就没拍好。""没拍到的小朋友可以明天再去。"辰辰说。哈哈立即提出疑问:"明天人还是多可怎么办?我明天还是拍不了。"孩子们想出很多方法,但都被同伴否定了。老师参与了进来:"平常妈妈带你们去照相馆时人多吗?是去了就照吗?需不需要提前做什么准备?"这些问题勾起了孩子们去照相馆照相的经验:"我妈带我去照相是要从网上预约的,预约的星期五,就星期五去,这样拍照的人就不会挤在一天去了。""对呀。我们也可以预约。"摄影师宝宝说。预约的想法一提出来,小朋友们都觉得这是一个好办法。

为了让小朋友们的想法更加完善,我连忙追问:"怎么预约?一天预约几个小朋友?"孩子们按照自己的直观感觉认为一天可以约十名小朋友。我问"那怎么才能知道这十名小朋友的先后顺序呢?"大俊说:"谁先去谁就先照相。"我问"那排到后面的小朋友怎么知道排在自己前面的人是谁?前面的人是否拍完了呢?"这时候宝宝想到了一个好方法:"我知道了,可以像小朋友的水杯格一样贴好数字,数字1的客人先拍,数字2的客人先玩玩具,等数字1的客人拍完,再叫数字2的客人进去。"这个方法得到了小朋友们的一致认可。

经过大家的讨论,拍摄预约的规则初步建立:计划到摄影区拍照的小朋友当天在区域游戏前,在预约单上粘上自己的照片,区域活动时间可以先做自己喜欢的事情,等待摄影师按照顺序叫号去拍照。根据大家共同讨论的结果,摄影师为顾客制作了预约单。在预约单的帮助下,照相馆顾客扎堆的现象得到了改善,开始变得有秩序起来。

前期经验解决新问题,照相馆获好评

预约单的出现解决了顾客扎堆的问题,但是新的问题还是不断产生。这不,区域活动时间结束了,三个顾客来投诉了。原来今天摄影师只来得及给七个小朋友拍照,剩下的三个小朋友又没有拍到照片。这样的情况,这几天都有发生。于是我请摄影区的工作人员们一起来讨论为什么总有几个小朋友拍不上照片。

摄影师哈哈说:"时间太短了,根本拍不完十个人。"么么说:"十个人太多了,我们安排不过来。""那怎么办?"我问道。哈哈说:"每天不能预约十个人,得少一些顾客。""那每天预约几个小朋友才合适呢?"我问。摄影师们有的说三个,有的说四个,他们觉得顾客少肯定就能忙过来。但是其他小朋友不同意:"想要拍照的人很多,而每天就这么少的人能拍照,那不是要等很多天?"孩子们陷入了困境。怎么才能让每天尽可能多的顾客拍上照片,同时摄影师又能忙得过来呢?这时我介入其中,提示他们回顾一下每天能给几个客人拍照。他们说有时候是六个人,有时候是七个人,最终他们在这个数字的基础上将预约人数设置在了六人。这次预约单修改后,预约成功的顾客都能拍到照片了,再也没有顾客投诉了,摄影师们也获得了客人的好评。

探究 2:相框定制单的由来

照片保存引发思考

孩子们去摄影区拍照后,第二天老师打印出来,小朋友们就能拿到自己的照片了。"我看看,我看看。"孩子们争先恐后地想要一睹自己的风采。就这样,照片在小朋友们的手中传来传去。"哇"的一声,照片的主人哈哈哭了起来,老师听到哭声赶了过来,原来照片在拉扯中出现了裂纹。哈哈哭着说:"就怪你们把我的照片弄坏了,快把它还给我。"小朋友们像是做错事一样安静了下来。老师先安抚了整体小朋友的情绪,请小朋友们帮帮忙先把照片修复好。紧接着用提问引起幼儿思考:"照片很薄,我们要怎么保存呢?"

么么说:"我家里的照片都是放在相册里。我们也可以把照片放进相册里保存起来。"彩彩说:"我们班里又没有相册。"哈哈说:"我家里的照片放在一个小恐龙的相框里,好看又结实。"大俊说:"班里也没有相框。"米粒说:"我看到过姐姐用硬纸板做的相框,我们也可以用纸板做相框。"米粒的提议得到大家的响应,么么、可心、小司等几个对做相框感兴趣的小朋友和她一起组成了"相框制作小组",形成了他们的大计划——为摄影区制作相框。区域活动时间,"相框制作小组"在美工区里开始了相框制作,用纸板制作好框架,还进行了装饰,有的用毛球,有的用亮片,有的用纸黏土,很快就制作出了几个相框。

相框定制出炉啦

摄影区小顾客拍照结束后来选择相框,有的小朋友顺利选到了心仪的相框,可是也有小朋友没有选到喜欢的相框,很失望。"制作小组"的小朋友也不知所措。于是,我对小顾客进行了采访。一个小顾客说:"我想要相框上有小动物,可是都没有。"一个小顾客说:"我喜欢画的那种相框,这里也没有。"采访完顾客后,我引导"制作小组"的孩子们反思:"为什么小顾客没有选到喜欢的相框?"米粒说:"我们之前不知道小朋友喜欢什么样的。"我问:"那你们现在知道该怎么办了吗?"摄影小组成员回答:"我们不能自己想做什么就做什么,要在做之前先问一下顾客喜欢什么样的,我们按照顾客喜欢的做。""那顾客喜欢什么样的相框呢?"制作小组准备问一问小朋友。小朋友们七嘴八舌地说着自己喜欢的相框,老师也根据小朋友们的回答搜索了一些相框的图片。在老师的组织下,统计出了最受小朋友们喜欢的几种相框样式,作为定制相框的几种备选参考。就这样定制相框业务开启了。

定制记录单解难题

相框定制业务刚开始一周就出问题了。周五,顾客瑶瑶来投诉:"我的相框定了五天了,还没有做完,大俊比我后定的都做完了。"我召集制作小组进行讨论,米粒说:"瑶瑶定完相框后,我第一天做了一些,没有做完,第二天又有小朋友来定,我就做第二天的小朋友定的相框了,后来每天都有新的小朋友来定,我就忘记之前的了。"我问"那怎么办呢?怎么才能记得谁先谁后呢?"么么说:"可以像预约单一样,用一张纸把小朋友的照片贴上去,他是第几个就在上面写一个数字。"我问"那先做谁的呢?是每天都做一个新的吗?"么么说:"按照顺序做,做完前面的,再做后面的。"

大俊也不满意:"我想做的是动物相框,但是可心给我做的是毛球的。"可心说:"大俊跟我说完之后,开始我记得做什么样的,但是过了几天我就不记得了。"因为小朋友下订单是口述,小朋友们很容易忘记。这可怎么办?米粒说:"我们在做之前再问一下小顾客。"小司说:"可以把客人喜欢的相框样子画下来。"但这些想法都遭到了一些小朋友的反对,觉得太耽误时间。最终,借助前面拍照预约单的经验,孩子们提出可以制作相框定制单,定制单上排列几种相框类型,让顾客选择,然后再将订单送到美工区,由美工区负责相框制作的小朋友编号(见图 5.39),按照顺序将它们制作出来。问题就这样解决了。

图 5.39 相框定制单

反思:

从拍照预约单、相框定制单的产生、调整过程,我们能够看出幼儿的计划并不只是一个单独的行为,而是通过计划,幼儿会进一步引出对目标、材料、同伴、策略等活动要素的预期，以及推导出后续活动过程和不断回顾反思、调整计划等一系列活动。中班幼儿在进行游戏计划时，常常只明确大体上的目标，但是对于活动的具体流程、相关因素思考不足。教师一方面要接受幼儿计划和反思能力的现有水平，尊重幼儿计划和反思能力的发展规律；另一方面需要根据幼儿自身所具备的知识能力，通过提问、追问等方式引导幼儿围绕计划制订的相关影响因素进行思考，依据年龄特点科学引导幼儿的计划和反思行为。

从整个活动的过程我们也能看出幼儿的计划和反思能力的发展是相互联系的。在游戏活动中，教师通过各种方式引导幼儿思考自己都做了什么，是怎么做的，遇到哪些问题，这些问题是由什么原因产生的，这样就使幼儿对于计划执行过程中相关的时间、材料、策略等进行自我监控和调节，伴随着反思能够调整、完善、修正计划，或者生成新的计划，使幼儿的计划能力由单一计划向多元、多维度发展，使幼儿能够将自己的行动和内部认知发展联系起来，逐步建构起自主学习的路径，逐步将具体事物抽象化，进而发展更高水平的思维能力，在不断解决问题的过程中学会学习。

（北京市丰台区第二幼儿园　王春月　陈文娟）

从设计到实现，成就一个"艾莎"梦

进入大班第二学期，幼儿即将面临毕业。结合孩子们的实际需要，班中开展了"我要毕业了"主题系列活动。在"我设计的毕业典礼"这一环节，孩子们纷纷自建小组，自己编排毕业典礼的节目。其中，有一些女孩子表示，希望能在毕业典礼穿上艾莎公主裙，为大家表演。这时，班中的萨羽小朋友提出了一个与众不同的想法，她希望自己在表演时，穿一条自己亲手制作的"艾莎"裙。于是，带着这样的动机，她进入了美工区，开始了设计、制作"艾莎"裙子的活动。

为了支持孩子的活动，教师前期给幼儿投放了制作服装的布料和一些辅助材料以及各种服装图片和工具书,并和幼儿一起欣赏了很多自制衣服的图片。与此同时,萨羽也从家中带来了一些废旧布料和衣服,并打印了"艾莎"公主裙的图片。她表示,要先绘制设计图,再按照图纸进行制作。

初次尝试——一件无袖长裙

区域活动开始了,萨羽向我描述了她想要制作的裙子的样子。

教师:"你今天想要在美工区做什么?"

萨羽:"我要去做一条表演用的艾莎裙子。"

教师:"那你的裙子是什么样子的呢?"

萨羽:"我的裙子是蓝色的,还要有雪花,因为艾莎有魔法,可以控制雪。"

教师:"一条蓝色的裙子,还有雪花,是长裙还是短裙?你想用什么材料做?"

萨羽:"我想用旧衣服和纱连起来,做成一条长裙。"

为了明确萨羽的想法,我们一起找来了公主裙的图片作为参考。在众多的图片中,萨羽选择了两张蓝色的长裙图片,并绘制了第一版设计图。这次的设计图很简单,上面只画了一件无袖的长裙,衣服胸前还有一朵大大的雪花图案(见图5.40)。依据萨羽的设计图,我对她的计划进行了更进一步的追问,想要更加清晰地了解她的一些想法。

教师:"这条裙子你想要自己完成还是和朋友一起完成呢?想做多长时间?"

萨羽:"我自己做,我觉得我要做三天才能做完。"

教师:"你用什么工具做?"

萨羽:"我要用旧衣服和有亮片的布,还需要用剪刀。"

在与萨羽的交流过程中,我了解到她想要制订的是一个单人多天的项目计划。幼儿依据自己的计划,通过借鉴公主裙图片的样式,绘制了较为具体的设计图。虽然我知道,对于大班幼儿来说,做衣服这件事依然是个挑战,但萨羽看起来信心满满。

设计图完成后,萨羽便开始了制作。她在美工区找到了一大块蓝色的亮片布紧紧裹在自己的身上,蓝布多余的地方,她请一旁的小朋友帮忙剪了下来

（见图5.41）。然后，她用双面胶进行了粘贴，第一版的裙子就做好了。做好后，萨羽马上进行试穿。在试穿的过程中，她发现了一个新的问题——双面胶粘贴处不结实，每次穿裙子的时候都会撑开，很不方便。

于是，在接下来的区域活动时间中，萨羽开始寻找其他可以用来粘贴的工具。她注意到老师新投放的布料胶水，于是问我："老师，这个可以用吗？"我鼓励她说："你可以试试看"。在尝试过布料胶水后，萨羽又找到了我。

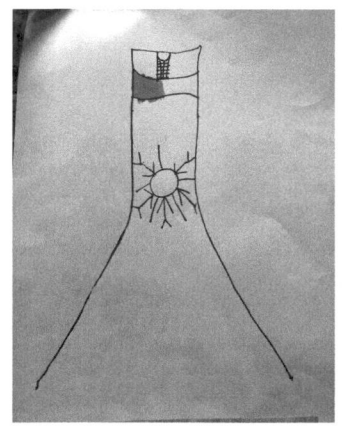

图5.40　第一版设计图

图5.41　第一次制作

她说："老师，还有其他的材料可以用吗？我不想用这个胶水了。"
教师："为什么不想用呢？是因为粘不住吗？还是有其他原因？"
萨羽："这个胶水是可以粘住的，但是要等很长时间，太麻烦了。"
教师："那你想用什么呢？"
萨羽："老师，可以用针缝吗？我妈妈就是这样补衣服的。"
教师："你可以试试，如果你觉得不方便，还可以试试这个小的订书器。"

经过比较，萨羽最终选择了小订书器。在制作的过程中，她将一开始不好穿脱的裙子上半部分，用一件半袖背心代替，并且用订书器将蓝色的裙子固定在半袖的下面变成了裙子。最后，按照设计图的样子，在半袖的正前面画上了一个蓝色的大雪花（见图5.42）。

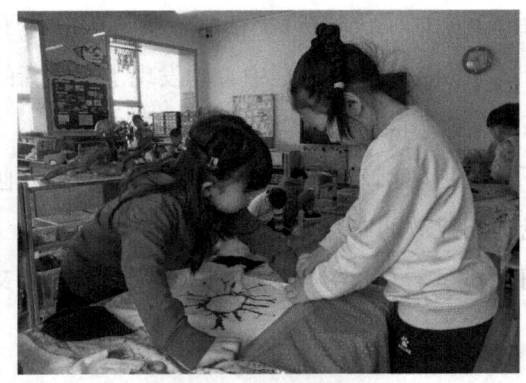

图 5.42　第一次改进

反思：

萨羽在初次尝试自己设计制作服装的过程中，能够基本按照自己的计划进行制作。与此同时，布料之间的连接问题成了孩子执行计划过程中的难点。看到孩子出现的问题，我结合大班幼儿使用工具的发展情况，在支持幼儿尝试的同时，投放了便于幼儿操作的订书器和布料胶水，以帮助幼儿解决执行过程中遇到的问题。当布料之间的连接问题解决后，孩子的想法一下子就拓展开来。接下来，萨羽告诉我，她会给自己的"艾莎"裙进行装饰，让裙子变得更漂亮。

再次尝试——丰富裙子"美"的元素

第二天区域活动时萨羽的计划是继续完成她的"艾莎"裙。今天，她要在原有图纸的基础上绘制一些装饰，然后按照设计图为裙子进行装饰。活动开始后，萨羽将"艾莎"公主裙设计图取了出来，放在桌子上开始思考。看到她许久没有行动，似乎遇到了困难，我便主动走过去询问她的想法。

教师："萨羽，你怎么不做裙子了？遇到什么问题了吗？"

萨羽："我觉得我的裙子不怎么好看，可是我不知道怎么改。"

教师："你的设计图是什么样子的？"

萨羽："我的设计图和我的裙子一样，是蓝色的，胸前还有一个大大的雪花。"

教师："你需要什么帮助呢？是看看其他裙子的图片借鉴一下，还是需要你的好朋友帮你看一看？"

萨羽想了想，走到柜子前面取来服装图册，开始翻看起来。我见她来来回回翻看了几次都没有想法，便猜测幼儿可能在决策过程中遇到困难，便追问。

教师："什么装饰可以让小朋友一下子就看出来你在表演艾莎呢？除了蓝色，还有什么装饰和艾莎有关？"

萨羽："雪花、公主什么的……"

教师："你如果想加入这些元素，柜子上还有很多的公主裙图片，可以参考一下。"说完，我指了指放在柜子上的参考图片的位置。

萨羽放下图册，将玩具柜上的参考图片拿过来平铺在桌子上，选了一个有"艾莎公主"的裙子图片说："那我在裙子上画一个艾莎吧！"

在第二阶段中，萨羽开始对自己已有的计划进行修改和完善，一开始幼儿仅仅有一个简单的意向，并没有具体计划。在教师的引导下，通过区域中投放的参考图片，她获得了一些丰富裙子装饰元素的想法。依据这些想法，萨羽先是丰富了自己的设计图（见图5.43）。她选择了喜欢的"艾莎"图案，对照图案在裙子的正前方画了一个"艾莎"人像和一朵小雪花。萨羽对于自制"艾莎"公主演出服的计划有了更加清晰、细节性的思考。在丰富了自己的设计图后，萨羽开始了她的制作（见图5.44）。

图 5.43　第二版设计图

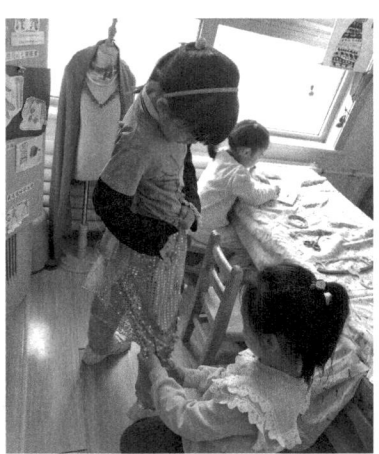
图 5.44　第二次改进

1. 增加装饰

这一次，萨羽很快就在美工区找到了一个比裙子颜色更深的蓝色马克笔，在裙子的一侧画上了一个和设计图上一模一样的"艾莎"，接着她又打算继续用笔来画一旁的小雪花。看到她运用了同样的方式进行装饰，我询问道："你衣服上的装饰都是画上去的吗？你想用其他的材料试试吗？"

听了我的话，萨羽放下了手中的画笔，从材料柜中找来了纸黏土，她拿出蓝色纸黏土搓条制作成雪花。在将雪花粘贴在裙子上的过程中，萨羽惊喜地发现，纸黏土雪花粘在布上以后非常牢固。于是在接下来的工作中，萨羽并没有按照设计图那样只做一个雪花，而是在裙子的空白处贴满了纸黏土雪花。

2. 发现新材料，修改设计图

用纸黏土雪花装饰完裙子后，萨羽在材料柜前走来走去。最后，她找到了一些蓝色毛球。她将蓝色毛球放在雪花中间作为中心装饰。然后，又找来了十多个粉色的毛球，她把粉色的毛球直接粘在了裙子的空白处作为点缀装饰。在收区的过程中，萨羽再次拿来自己的设计图，在雪花的旁边添画了几个粉色的小圆点（见图5.45）。

图5.45　第三版设计图

反思：

作为教师，我敏锐地捕捉到幼儿对于细节的追求，随后，在区域中投放了羽毛、丝带、扣子、亮钻贴纸、彩色毛球、蝴蝶结、小花、亮片等能够丰富服装细节的物品，支持她以及美工区其他幼儿接下来的创作。

幼儿的计划、反思、调节能力是在实际操作过程中获得相应经验的同时不断被培养的。在第二阶段中，萨羽实施计划，在材料和情境的激发下调节自身创作行为，并对照设计图回顾过程、调整计划，虽然在调整计划的过程中遇到了决策方面的困难，但由于教师的介入与图片材料的支持，萨羽成功找到了突破方法，产生了新的想法，从而将自己制作衣服的计划又向前推进了一步。

最终完善——"艾莎"裙制作完成

一天后，裙子上的彩泥雪花晾干了，裙子终于可以穿了！我利用区域小结时间让萨羽在全班小朋友的面前进行展示分享，同时，班中同样喜欢艾莎的女孩子，也给萨羽提出了一些建议。

幼儿1："我们家的'艾莎'裙是有袖子的，我觉得你也可以加个袖子。"

幼儿2："裙子的最下面可以有花边。"

幼儿3："你的裙子可以转圈做动作吗？"

幼儿4："我觉得，表演的时候，要搭配艾莎公主的头饰和发型才好看！"

在孩子们提出了相应的建议后，萨羽到底要不要采纳他们的建议呢？我和她就自制服装设计图又进行了讨论。

教师："萨羽，小朋友给你提出的建议，你想借鉴吗？"

萨羽点点头说："我可以给我的衣服加个袖子还有花边。"

教师："哦，那你打算加一个什么样子的袖子和花边呢？"

萨羽："我还没想好。"她停顿了一下接着说："不过我可以看看图片。"

萨羽对公主裙的几张参考图片翻来翻去看了一会儿，从中找出一张有袖子有花边的裙子，就在原有的设计图上添画起来。很快，她就在原来无袖裙的肩膀两侧添上了两个袖子，袖口还设计了连续半圆形的花边。设计图画好了，可是怎么制作袖子呢？萨羽从柜子中取来布料，尝试用做裙摆的方式制作袖子，做了一半就停了下来。她找到了我，表示这样做效率很低，而且不太美观。

萨羽："王老师，我不想这么做了，我觉得不好看！"

老师："那你想怎么做呢？"

萨羽："我不想做袖子了，想把我的裙子上面换成一件长袖衣服。"

说完，她指了指自己做好的裙子的上衣部分。原来，她想将裙子上半身的半袖背心换成一件长袖衫，需要将做好的裙子拆开重新做，这可是个大工程！我见萨羽有点着急，先安抚了她的情绪，随后带她去了表演区，观察表演区中的"艾纱"裙肩膀处的连接,又带她从美工区寻找了一些有袖子的旧衣服,引导她想想用什么方法解决问题。最终,萨羽决定使用旧衣服的两个袖子,拼接在自己自制的"艾莎"裙上,又在裙子底下和袖口上装饰上了花边。

一天后,裙子终于完成了。区域小结的时候,萨羽穿上了自制的"艾莎"裙,进行了展示。她表示,要在最后的毕业典礼上穿着这条裙子完成舞蹈。在萨羽完成了"艾莎"公主裙后,我将她三个阶段的设计图打印出来,和她共同回顾了制作过程、遇到的困难以及是如何解决的。萨羽能够在图片和老师的提示下完整叙述出自己制作的过程,并在分析发生问题、解决问题的过程中,总结出粘贴布料的经验,获得了有益经验(见图5.46和图5.47)。

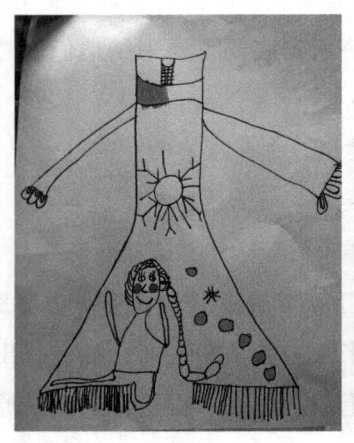 

图 5.46　最终版设计图　　　图 5.47　成品图

反思:

大班幼儿已经非常熟悉计划—工作—回顾环节,他们能够有意识地把每一次的计划、行动和反思完整地联系起来。游戏前,他们能够自主制订一项较为复杂的计划,游戏中能够坚持完成计划,遇到问题或困难能灵活运用多种策略尝试自主调节解决,游戏后能对事件发展的过程进行回忆和思考,并用自己的方式总结经验。幼儿在一次次体验计划、行动、反思、调节中,逐渐发展起做事有计划、能坚持、善思考的良好学习品质,为升入小学做好了一定的能力准备。

(北京市丰台区第二幼儿园　王宇桐　许蓓)

第六章

以美工区低结构材料为切入点培养幼儿创造性思维

自"钱学森之问"提出以来,创造性人才的培养问题引起了全社会的共同关注。《国家中长期人才发展规划纲要(2010-2020年)》《国家中长期教育改革和发展规划纲要(2010-2020年)》都将创造性人才的培养作为我国未来5~10年的重要战略目标,这些都凸显了培养创造性人才的重要性和紧迫性。美国心理学家托兰斯等人对学前幼儿和小学儿童创造力的测验表明:3~5岁是儿童创造性倾向发展较快的时期,5岁以后呈下降趋势,幼儿阶段是创造性表现的高峰期。幼儿期作为创造性思维开发与培养的重要时期,幼儿的大脑可塑性非常强,因此创造性思维从幼儿期开始培养显得尤为重要。

大脑是人类产生创新思维的器官,指挥我们探索世界、发现世界、创造世界,是创新思维的生物基础。科学家认为人类的创新思维等高水平的认知活动主要都发生在大脑皮层。越来越多的研究证明创新思维并不依赖于某一单个大脑区域,而是多个脑区共同参与、协同作用的结果。以脑科学研究为依据,遵循幼儿发展规律,是培养幼儿创造性思维的重要前提。从脑科学研究视角来看,区域环境能提供具有各种刺激的丰富环境,使儿童的脑与环境刺激形成尽可能多的连接,使脑的神经功能网络最大化。[①] 美工区拥有丰富多彩的材料,

---

[①] 杨彦洎. 脑功能研究的新进展与幼儿园教育教学[J]. 当代教育论坛(校长教育研究),2007(3):103-105.

具有自然与生活气息，材料之间能进行多样化的组合与碰撞，幼儿可以根据自己的想法和兴趣随意组合，不断地探索和发现，所以美工区能给幼儿提供充分的感受美、表现美与创造美的条件，具备与集体生活相补充的"单独性"、与紧张学习工作状态相对比的"闲散状态"、与理性思维相反的"幻想"以及摆脱禁锢、打破固定思维模式的"自由思维"，促进创造性思维发展。[①] 因此，在脑科学的研究指导下，以美工区低结构材料为切入点，开展对幼儿创造性思维培养的实践研究本身就是创造性的历程。

第一节 低结构材料对幼儿创造性思维发展的价值

创造性思维培养已成为当今基础教育改革的重心之一，而幼儿期又是创造性思维开发与培养的重要时期。在五大领域中，艺术领域中的美术教育是公认的培养创造性思维最有成效的教育途径之一。从《指南》体现的精神可以看出，其要求教师提供的材料能够匹配支持幼儿个体能力水平，尊重个体差异，以材料为媒介，发展幼儿对大自然和社会事物的好奇心、激发幼儿探索世间万物的欲望、推动幼儿创造能力的发展。[②] 而低结构材料正符合《指南》中对幼儿操作材料提出的改革理念，能促进幼儿创造性思维的发展。低结构材料对幼儿创造性思维发展有哪些价值呢？在谈价值之前，先分析一下本研究中低结构材料和幼儿创造性思维的内涵。

---

① 徐艳，张杨.脑科学研究新进展对创造性思维培养的启示［J］.教育探索，2004（8）：11-12.

② 倪永菁.美工区低结构材料投放对中班幼儿创造过程影响的实践研究［D］.上海：上海师范大学，2017.

一、低结构材料和幼儿创造性思维的内涵

（一）低结构材料的内涵

幼儿园中美工区材料大致分为两种，分别为高结构材料和低结构材料。美工区低结构材料通常分为两种类型，一种认为低结构材料具有不固定或不确定功能，其游戏规则和玩法没有明确的目标；另一种观点认为，低结构材料就是指结构少、没有加工过的、可塑性很强的、可以随意变化的材料，例如：叶子、贝壳、石头、豆子、纸杯、卷纸芯、矿泉水瓶、塑料碟子、小木块、晾衣夹子、毛线、纽扣、乒乓球、橡皮筋等。李放（2016）将低结构材料按照材料的材质分为七大类：自然类、纸类、塑料类、木类、棉布类、生活类和其他类。[①]他认为低结构材料是没有特定游戏玩法且没有具体形象特征的材料，具有隐蔽教育的功能。

结合以上概念，本研究中的低结构材料是指结构松散，可变性强，内容宽泛，没有具体玩法、规定的材料，如报纸、布袋、瓶罐、衣服、筷子、棋牌、贝壳、棉花、纽扣等多种可塑性强、没有固定玩法的原始材料。在使用低结构材料的过程中，幼儿可以根据自己的兴趣和想法随意组合并可以一物多用，通过一次次操作，不断探索、不断发现新问题，并在此过程中满足自己的探索欲望，实现自己的建构意图。

（二）幼儿创造性思维的内涵

创造性人才要求具备一定的创造力，创造力简单来讲是指创造新事物、新思想、新方法的能力，社会心理学界又把创造力定义为产生创新的（原创性、出人意料）并且合适的（符合限制条件、切实可行、确实有用）想法的能力。对于幼儿来说，他们出于一定的目的，或许是游戏，或许是艺术创作，或

---

① 李放. 低结构活动促进4-6岁幼儿学习品质发展的实验研究［D］. 沈阳：沈阳师范大学，2016.

许是解决问题等，在已有知识经验的基础上，产生新颖独特的想法或做事的方法，就是创造力的体现。当然，幼儿的创造力表现还属于初级水平，主要是在生活中、家庭或班级群体中产生，与成人在多个领域的创新发明推动社会巨大发展的意义不同，但对幼儿自身的发展却非常重要。

创造力是知识、智力、能力以及部分人格特质等多种复杂因素共同作用的体现，其中创造性思维是最重要的基础。从20世纪高尔顿发表《遗传的天才》这本书开始，创造性思维就被引入到人们的视野当中，至今仍是心理学、教育学、思维科学等领域的重点研究对象之一。但至今为止，对于创造性思维的概念都一直没有统一定义。据统计，仅国内学者对于创造性思维的定义就有30种以上，不同研究者在其论著中所表达的创造性思维"特点"就多达180多个。[①] 综合各种定义，我们可以发现，不同研究者对于创造性思维的定义主要从两个方面体现，即将创造性思维看成一个过程或一种结果。

本研究的幼儿创造性思维概念是结合南京师范大学教授孔起英（2015）对"学前儿童在美术活动中的创造力"的定义和Eysenck（1991）对创造性思维的概念定义而定的，是指在头脑中形成审美心理意象，并利用美术要素和工具、材料将这些意象重新组合，创作出对其个人来说新颖独特的美术作品的思维活动，这种思维活动既体现在过程上，也体现在结果中，不仅在创作过程中显示出来，还在作品中反映出来。那么如何从幼儿的创作过程和作品中分析判断其创造性思维？经过研究，我们把"使用低结构材料种类是否丰富、幼儿作品造型是否新颖、幼儿对作品解读是否独特"作为三个观察指标。

二、低结构材料对幼儿创造性思维发展的价值

通过文献梳理发现，针对低结构材料对幼儿创造性思维发展价值的研究较少，且大多集中于将低结构材料与高结构材料进行对比，以此来彰显低结构

---

① 周天琪.游戏材料的结构性程度对幼儿创造性思维发展影响的实验研究［D］.哈尔滨：哈尔滨师范大学，2017.

材料对幼儿创造性思维发展的作用。

如黄玉娇（2014）在关于低结构材料和幼儿创造性想象能力关系的研究中得出以下结论：幼儿创造性想象能力的发展是随幼儿年龄的增长而不断提高的，且不同年龄阶段幼儿具有不同的创造性想象特点。[①] 相对于高结构材料，低结构材料更有利于幼儿创造性想象能力的发展，只是低结构材料具有年龄的适用性，中大班幼儿更能驾驭。相对于高结构材料高结构投放和低结构材料高结构投放来说，低结构材料低结构投放和高结构材料低结构投放更能促进幼儿创造性想象能力的发展。Eckhoff A（2011）认为，低结构材料有助于发挥儿童的创造力。通过比较高结构材料和低结构材料发现，高结构材料限制了儿童思维，儿童使用高结构材料，容易形成固定思维模式；[②] 而低结构材料相对于高结构材料而言，没有具体形象，无固定玩法特征，可以给儿童提供非常广阔的想象空间，不会像高结构材料那样具有固定的结构和形状，限制儿童的想象能力和创造能力。儿童可以很容易掌握低结构材料的使用规律，获得成功感。因此，低结构材料可以拓展美工区儿童的思维，帮助儿童发挥其想象力和创造力。

> **创造力实验**
>
> 有这样一个实验：把4～6岁儿童分为三组，游戏组的儿童可以自由玩耍纸巾、塑料杯、螺丝刀、钉在板上的螺丝钉、纸夹、空白卡片、火柴盒，模仿组的儿童则需要模仿成人使用上述物品，控制组的儿童则只能用蜡笔给素描涂色。随后要求三组儿童对同一物品想出多种不同用途。结果发现，游戏组儿童比另外两组儿童想出更多非标准答案。

由上文可见，给幼儿提供丰富的、开放性的、低结构的游戏材料，并减

[①] 黄玉娇. 材料结构及投放方式对幼儿创造性想象的影响研究 [D]. 重庆：西南大学，2014.

[②] ECKHOFF A. Art experiments: introducing an artist-in-residence programme in early childhood education [J]. Early Child Development and Care, 2011, 181（3）: 371-385.

少模仿和示范，会激发幼儿的想象力和探索欲，打破其固定思维模式，使他们更多按照自己的想法和意图进行建构和表达，更容易产生创造性思维。有研究发现，太多的控制和示范，以标准答案为评价指标只会让孩子们越来越不敢想。类似的情境也常发生在艺术创作中，孩子们在唱歌、跳舞、戏剧表演或者画画、制作手工的时候，就像艺术家一样，沉浸于自己的想象中，他们用熟悉或陌生的材料进行各种创作，会给他们带来许多非预期的、不寻常的体验，从而更能激励他们产生更多自发性的和原创性的想法。

第二节　脑科学对美工区低结构材料培养幼儿创造性思维的启示

通过文献梳理发现，从脑科学角度来说，美工区低结构材料培养幼儿创造性思维的理论启示主要集中在感知觉，左、右脑，大脑综合机能，放松顿悟等内容上，这些理论为该研究提供了重要依据。

一、感知觉信息整合对美工区低结构材料培养幼儿创造性思维的启示

1949年，加拿大心理学家唐纳德·赫布（Donald Hebb）进行了著名的"感觉剥夺"实验，实验中被试者需要生活在一个没有光、没有声音、没有气味的屋子里，并且身体的每一部分都被包上东西来限制感觉，被试者除了进餐和大小便均要在床上躺着。四天以后，被试者的动作协调性、智能活动等均出现了障碍。这个实验充分说明了感知活动对于人类智能活动的重要价值。

在提供什么样的环境和经验以促进幼儿感知觉发展方面，杰森（2002）认为充满刺激性的丰富活动有助于幼儿的感知在大脑中形成新突触，建立神经网

络。① 为幼儿提供丰富的低结构材料，让他们的空间充满视觉的、听觉的、嗅觉的以及可触摸的、可操作的材料，各种各样的环境刺激可通过幼儿感官得以促进神经元的增长，从而建构强大的神经网络，为创造性思维奠定基础。

（一）启示1：颜色丰富、种类多样的低结构材料促进幼儿视觉的感知

低结构材料种类丰富、新颖多样、具有自然和生活气息，能够从视觉上刺激幼儿，触发其觉醒和定向系统，并进入幼儿有意识的响应系统之中。工作中的注意系统让幼儿对看到的、摸到的低结构材料保持有意识的关注，进而引发幼儿的持续兴趣，使其产生操作探究的欲望。

（二）启示2：结构性低、操作性强的低结构材料促进幼儿触觉的发展

幼儿在关注到低结构材料的基础上进一步进行操作探索，在不断操作、随意组合的过程中便于脑部形成新的突触，这能使幼儿的脑与材料刺激形成尽可能多的连接。另外，低结构材料本身具有强大的可变性、多样的操作性，促使幼儿在手脑探索操作过程中奠基创造性思维的基础——对材料特性的认知。

（三）启示3：材质新颖、组合性强的低结构材料促进幼儿感知觉的综合发展

感觉是人脑对直接作用于感觉器官的客观事物的个别属性的反应；知觉是对客观事物各种不同属性、各个不同部分以及相互之间关系的综合的反应。脑科学研究告诉我们，大脑按照整体性原则进行生理和心理活动，环境刺激会提高大脑神经网络多通道、多层面的可塑性。正如前文所述，大脑对来自身体器官以及眼耳鼻舌口的多种感官刺激进行信息整合，建立神经网络，身体的

---

① 杰森.大脑知识与教学[M].梁雲霞,译.北京：远流出版公司,2002：67-69.

感觉和运动则成为大脑整体性学习的基础和关键。学习的过程，身体感知器官与环境中的材料和人物交互作用的过程，在此过程中大脑加强对信息的加工整合。

幼儿利用视觉、触觉、嗅觉等多种感觉系统，通过对低结构材料的操作、感知形成对材料颜色、味道、材质等个别化属性的认识，进而再获得对材料整体属性的认知，甚至获得不同材料之间关系的认识，为后期幼儿创造性地使用材料进行创造奠定了基础。

值得注意的是，正是由于低结构材料的操作开放性、多种可能性，给了幼儿重复操作、不断试误调整的机会，从而更有可能促进感知信息的整合、促进认知重组的发生，并有可能产生更多的顿悟和创新。

二、左、右脑协同机制对美工区低结构材料培养幼儿创造性思维的启示

美国心理生物学家斯佩里（Sperry）博士通过著名的裂脑实验，证实了大脑的左、右脑在高级心理机能上具有不同的分工，但左、右脑却有机联合为一个整体。左、右脑由胼胝体连接沟通，一个半球的许多神经细胞伸展到另一个半球中，使得它们共同联合行动。人的各种复杂的认知活动和智能操作都是以大脑左、右半球的相互配合为基础的。

左脑主要负责言语运动、言语理解、阅读、书写等语言技能，还有数学计算、逻辑理解等抽象的符号思维机能活动，思维方式具有连续性、延续性和分析性。因此左脑可以称作"意识脑""语言脑"。右半脑主要负责物体大小、形状等识别，空间定向，空间形象记忆，辨识人面，绘画，音乐，艺术，视空间操作，形象思维，直觉，情感，身体协调，视知觉，美术，音乐节奏，想像，灵感，顿悟等机能活动。左、右脑的分工不同，但是创造性思维形成的过程依赖于脑的左、右两半球功能之间的互补性和贯通性，只有左、右半球的协调活动才能促进创造性思维的养成。

比如，幼儿在美工区进行艺术创作时，将看到的人、事、物、景等图画、形象，像电影胶片似的记入右脑，实现大脑对注意对象的形象化，同时左脑会一边观察右脑所描绘的图像，一边将形象思维转换成语言，实现符号化、语言化，将输入的形象通过口头语言或者文本语言的方式表达出来，也就是说右脑为幼儿的艺术创作输入感知信息，是一个直观的、形象的、综合的过程，而左脑是进行艺术创作的表达和加工的过程。

值得一提的是，右脑不拘泥于对局部的分析，而是统观全局，以大胆猜测的跳跃式的前进，达到直觉结论的特性，使其不会受到已有的知识、模式或规则的制约，而是受到某种突如其来的因素，比如直觉、灵感和顿悟的激发。① 而且 6 岁之前的幼儿，对事物的思考主要以右脑为中心，该阶段也是右脑最活跃的阶段，使用低结构材料进行充分的操作、创作，有利于促进幼儿左、右脑功能的最大发挥，使幼儿在大脑的运作过程中提升记忆力、思维力、动手能力、观察能力、语言能力和理解能力。

（一）启示 1：注重幼儿左、右脑的同时开发，不可偏颇

大脑左、右两半球的功能是均衡和协调发展的，既各司其职又密切配合，二者相辅相成，构成一个统一的控制系统。若没有左脑功能的开发，右脑功能也不可能完全开发，反之亦然。幼儿阶段可以通过培养幼儿独立阅读的能力，用对数的应用能力等方式开发幼儿的左脑。可以通过多带孩子到大自然中培养孩子的观察能力，有意识地训练孩子的左手、左脚，如用左手使用筷子、唱歌、跳舞、玩棋类游戏等方式活化右脑。需要注意的是，左、右脑要同时开发，千万不要过于注重开发左脑或者右脑，只有这样，他们的脑部才能够均衡发展。

---

① 李俊，漆捷. 从大脑两半球功能特化理论论人的创造力［J］. 山西高等学校社会科学学报，2005（10）：27-28.

（二）启示 2：提供给幼儿充分的创造性表达的机会，不可固化

幼儿在进行充分的感知欣赏之后，对事物的理解有了一个整体认识。在表达过程中，他们会根据自己的感知和认知经验使用低结构材料进行创造性表达。在这个过程中，教师不要用"像不像"、"好不好"或者"这种材料要这样用"等语言来干涉幼儿的创作。因为在这样的创作过程中，幼儿难以对材料进行创造性地使用，经常容易出现作品"雷同"的现象。教师在幼儿创作中发挥的是引导作用，比如通过"还可以怎么使用？""还有哪些方法？"等启发式、开放性问题拓宽幼儿的思考创造空间。

三、大脑综合机能对美工区低结构材料培养幼儿创造性思维的启示

创造性思维是利用大脑各种专门功能进行思维的过程，可以说创造性思维是"整个大脑"的活动。创造性思维相关理论研究始于 20 世纪初，雷维兹（G. Revesz，1952）将创造性思维认知过程分为准备期、酝酿期、灵感期和完善期四个阶段；华莱士（G. Wallas，1926）提出的四阶段论认为创造性思维包括准备期、酝酿期、明朗期、验证期四个阶段。詹慧佳、刘昌等人基于"华莱士提出的创造性思维的四阶段论"，分别从每个阶段大脑神经是如何发挥作用来阐述创造性思维的形成过程，具体来说，"准备期集中在大脑状态和静息状态的研究，内侧额叶及颞叶构成准备期网络；酝酿期集中在酝酿期提示、延迟顿悟以及心智游移的相关研究，这一阶段涉及左、右脑的共同参与，海马、腹内侧前额叶等脑区在这一阶段都发挥着重要作用；顿悟研究反映明朗期和验证期的神经活动，包括前额叶、扣带回、颞上回、海马体、楔叶、楔前叶、舌回、小脑等在内的脑区构成其神经基础，颞上回是负责远距离联想的关键脑区，海马体参与定势打破与新颖联系形成，外侧额叶是定势转移的关键脑区，左外侧前额叶参

与对答案细节性的验证加工"①。从准备期网络的形成，到幼儿产生顿悟、提示等再到形成联系、产生定势、打破定势的过程，大脑不同组织结构都发挥着自己的作用，我们也可以由此清晰地认识到大脑在创造性思维产生过程中其内部机制是如何运行的，进而为教师激发幼儿创造性思维发展创造条件。

（一）启示1：创作前为幼儿提供丰富的材料以及探索空间

创造性思维产生的初始阶段是一个准备的过程。在这个过程中，首先视觉刺激能引起幼儿大脑中脑区系统的关注，使其保持警觉状态，注意到该事件，维持注意，抑制干扰。这时的注意、知觉、能动性等直接影响他们对知识的理解，而对知识的理解构成了创造性思维的基础。② 因此，要提供丰富新颖的低结构材料，这有利于激发幼儿创造的欲望，同时要为幼儿提供进一步操作探索的空间。幼儿在不断操作、随意组合的过程中，便于大脑与材料刺激建立多种联系。

（二）启示2：创作中利用多种途径引导幼儿创造性地使用材料

创作过程中，幼儿已经对已有材料有了初步认识，此时他们需要将已有材料进行创造性搭配、组合。因此，在随后的活动中，通过呈现能开拓幼儿想象空间的艺术作品，能帮助幼儿在头脑中形成丰富的审美意象，同时通过有目的地引导，鼓励幼儿将形象思维在头脑中进行重组，进而创造性地使用材料。

（三）启示3：创作后开阔幼儿视野，提供积极的情感体验

教师在观察幼儿操作过程、组织美术作品欣赏评价环节时，首先要关注每个幼儿在自己原有基础上取得的进步，并给予及时的鼓励、支持，为幼儿提

---

① 詹慧佳，刘昌，沈汪兵.创造性思维四阶段的神经基础［J］.心理科学进展，2015，23（2）：213-224.

② POSNER M R, ROTHBART M K, DIGIROLAMO G J.Development of brain networks for orienting to novelty［J］. Pavlow Jpurnal of Higher Nervous Activity，1999（12）：715-772.

供安全、温暖、主动的环境，营造激活水平的学习氛围，让幼儿积极情绪占主导，引发更具创造性的技能，迸发灵感。其次，也要进行幼儿之间的横向交流分析，让幼儿在相互欣赏的过程中，使其右脑记入不同的造型形象，左脑逐步将形象思维转换成符号或语言，大胆评价，表达自己的理解。

四、放松顿悟、灵感对美工区低结构材料培养幼儿创造性思维的启示

创造性思维的脑区主要包括前额叶皮层区域，它与人类的注意、知觉、能动性、计划性、持续性、工作记忆、语言、控制干扰以及执行功能等方面有着重要的联系。[1] 执行功能主要包含三个方面：抑制控制、工作记忆和灵活转换。其中抑制控制和工作记忆是简单形式的执行功能，它们是幼儿创造性思维形成的基础，而灵活转换这样相对复杂的执行功能，是创造性思维形成的直接影响因素。人类的顿悟是一个递进的过程，这背后与问题的表征、重构系统和打破思维定势三者有巨大关系。前额叶的注意、知觉、记忆等功能就在于帮助个体获得更加深刻的问题表征，实践愈加深刻，就会获得更多对客观事物角度多变的认识，稳定、反复、持续出现并带来自然界属性关系的一般定律。顿悟是基于"理解基础"不变的事情上，从新的角度或不同方式来看原有问题，这也是大脑抑制控制最重要的因素，我们需要改变认知形成的固有行为，进而刺激它打破定式。灵活转换在打破思维定式这一顿悟过程中发挥着不可替代的作用。灵活转换是指可以适当地反应变化以符合加工的过程，主要需要前扣带回的激活以及背外侧前额叶根据新情境的要求，保持反映定式的思想和动作的灵活，出现我们常说的"灵光一现""脑洞大开"的顿悟现象。

另外，前额叶皮质也是情绪中枢通路的重要功能区域之一。当大脑系统接收到信息的时，杏仁核会评估感觉输入的信息是否包含危险，进而做出进

---

[1] DIETRICH A, KANSO R A. Review of EEG, ERP, and neuroimaging studies of creativity and insight [J]. Psychological Bulletin, 2010, 136 (5): 822-848.

一步的情绪反应，使得情绪唤醒占据优势并控制思维。[①] 积极情绪可以提高注意广度、整体性思维和加快想象中的行动反应，引发形成更好的技能，如创造力、探索性和整合知识容量。国外还有一些科学实验结果证明低水平的皮质激活，特别是前额叶的低激活水平是进行创造性思维的最佳状态。大脑皮质激活水平低是指神经非常放松的状态，这就需要教育者要创设让幼儿充分放松、有利于形成低激活水平的学习氛围，让幼儿的灵感迸发出来，激发出他们的创造性思维。[②]

（一）启示 1：提供物质支持，丰富幼儿的生活环境

顿悟实际上就是我们的认知重组，原有的神经通路突然间产生了一种新的连接，表达外界事物的方式又多了一种更有效的新方式。任何创造性的成功都是发散性思维和聚合式思维的结合，是形象思维和抽象思维的统一的结果。创造需要大量感性经验和知识经验的积累，并在此基础上进行概括、分类、推理、举一反三，使思维逐渐抽象化，发现新旧事物之间的联系，从而在新的任务情境中找到新的解决方法。所以需要幼儿积累大量的感知操作体验，才能获得顿悟的机会。因此，教师有目的地设计活动，提供充足的物质环境支持，便于幼儿与内容建立多样性的连接，进行创造性地表达。首先，在材料准备方面，教师要提供数量充足、种类多样、新颖独特的低结构材料，为幼儿提供大量的感性经验。其次，教师要善于利用多媒体辅助幼儿美术教学。美术是视觉艺术，需要通过视觉获取信息，这就必须要强化直观教学，而多媒体本身能够提供最真实、鲜活、生动的视觉体验，便于幼儿直观感知、欣赏作品，为幼儿的创作提供场景基础。当幼儿在创作过程中遇到困难时，教师可以利用多媒体提供的作品图片帮助幼儿打破对材料的已有认识，积累新的知识经验以不断丰

[①] 哈迪曼. 脑科学与课堂：以脑为导向的教学模式［M］. 杨志，等译. 上海：华东师范大学出版社，2017：35-38.

[②] 徐艳，张杨. 脑科学研究新进展对创造性思维培养的启示［J］. 教育探索，2004（8）：11-12.

富认知，这样在面对新的问题情境时能够重组认知经验，举一反三，创造性地提出新的想法和作品。

（二）启示2：满足心理需求，提供轻松愉快的精神环境

大脑系统在接收到信息的同时，杏仁核会评估感觉输入的信息是否包含危险，进而做出进一步的情绪反应，使得情绪唤醒占据优势并控制思维。Frederickson 在 1998 年和 2005 年的研究中指出，积极情绪能影响认知连接的广度，加快受试者的注意广度、整体性思维中的行动反应，因此教师从精神环境方面为幼儿创设自由、轻松的环境氛围，会使得幼儿处于一种放松的状态，让幼儿的灵感迸发出来，激发出他们的创造性思维。相反，如果幼儿感到危险和恐惧，一连串的生理反应会随之而来，杏仁核加工的信息触发下丘脑，激活应激激素的分泌，促进身体的改变，包括心率增加、肌肉收缩等，影响到幼儿的情绪和思维。

① 教师做好自我情绪管理，加强自身修养。幼儿阶段的孩子具有爱好模仿的特点，使得他们的情绪很容易被他人影响。作为他们生活中的重要影响人物——教师，要在日常美术活动开展过程中提供积极、健康、向上的情绪示范，这样幼儿才能被老师愉快的心情、爽朗的笑声所感染，保持积极的情绪。

② 建立亲密互动的师幼关系，营造充满创造性的学习环境。教师要及时观察幼儿的情绪变化，利用表扬、鼓励等不同方式帮助幼儿调整他们的情绪状态，在幼儿自主创作时及时进行个别化指导，满足每个幼儿被关注的需求，促进其在原有水平上得到更好发展。

③ 利用多样化的教学方法，丰富幼儿的经验、体验。在幼儿的美术活动中加入游戏形式，进行游戏化教学，激发幼儿对持续活动的兴趣；利用合作化学习，鼓励幼儿分组进行活动，比如在"万里长城"的水墨画中，教师就可以提供长条状的纸张，鼓励幼儿分组创作，小组之间进行分享学习，在创新活动形式的同时还能提升幼儿的创作热情。

第三节 脑科学指导下美工区低结构材料培养幼儿创造性思维的实践探索

本研究以"使用低结构材料种类是否丰富、幼儿作品造型是否新颖、幼儿对作品解读是否独特"为指标,从脑科学角度对幼儿美术创作活动所体现的创造性思维进行评价,并总结出"科学投放材料,精选优质主题;创设合理环境,增强有效互动;巧用反思回顾与延伸,整合语言与艺术"等培养幼儿创造性思维的实践策略。

一、科学投放材料,精选优质主题

华爱华(1998)认为,低结构材料更有助于幼儿发散性思维的发展,儿童在使用低结构材料时较多的是创造。[①]儿童可以根据自己的想法和兴趣将低结构材料随意组合,不断进行探索和发现,充分满足其探索欲望,打破其固定的思维模式,发挥其想象力和创造力。[②]那么,在美工区中以什么样的方式投放低结构材料,选择什么样的主题,才能满足幼儿的活动需求,并对其大脑形成适宜的刺激,促使其大脑建立丰富强大的神经连接,促进其产生更多的发散性思维呢?

(一)明确材料投放方式

幼儿的思维特点决定了他们主要通过直接感知、实际操作、亲身体验的方式获得经验,科学的材料投放方式能够帮助幼儿更加充分地与材料进行互

---

① 华爱华. 幼儿游戏理论[M]. 上海:上海教育出版社,1998:195.
② 杨俞华. 美工区创造活动与低结构材料投放的关系研究[D]. 上海:上海师范大学,2018.

动,从而使幼儿的大脑与材料刺激建立有效的连接。在实践研究中,我们主要采用了国外学者 Grotzer 提出的预设式投放、单项式投放、情境探索式投放三种投放方式。[①] 经过研究,我们发现:小班适宜采用预设式方式投放低结构材料,中班适宜采用预设式和单项式投放方式结合投放低结构材料,大班适宜采用预设式和情境探索式方式投放低结构材料。

1. 小班:适宜采用预设式方式投放低结构材料

预设式投放,是指教师对低结构材料进行分类,将性能相同的低结构材料放在一起,让儿童自主选择操作材料。研究中我们发现,采用预设式投放对小班幼儿来说更为适宜。3~6岁的幼儿处于认知发展中的前运算阶段,具有明显的自我中心主义,而这种年龄特点在小班幼儿身上体现得最为明显。小班幼儿经常会根据自己的喜好选择多种材料,或只选择某一种材料,而不管这些材料对自己的创作有没有用,因此经常会出现材料选择后不知道该怎么做,在材料选择上具有盲目性或缺乏丰富性,而教师对低结构材料进行分类投放之后,幼儿在选择时能够有效避免盲目选择大量单一类型的材料等现象。因此预设式投放方式能够帮助小班幼儿更加充分地发现材料、利用材料,发挥材料在活动中对大脑的刺激作用。

在实践研究中,我们主要采取了三个步骤实现小班幼儿的预设式材料投放。

第一步,将材料按材质属性分类。我们根据研究主题,将收集上来的材料,按材料的材质属性进行分类。各种低结构材料主要有自然类、纸类、塑料类、木类、棉布类、生活类、其他类。如:自然类有果实、石子、贝壳等;纸类有纸杯、纸盒、包装纸、纸箱等;塑料类有塑料碗、塑料盘子、塑料吸管等;木类有木条、木棒、冰棒棍等;棉布类有棉布、棉花、布袋等;生活类有手套、帽子、衣架、牙刷、笔杆等;其他类有刷子、三棱镜等。

第二步,将低结构材料按分类标准分完类后,我们会根据开展的主题将

---

① GROTZER T, HOWICK L, TTISHMAN S, et al. Art works for schools: a curriculum for Teaching Thingking in and through the arts. Lincoln, Ma: Decordova Museum and Sculpture park.

材料按类投放。将同一类的材料放在同一个材料筐中，如果一个筐放不下，则会放在两个筐中。

第三步，让每一名幼儿自主选择一个盘子，选择材料时将材料自主放在盘内。

2. 中班：适宜采用预设式和单项式投放方式结合投放低结构材料

单项式投放，是指教师根据指定的目标投放一定类型的低结构材料，保持一定时间内不进行频繁更换。随着中班幼儿手部肌肉动作越来越灵活和协调，他们除了能对材料进行弯、折、团、沿直线剪等简单方式处理，还能进行多种方式的剪、破形等变形处理。材料多种多样的特性和变化多端的用途让幼儿产生深度探索的动力，他们专注于某种或某类材料进行反复操作的时间越来越长，对材料的发现和认识越来越深入，使用起来也更有信心、更大胆、更富有创造性，从而不断创作出新的作品。所以，除了预设式投放材料，采用单项式方式进行低结构材料投放更能促进中班幼儿的深度探索与创作。

在实践研究中，我们主要采取了四个步骤实现中班幼儿的预设式和单项式方式结合的材料投放方式。

第一步，将材料按点、线、面的方式进行分类。刚开始时，对低结构材料的分类方式和小班一样，主要按自然类、纸类、塑料类等方式分类。经过一段时间的观察，我们发现对中班幼儿来说，按照材料的形状从"点、线、面"三个角度分类更易于他们对材料进行整理和取放。如"点"性材料——扣子、瓶盖、毛球、泡沫球等；"线"性材料——毛线、毛根、丝带、电线、麻绳、吸管等；"面"性材料——锡纸、塑料袋、纸袋、纸盒、纸盘、布、蛋糕托等。

第二步，将材料按类投放，根据材料的实际数量把同类材料投放在3～4个筐中，放在柜子的同一排上。

第三步，把幼儿一段时间内反复使用、深度探索的材料挑选出来，单独投放一排，满足幼儿有目的地选择，待幼儿兴趣减弱后再进行更换。

第四步，准备数量足够的托盘，幼儿以套餐式方式自取材料。

3. 大班：适宜采用预设式和情境探索式方式投放低结构材料

促进大脑较好发育的最佳途径是解决问题，因为它能帮助幼儿形成新的树突连接。在解决问题的过程中，只有调动幼儿的各脑区，运用多种方法、技能，创造性地处理信息，幼儿才能真正学会知识，思维才能得到充分发展。情境探索式投放，是指幼儿就投放的材料提出问题，教师解答幼儿的问题，并根据投放材料的使用情况及时调整投放的材料。在这个过程中，幼儿与教师的互动能够帮助幼儿解决其所提出的问题。

对大班幼儿来说，三种投放方式都适用，因为大班幼儿已经积累了丰富的低结构材料创作经验，在活动中不需要花太多时间对同一种低结构材料把玩，所以"单项式投放方式"用得比较少；又由于大班幼儿的自主意识增强，对自己感兴趣的问题总是刨根问底，具有一定的发现问题、讨论问题和解决问题的能力，所以在大班低结构活动开展过程中，我们经常将预设式投放方式和情境探索式投放方式相结合。在这两种方式中，预设式投放方式仍然是基础。因为不管开展什么类型的低结构主题活动，材料都需分类投放。

在实践研究中，我们主要采取了三个步骤实现大班幼儿的预设式和情境探索式投放方式结合的材料投放方式。

第一步，教师根据主题需要，将材料按"点、线、面"和"自然物"分类投放材料。

第二步，幼儿在充分把玩材料、了解主题的基础上，在美术活动中用低结构材料创作主题。

第三步，幼儿在多次创作过程中，提出自己的材料需求，教师随时与幼儿讨论并进行材料调整。

（二）精选优质适宜的主题

科学地进行材料投放，能够使美工区的创作主题更加突出，而适宜主题的选择也能够推动低结构材料在培养幼儿创造力方面的作用。因此可以说，材料与主题的应用和选择在推动幼儿创造力发展方面起着相辅相成、相互促进的作用。在脑科学视角下，贴近各年龄段幼儿生活经验、能拓展幼儿想象空间以及具有游戏性的主题内容最适宜促进幼儿创造性思维的发展。

1. 选择贴近幼儿生活经验的主题内容

大脑能够根据每一个新的刺激、经验和行为进行重新连接，这在很大程度上取决于经验的获得。因此，为了有效地学习新事物，需要让儿童回忆过去的经验，找出与新事物相关联的经验联系，以获得新的经验。贴近幼儿生活的美术教育主题可以帮助儿童创造大脑"模块"与"连接"，将经验和生活结合起来，实现经验的模块化，促进儿童更深入地理解所获得的经验，并迁移到其他情境。想象是创造的源泉，想象是在原有感性形象的基础上创造出新形象的心理过程。"这里需要两个条件：一是需要把已有的感性经验重新加工、改造；二是构成想象的一切元素来自生活、取自过去的经验。"[1] 这再次说明在选择主题时，一定要选择来自生活，贴近幼儿生活经验的内容。

研究中，我们曾开展过一些幼儿感兴趣的主题，却不那么贴近孩子的生活经验，如"美丽的菊花""雪人""恐龙""坦克"等主题。

以"雪人"为例，一到冬天，很多老师自然会想到开展雪人的主题，有的老师就考虑到以雪人为主题开展低结构材料制作活动。老师围绕雪人开展主题，把班级环境布置成下雪的场景，带孩子们观察不同雪人的外形特征，并进行典型特征的重点感知，然后开始让孩子们进行以雪人主题的低结构材料创作。结果发现，绝大多数小朋友都用两个圆圆的球作为雪人的身体，虽然有些是用超轻质黏土做的，有些是用棉花做的，还有些是用木质细条做的，但外形都有很大的相似性。而且大多数小朋友在雪人身体部位进行具体创作时大都围绕眼睛、鼻子、衣服的中轴线这几个位置，在创作表现上也都雷同：用两个点表示眼睛，用弯弯的笑脸表示嘴巴，身体中间都有一道排列整齐的纽扣状分界线，就像衣服扣了一排整齐的扣子。虽然是冬天，但生活中并没有下雪，孩子们缺乏堆雪人的足够经验，头脑中更多的是对看过的和雪人有关的图像记忆，

---

[1] 张福芝. 幼儿创造性美术教育[M]. 北京：地质出版社，2002：21, 105.

并没有激发出他们足够的创造性。

可见，只有贴近幼儿生活经验的主题，他们才会充满兴趣，并充分调动他们的已有经验，建立连接，这样才能够更加有效地激发幼儿的创造性。例如"汽车总动员"这样的主题，幼儿在生活中会接触到各种各样的汽车，对于各类汽车的基本外形特征、功能已经较为熟悉，因此幼儿在原有经验的基础上对汽车的外形、功能等更容易创造性地表现。如在创造过程中加入自己独特的想法，创造出"长着翅膀会飞的汽车""能自主清洗的汽车"等。

2. 选择能拓展幼儿想象空间的主题内容

脑科学研究认为想象力和创造性活动都与大脑的右额叶和颞叶有关，因此具有高想象力的个体也具有高创造能力。"幼儿时期创造性想象非常突出，其原因是幼儿还不能用抽象思维来推理、思考，而这正是想象的基本特性。想象的特征与幼儿思考问题的方式相一致，幼儿可以不受约束地展开想象，无拘无束地进行创造。"[①] 因此，要促进幼儿创造性思维发展，需要拓展幼儿的想象空间，发展的幼儿想象力。

我们发现"外星人""百变小怪人""机器人""有趣的面具""水果娃娃""长长的动物""怪鱼"等主题因其在外形特征上没有具体固定的形象，便于幼儿在创作中拓展想象空间，大胆创造，所以能有效促进幼儿创造性思维的发展。以"外星人"主题为例，因为外星人在幼儿的大脑中并没有固定的形象，因此，幼儿在使用低结构材料创作时，不会受到固有思维和形象的限制，而是可以大胆地发挥想象力和创造力。幼儿的作品中有踩着风火轮的外星人，有可伸缩脖子的外星人，还有肚子里藏着各种宝贝的外星人等，每一个作品都有独特之处，可见幼儿在这样的创作主题下，创造性得到了充分的发挥。

3. 选择具有游戏性的主题内容

研究表明，动机会影响多巴胺神经通路相关的纹状体和前扣带回等与基本认知过程相关的脑区，这些大脑结构与个体注意抑制能力、注意模式、工

---

① 张福芝. 幼儿创造性美术教育［M］. 北京：地质出版社，2002：21.

作记忆，以及概念表征距离等都存在密切的相关性。而儿童获得经验的动机往往与游戏有关。游戏是幼儿学习的主要方式，"美术活动具有直观、形象、操作性强等特点，幼儿视美术活动为游戏。幼儿在美术游戏中，会积极、主动地尝试，自由地探索，任意地表达，创造的潜能得以开发。"① 所以，在选择主题时，具有游戏性的主题更容易引发幼儿的好奇心与内驱动机，从而促进他们在活动过程中的创造想象。

例如：在12月准备庆祝新年时，班级选择了利用低结构材料制作"面具"这个主题，孩子们兴趣十足，都想做一些独一无二的创意面具。制作完成后开了化妆舞会，在舞会中孩子们戴着自己的面具，尽情地游戏，真正体现了为玩而做、做玩结合，孩子们在享受快乐的同时，发展了动手能力、想象力及创造力。由此可见，游戏性主题内容的选择能够让幼儿在创作活动中的动机更加强烈，更有利于幼儿集中注意力，进行创造性地创作。

二、创设合理环境，增强有效互动

（一）创设宽松合理的环境

环境刺激是促进幼儿神经细胞发育及其功能发展的重要因素。心理学家罗杰斯认为："有利于创造活动的一般条件是心理的安全和心理的自由。"这就是说，宽松的心理环境是人们发挥创造性的前提。② 而除了隐性的心理环境，创设适宜的物质环境也是激发幼儿创造性思维的前提。试想一下，在一个不整洁、物品摆放混乱、布局设置偏成人化的环境中，孩子们还能安心地进行创作吗？因此，需要创设适宜的物质和心理环境，来激发幼儿的创造力。

1. 设计科学合理的物质环境

根据大脑神经元"用进废退"的原则，幼儿园和家庭应为幼儿提供具有

---

① 张福芝.幼儿创造性美术教育［M］.北京：地质出版社，2002：21.
② 孔起英.幼儿园美术领域教育精要——关键经验与活动指导［M］.北京：教育科学出版社，2015：51.

各种刺激的丰富环境，使幼儿的脑与环境刺激形成尽可能多的新的连接，使脑的神经功能网络最大化。幼儿在美术活动中开展低结构材料的创作方式主要包括美工区创作、集体教学活动创作，而美工区创作是幼儿积累感知经验使用频率最高的渠道。美工区的环境布置对幼儿的创造力发挥有着潜在的引导作用。一个布置合理的美工区应符合以下原则。

第一，愉悦性，整体环境美观，让人身心愉悦；
第二，方便性，物品分类摆放，便于幼儿取放；
第三，游戏性，环境创设有情境性，鼓励幼儿进行游戏探究；
第四，趣味性，材料新颖有趣，激发幼儿兴趣；
第五，丰富性，材料种类丰富，提供多重刺激。

教师通过多次观察美工区的整体环境发现，优美有序的环境能有效促进幼儿创造性行为的发生；反之则易导致幼儿不爱选择美工区或在美工区难以专注地进行创造性活动。可以说，一个整齐有序、优美温馨的美工区对孩子来说很有吸引力，它自身就暗含着对幼儿的邀请。

2. 创设宽松和谐的心理环境

情绪状态可以引发活跃的反应，因此，教师需为幼儿创设宽松愉快的生活气氛和充满关爱的精神环境，使幼儿经常处于积极的情绪状态。总之，"要注意发挥幼儿'快乐中枢'的积极作用，克服'痛苦中枢'带来的消极影响"。因此，在区域活动中，教师要营造一种平等、宽松、和谐的师幼关系，使幼儿感到安全，让幼儿在轻松愉快的气氛中敢想、敢说、敢做。教师要鼓励幼儿的好奇心，并给他们充分的自由对自己感兴趣的事物进行深入探索，满足大脑学习的快乐原则，符合神经放松的最佳状态，这样就可以培养他们良好的发散思维和创新热情。

如当幼儿用有棱角的牙膏盒当作大象的鼻子时，教师若采用反问和质疑的方式与幼儿进行言语互动，幼儿马上会产生心理上的警觉，在后期的创作中也较容易表现出唯唯诺诺、蹑手蹑脚的行为，担心自身"不合理"的选择遭受批判。相反，若教师运用欣赏的眼光去看待幼儿的创作，为幼儿创造心理上的宽松氛围，幼儿会将这样的氛围转化为心理上的安全感与自信，从而促进大脑中"快乐中枢"发挥作用，进而更加大胆地进行创造。

（二）给予全面可行的支持

师幼互动是一种教师与幼儿之间相互作用和相互影响的过程。以脑科学知识为依据，经过仔细研讨分析，确定了创设情境，激发幼儿兴趣；引导观察，提高创造表现力；启发想象，开拓创造思路；指导创作，促创造力发展四条全方位培养幼儿创造力的互动策略。

1. 创设情境，激发幼儿兴趣

脑科学中有关在关键期内某些功能的补偿性，关键期与突触发生、修剪的关联性以及人脑发育顺序和成熟等方面的研究成果，在一定程度上揭示了经验对有意义的学习和教学的重要性。事实上，儿童是从不断扩展的经验中进行学习的，其学习内容与情境是不可分割的。当幼儿对活动感兴趣时，幼儿的大脑思维活跃，能调动已有经验，激发想象力，发展创造力。"遵循儿童的兴趣，他们就能够用艺术家的眼光来进行观察与创造。"[①]可以说，幼儿对活动感兴趣，是活动得以持续开展的前提，也是培养幼儿创造性思维的前提。所以，美术活动的导入环节非常重要，要结合本班幼儿的年龄特点和兴趣创设情境，同时教师在组织教学活动过程中，也可运用视觉形象刺激、音乐听觉刺激、多媒体声光色形综合刺激等促进突触与细胞网络的形成和多余细胞与突触的清除，提高幼儿脑细胞的功能效率。[②]

如小班综合材料绘画主题"我喜欢的鱼"，在导入环节，孩子们先观看了美丽的海底世界视频，接着看了一张海底世界图片，教师以遨游海底世界的情境导入，通过提问"有谁看过美丽的海底世界？""你知道美丽的海底世界里

[①] 爱泼斯坦，特里米斯.我是儿童艺术家——学前儿童视觉艺术的发展［M］.冯婉桢，等译.北京：教育科学出版社，2012：85.

[②] 杨彦涓.脑功能研究的新进展与幼儿园教育教学［J］.当代教育论坛（校长教育研究），2007（3）：101-103.

都有什么吗？"唤醒孩子们对海底世界的感知经验，激发了小朋友们对活动的兴趣。孩子们只有对活动感兴趣了，才会有后续的对美术活动进行创造的可能，教师才能更好地利用低结构材料培养幼儿的创造性思维。

2. 引导观察，提高创造表现力

图片容易激活人的思想，它的具体直观性能唤醒幼儿头脑中已有的形象知识，整个幼儿期的记忆主要是根据各种事物具体的形象形成的，因此，有"一张图片相当于至少10000个单词的价值"的说法。

张福芝（2002）提到，幼儿创造性美术教育的策略可以"运用观察的方法，提高幼儿美术的表现力"，[①]而美术表现的过程即创造的过程。[②]她指出："幼儿的美术活动离不开对事物的观察，但这种观察与一般观察不同，更强调的是对事物主要组成部分、各部分的形状、色彩、特征、结构变化的规律、相互之间的关系等美术要素的观察。"[③]对幼儿来说，多种美术要素的观察是不可能在一次观察中完成的，这需要对创作主题进行多次观察。

在美术活动中开展的低结构活动一般都有主题，当主题确定后，教师需要思考"在哪些美术要素方面能激发幼儿创造力"，并在此基础上让幼儿有针对性地进行多次观察。如中班主题活动"鸡"的开展，教师前期让幼儿欣赏各种鸡的图片、看幼儿园的鸡、欣赏各种造型的鸡，通过多次观察后，再呈现不同类型、不同状态下的鸡，让幼儿重点观察鸡的爪子和翅膀，最后再进行手工制作或进行综合材料绘画。幼儿创作的作品不仅在用材上种类丰富，而且在造型表现上，尤其在鸡的爪子和翅膀上也有自己独特的想法，这充分体现了幼儿高水平的创造性思维。

3. 启发想象，开拓创造思路

孔起英（2015）提到，当儿童"在获得了审美经验的基础上，教师可引导儿童通过变形、联想等方式对内在表象进行加工改造"。而表象的联想是指由

[①] 张福芝. 幼儿创造性美术教育［M］. 北京：地质出版社，2002：24.
[②] 同[①]21.
[③] 同[①].

一个表象联想到另一个或者更多的表象。① 在幼儿阶段，使用较多、较适宜的对表象进行加工的方式是借形想象和借物想象。

（1）利用借形想象，开拓创造思路

借形想象是激发幼儿想象力的重要方式，这种方式尤其适合学龄前幼儿。在制作前，老师可以通过借形想象的方式，激发幼儿想象力，开拓其创造思路，为幼儿创作出造型新颖的作品积累原始素材。

如：中班幼儿用圆形纸盘进行手工制作活动，教师利用多媒体设备用不同角度摆放圆形，让幼儿说说这像什么，这个环节让所有幼儿大胆畅所欲言。当幼儿调动已有经验，并通过同伴的回答学习更多其他经验后，再提供不同大小、颜色的圆盘作为主材，其他如纽扣、毛根、冰棒棍、瓶盖等材料为辅材让幼儿进行手工制作。接下来的一次活动，教师用同样的方式，从不同角度呈现半圆形、扇形，让幼儿说说这像什么，幼儿纷纷发表自己的见解后，教师接着请几名幼儿在多媒体设备上亲自拼摆造型，之后再让幼儿用实物进行操作。通过几次借不同形状的圆盘进行想象后，孩子们积累了丰富的与圆形、半圆形、扇形相关的事物经验，利用圆盘创作的作品造型越来越特别、越来越新颖。

（2）利用借物想象，开拓创造思路

借物想象是幼儿以事物本身为原型，依据语言的描述，在人脑中形成相应新形象的过程。孩子们依据创作主题，先借物想象再将其创作出来，这非常有利于幼儿创造力水平的提高。以综合材料绘画主题"形象各异的花瓶"为例，教师为幼儿创设必要的观察条件，先由孩子们收集各种造型的瓶子，然后共同布置一个瓶子展台，或在环境中进行悬挂，孩子们一有时间便会去观察，瓶子的颜色、形状、花纹等使他们印象深刻，渐渐地孩子们积累了丰富的创作素材。为了让孩子们了解花瓶的基本特征及不同之处，教师会引导幼儿去发现这些花瓶的相同点和不同点。如：这些花瓶的瓶口哪里不一样？孩子们会马上发现有些瓶子的瓶口是尖尖的，有的是扁扁的，有的是圆形的……在充分感知

---

① 孔起英.幼儿园美术领域教育精要——关键经验与活动指导[M].北京：教育科学出版社，2015：54-55.

后，孩子们进行综合材料绘画创作，会抓住瓶子的细节特征进行再创造：有的以低结构材料为"纸"，用低结构材料当花瓶的身体、瓶口等部位；有的以低结构材料当"笔"，先用线描画出花瓶的外形，再用低结构材料进行装饰……各种造型各异的瓶子就在孩子们的手中诞生了。

4. 指导创作，促创造力发展

大脑神经发育得益于过程而不是结果。教师在幼儿学习过程中成为其活动的支持者、合作者、引导者，能够使幼儿的学习过程更有价值，大脑神经发育更加完善。华爱华提出，成人的期待和儿童的需要是教师介入时机的两个关键要点。其中，"当幼儿一再反复自己先前的游戏行为，难以深入发展""幼儿的游戏因材料的欠缺无法继续""幼儿出现游戏技能的困难"时，需要教师的介入。[1] 例如：当幼儿出现低结构材料操作上的技能困难、材料欠缺无法继续、一再反复先前的低结构创作经验，创作水平难以深入发展时需要教师介入指导。教师介入后，又该如何进行指导，促进幼儿的创造力发展呢？

（1）提供多种方法，解决各种连接困难

在"最近发展区"内提供具有挑战性的任务和问题，这些问题并不局限于大脑的某一脑区，可以是集体讨论调动语言理解和语言表达通道来解决问题，也可以是通过操作来解决问题。正因为解决问题的途径很多，幼儿的脑也就需要发展多条神经通路。从儿童美术方面来看，儿童手的动作足够灵活，对材料性质和用途的了解够多……那么，他经过头脑加工创造出的作品就不会缺乏新意。因而说，技能是创造力发挥的有效手段。[2] 对于美术活动来说，良好的技能铺垫也决定着孩子们的低结构手工制作作品和综合材料绘画作品的质量。

利用低结构材料进行建构创作，典型的特点就是开放组合使其呈现结构化，所以幼儿在创作时最常见的问题就是材料之间的连接和固定问题。由于幼

---

[1] 邱学青. 学前儿童游戏 [M]. 南京：江苏教育出版社，2008：28.
[2] 孔起英. 幼儿园美术领域教育精要——关键经验与活动指导 [M]. 北京：教育科学出版社，2015：56.

儿小肌肉发展慢，手指的灵活性、力量等方面较弱，而低结构材料材质多样、规格不一，孩子们尝试将这些材料连接在一起时会发现不同材质可能需要不同的连接材料、连接工具或方法，常常连接好了又很快松散开，占用了孩子们大量的时间，而制作过程的中断又会影响幼儿的创作思路，也会减少幼儿的创作时间，甚至会影响幼儿的创作情绪。

想办法解决这个问题，让幼儿愉快地进行创作是需要教师费心考虑的问题。针对材料连接遇到的困难，很多教师会考虑当孩子出现困难时伸手帮一帮，或者让能力强的幼儿帮一帮。这当然也是一种策略，有没有更好的方法呢？在多次实践探索中我们发现，最好的方法是提前考虑解决困难的办法，从材料提供上直接解决连接困难的问题。

在课题开展过程中，小班老师发现当给孩子们提供胶钉、胶棒和双面胶作为连接材料时，孩子们使用最方便也最节省时间的材料是胶钉，而在使用胶棒时会浪费很多时间，双面胶对小班幼儿来说就更不适宜了。所以，经过一段时间的探索后，小班老师给每桌孩子提供最多的连接材料就是胶钉、胶棒。对中班幼儿来说，胶钉、胶棒、胶条、双面胶都是比较适合的，而胶枪由于需要插电，而且工作温度较高，容易把幼儿烫伤，一般都需要教师帮助使用。对大班幼儿来说，班里可用的各种连接材料都能使用，根据活动开展的需要，各种用于破形的剪刀类工具也可以提供，以便镶嵌类连接能顺利开展。

（2）从创造力表现角度，指导幼儿创作

本研究认为，幼儿在美术创作过程中和最终作品中所体现的创造力主要在于使用低结构材料种类是否丰富、作品造型是否新颖、作品功能是否独特。基于此，教师对幼儿进行创作指导有如下支持策略。

①支架式指导法。幼儿在创作作品前会提前计划，需要给自己的作品赋予哪些特别的功能，而对作品赋予独特的功能最能体现幼儿的独特想法。所以教师在指导幼儿进行创作时可以重点从作品的功能角度为幼儿提供支架，引导幼儿进行创作。以大班制作主题"恐龙"为例，教师在指导中发现一个小朋友做的恐龙跟常见的恐龙差不多，于是问这个小朋友："你刚刚说要做一个很

特别的恐龙,特别之处体现在哪里了?"孩子回答:"我的恐龙能喷火,还能喷水。"教师接着追问:"恐龙喷出的火焰是什么样啊?怎么就能看出来可以喷火,还可以喷水啊?"听完教师的提问后,孩子开始寻找能用来代表火焰和水的低结构材料。在教师的引导下,这个小朋友又找来小塑料瓶粘贴在恐龙身上,当成蓄水桶,还找来多个小木片进行拼贴,粘在小塑料瓶对面,当成火焰喷发的储藏容器。通过对功能的一步步引导,孩子的作品越来越完整,造型越来越新颖、有趣。

②学习墙饰支持法。班级环境创设中一般会有欣赏墙和学习墙,学习墙上展示着很多在创作过程中幼儿总结出来的有用的方法。以"锡纸创意"为例,有的幼儿只会用"拧"的方法,有的幼儿会用折、团、撕等几种方法。在指导创作时,教师会指着学习墙上展示的多种玩法图片鼓励幼儿尝试不同的材料使用方法,让幼儿的作品造型更丰富、更新颖。

③过程性点评法。对于幼儿在创作过程中表现出来的创新表现,老师及时发现并给予积极肯定,既有助于对个体幼儿能力的提升,也有利于对整体幼儿能力的提升。如:在制作"小怪人"时,多数孩子都采用剪、折叠等方式使用塑料袋,有个小朋友把塑料袋兜满空气作为小怪人的身体,老师第一时间就肯定了孩子的创新做法。老师的鼓励对其他小朋友也是一种启发:"原来有不一样的思考就会得到老师的肯定,下次我也要努力。"当然,这种过程性点评对小班幼儿,尤其是小班初期的幼儿来说不适用,他们都专心于自己的世界里,过程中的点评容易打扰幼儿,打断孩子的思路。

④图片支持和言语提示法。图片资料有助于幼儿观察学习,进一步创造性地使用多种材料完善作品基本特征。以中班制作主题"鸟"为例,在指导创作过程中,教师发现有的幼儿在制作时把鸟的尾巴给忘了,就让幼儿再仔细观察小鸟的图片,并引导:"你仔细看看,小鸟的身体后还有什么?"幼儿说:"尾巴!""你想想,什么材料可以当小鸟的尾巴呢?"引导完后,孩子继续制作。当他制作完小鸟的尾巴后,教师再次观察,并引导:"你看小鸟的尾巴是什么样子?你做的小鸟尾巴有没有轻盈的感觉呢?"通过言语引导,幼儿开

始寻找能让小鸟尾巴看起来很轻盈的材料。通过言语引导和图片支持，幼儿在完善作品基本特征的基础上，不断增加其所使用材料的种类，使用的低结构材料种类也越来越丰富。

三、巧用反思回顾与延伸，整合语言与艺术

个体在完成创造性反思回顾与评价任务时能够显著激活负责认知控制的执行控制网络，包括背外侧前额叶和背侧扣带回。在反思回顾与延伸环节，教师要尊重幼儿以自己的风格探索使用各种艺术材料，享受创作的过程，不要妄加评判或纠正他们的创作行为，而是要做一个耐心的听众、观众，了解他们对创作的想法和过程体验，一起欣赏他们的作品就是对幼儿创造性思维最好的呵护。

（一）巧用反思回顾，整合语言与艺术

语言是人脑极为重要和独特的功能。有资料反映，10岁以后，个体的大脑功能分化已初步定型，这个时期被称为语言补偿能力的退化时期，也就是如果语言能力的培养错过了这个时期，那么就很难再习得。幼儿园时期的语言与艺术教学工作，影响着幼儿前期语言合理性和艺术欣赏能力的建设。因此，我们可以从艺术领域出发，挖掘出适合幼儿学习语言、有助于其语言与艺术结合的方法。在美术活动中，创作后的反思回顾环节，便是教师促进语言与艺术领域对话的有效时机。本研究主要从对同种材料的多种使用方法和对不同材料使用方法的新颖独特性两个方面进行反思与回顾。

1. 对同种材料的多种使用方法进行反思回顾

教师可针对幼儿对于同种材料的多种使用方法的探索尝试，让幼儿通过反思回顾的方式进行经验的分享。同样以"锡纸创意"为例，创作初期，大部分小朋友只会用"拧"这一种方法创作，而小部分小朋友已经会用多种方法处理锡纸了。针对这种情况，教师在反思回顾环节可以请使用多种方法的幼儿进

行该方面的回顾与分享,这个过程中分享主体会用到折、团、撕等多种动作性词语,并组合为完整的语言,这对于幼儿动作词语的积累以及完整语言的表达都会起到重要的作用。

2. 对不同材料使用方法的新颖独特性进行反思回顾

当发现较多小朋友使用同一种材料代表主题的同一部位时,教师可以请能够创造性地使用其他材料表达这一部位的幼儿进行反思描述。如:在综合材料绘画主题活动"我妈妈"中,有小朋友创造性地把小鹅卵石一个一个地排列成大小不同的半圆形,通过这种方式表示妈妈独特的短头发。教师发现她的创意行为后,在分享环节请其对自己的作品进行介绍。在教师的引导下,幼儿从自身生活经验、对形状的认知以及对材料选择的考虑等方面进行了反思回顾。幼儿通过语言进行的反思回顾,既能够拓展创作思维,也能够习得针对美术作品的描述性语言。

(二)拓展延伸,激发幼儿再创造

艺术能够为语言的发展提供支撑,语言的发展也能促进幼儿艺术素养的提升。语言与艺术领域的整合能够有效地促进幼儿在这两方面的发展。美术活动后的作品故事创编,能很好地引导儿童进行脑、眼、口的协调应用。用各种感官去欣赏美术作品并进行故事创编,既能提升儿童的审美能力,也能促进其语言能力发展。前额叶皮层控制的活动有明显的个性表达方式,因此我们能从幼儿的作品故事创编中找出创造性思维发展的线索。

以综合材料制作主题"纸板百变小怪人"为例,活动以纸板为主材,提供各种颜色的油画棒、纸条和鸡蛋托,孩子们开始创作。作品完成后,教师引导孩子们对作品进行故事创编。要求为:就一副或几幅作品创编故事,要表明主人公的身份、什么时间、什么地点、发生了什么事情、结果怎么样。幼儿会结合自己的作品或小组几个作品构建情节,创编作品故事。如:"在我的家里,住着一群小怪人,他们不仅样子长得怪怪的,做事也是怪怪的,他们不吃东西,也不睡觉,有时会坐着发呆,有时会排成一队在家里巡视,看看有什么危险……"在这样的创编活动中,幼儿会对自己和他人的作品进行审视与欣赏,并根据作品的不同特点加工语言,既完成了对作品的评价,提升了自己的创造经验,同时也发散思维,通过更多的语言表达对作品的看法。由此可以看出,美术创作与语言表达有着相辅相成、相互促进的关系。

故事创编相比于反思回顾环节中词语的积累和简单的语言描述,对幼儿来说具有更高挑战,因为它需要幼儿在大脑中有着清晰的情节思路和人物关系,同时对幼儿词语的流畅性以及表达的流畅性来说也有着较高的要求,因此更有利于幼儿创造性思维的发展。

第四节　实践案例集锦

我的蜘蛛,我做主
——美工区蜘蛛创意之旅

主题活动"蛛丝网迹"开展得热闹非凡,每个区的孩子们都"忙"得不亦乐乎。在自然角,孩子们忙着照顾蜘蛛,探究蜘蛛"织网"的奥秘;在图书区,孩子们查阅书籍,了解关于蜘蛛的各种百科知识;在表演区,孩子们也在大胆地进行故事《苏菲的杰作》的情境表演;在美工区,孩子们提出想创作他们心中的蜘蛛,瞧……

为了支持孩子们在美工区利用低结构材料进行不同蜘蛛造型和情境的大胆创设,结合孩子们的年龄特点和已有经验,教师为孩子们提供了自然类、纸类、塑料类、木类、棉布类、生活类及其他类共七大类,十小种材料,让孩子们在多种多样的材料中充分创意。

阶段一：追随兴趣——认知中的"蜘蛛"

今天是孩子们第一次制作蜘蛛，只见新新选择了纸盘，将纸盘剪了一半当作蜘蛛的身体，再用报纸剪了一个小长方形当作蜘蛛的头，紧接着又剪了一些长条作为蜘蛛的腿。而宇泽选择了卫生纸筒和彩色卡纸制作蜘蛛，他先将卫生纸纸筒立在纸上，接着拿起剪刀将彩色卡纸剪成了一条条长长的纸条，用笔将纸条卷成弯弯曲曲的波浪形后满意地贴在了纸筒的中间部位，说道："这是蜘蛛的腿，它可以随意卷曲。"我问道："蜘蛛的腿是什么样子的呢？你要不要去自然角看看呢？"宇泽立刻跑到自然角去观察，回来后说道："老师，我看到蜘蛛的腿一共两节，前面一节后面一节。"我接着问道："哦，原来自然角的蜘蛛的腿是一节一节的，一共两节，那你心中的蜘蛛，它的腿是什么样的呢？"

基于幼儿蜘蛛作品特点不典型，制作材料的选择有局限这些问题，我将区域分享的重点放在引导孩子们感知蜘蛛的外形特征上。在几个幼儿介绍完自己的作品后，我总结道："老师看到咱们班小朋友都能够按照计划制作自己心中的蜘蛛，而且能够清楚地介绍给大家，蜘蛛和其他昆虫不一样的地方在哪里呢？外形有什么独特的地方？"然后我们把自然角的蜘蛛请到班级中，让小朋友一起观察。

婷婷："蜘蛛的头小小的圆圆的，身体大大的，像鸡蛋的形状。"

小宇："1、2、3……8，它有8条腿，有的向前弯曲，有的向后弯曲。"

亮亮："它的眼睛大大的，我一看它好像它也在看着我。"

……

观察到蜘蛛的外形特征后，我又引导孩子们观察展示台上大家的作品："我们来找一找大家都用了哪些材料？"在观察中孩子们发现大家用的材料主要集中在纸类材料，主要用扣子、瓶盖、木块等装饰，而像羽毛、锡箔纸、筷子、吸管、贝壳、袜子、棉绳这些材料均没有使用，甚至有的幼儿还不知道有这些材料。于是我们将美工柜推到大家的面前，组织了一次集体活动"各种各样的材料"，让孩子们观察、操作、探究、体验每样材料的同时，还为孩子们呈现了利用多种低结构材料创意手工制作的图片以开发幼儿的思维。

反思：

《指南》中大班艺术领域明确提出"大班幼儿能够有目的、有计划地用自己喜欢的艺术形式表达表现自己的所看、所想"。在活动过程中，幼儿能够根据自己的需要，自主、有目的地进行创作，但是作品造型并不能表现蜘蛛的独特性，可见幼儿对蜘蛛本身造型的细节认识不足，没有在大脑存储足够的图像记忆，难以进行相应的表达，只能大体表现出蜘蛛的身体结构。教师利用班级里三只真实的蜘蛛让幼儿进行充分的观察、感知蜘蛛身体的细节特征，让幼儿在头脑中建立蜘蛛外形特征的图像表征记忆。同时通过集体活动让幼儿在关注到更多低结构材料的基础上进一步操作探索，不断操作、随意组合的过程便于他们的大脑形成新的突触，使幼儿的脑与材料刺激建立尽可能多的联结，获得对材料外形、材质以及特性的认识，奠基表征创作的基础。

阶段二：媒介支持——利用多元化材料表征"蜘蛛"

第一次活动结束后，我将孩子们熟知的、经常使用的一些低结构材料放到了三、四层的位置，一些新奇的、利用率低的材料放在一、二层，通过视觉的刺激引导幼儿创造性地使用材料。孩子们在创作中使用材料的种类明显增多，乒乓球、轻黏土、毛根、锡纸、毛球等材料都涌现出来。只见月月用轻黏土将蜘蛛的身体捏好后又将毛根插到了蜘蛛的身体中，再将毛根轻轻地弯曲："蜘蛛的腿是弯弯的！"同桌的平平也选择用毛根当蜘蛛的腿（见图6.1，图6.2）。孩子们大部分都选择本身具有能弯特性的材料表现蜘蛛腿的特征，但是新颖性和独特性不够。于是我问孩子们："待会儿咱们看看谁用的材料最不一样，谁设计的蜘蛛最特别！"不一会儿，做好一只小蜘蛛的月月走到材料柜前——抽取出材料筐，寻找着制作蜘蛛"最独特"的材料。她先从锡箔纸上撕下了一大块，分成八条，依次拿起每一条搓成长长的，紧接着拿起松子壳和干花比了比大小，将小的松子壳背对着干花摆放，再用胶枪将花托和松子壳的底部粘贴，并将锡箔纸条从粘贴处向外侧摆着造型，有的微微弯曲，有的弯曲幅度

图6.1 用毛根做蜘蛛腿　　图6.2 用毛根做蜘蛛腿

很大,有的朝上,有的朝下,很是生动(见图6.3)。

反思:

在材料的使用方面,孩子们选择的材料种类明显增多了,但是明显以材料本身的特性为依据。比如用轻黏土、乒乓球捏圆当作蜘蛛的身体,毛根当作蜘蛛的腿,对材料外形特征的已有认识使得幼儿产生了固化思维,局限于已有认识中,创作的作品都是在原材料的基础上进行表面的装饰,缺乏实质性造型方面的突破。因此教师通过"看谁用的材料不一样?""还可以进行什么样的设计?"等开放性提问,激发幼儿的想象,打破事物固有属性带来的局限,比如把片状的锡箔纸搓成条状的蜘蛛腿,引导幼儿将形象思维在头脑中重组、表征,进而转化为创意想象的空间。

图6.3 用锡箔纸做蜘蛛腿

阶段三:情感支持——关于"蜘蛛"的情境探索

平平在一次的创作活动中选择了贝壳、扣子、彩球制作蜘蛛的身体,并且用长长的毛根制作蜘蛛的腿，通过拼、粘的方式设计出独具特色的蜘蛛，而且蜘蛛之间的比例、造型明显更加生动。当出现"蜘蛛和蜘蛛网比例不协调"的问题时，他能很快能迁移生活中的经验，寻找替代物，用一次性筷子代替冰棒棍，做出又大又宽的蜘蛛网（见图6.4）。安安则是用吸管当蜘蛛的腿（见图6.5），并在它的尾部插上羽毛："瞧，我的蜘蛛是一个小模特，它正展示它的衣服呢！"旁边还有小蜘蛛"观众"，这个创作使得整个作品充满情境性，是独一无二的。在分享环节，教师邀请安安对她的创作进行分享。"我设计的蜘蛛名字叫小爱，它正在蜘蛛网上走秀，展示着它漂亮的衣服！"安安很自信地跟小朋友分享了她制作蜘蛛的材料和这幅作品背后的小故事，小朋友听后纷纷表示想做"踢球赛的蜘蛛""玩滑梯的蜘蛛"等，听到小朋友和老师的鼓励和反馈，安安对蜘蛛创作更感兴趣了。

反思：

这次的创作相比前两次明显有了质的飞跃，从作品的解读方面来看，幼儿的这次作品是很具有创造性的。安安的蜘蛛小模特用了吸管、羽毛、瓶盖等多种材料，在材料使用和造型上都更为独特、新颖。情境化"走秀蜘蛛"的形式更是激发了安安对于蜘蛛外形特点的探索。教师在这一过程中也及时给予肯

图6.4 用一次性筷子做蜘蛛网

图6.5 插羽毛的蜘蛛小模特

定，为幼儿提供安全、温暖的情感环境，营造低激活水平的学习氛围，让幼儿的积极情绪占主导，引发更具创造性的技能，迸发灵感。评价环节，教师提供了具体有针对性的评价。当幼儿的作品得到同伴或教师的肯定时，幼儿的情绪将处于积极状态，自信心也会增加，这种状态有利于幼儿持续性探索创造。同时幼儿在相互欣赏和分享的过程中，右脑记入丰富的不同的造型形象，左脑逐步将形象思维转换成符号或语言，大胆评价表达自己的理解，使左右脑协调活动促进创造性思维的形成。

阶段四：激发灵感——"蜘蛛"的无限可能

区域活动时间，孩子们要进行美工区大画作品的创作，几个孩子各自说明自己的活动计划，但是主要停留在"我想做什么"的层面，缺乏对"怎么做"可操作性计划的执行。于是我提出："制订计划不仅要说你想做什么，还要说怎么做，用什么材料做。"用什么制作蜘蛛的身体？用什么材料做蜘蛛网？怎么做蜘蛛网？这些问题引发了孩子们的探讨，他们你一言我一语地表达着自己的想法。

"可以用石头做蜘蛛的身体，咱们幼儿园那么多石头，找一块大的就行！"

"那么沉，怎么粘在墙上，而且掉下来会把头砸着的！"

"轻黏土软，而且很容易捏出蜘蛛大大的身体！"

"那得好几包轻黏土，太浪费了！咱们可以像做"葫芦娃"七兄弟一样，先用报纸捏成球，再包一层轻黏土就好啦！"

"那直接在报纸的身上涂颜色不是更好吗，反正也是两个大大的圆圈，没什么难的！"

最终孩子们基于重量、经济实惠的原则，选择了用报纸捏球的方式制作了一个大大的蜘蛛身体（见图6.6）。蜘蛛网用什么材料制作呢？怎么制作蜘蛛网？

"我想用棉线，美工区就有！"

"胶条也行！用它可以做一个大蜘蛛网！"

"还有跳绳！彩色铁丝！"

"跳绳做了蜘蛛网,还怎么玩啊?"

根据材料的安全性、长度的适宜性以及节约性原则,最终孩子们确定用棉线、胶条和彩色铁丝作为织网材料。为了帮助孩子们能够有效制作、合理分工,教师引导幼儿从制作蜘蛛网的材料、形状、位置和方法这四方面制订计划,协助孩子们形成更具可行性的制作方案。

负责做网的睿睿先剪出一根棉线,又比着这根棉线剪出许多一样长的棉线用作蜘蛛网的竖线,一旁的彤彤将竖线粘好后,与小美一起一圈一圈地粘横线。孩子们相互配合,制作出一个超大的蜘蛛网,高兴地跳起来:"你们快来瞧瞧,我们弄好啦!"(见图6.7)孩子们各尽其职,一个神秘、鲜活的"盘丝洞"就这样呈现在他们面前(见图6.8)。

图6.6　用报纸做蜘蛛身体

图6.7　用棉线做蜘蛛网

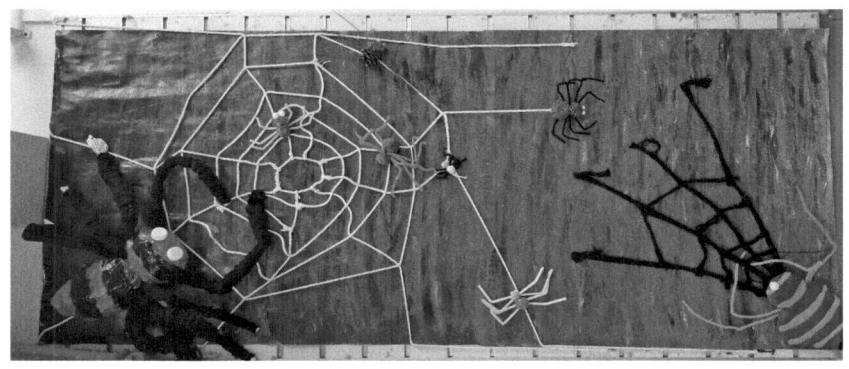

图6.8　盘丝洞

反思：

小组创作前，孩子们已经进行了三次区域活动创作，他们有了充分的材料经验、蜘蛛作品造型经验，已然对蜘蛛的创作有了很多想法，还能积极迁移看到的新想法、新创意，建构一个新的蜘蛛造型，这是他们产生顿悟的基础。但是对于小组项目，制作一个大型"盘丝洞"，他们的经验还不够充分，因此最开始时孩子们都沉浸在承担小任务的责任感和兴奋之中，缺乏切实可行的小组行动计划。于是我通过三个问题，让幼儿有目的地思考，在相互的表达中刺激彼此的想法，进而提出"灵光一现"的办法——直接在报纸上涂色制作蜘蛛的身体。同时教师通过提供计划单的方式，帮助幼儿在做计划的同时明确分工，有效合作，进而创作出独一无二的作品。

在脑科学理论的指导下，我们针对幼儿在实际创作过程中的问题提供了及时有效的策略。从幼儿的创作来看，他们使用低结构材料的数量越来越丰富；作品造型的处理方式越来越丰富、越来越精细、有趣，添加了更多自己的创造性思考。在这过程中，教师要做好自我情绪管理，提供榜样示范，积极与幼儿建立亲密互动的师幼关系，让幼儿敢想、敢创作。

系列活动总结出的经验为我们随后的活动提供了基础。在随后组织的探索中，我们会基于脑科学理论更科学地剖析幼儿的行为表现，提供及时有效的支持，梳理经验，有效指导幼儿的区域活动。

（北京市昌平区机关幼儿园　刘海潮　李平）

我妈妈

母亲手握着童年教育的船舵。正值母亲节来临之际，孩子们也时常聊起自己的妈妈，想要在节日给妈妈准备一份礼物。结合孩子们的需要，以妈妈们的节日为契机，以"我妈妈"为主题的美工区低结构材料创作活动也由此展开，幼儿的创造力得到了有效发展。下面将结合中班幼儿年龄特点以及脑科学理论知识，从主题选择、材料投放、教师指导三个方面，对脑科学视域下美工区低结构材料培养幼儿创造力的实践策略进行梳理与介绍。

一、主题选择

不同的创作主题会对幼儿创造力的发展产生不同的作用。贴近幼儿生活经验以及适宜用丰富材料表现的主题更容易激发幼儿的创造力。

1. 贴近幼儿生活经验

妈妈是幼儿生活中最熟悉的人之一，妈妈的样子在孩子们的印象里都是一个个独一无二的记忆。

康康："我妈妈的眼睛大大的，她还有长长的睫毛，非常漂亮。"

嘉宝："我妈妈有大波浪头发，头发特别长，都快要到腰那里了。"

优优："我妈妈笑起来很好看，嘴巴弯弯的，还有两个小酒窝。"

孩子们自发地用自己的方式来表征妈妈的形象。可见，对于妈妈这一形象，中班幼儿已经能够对五官、发型、表情等各方面的细节有深入的认知。幼儿在对"妈妈"这一形象进行创作时也能够更加容易地调动大脑中已有的认知经验，并在此基础上发挥想象进行创作。

"想象是创造的源泉"，而"想象是在原有感性形象的基础上创造出新形象的心理过程。这里需要两个条件：一是需要把已有的感性经验重新加工、改造；二是构成想象的一切元素来自生活，取自过去的经验"[1]。由此可以看出，教师在选择创作主题时，必须要贴近幼儿的生活。

2. 适宜用丰富的材料表现

值得注意的是，对于"妈妈"这一形象，幼儿在利用低结构材料进行创作时，虽然会有头部、躯体、四肢、五官等方面的创作趋同现象，会让幼儿的创作受到"人"的共性特征方面的约束，但在实际生活中每个人所表现出来的特征各不相同。

在一次创作"我最独特的妈妈"活动中，一名幼儿说："我妈妈长着圆圆

---

[1] 张福芝.幼儿创造性美术教育[M].北京：地质出版社，2002：21，105.

的、大大的眼睛"，于是在制作时他从材料中找到和"妈妈"眼睛一样圆圆大大的泡沫球来表征妈妈的眼睛（见图6.9）。而另一名幼儿在介绍时说道："我妈妈眼睛很小，笑起来还会变成一条弯弯的'缝'"，于是她选用可塑性较强，并且具有"细长"特征的毛线来表征妈妈的眼睛（见图6.10）。

妈妈独特的形象在孩子们眼中通过特有的服饰、鞋子、面容、发型等表现出来，形象自身所具有的独特性对幼儿采用丰富的低结构材料进行表现有着很大的助推作用，为幼儿在创作"妈妈"这一形象时提供了更多的想象空间和创造余地。

图 6.9　妈妈圆圆大大的眼睛作品　　图 6.10　妈妈细细弯弯的眼睛作品

那同一物体可以用多少种材料来表现？同一物体的同一部位可以用多少种材料来表现？以"漂亮辣妈"主题创作活动为例，同样是"妈妈"苗条的身材，轩轩是将纸盘先进行破形，再在纸盘上用线描的方式来表现（见图6.11）；程程则是用彩色吸管粘贴在背景纸上来表现（见图6.12）；豆豆是利用花生壳进行延长，拼接粘贴出"妈妈"纤细的身材（见图6.13）。可以看出，同样是创作"妈妈"，有的幼儿选择创作平面的"妈妈"，有的则选择创作立体的"妈妈"，表现的手法也别具创新性，将绘画、拼接等多元化的表现形式集于一体。

用越多材料来表现物体，幼儿在创作中会有更大的发挥空间，更容易促进

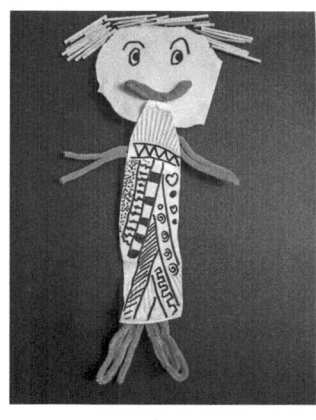  

图 6.11　用纸盘破形表现妈妈的苗条身材　　图 6.12　用彩色吸管表现妈妈的苗条身材　　图 6.13　用花生壳延长表现妈妈的苗条身材

幼儿创造力的发展。当老师提供种类丰富的低结构材料，并给予幼儿充分的感知时间后，孩子们自然能用多种低结构材料创作出各种各样的"妈妈"形象。

二、材料投放

创造性思维产生的初始阶段是一个准备的过程。在这个过程中，视觉的刺激引起幼儿大脑系统的关注，使幼儿保持警觉状态，维持注意，抑制干扰。这时的注意、知觉、能动性等直接影响他们对知识的理解，而对知识的理解构成了创造性思维的基础。那么，在美工区中低结构材料如何投放才能使材料给幼儿大脑适宜的刺激，促使大脑建立丰富强大的神经联结并促进更多发散性思维的产生呢？

1. 以材料提示经验，突显目标性

"我妈妈"主题贴近幼儿的生活，在投放材料时，我们要更多地考虑材料与该主题综合美工制作活动目标的关系，加强材料投放的针对性、目的性。

如教师提供了指向幼儿美术活动关键经验的材料。如：用于绘画妈妈头像的线描笔、铅笔、油画棒；用于手工制作妈妈发型的报纸、彩色带子、吸管、各种颜色的毛线等；用于自由创作表现妈妈五官的各种辅材，如纽扣、圆形木片、彩泥等（见图 6.14 和图 6.15）。之所以投放这些材料，就是因为教师

图 6.14　手工材料　　　　　　　图 6.15　绘画材料

清楚地知道本班幼儿在这个主题美工区综合材料制作活动中不同的经验发展需要，并且与制作主题相结合，非常具有目标性。

2. 以材料保证基础，拓展选择性

幼儿在与环境的相互作用中接触不到种类丰富、感受多样的感官刺激，就不利于大脑形成新的突触，建立尽可能多的联结，也无法获得对材料特性、功能的全方位理解，从而不能在大脑中对材料进行表征再重组，灵感就不能很好地被激发。丰富的环境和材料，在刺激幼儿感官的同时，能够让幼儿有更大的材料选择空间，也更利于幼儿通过材料来表现自己的想法。

佳佳在装饰"妈妈"漂亮的裙子时，先是将彩色吸管剪成长短一样的长度，然后将吸管纵向剪成两半，用双面胶粘在"妈妈"裙子底部。刚粘好，她看了看，用手摸了摸便又马上把吸管摘了下来。

教师："为什么把吸管摘下来了呢？"

佳佳："我觉得吸管太硬了，妈妈的裙子是软软的，还能飘起来，我想换成彩纸来装饰。"

说着佳佳便找来各种颜色的彩纸，将它们剪成细细的条状，粘在裙子的底部，再用手指一条一条向上卷起来。看着穿上能翩翩起舞的裙子，佳佳满意地点了点头（见图6.16）。

佳佳在创作之前，已经对吸管和彩纸的特性有了较为深入的了解，当她发现硬硬的吸管不能够展现妈妈柔软的裙子时，马上选择替换材料来进行表征。教师在活动前提供丰富的材料为幼儿进行多样选择提供了物质基础。

图6.16 用彩纸条表现妈妈翩翩起舞的裙子

在"我最独特的妈妈""漂亮辣妈""十年后的妈妈"活动中，梳理出幼儿适宜操作，能多元创意表达且丰富的操作材料如表6.1所示：

表6.1 "我妈妈"主题创作活动操作材料

种类	材料举例
绘画类	线描笔、油画棒、彩色铅笔、各色颜料（水粉、水彩、指绘胶）
手工类	皱纹纸、彩色卡纸、刮蜡画纸、海绵纸、宣纸、锡纸
工具类	透明胶、双面胶、固体胶水、裁边工具（剪刀、花边剪刀、各式压花机）、罩衣、欣赏类书籍、调色盘、抹布、画笔
废旧材料	各类纸盒、报纸、卷筒纸芯、花生壳、饮料杯子、冰棒棍、各类蛋壳、布、吸管
其他半立体材料	贝壳、彩色带子、彩色纽扣、毛根、泡沫球、各色纸盘、毛绒球、钉子、毛线

3. 以材料引导探究，激发创造性

幼儿的思维特点决定了他们主要通过直接感知、实际操作、亲身体验的方式获得经验。具有探究性的低结构材料能够有效激发幼儿的探究欲望，帮助幼儿更加充分地与材料进行互动。

在"我妈妈"这一主题实践之前,仅纸盒这一种材料就能让孩子们利用充分的时间进行探究。在探究过程中,有的幼儿直接利用纸盒的立体结构特征来进行创作;有的幼儿利用颜料将纸盒进行涂色,或在上面进行绘画,为自己的创作所用;还有的幼儿将纸盒利用破形工具进行破形,形成新的形状来支持自己的创作。在之后表征"妈妈"形象的创作中,幼儿也能结合原有对于纸盒的探究经验进行多元创作,有的幼儿将长方体的牙膏盒用来作"妈妈"长长的手臂;有的幼儿将纸盒上面绘画了漂亮的图案,作为"妈妈"的上衣;还有的幼儿将纸盒进行了破形,变身为"妈妈"独具特色的帽子等。可见,通过不断探究,小小纸盒也能被孩子们创作出多种表现形式。

整个主题活动教师都投放了丰富的材料供幼儿在操作中探究,有硬纸、软纸、刮蜡画纸、海绵纸等不同种类的纸;有不同形状、不同材质的废旧材料;有成品材料、半成品材料,还有原材料……很好地激发了幼儿在积极动脑过程中的主动操作,激发了幼儿一物多玩、多物一玩的探究兴趣,从而使幼儿的大脑与材料刺激建立了有效的联结(见图 6.17 ~ 6.20)。

图 6.17　纸类材料

图 6.18　废旧材料

图 6.19　废旧材料与半成品材料

图 6.20　成品材料与半成品材料

三、教师指导

教师在幼儿学习过程中充当幼儿的创作伙伴，能够使幼儿的学习过程更有价值，大脑神经发育更加完善。那么，教师在幼儿进行创作活动时，可以通过哪些方式来提高幼儿的创造力呢？

1. 观察主题形象

图片容易激活人的思想，它的具体直观性能唤醒幼儿头脑中已有的形象知识。教师为幼儿提供了多张"妈妈"的形象图片，引导幼儿进行细致观察。观察的维度主要包括："妈妈"身体各部位的形状、色彩、特征、结构以及"妈妈"正在做的事情等。

米乐观察到图片里面的"妈妈"的手指是细细长长的，特别漂亮，于是在进行创作时，用棒冰棍来表现"妈妈"的手指，还用颜料给指甲涂上好看的颜色，给"妈妈"做了"美甲"。

晨晨观察到图片里面的"妈妈"穿着高跟鞋，在创作时，用纸盒剪出了高跟鞋的形状，还在鞋子上面粘贴了贝壳来进行装饰。

2. 启发幼儿想象

紫宸要创作一个正在做饭的妈妈，他已经利用报纸、纸盒等创作出"妈妈"的整体形象，并用锡纸、冰棍棒做出了"妈妈"手中拿着的锅和锅铲。

教师："妈妈正在做什么事情？"（与幼儿确定创作内容）

紫宸："妈妈正在做饭。"

教师："可是我有点担心啊。"（表达自身情绪，激发幼儿好奇心）

紫宸："为什么呀？"

教师："如果炒菜时，油溅到妈妈漂亮的衣服上该怎么办呀？"（提出问题，激发幼儿想象）

紫宸："我得给妈妈做个围裙，这样问题就解决了！"

教师："这真是个好办法！"（肯定幼儿的想法）

在活动中，教师充分地激发了幼儿的想象力，从而引导幼儿进一步完善了作品。

在"我妈妈"主题创作活动中,教师主要从三个方面来启发幼儿的想象。

① 通过想象妈妈的情绪来表现妈妈的面部表情特征。

② 通过想象妈妈正在做的事情来表现妈妈的肢体动作特征。

③ 通过想象妈妈正在做的事情或妈妈将要做的事情来表现妈妈的服饰特征。

3. 指导幼儿创作

(1)对完善作品的基本特征进行指导

从完善作品基本特征的角度进行指导,主要通过言语引导和图片支持的方式进行指导。教师会先观察幼儿的作品是不是具备"妈妈"的基本特征,如有的小朋友在制作时把"妈妈"的头发忘了,老师会让小朋友再仔细观察一下"妈妈"的图片,并引导:"你仔细看看,'妈妈'的头顶少了什么?""你想想可以用什么材料制作妈妈的头发呢?"教师通过言语引导和图片支持,帮助幼儿不断增加使用材料的种类,逐渐完善作品基本特征(见图 6.21)。

图 6.21 用彩纸条表现妈妈的头发

(2)对材料的使用方法进行指导

在实践研究中我们发现,作品造型新颖还与同一材料的多种使用方法,尤其是材料的创造性使用方法有关。很多幼儿会选择用布来表现"妈妈"的衣服,但豆豆对布这一材料的用法和其他小朋友都不一样,他用一小块完整的布来创作"妈妈"的头发(见图 6.22)。面对豆豆这一创新的做法,教师首先进行了表扬,同时教师

图 6.22 用一小块完整的布来创作"妈妈"的头发

也进行了进一步的引导:"妈妈的头发是一丝一丝的,怎么才能表现出来呢?"面对教师的提问,豆豆想了想,之后用胶水将布的顶部一点一点粘在一起,创造性地用将整块布制作出褶皱的方式来表现"妈妈"一丝一丝的头发。

(3)对表达表现的创造性进行指导

"老师,你快看我做的。"小雅把刚刚完成的"妈妈"头像拿到老师面前。头像主要采用了报纸、彩纸和彩泥三种材料(见图6.23)。看得出小雅很有创造力,可怎样能支持小雅丰富"妈妈"头像的制作呢?教师先是与小雅一起共同欣赏,接着启发式地问道:"彩纸除了撕纸粘贴的形式,还能怎么表现呢?""怎么能让妈妈的头像看起来更像呢?"

第二天,小雅依然来到美工区进行了第二次"妈妈"头像的创作。这次的作品她虽然还是选择报纸破形作为"妈妈"的脸部,用撕纸粘贴的形式创作了"妈妈"的眉毛,但与第一天不同的是:她用了不同颜色的彩泥混合搓条创作头发,更加细致地表现出了"妈妈"头发一缕一缕的形态;用折纸取代撕纸粘贴的表现形式,表现了"妈妈"大大的鼻子和小小的帽子;用细节勾勒出"妈妈"的眼睛,将眼睛变得更加明亮,嘴巴也由撕纸粘贴变为卷纸,更加立体(见图6.24)。

通过两次作品的对比,教师发现,小雅的作品更加形象了,夸张且别具一格,细节表现也更加深入,体现了幼儿在表达表现方面总体创造性水平的提高。

(北京市昌平区机关幼儿园 刘迎润 李平)

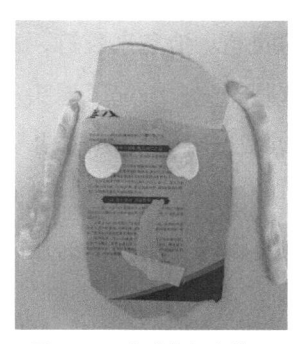

图6.23 小雅的初次作品

图6.24 小雅的提升作品

探秘外星人

最近常听到班里孩子讨论起关于外星人的话题，聊天中发现原来是有个小朋友假期看了关于外星人的电影，这几天常常和小朋友一起分享。话题的开启引发了一群小朋友对外星人的兴趣。由于外星人形象不固定，形态夸张，在造型上给人很强的视觉冲击，在制作时也可以用多种材料进行表现，能给幼儿很大的想象空间，很利于幼儿创造性思维的发展。基于此，我们班的外星人探秘之旅便开始了。

第一次制作：寻找连接好办法，搭建外星人雏形

区域游戏时间到了，一一陆续选择了费列罗巧克力、充气包装开口盒子、糖果盒子和一次性纸杯准备制作外星人。只见他先将一个杯子的开口方向剪破，制作成花朵状，再将纸杯与另一个纸杯连接，并尝试用胶钉将它们固定住，可是试了几次也没粘牢。

这时我走到他身边，询问他是否需要帮忙。他说："老师，杯子有点大，我插不进去，你能帮我扶一下吗？"我说："没问题"。就这样孩子第一次连接成功。

接下来，他想把充气盒子和纸杯连接在一起，但由于充气盒子是瓦楞状，连接比较困难，一一尝试了几次都没有成功，便再一次寻求我的帮助。我同上次一样，帮他扶着材料，让他自己解决连接固定的问题。他拿来胶钉，来回在缝隙处尝试，可固定了好几次都没有连接上。他有些着急，皱起了眉头。在一旁的我问道："想想还有什么工具能连接呢，都可以试试呀。"不一会儿一一就拿来了双面胶，按照刚才的方法粘在缝隙处，几块双面胶立马就把充气盒子固定住了，笑容立刻浮现在一一的脸庞上。在接下来制作需要连接的时候，一一会选择不同的连接工具，耐心地尝试（见图6.25）。

反思：

在征求孩子的意见后，教师有目的地介入，肯定幼儿的探索欲，并采用启发式提问的方式，聚焦问题，鼓励幼儿多观察、多尝试，促进新的发现与大脑中已有的经验建立关联，从而引发深度思考，最终由幼儿自己选择连接的工具解决问题。

调整实施：

低结构材料材质多样，而幼儿手指灵活性、力量等方面相对较弱，在连接时常会出现

图6.25 搭建外星人雏形

连接不上，连接好又会很快掉下来等问题。这时孩子们需要花很多时间去解决材料连接的问题，制作过程的中断就会影响幼儿的创作思路，也会减少创作时间，甚至会影响创作情绪。所以要在材料提供上直接解决连接困难这一问题。我们采取了以下措施进行调整。

① 提供适合幼儿年龄的连接材料。只有适合幼儿操作的材料，幼儿在使用时才更方便，在创作时也更容易发挥幼儿的创造力。

② 将超轻纸黏土作为连接材料。超轻纸黏土不仅具有环保、超轻、超柔、超干净、不粘手的特点，还具有与其他材质的结合度高即黏性强的特点，能把多种低结构材料粘在一起，特别适合在进行手工制作时作为连接工具使用。

③ 提前处理好足够数量的连接材料。提前把连接材料处理好，并准备数量充足的连接材料，能大大节省幼儿用于连接材料的时间，提高作品完成的效率。

第二次制作：多种方法巧引导，让外星人站起来

区域游戏时间，一一做完自己的计划后，又来到了美工区。他选择了几款废旧玩具、吸管、瓶盖、毛绒袜子等，随后就去材料区拿了超轻纸黏土。他用超轻纸黏土把一款废旧玩具和瓶盖连接在一起，在瓶盖两侧又粘贴了两个小

玩具，接着在外星人身体外边包裹了一圈毛绒袜子做衣服。这些做好以后，一个外星人上半身的形态就基本出来了。

接下来要连接外星人的腿和脚了。他拿出吸管，把吸管连接在外星人的身体上，可刚一连上外星人就往下倒，试了几次都没有成功。这时，他有些着急地向我求助："老师，我的外星人站不住，我试了好多次了。"我问道："想想还有其他什么材料能代替呢？"他看了一圈材料，没有心仪的，又看向我。我接着问："为什么你做的外星人不能站立呢？"他说："因为上边有点重。""那怎么才能让外星人站稳呢？"我引导道。他想了想说道："那我多放几根吸管试试吧！"——尝试着放了好多根吸管，可还是没有成功。"美工区有小朋友的作品，你可以去看看他们用了什么好方法。"只见他走向作品墙，认真地观察着，很快便回到座位上，用剪刀把吸管底部剪开，顺着开口折一下，这样吸管底部就有了支撑，外星人也能稳稳地站起来了（见图6.26）！

图6.26　让外星人站起来

反思：

教师采用支架式指导法，启发式地引导幼儿思考"为什么外星人不能站立？""怎么才能支撑住外星人？"。幼儿前期大量的试误过程一方面在帮助幼儿深化经验，另一方面也容易使大脑形成一定的思维定势。当幼儿多次尝试未果后，教师又采用了同伴支持法，让幼儿通过观察同伴作品，寻找解决问题的办法。同伴作品促进幼儿用新的角度和不同的方式思考问题，大脑执行功能使其灵活转换，突破了思维定势，产生顿悟，最终用吸管破形的办法使外星人"站立"，解决了问题。

调整实施：

幼儿通过作品观察学习，想到了对吸管进行破形处理让外星人站立的办法。如果更换了材料，制作其他作品时，幼儿会迁移经验吗？带着问题，教师在美工区对其他小朋友进行了指导,发现有部分小朋友同样存在这样的问题,同时还发现幼儿在制作中存在选择低结构材料种类较少、作品不够新颖等共性问题。为帮助幼儿提高创造力,熟练使用破形材料的同时还能使用丰富的低结构材料进行创作,教师在投放材料上做了如下调整。

① 提供少量处理好的破形材料,增加作品表现力。在前期大量感知不同低结构材料特性的基础上,投放破形程度不同的低结构材料,如不同长度的吸管,二分之一、四分之一的纸盘等,这既能拓宽幼儿选择材料的空间,又能解决创作的难点,增加幼儿作品表现力,让作品造型更加新颖。

② 按点、线、面、自然物将材料分类投放。教师对美工区材料进行了整体分析,将材料按点、线、面、自然物四类进行投放,给每名幼儿准备一个托盘,引导幼儿取材料时能从这四类材料中分别选择。这既能培养幼儿的秩序感,又能让幼儿有目的地选择多种材料进行创作。

第三次制作:提供丰富材料,丰富外星人外形特征

通过材料的调整,教师将材料按点、线、面、自然物分类投放(见图6.27)。点类材料有瓶盖、眼睛、毛球、泡沫球、废旧玩具等;线类材料有毛

图6.27 投放低结构材料

根、丝带、电线、麻绳、冰棒棍、叉子、不同长度的吸管等；面类材料有锡纸、塑料袋、布、棉花、纸袋、雪花片、不同形状的纸盘、羽毛球等；自然物类材料有松果、树皮、贝壳、长度不同的木块、树叶等。同时还准备了超轻纸黏土、胶钉、胶棒、双面胶等连接工具，并对其进行初步处理，便于幼儿操作使用。

在这次制作中，教师更多地关注了幼儿制作外星人的整个过程。只见一一拿着托盘，站在各类材料面前，选用了一些新材料。他分别从点、线、面、自然物的材料中选择了要用到的材料，将一个椭圆形玩具用作外星人身体，松果用作外星人的头，两个羽毛球用作外星人的脚，两个颜色不一样的叉子用作外星人的手臂，又选用小眼睛、锡纸、雪花片分别当外星人的眼睛、鼻子、嘴，在连接工具上更多地使用了胶钉，还将胶钉揉成立体状作外星人头上的帽子（见图 6.28）。在这次创作中，一一的自主性很强，作品完成后，我便问道："刚刚在做计划时，你说你要做一个很厉害的外星人，那你的外星人有哪些地方很厉害呀？"他高兴地向我介绍着："我的外星人嘴巴可以喷射炮弹，它的肚子可以飞起来，它的手可以救人，它的鞋可以飞。"听了他的介绍后，我看到用胶钉连接起来的雪花片，接着说："哦，你的外星人本领可真多呀，那这个外星人哪里能喷射炮弹呢？""老师你看，就是这个大大的嘴巴。"一一指着外星人回答道。"那炮弹装在哪里呢？"我问。他想了好一会说道："得有个炮筒。"他看了看外星人大大的嘴巴，比划半天，然后拿了更多的胶钉，把它揉成立体状，再跟雪花片连接在一起，指着立体的胶钉满意地说："就装这里面吧。"

反思：

图片容易激活人的思想，它的具体直观性能唤醒幼儿头脑中已有的形象知识。

图 6.28　第三次制作的外星人成品

因此，教师前期采用图片支持法，通过提供不同形态的外星人图片，丰富幼儿创作经验，为他们后期的创作打下了基础。在幼儿作品完成后，教师使用启发式提问法引导幼儿结合自己的经验思考、行动，支持幼儿不断丰富自己的创作，最终幼儿创作出了自己满意的作品。当教师发现幼儿并没有如教师预期那样对作品进行再加工，教师也没有过多干预，而是尊重幼儿的选择，肯定幼儿的想法。

回顾"外星人探秘之旅"的整个创作过程，幼儿的创造性思维是在不断发展和提高的。从使用低结构材料数量来看，幼儿使用低结构材料的数量从四种到七种，在不断增加；从幼儿作品造型来看，从平面变得更立体，造型也更加新颖；从对作品解读来看，幼儿的解读是独特的，让人眼前一亮。

在脑科学理论的指导下，教师对幼儿在外星人创作过程中出现的问题提供了及时有效的支持，通过视觉刺激、启发式提问、调整创作材料、同伴支持等多元化的方式引导幼儿通过观察、联想、试误、顿悟，自己寻找到解决问题的办法，助力幼儿创造性思维发展。

（北京市昌平区机关幼儿园　王先妹　李平）

辛巴蜕变记

开学初，为了增进与幼儿间的熟悉程度，进一步了解幼儿感兴趣的事物。我与孩子们开展了关于"你最喜欢的动画电影"谈话活动。在谈话中我发现幼儿不仅乐意分享自己喜欢的动画电影，还能清晰、完整地表达出自己喜欢的人物和原因。谈话后我们投票发现班里幼儿最喜欢的电影是《狮子王》，特别是嘉泽小朋友主动提出想要动手制作一只他心中的狮王。

对此，教师提前为幼儿精心筛选材料、准备充足的软硬纸张以及废旧纸盒等操作性较强的材料，与幼儿共同查阅资料，搜集关于"辛巴"在不同场景、不同角度、不同表情的图片，还搜集了大量普通狮子的照片，围绕狮子的主要特征与嘉泽共同探讨，在丰富图片的刺激下，可以说，嘉泽对"辛巴"这一形象有了全新的认识。正是这些前期经验为幼儿拓展创作思路打下了基础，为后续不断创作表达提供了支持。就这样，嘉泽开始了他的艺术创作之旅……

阶段一：看起来像"辛巴"

由于大班幼儿做事情更加有计划性，嘉泽事先在家里就画了一张"辛巴"的设计图。这天，嘉泽来到美工区，看了看自己的设计图，便拿了一筐装满废旧盒子的材料回到座位上。只见他开始翻看里面的材料，一下子被有卡通画的正方形盒子吸引住了。一会儿翻看着手里的盒子，一会儿又看看筐里剩余的盒子，有些疑惑地打量着。这时，我轻轻地走过去与其进行对话。

教师："这么多盒子呀？你打算用它们做什么呀？"

幼儿："我想用它们做辛巴的身体，给辛巴穿一件花衣服。但是，辛巴的身体是长长的，我想找个长点的盒子，可是筐里没有。"

教师："那我们一起想想有没有什么好办法让这个方盒子变成长盒子呢？"

幼儿："长盒子有一个边是短一点的。"

教师："你看，咱们图书区那个故事盒子，和这个方盒子哪不一样呢？"

幼儿："我比比看，故事盒子是长方形的，方盒子比故事盒子还要高一些。"

教师："那怎么将方盒子变成长盒子呢？"

嘉泽比划了比划，便拿起剪刀开始裁剪，大概剪掉了三分之一。之后他又拿来了不同颜色的硬卡纸、毛根、毛球、胶棒等材料用来制作"辛巴"的眼睛、鼻子、鬃毛、尾巴。他先是用胶棒粘贴，可发现胶棒粘毛球、毛根这些材料很不牢固，总是掉落。于是他又找来了胶钉、胶条机、双面胶等粘贴工具一一尝试，可还是没成功，这时嘉泽脸上露出难过的表情。

教师："需要帮忙吗？"

幼儿："老师，我之前用胶棒粘不住，我又换了双面胶、胶钉，还是不行，尾巴总掉下来。"

教师："不要着急，想想怎么才能让长长的尾巴和身体牢牢地粘在一起呢？"

嘉泽好像明白了什么，撕了更长的双面胶，将尾巴挨着身体的部分都裹上了。

幼儿:"成功了!老师你看,我把尾巴上都贴上了双面胶就不掉下来了。"(见图6.29)

反思:

大班幼儿做事具有计划性,嘉泽能够按照自己的设计图进行操作。结合低结构材料的特点解决正方形纸盒变长方形纸盒的问题,破形为幼儿创作提供了新思路,激发了幼儿的创新性思维。针对粘贴工具出现的问题,培养幼儿形成提前在头脑中预测、推理结果的意识,对其思维发展起到推动作用。

同时,教师在活动中适时介入、适时退出,为幼儿提供充分思考的空间;帮助幼儿调动已有经验,引导其通过对比、观察找不同,寻找解决方法;及时肯定、鼓励幼儿,增强其自信心;以共情的方式拉近师幼关系,通过启发式问题进行有针对性的指导。

此外,幼儿反映出的问题也正是教师需要反思的地方。比如如何提供适宜的低结构材料供幼儿创作表现?如何及时发现并回应幼儿的不同需求,以提高游戏水平?

图6.29 用双面胶粘尾巴

阶段二:站起来的"辛巴"

这天嘉泽继续完善了"辛巴"设计图,给"辛巴"画上了腿,变成了

"站"起来的狮子。嘉泽又去美工区找来四个小牙膏盒,准备将其粘到辛巴的身体上,可是辛巴的身体底部是空的,怎么能把腿粘上呢?只见他将小牙膏盒一个一个地粘在身体的四个角上。可是这个粘上了,那个就倒了,一点也不稳固。嘉泽看了又看,也没有想出好办法。

教师:"嘉泽,出现什么问题了吗,需要帮忙吗?"

幼儿:"我想让辛巴'站'起来,可是它怎么都站不稳。"

教师:"你觉得它为什么站不稳呢?"

幼儿:"我觉得是小盒子和长方形的盒子接触得少,这个底下是空的,所以立不住。"

教师:"那你想想有什么好方法能把四个角都填满呢?"

幼儿:"用小积木吧,塞在里面可能行。"

教师:"这个方法听起来不错,可以试试哟!"

于是嘉泽找来了废旧小积木,用双面胶把积木粘在了四个角上。在此基础上,再次把腿和身体粘好,这下他发现"辛巴"站得很稳了。他开心地告诉我:"我成功了。"

嘉泽虽然让辛巴"站"起来了,可他觉得"辛巴"身体太僵硬了,而狮子的身体是软的、有曲线的。于是他找来了超轻黏土,可是发现没有合适的颜色。在老师的启发下,嘉泽用红色、绿色、黄色黏土混合成了他喜欢的颜色,接着将其粘在了辛巴的身体上,特别在四周用红棕色的波浪线条进行装饰,果然辛巴看起来生动活泼了许多(见图6.30)。

反思:

幼儿的创作实现了从平面到立体的转变,通过观察、感知材料形状、材质的特点,激发了幼儿对材料使用方式的思考,从长方形牙膏盒制作站起来的"辛巴"到利用废旧积木的形状特征进行加固,利用超轻黏土易变形的特点将僵硬的身体曲线化,幼儿都能充分利用其特性,探究不同材料在作品中的用途,拓展新的创作思路,激发了幼儿的想象力,从中获得了愉快的游戏体验。

教师也能敏锐地觉察幼儿的情绪,站在幼儿的角度鼓励、安抚幼儿,适

图 6.30 用超轻黏土装饰狮子的身体

时介入,调整身份进行有效引导,并利用区评环节以及同伴间相互学习来帮助幼儿提升相关经验,为幼儿游戏水平的提高提供了很大帮助。

阶段三:百变"辛巴"

这天嘉泽向同伴介绍昂首挺胸的"辛巴",孩子们不禁发出赞叹。这时有幼儿问道:"嘉泽,你的'辛巴'除了能'站',还有什么秘密武器吗?"嘉泽想了想说道:"好像真没有,我得想想让我的'辛巴'变得更威猛!"同伴的话激发了嘉泽为'辛巴'制作装备的想法。

他拿着设计好装备的设计图来到美工区,注意到了废旧塑料勺,嘴里嘟囔着:"'辛巴'的大耳朵能接收信号,给它加个雷达接收器吧。"于是将其固定在了鬃毛的左右两侧(见图 6.31)。不一会儿他又翻出了贝壳海螺。"这些能当盔甲,有了硬硬的壳谁也不敢靠近它了。"嘉泽自言自语道,接着用胶钉一个一个将它们粘在了"辛巴"的身体上。只见嘉泽又用一块绿色纸卷成了一个圆筒,在圆筒里粘了一些毛绒小球,最后用一根绳子将其捆在辛巴的腿上(见图 6.32)。见此,我走近他问道:"你的'辛巴'都有什么厉害的本领呀?"只见嘉泽兴奋地说:"我的'辛巴'可威武了,先从上面看,有一个雷达接收器可以迅速地接收信号,'辛巴'可以听到 500 米以外的声音,而且雷达能帮

图 6.31　安装雷达接收器　　　　图 6.32　固定炸药包

助它识别危险系数。它的身上还有坚固的盔甲,能保护它不受伤。"

教师:"听起来可真是只厉害的狮王,那腿旁边这个是什么呢?"

幼儿:"这是一个炸药包,辛巴的身体中有个按钮能启动炸药系统,脚底藏着备用的炸弹!有危险它也会报警,然后炮弹就会发射出去。"

教师:"哦,原来是这样的啊,按钮在哪儿呢?"

只见他灵机一动找来了超轻黏土,揉了 6 个小球,接着他用双面胶把"炸弹"粘在了身体右下角的位置,并用红色捏了一个长条放在了"炸弹"旁边做报警器(见图 6.33)。

图 6.33　安装启动按钮

调整后，嘉泽拿着"辛巴"主动和周围同伴分享介绍着它的秘密装备，小朋友们围着他听他讲述"辛巴"装备的故事。

反思：

设计图纸在幼儿游戏中起到很重要的作用，嘉泽根据需求不断调整计划图，循序渐进地完成了计划。在执行计划的过程中，点、线、面类材料同时存在，幼儿也能够紧密地将材料的外形与功能相联系，比如制作盔甲时，自主选择贝壳类的硬质材料，既符合盔甲的外形特征，也起到了盔甲的保护作用。幼儿能结合生活中的实际经验，选择恰当的材料进行合理化创作，潜移默化地调动了幼儿的积极性，促进了创造力的发展。

在此基础上，教师利用支架式指导法，重点从作品功能的角度对幼儿进行引导，用启发式的问题帮助幼儿拓展思路，完善作品，为下一次创作奠定了良好的基础。

（北京市昌平区机关幼儿园　刘仪　李平）

第七章
以建构游戏为例促进幼儿深度学习

人类社会已快速进入信息时代,信息技术飞速发展,人类的生活方式和学习方式正在发生根本性变化。美国未来学家阿尔文·托夫勒(Alvin Toffler)指出,21世纪的文盲将不是那些不会读、不会写的人,而是那些不学习、不肯清空自己、不愿重新学习的人。面对海量的、迅速更新的知识信息,学习者该如何提高学习效率,在把握学习广度的同时提高学习深度成为人类适应社会变革、打造终身学习力、培养时代创新人才的重要课题。

联合国教科文总干事伊琳娜·博科娃(Irina Bokova)在2009年11月世界教育创新峰会上的发言中讲到:21世纪的教育需要重大创新,这是因为我们的世界正在变得越来越复杂、越来越融合,知识驱动性也越来越强,我们必须就教育的目的、学习的内容、为什么学习以及如何学习开展批判的、持续的交流和对话。

为适应世界教育改革发展趋势、提升我国教育国际竞争力,2016年9月教育部发布《中国学生发展核心素养》,明确学生应具备的适应终身发展、满足社会发展需要的必备品格和关键能力,其中包含培养学生的科学精神、学会学习以及实践创新的能力。学会学习的能力主要体现为学习意识的形成、学习方式方法的选择、学习进程评估调控等方面的综合表现,包含乐学善学、勤于反思、信息意识等基本要点,这无论对于个人发展还是社会发展,都是最基础的。

《指南》和《规程》都提出要最大限度地支持和满足幼儿通过直接感知、

实际操作和亲身体验获取经验的需要，要为幼儿提供主动探索、操作实践、合作交流和表达表现的机会，帮助幼儿逐步养成积极主动、认真专注、不怕困难、敢于探究和尝试、乐于想象和创造等良好的学习品质。[①] 在对传统教育以教师权威、知识传授、结果评价为特征的变革过程中，尊崇学习者主体性和主动性、注重建构经验并进行迁移运用、解决实际问题而实现意义的深度学习，将为实现新的教育目标搭建桥梁。

如今，深度学习已被许多发达国家或地区设定为新世纪长期的教育变革目标，但大多实践都集中在基础教育和高等教育阶段，有关学前教育阶段的深度学习研究和实践都较少。对于幼儿来说，幼儿不仅在教师设计或发起的适宜的教学活动中会产生"深度学习"，在当前以游戏为基本活动的学前教育课程理念下，区域游戏更会成为促进幼儿"深度学习"的主要场域和途径。幼儿在深度学习中表现出的以问题解决为导向、以积极的情绪为动力、以操作体验为依托、以同伴合作为支撑、以评价反思为主轴的内涵与特征也是高水平区域游戏追求的最终目标。

然而，据了解，当前区域游戏中的深度学习虽然备受关注，但是教师对什么是深度学习还不是十分了解，在支持策略方面存在局限和不足。一些教师在区域游戏中表现出对幼儿的放任，完全的自由游戏导致幼儿游戏水平停滞不前，甚至存在安全隐患，不能达到深度学习的效果。大多数教师在对幼儿游戏的支持上存在盲目性，环境创设、材料投放的适宜性不强，在组织程序、时间分配、支持幼儿选择材料、甄别游戏内容、进行知识结构化、科学评价反思等方面缺少科学的设计与安排，使得区域游戏不能推进幼儿的深度学习，不能最大化实现幼儿的全面发展。本书以建构游戏为例，试图以脑科学理论为指导，探究推进幼儿深度学习的有效策略。

---

① 中华人民共和国教育部.3～6岁儿童学习与发展指南［Z］.北京：首都师范大学出版社，2012.

第一节 深度学习的内涵与意义

学习是一个由表及里、由浅入深的过程,学习过程往往会决定学习结果。浅层学习的特点是被动、机械,缺乏深入探究与思考,学习内容脱离生活实际,与以往的经验缺乏关联,强调记忆而非理解;深度学习则更注重主动探究、批判理解,强调新旧知识之间的联系以及多学科知识的融合,重视经验的迁移运用和问题的解决。

幼儿在区域游戏中对感兴趣的事物进行积极探究,在游戏过程中面对出现的问题情境不断调动已有经验试误、反思、调节、创新,建构形成新的经验,促进高级思维的发展,从而使游戏和学习产生意义,这就是深度学习的体现。

一、深度学习的内涵与特征

人类的学习包含有浅层的感觉、知觉、注意、接收、记忆,还有深层的思维、推理、批判和创新等高级认知行为。20世纪50年代,瑞典两位学者马顿(Marton)和赛尔乔(Saljo)在对大学生的学习过程进行实际观察的过程中发现,当学习者缺乏深入的探究与思考,主要采用机械记忆的方式进行学习时,他们对学习内容的掌握就是相对浅表的;学习者只有结合自己的经验积极主动地去思考和建构知识,才能形成真正的理解,所学内容才具有可迁移性。于是,他们在《学习的本质区别:结果和过程》一文中最早提出了深度学习和浅层学习两个相对应的概念。①

早期的大多数研究者都是从认知加工的高水平和低水平的角度区分深度

---

① 冯晓霞."安吉游戏"与深度学习——兼谈我们为什么要学安吉[J].幼儿教育,2021(Z4):8-12.

学习与浅层学习的。随着深度学习理论研究的深入发展，Beattie（1997）提出，深度学习的内涵主要表现为批判地理解知识并对其进行深度加工，且强调新旧知识的连接。有关对深度学习内涵的界定，国内最具代表性的是由学者何玲和黎加厚（2005）提出的，即深度学习是指学习者在理解的基础上，能够批判地学习新事实和思想，并将它们融入原有的认知结构中，能够在众多思想之间进行联系，同时也能够将已有的知识迁移到新的情境中，做出决策和解决问题的学习。[1]

张浩和吴秀娟（2012）总结出了深度学习的五个特征：面向问题解决的培养、强调信息间的关联及整合、促进知识的建构与反思、注重培养批判性思维能力、注意知识与能力的迁移和运用。[2]

冯晓霞对深度学习的特征进一步概括为以下内容。

理解与批判——注重知识学习的批判性理解，而不是毫不思考地接受；

联系与建构——强调新旧知识之间的联系，多学科知识的融合；

迁移与应用——重视学习的迁移运用和问题解决，在新情境下运用所学以解决问题。[3]

由此可见，"深度学习"不是超越儿童认知水平的高难度学习，不是学习内容的"难度"。这里的"深度"包括：①学习参与状态的深度，即学习者的积极主动性、专注持续性；②学习过程的深度，即通过对过去认知经验的不断回顾，使新旧知识建立关联，形成结构；③学习方法的深度，即在理解的基础上融合、迁移、应用以及创新；④学习结果的深度，即表现为新情境下的知识应用和复杂问题的解决。

所以，概括来讲，深度学习是一种有效解决知识碎片化，深入挖掘知识内涵及其相互关联的学习方式；是学习者在已有认知基础上，在与环境互动的

---

[1] 何玲，黎加厚.促进学生深度学习[J].现代教学，2005（5）：29-30.
[2] 张浩，吴秀娟.深度学习的内涵及认知理论基础探析[J].中国电化教育，2012（10）：7-11，21.
[3] 冯晓霞.游戏中的深度学习[J].奕阳幼教评论，2019（49）：7-15.

过程中整合新旧经验，通过反思和重构达到心理认知的平衡，并能够在元认知的参与下运用知识与技能解决问题，从而获得成功体验的一种学习。大脑将零碎的信息进行深度加工、理解、掌握，将其转化为结构化的知识，再将知识内化，直至可以创新应用、灵活地解决实际问题，最终实现知识从量到质的转变。

深度学习不是超越儿童认知水平，具有高难度内容的学习，而是其学习能力进阶的一种顺承表现，也是实现有意义学习的重要途径。

二、深度学习的能力结构和对幼儿学习与发展的意义

美国联邦教育部（United States Department of Education）在2007年曾制定了《21世纪技能框架》，将学生应具有的核心素养描述为三大类，分别为学习与创新技能，信息、媒体与技术技能，生活与职业技能。其中学习与创新技能处于金字塔顶端，包含批判性思维与问题解决能力（Critical Thinking and Problem Solving），交流能力（Communication），合作能力（Collaboration），创造与创新能力（Creativity and Innovation），俗称"4C"。

2010年，美国研究院（American Institutes for Research）曾组织和实施了一次名为"深度学习研究：机会与结果"的研究。该研究发现：在实施深度学习策略的学校中，学生的学习表现更好、毕业率更高，且自我效能感更高。[1]

2012年，美国国家研究委员会（National Research Council）发布了题为《为了生活和工作的学习：在21世纪发展可迁移的知识与技能》的研究报告，进一步探讨了深度学习与21世纪技能的融合，认为深度学习强调知识内化及知识迁移能力形成的过程，这正是培养学生21世纪技能的重要途径，也是信息化时代智慧教育发展需要的核心支柱。21世纪技能的实现借由深度学习主要表现在以下三个领域：认知能力（Cognitive Competencies）、自我能力（Intrapersonal Competencies）以及人际能力（Interpersonal Competencies）（见表7.1）。[2]

---

[1] 彭璇. 深度学习在美国渐成气候[J]. 上海教育, 2019（32）：16–19.

[2] National Research Council. Education for Life and Work: Developing Transferable Knowledge and Skills in the 21st Century[M]. Washington, DC: National Academies Press, 2012.

表 7.1　与深度学习相融合的 21 世纪技能框架

领域维度	能力维度	能力的内容
认知领域	核心内容知识的掌握	获得对某一学科知识的基本理解，将知识迁移到另一个情境中
	批判性思维与问题解决	发现问题并形成假设；能够判断、评价和分析多源信息，推理并形成合理论证来支持假设
人际领域	有效沟通	倾听和整合他人的反馈观点，为同伴提供建设性合适的反馈
	协作能力	相互合作成功完成任务和解决问题，共同确定团体目标，参与对问题解决的步骤的规划
自我领域	学会学习	形成监控和指导自己学习的能力
	学术心志	影响学生学习参与的动机，在学习团体中有归属感，将学习视为社会性过程，主动向他人学习，认为自己是成就获得者并希望实现目标

资料来源：冯晓霞."安吉游戏"与深度学习——兼谈我们为什么要学安吉[J].幼儿教育，2021（Z4）.

具体到幼儿的深度学习，王小英等人将其定义为：在生活或游戏当中面对有难度、有挑战的学习时，主动地或是在教师的支持下、同伴合作中积极地批判性迁移认知与经验、运用高阶思维，不断探索与尝试，最终解决问题的学习过程。她指出，首先，从认知层面来说，幼儿的深度学习是一种基于问题解决的学习，也是一种主动的、批判性的学习，因此它具有理解与批判、联想与建构、迁移与应用三个特征；其次，从动机层面来说，幼儿的深度学习是一个全人类整体性投入的活动，既包括众多智力因素的投入，也有动机、情绪等非智力因素的投入；最后，从社会文化层面来说，幼儿的深度学习既是一个个体心理过程，也是根植于社会文化的建构过程，具有人际互动的特征。① 据此，有学者对幼儿深度学习进一步做出了操作性定义，从三个维度七个指标进行了阐述（见表7.2）。

---

① 王小英，刘思源.幼儿深度学习的基本特质与逻辑架构[J].学前教育研究，2020（1）：3-10.

表 7.2　幼儿深度学习操作性定义

一级维度	二级指标	具体行为表现
学习态度	积极主动	幼儿在游戏过程中表现为轻松愉快的情绪与高度投入的状态
	认真专注	幼儿在较长时间或整个游戏过程中一直坚持自己的游戏，而不受环境等其他因素的影响
	不怕困难	幼儿在游戏过程中，面对遇到的困难与挑战时，积极思考、不断尝试、反复验证各种方法，致力于成功解决问题
问题解决	问题意识	幼儿在游戏过程中能够意识到自己遇到问题，并尝试自己解决或向同伴、教师寻求帮助
	迁移与应用	幼儿在解决问题的过程中，能联系到已有的知识经验并应用到该游戏情境中来
高阶思维	批判性思考	幼儿在游戏过程中清晰明确地表达自己的想法，并能阐述出其前后逻辑关系
	反思与评价	幼儿在整个游戏过程中，不断调整、改变探索的方式以尝试问题的解决，表达对建构作品的遗憾与对下一次搭建的期许

资料来源：张馨月. 建构游戏中促进大班幼儿深度学习的师幼互动研究［D］. 济南：山东师范大学，2020.

由表 7.2 可看出，在区域游戏中的深度学习对幼儿学习与发展具有重要的意义。表现如下。

第一，区域游戏中的深度学习是一个学习者发挥主体性、主动学习的过程，是一个需要亲身投入、亲自体验、动脑筋想办法，运用已有经验解决问题的过程，任何人不可替代。区域游戏中促进深度学习有利于真正实现以儿童为中心，以儿童为学习主体，由知识训导转向主体建构，尊重儿童身心发展规律和特点，尊重儿童个体差异性，实现课程的年龄适宜性与个体适宜性，拒绝"小学化"倾向，从而真正实现儿童可持续发展。

第二，区域游戏中的深度学习以兴趣为前提，以深度体验为过程，以深度反思为结果的系列发展过程，满足了幼儿的好奇心和探究欲，满足了幼儿情绪情感表达的需要。幼儿在深度学习的过程中，获得的不仅仅是有意义的知识，同时也能够逐渐发展起对待事物的积极主动、专注坚持的态度，培养不怕困难、会做计划、善于反思、灵活调节、乐于创造等良好的学习品质，为终身学习奠定良好的基础。

第三，区域游戏中的深度学习支持幼儿主动探究，获得新经验，并不断平衡新旧经验，促进记忆与知识的结构化，进一步形成结构性思维、批判思维和创造性思维，从而形成迁移能力，调动已有经验运用到当前的活动情景中。这一过程符合大脑学习的内在神经机制，有利于幼儿大脑的发育，激发其更大潜能，培养其科学的学习力，为幼儿未来获得学业成就做好准备。

第四，区域游戏中的深度学习虽然强调幼儿的主体性与主动探究，但同时也充分发挥着幼儿与成人和同伴之间积极互动、协商合作的价值，教师是支持幼儿深度学习的关键。幼儿在教师准备的教育环境中行动，得到教师的支持、启发、合作和引导，面对游戏中的"难题"时仍然能保持兴趣，不丧失信心，能够不断回顾经验、反思调节，持续探究，最终获得认知、情感、动机、能力等各方面的全面发展。

第二节　脑科学对幼儿深度学习的启示

大脑作为人类学习的重要器官和神经基础，将探究大脑学习神经机制的脑科学与深度学习相结合，以脑科学理论理解和指导深度学习，更易于将深度学习所依赖的大脑信息加工的神经机制可视化，帮助人们理解深度学习需要什么样的环境刺激与支持引导。根据脑的发展规律和运行机制来编制课程、设计教学、提供策略，这可以更好地开发人类的学习潜能和指导人类的学习，尤其是反思、批判、创新的深度学习过程是当前教育科研领域最前沿的科研课题，越来越引起人们广泛的关注。

一、连接主义揭示学习过程中大脑神经网络连接机制

加拿大心理学家赫布首次提出"连接主义"概念,认为大脑的活动是靠脑细胞的组合连接实现的,神经系统的学习发生在两个神经元相互连接的突触处,学习就是由相互关联的具有活性值的神经单元构成的网络的动态整体活动,这也正是当代连接主义认知心理学的内在学习机制。[①] 本书第二章关于学习本质的论述中也明确提出,学习的本质就是大脑神经元之间通过电化学冲动储存、传递信息形成突触连接,建立神经网络的过程。

人脑内神经元之间的传递不是纯粹的线性传递,而是同一神经元与众多神经元之间存在大量的并列的、立体的网络状的突触联系并形成极其复杂的微回路系统。[②] 我们的神经系统具有这样的性质,一部分神经元兴奋,会引起其他神经元的兴奋,共同兴奋的神经元倾向于建立更多的联系,从而产生更多的交换信息的通道。随着它们不断的共同兴奋的过程的推进,它们之间的联系就不断加强,最后形成一个整体。这个整体就被称为"神经通路"。

幼儿由于感觉、动作的发展,有更多机会与周围的客观世界进行互动,接受更多的刺激。起初,他们接受的刺激有可能是零散的、随机的,但这些刺激之间却可以建立关联,从而具备更强的信息整合能力。

启示:

深度学习更加凸显出学习者本身的自主性和主动性,通过对环境的感知、操作和体验,在环境刺激下会产生一定的神经连接。随着探究的深入和知识经验的积累,个体会对已有的神经元连接进行结构化整合,使其能够在与新的神经元构成连接时,迅速形成更具有系统性的连接和神经回路。这就是对知识进行结构化整合,建立结构性思维的过程,是批判反思和迁移能力的神经基础。神经网络的牢固程度、广泛程度和结构化程度最终将决定一个孩子的学习能力。

---

① 贾林祥.认知心理学的联结主义理论研究[D].南京:南京师范大学,2002.
② 同①.

研究者进一步提出，尽可能多地让幼儿整合多个感觉通道的信息，通过不断重复加强已有神经网络，尽可能多地进行试误学习，产生顿悟，都是对已有知识经验进行巩固、拓展、丰富的过程，这会帮助幼儿提升记忆，为新旧经验的连接、迁移奠定基础。年长儿童比年幼儿童会产生更多的神经连接，知识联系更复杂、更广泛、更稳固，且不断出现记忆策略。年长儿童更容易认识到如何将某一情境中的习得过程适用于另一个不同的情境。

对某些领域感兴趣、擅长的幼儿，有更丰富的认知经验，那么他们对于新输入的信息就会有一定的组织加工策略，存储新信息就会更容易，也更有利于从长时记忆知识库中提取有用信息，提高解决问题的效率，甚至达到自动化。而缺乏更多经验的新手则没有建立起强大的神经网络和知识结构，在长时记忆知识库中难以检索到可迁移的有效信息，降低了解决问题的效率。

二、大脑信息加工系统直观呈现深度学习过程

美国著名的教育心理学家加涅提出了信息加工理论，其基本假设为：行为是由有机体内部的信息流程决定的，学习过程是对信息的接受和使用过程，学习是主体与环境相互作用的结果。[①] 个体与环境相互作用，获得刺激信息，将其储存在记忆中，并付诸行动。人的信息加工系统包含四个主要成分：感觉器官、短时记忆或工作记忆、长时记忆、肌肉系统（受到神经冲动激发执行动作行为）。在该系统支持下，信息加工的一般程序为信息输入—信息处理—信息编码—信息存储—信息提取。

环境中的信息刺激经由我们的感觉器官，如眼、耳、鼻、舌、身输入，经过感觉器官的筛选，将大脑的注意力集中在重要的信息刺激上。筛选后的信息经过编码解释，被神经系统转化为适宜加工的代码、符号或表征成为短时记忆。编码后的信息仍然是零散的、碎片化的，需要进行进一步分类整理，使其

---

① 陈琦，刘儒德. 当代教育心理学［M］. 北京：北京师范大学出版社，2003：92-94.

进入长时记忆中进行储存，成为个体的知识库，以备在需要时被提取出来提供决策参考。面对一定的情境，长时记忆中的某些信息会经过神经传导，激活相应的肌肉产生相应的行为，或产生内省思考得出结论，最后完成信息输出。

人类大脑的学习首先是寻找和创建意义的过程。要判断个体处理的信息是否有意义，就取决于这个信息能否与学习者已有的经验之间建立联系。建构意义的过程就是信息完成编码并进行网络化和结构化，形成信息间的联系，完成信息储存，并在新的问题情境中进行有效提取的过程。

加涅将学习由简单到复杂分成八个不同层次：信号学习、刺激—反应学习、形成连锁、言语联想、多重辨别、概念学习、规则学习、解决问题或高级规则的学习。①深度学习的一般过程划分为三个部分：第一部分包括"学习和认知"过程，主要是向学生呈现刺激材料，属于学习准备阶段，也是深度学习的基础阶段；第二部分包括"问题产生""反思加工""建立连接""迁移运用和问题解决"这四个环节；第三部分是评价与创新，帮助学生进行行为调整。②

加涅提出的八个学习层次层层递进，正好体现了深度学习在不同阶段要实现的结果。刘志霞（2019）结合对深度学习的内涵、特征、一般过程及其与大脑学习机制内在联系的深度理解，建构了基于脑科学的深度学习模型。该模型中深度学习的前四个环节——初步的学习与认知、问题的产生与反思、知识的连接与架构、迁移与创新分别对应大脑信息加工流程中的信息输入、信息编码存储和信息提取，评价与处理则存在于整个深度学习的过程中，同时伴有信息加工过程（见图7.1）。③

---

① 袁红梅.加涅的学习理论与大学生英语自主学习能力的培养［J］.零陵学院学报，2004，2（2）：106-108.
② 刘志霞.基于脑科学的深度学习研究［D］.重庆：西南大学，2019.
③ 同②.

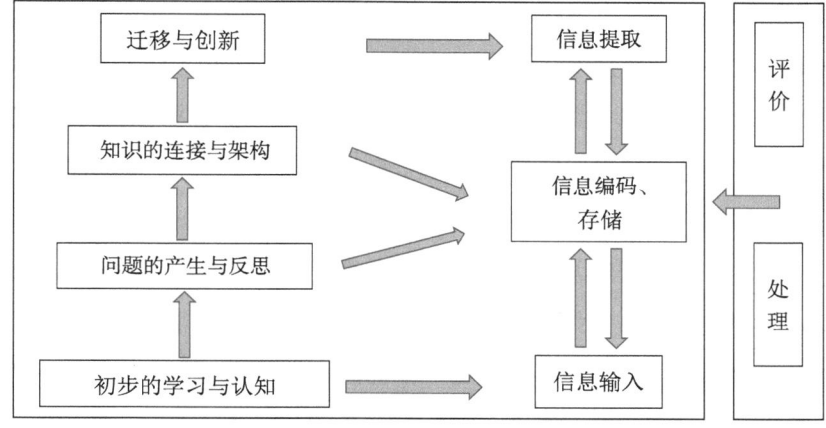

图 7.1 基于脑科学的深度学习模型

启示：

每个幼儿个体都是积极的信息加工者。幼儿与周围环境中的人和物进行互动的过程，就是内部信息与外部刺激交互作用的过程。我们可以把信息加工能力理解为信息加工的速度、信息存储量、信息存储时间，还有信息连接和信息提取输出的效率。参考基于脑科学的深度学习模型，为了便于教师更容易理解和掌握，我们将这些能力进一步化简为注意控制、记忆整理、新知识与已有认知经验相连接迁移应用的能力。这些能力是深度学习最重要的基础，越是科学地运用大脑，深度学习的层次就越高。

所以，如何呈现信息刺激以吸引幼儿的注意，使其能够更好地进行认知控制，更为主动地在环境中排除干扰，搜索需要的信息往往是信息加工的第一步，也是深度学习的起点。研究者 Mayer（2011）认为深度学习的过程包括建立五类知识的相关网络，这五种类型的知识分别为事实、概念、程序、策略及信念。其中，事实知识如果形成一个整体而非孤立的碎片，则更容易进行迁移；概念知识最容易迁移的形式是形成模式、模型和原理。总之，"专家"的知识是整体性的、结构性的，而新手的知识则是碎片化的，肤浅的。[①] 所以，

---

① 孙妍妍，祝智庭. 以深度学习培养 21 世纪技能——美国《为了生活和工作的学习：在 21 世纪发展可迁移的知识与技能》的启示［J］. 现代远程教育研究，2018（3）：9-18.

在日常生活、游戏或学习过程中，要及时帮助孩子通过多种表征方式梳理回顾相对零散的已有经验，通过网络化、结构化的处理，形成相应的可视化认知体系，并将其纳入长时记忆库。当遇到新的问题情境时，幼儿更容易在记忆中快速有效地检索有用的信息，促进他们的知识和经验在新情境中产生迁移创新。而这些都将促进认知与元认知策略的形成，从而进一步形成策略知识，支持幼儿解决问题。比如：有的孩子经常玩搭建游戏，积累了大量的建构经验，那么他们对于新输入的刺激信息，比如在观察和思考要完成的新的搭建任务时就会形成一定的组织加工策略，也会更容易在面对新的问题情境时回忆和使用先前的知识经验去解决问题。

多个研究表明，让学习者完成具有挑战性的任务但不提供相应的反馈和支持是无法达到深度学习与知识迁移的目的的（National Research Council, 2012）。而在学习者完成具有挑战性的任务时提供合适且有针对性的认知性指导，是促进深度学习与知识迁移的有效途径（Tobias et al., 2009）。[①] 所以，评价处理、反思调节应贯穿始终，幼儿只有在教师提供的辅助性指导以及积极反馈中才能调动其内在正向的反馈与调节，才能在失败时不断地尝试与其他更多已有经验建立连接，甚至产生新的方式，最终不断使其知识结构优化升级。

第三节　脑科学指导下在建构游戏中促进幼儿深度学习的实践探索

深度学习是一种有效解决知识碎片化，深入挖掘知识内涵及其相互关联的学习方式，也是信息化时代人类为更好适应未来社会竞争和挑战所具备的一种能力。从脑科学角度来研究深度学习，能够借助科学研究的成果来提高幼

---

① 孙妍妍，祝智庭. 以深度学习培养 21 世纪技能——美国《为了生活和工作的学习：在 21 世纪发展可迁移的知识与技能》的启示［J］. 现代远程教育研究，2018（3）：9-18.

学习的效果，达成深度学习的目的。鉴于此，基于脑科学的深度学习模型，提出科学化的支持幼儿深度学习的有效策略，显得非常必要。

一、建构游戏与深度学习的契合

人脑是人类学习的基础，而人的思维又通过学习被塑造，学习与思维是双向建构的关系。脑科学的发展与深度学习的兴起，促使传统意义上的学习目标、内容、方式以及评价发生巨大的变革。脑科学的研究不断揭示着深度学习发生的机制，为研究深度学习提供了科学基础；从脑科学视域去探究深度学习，也为教师的"教"和学生的"学"提供新的实践方向。

邱学青（2005）在《学前儿童游戏》中将建构游戏定义为儿童操作各种结构材料，来构造物体的一种游戏。其材料不仅包括积木、积塑、胶粒、雪花插片等专门的结构性材料，还包括沙、石、水等自然材料和废旧物等。[①] 本研究在研究建构游戏中的深度学习时，聚焦到以积木、积塑和常见的插片等材料为主的建构游戏类型。建构游戏是幼儿主动性较高的区角游戏。幼儿在建构游戏中，先制订建构主题计划，选取相应的建构材料，然后通过操作建构材料来体现自己的建构思路，在这个过程中不断地调整自己的建构方式，最终建构出使自己满意的作品，并呈现出一定的效果。建构游戏需要幼儿应用先前对建构材料以及计划要实现的建构目标的已有认知经验选取适宜的建构材料，并运用反思批判性等高阶思维探索、调整搭建方式，不断发现问题、迁移已有经验、创造性地解决问题，最终在内在动机的驱使下完成作品的搭建，进一步深化认知经验。这说明幼儿深入探索建构游戏的过程要素与深度学习的过程要素和理解与批判、联系与建构、迁移与应用等特征高度契合。建构游戏不仅能为幼儿发生深度学习提供良好的环境与条件，还能促进幼儿多领域全面发展，同时幼儿深度学习的发生推动着建构游戏持续深入的开展。因此我们尝试将建构游戏与

---

① 邱学青.学前儿童游戏[M].南京：江苏教育出版社，2005：28.

幼儿的深度学习进行有效的整合。

建构游戏充分体现了幼儿主动的游戏意愿，幼儿能够按照自我意愿对建构作品进行加工、修改、创造，并在上述行为中不断地发现问题、解决问题，这些行为能够促进幼儿对自我认知的认识，在已有元认知水平上进一步发展。

在建构游戏中，在一定情景下幼儿需要根据自己的需要和兴趣选择建构材料、建构内容和建构方式，这种选择不是盲目的，而是幼儿在感性操作体验和理性思维的驱动下不断进行的选择和调适，能在循环往复中提高幼儿计划和反思的能力。

在建构游戏中幼儿会调动前期的建构经验，在形成的长时记忆中搜索到有用的知识结构，并在新的建构情境中进行迁移、创造，能够进一步帮助幼儿扩展知识结构和经验，使他们成为熟练的、灵活的建构者、问题解决者。

基于深度学习的定义，结合学前儿童建构游戏的特点，笔者认为建构游戏中的深度学习是一个螺旋上升的、循环往复的过程。在这个过程中，幼儿选择感兴趣的建构目标，在为完成建构目标的游戏过程中，面对有难度、有挑战的建构问题时，主动地或是在教师的支持下、与同伴的合作中，积极地应用与当前游戏情景中相关的已有经验与知识，批判性地选择合适的建构材料，专注地运用多种建构技能不断地探索与尝试，最终对完成的建构作品进行反思与评价。[①] 同时有学者将深度学习与建构游戏相结合，对建构游戏中深度学习的操作定义进行以下阐述（见表7.3）。

---

① 陈睿曦.大班建构游戏中支持幼儿深度学习策略的研究［D］.成都：四川师范大学，2021.

表 7.3　建构游戏中深度学习的操作定义表

	积极主动	认真专注	不怕困难	问题意识	迁移与应用	批判性思考	反思与评价
明确建构目标	幼儿踊跃表达自己感兴趣的建构主题	幼儿向游戏同伴描述自己感兴趣的游戏主题时，能详细地说出建构作品的大小、形状及所需建构材料，以获得同伴的赞同	幼儿提出的建构目标有难度、有挑战，需要运用较高建构技能才能完成	当建构主题未达成一致时，幼儿有解决该问题的意识并尝试	幼儿根据前期搭建相似建构主题的完成度，确定符合自己水平的、具有可操作性的建构目标	对于同伴的想法，能够符合逻辑地表达自己的意见并清楚地说明原因	相比同伴的想法，幼儿清楚自己提议的不足与长处
选择建构材料	幼儿根据当前目标分享自己对不同建构材料特征的认识	幼儿根据当前建构目标挑选所需建构材料	探索不同建构材料的多种玩法，了解各种材料的特性	幼儿因使用不适宜材料而未能顺利搭建时，能尝试使用其他的建构材料	幼儿根据前期游戏中材料使用情况和经验，选择能满足本次搭建需求的材料	幼儿明确知道各种材料的优缺点，未完成建构目标而选择适宜的建构材料	幼儿为不同的建构作品选择不同材料而出现分歧时，通过验证、尝试不同材料的效果后明白不同材料的不当之处与合适的原因
运用建构技能	幼儿搭建作品时乐于运用难度较高的建构技能	幼儿挑战有难度、建构水平高的作品需要高度投入	幼儿综合运用多种建构技能挑战多维作品的搭建	幼儿因运用难度较低的建构技能而未能呈现出期望的建构效果时，能改用难度较高的建构技能	幼儿能够综合运用前期游戏情景中习得的技能经验，解决此游戏情景中的问题	幼儿明确知道运用各种建构技能所能达到的建构效果	当自己与同伴所运用的建构技能出现分歧时，通过动手操作直观感受不同技能呈现的不同效果，明白自己与同伴不同技能的缺点和优势

续表

	积极主动	认真专注	不怕困难	问题意识	迁移与应用	批判性思考	反思与评价
分享建构作品	幼儿勇敢地表达出对同伴、自己建构作品的意见与看法	幼儿仔细倾听同伴、教师对自己建构的作品的意见与看法	幼儿敢于回应同伴、教师对其建构作品提出的质疑	幼儿意识到自己建构作品的不足,主动询问同伴、教师的建议	能通过列举班级前期建构主题相似的作品和经验,评价自己及同伴的作品	能符合逻辑地评价同伴的作品,肯定同伴的优点,说出不足的地方	敢于承认作品的不足,否定不成熟的建构经验,乐于分享成熟的建构经验

资料来源：陈睿曦.大班建构游戏中支持幼儿深度学习策略的研究［D］.成都：四川师范大学，2021.

当然，建构游戏中的深度学习也充满了幼儿的情感投入，他们在与同伴共同探索、互助合作、分享成果等行为中体会到游戏的快乐，从而更多地激发兴趣，促进专注和坚持，促进反思和表达，不断推进建构游戏的深入。

综上所述，建构游戏中的深度学习在幼儿认知能力、学习思维及情感态度、社会交往方面都有着不可替代的重要作用，对学前儿童的全面发展发挥着特有的价值和意义。

二、建构游戏中深度学习的支持策略

深度学习指向高阶思维，意在促进幼儿的思维实现深层发展。在以解决问题为导向的建构游戏深度学习的过程中，强调的是幼儿自主、自发、自愿地发现问题—分析探讨—解决问题的过程，是基于真实的问题情境，问题具有一定的挑战性的情况下，需要幼儿在已有水平之上进行充分地、持续地探索，且不是一帆风顺的，需要幼儿反复不断地尝试。这个过程对于学龄前儿童来说具有一定难度，但却极具发展价值。为了促进幼儿在建构游戏中的深度学习，教师需要在活动之前就在尊重幼儿兴趣的基础上，与幼儿共同创设基于真实性的、游戏性的问题情境；在活动进行中保证充足的游戏时间与空间，尊重幼儿的个性与多样性，营造良好的班级氛围，引导幼儿进行知识建构与应用；还需要在活动后建立学习共同体，促进师幼、幼幼之间的互动和经验分享。

本节将从客观环境维度和师幼互动维度尝试梳理支持幼儿在建构游戏中实现深度学习的有效做法。

（一）客观环境维度

在幼儿深度学习的探索过程中，灵活充足的时间安排是深度学习过程中一个必要的支撑条件。除此之外，舒适的探索空间、适宜的游戏材料、支持性的环境提示等客观环境，都是幼儿深度学习必不可少的要素。

1. 时间支持策略

建构游戏一般都会在最初的大主题下不断衍生出多个小主题、小问题，通过一个个子问题的推进来促进幼儿深度学习的发生。每一个问题的解决都包括讨论、提问、反思等内容，幼儿会不断发现新的问题和兴趣点，再重新对问题进行分析、讨论、验证，这一系列的问题解决都需要充足的时间来支持。

（1）保证充足的探索时间

教师在给幼儿提供充足的时间进行思考和探索的同时，还要考虑幼儿的身心状态和专注程度。充足的时间并不意味着时间越多越好，而是在幼儿保持专注和拥有探索欲望的状态下，给幼儿提供充足的时间。

伴随着对深度学习的不断研究，我们深知充足的探索时间是实现幼儿深度学习的重要因素。因此我们重新审视了目前区域游戏环节组织实施存在的问题。建构游戏前，中大班幼儿先组内合作制订本次建构游戏的计划，制订计划完毕后再按照分工进行搭建。这导致幼儿将很大一部分游戏时间用于计划，而真正建构的时间就难以保证了，孩子们为此总是感觉不够尽兴。为此，我们调整了中大班的游戏计划形式，将原本的游戏前计划调整到前一天离园前制订计划,并在第二天入园、餐后、游戏前进行简要计划回顾,这样既能帮助幼儿回忆前期游戏经验、计划,又能保证幼儿有充足的游戏探索时间。

(2)高效利用碎片时间

充足的时间给幼儿提供深入探索的条件,但受制于一日生活的环节安排,在幼儿实现建构游戏深度学习的过程中,还应该要高效利用一日生活的零散时间,灵活地将深度学习与一日生活结合起来,最大限度地利用零散时间,激发幼儿深度学习的积极性,防止幼儿由于长时间无法操作而失去兴趣。

大二班教师根据班级幼儿的喜好,搜集了大班组所有的竹节棍以后,在拼插区开设了竹节棍专区。开展"神秘太空"主题时,孩子们的兴趣空前高涨,经常游戏时间结束了还想继续拼摆。见此现象,教师将户外的前活动整理时间、餐前过渡时间等环节进行优化,将竹节棍从玩具柜调整到休闲区,满足幼儿利用零散时间继续拼摆的需求。

深度学习的建构游戏需要幼儿进行持续探索,既要保证幼儿在专注游戏的过程中有充足的探索时间,还要保证有效利用一日生活中的过渡环节、零散时间,鼓励幼儿为实现目标任务有意识地深入,为深度学习打下良好的基础。

2. 空间支持策略

在幼儿深度学习的探索过程中,空间支持也是必不可少的条件之一。舒适的探索空间在一定程度上能为幼儿的探索活动营造专注、安全的氛围。[①]

(1)创设宽敞安静的探索空间

中大班幼儿的建构游戏常常以小组合作的形式开展,参与的幼儿人数较多,包含选择材料、设计图纸、搭建制作等环节,再加上建构的作品也需要一定的空间,这些均要求为幼儿的建构游戏提供宽敞舒适的空间,这样才能保障他们进行充分的深度学习,让幼儿以最好的状态沉浸于探索情境之中,而过于狭窄的空间则会让幼儿产生一种压抑的心理,容易引发冲突,不利于深度学习的进行(见图7.2)。

---

① 王小英.幼儿深度学习的理论与实践探索研究(理论篇)[M].北京:清华大学出版社,2021:206.

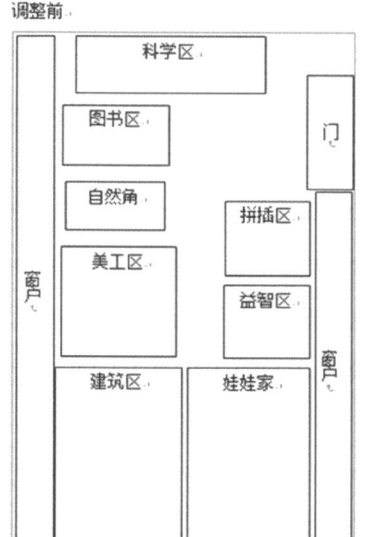

图7.2 调整前、后的探索空间

（2）提供开放流动的游戏空间

当前幼儿主动学习理念下的区域游戏遵循开放、流动的区域设置原则，幼儿可以按照他们的游戏意图选择材料并在任何区角进行游戏；而游戏材料也是按类存放，幼儿可以在任何区角选择需要的材料用于自己的游戏；不同区域之间会伴随幼儿的游戏产生自然的沟通与互动。幼儿是环境的主人，也是游戏的主人。

在搭建"绿心公园"主题时，孩子们基于周末踏青的实际经验，讨论出绿心公园不光有各种各样的亭子，还有数不清的树。但是用什么在建筑区里表现树呢？最终美工区小朋友决定使用彩泥与树枝结合的形式，对废旧物进行再改造以制作大树，再送到绿心公园。伴随着游戏的不断深入，两个区域之间还以订单的形式生成定向互动模式，在建构区计划制订后，与美工区幼儿描述需求，再由美工区幼儿负责设计。

3. 材料支持策略

材料是幼儿深度学习探索活动中的物质基础，材料支持是教师对幼儿深度学习有效开展必不可少的一种支持方式。大多数幼儿教师会给幼儿提供种类丰富的材料，但教师也不应满足于现有材料的提供，还需要发挥教育机智，激发幼儿的学习动机，鼓励幼儿利用各种材料推进深度学习的发展进程，实现思维层次的转变。①

（1）提供机会对比材料

倘若没有足够的建构材料，幼儿的建构作品完成度不高，这样的建构作品不但不能很好地体现幼儿在游戏中的思考与幼儿真实的建构水平，还会影响幼儿继续参与建构游戏的积极性，正所谓"巧妇难为无米之炊"，因此更谈不上深度学习的发生。依据主题的不同，所需材料的种类和数量也不同，所以在建构游戏中，要依据幼儿建构作品的不断变化而增减材料的种类和数量。

幼儿在使用乐高搭建"环球影城"主题时，发现搭建小黄人所用的黄色基础方砖不够了，孩子们马上联想到可以使用其他颜色代替，但作品完成后发现效果不佳，孩子们又开始犹豫了。随后在老师的启发下，孩子们前往各班级征集黄色基础方砖，并在与负责老师沟通后，将建构教室的黄色基础方砖借来使用，这样积木不够的问题就完美解决了。

在搭建"军事基地"主题时，幼儿发现单元积木里的圆柱无法更好地表现坦克负重轮，因此老师将户外碳化积木的中号圆柱拿回班级，投入到建筑区里，幼儿纷纷争相使用。

不管是拼插还是搭建，起初在生成主题时，都会按照玩具配备要求的基础数量提供。但所有材料都不是一成不变的，而是依据幼儿游戏的实际情况不断调整的，以促使幼儿能够更加连续、深入地进行游戏，实现深度学习。

（2）提供机会对比材料

在解决问题的过程中，不同的幼儿会选择不同的材料。当幼儿对材料进行激烈讨论之后仍然没有明确的选择方案时，教师可以将各种材料提供给幼

---

① 王小英.幼儿深度学习的理论与实践探索研究（理论篇）[M].北京：清华大学出版社，2021：207.

儿，让他们通过观察和讨论之后来选取适合的材料。这样不仅促进了幼儿对更多材料的认知与探索，促进了幼儿批判思维的发展，还增强了幼儿整合资源、解决问题的能力。[1]

区角活动开始了，禹丞和乐乐的计划是一起用雪花插片制作一个带发射器和轮子的战车。他们按照提前商量并画好的计划图纸拼好了战车和发射器，并小心地把发射器斜向安装到车子顶部。他们的作品似乎完成了，乐乐兴奋地说："拼好了！我们放到展示台上给大家看！"但是，在放置的时候，他们发现发射器并无法倾斜起来，就努力调试了几下，可还是不行。

他们尝试在发射器底下安装雪花插片将发射筒支起来，但由于雪花插片形状特殊，需要很多才能让发射筒支起来，最后由于发射器太重，战车支撑不住中间凹了下去。见他们一直没有组装成功，我引导他们可以去别的区角或者利用别的游戏材料尝试将其变成支架。禹丞和乐乐先后尝试了很多材料都没有成功，禹丞说："对了，我们可以用小棍斜着放在车顶和发射筒中间，我家里面的玩具就是用小棍支撑的。"他们发现拼插区的竹节棍可以尝试，竹节棍又轻又利于支撑。但是他们尝试后发现竹节棍不能很好地和雪花插片组合在一起，不得不又继续寻找可以代替竹节棍的类似棍类材料，最终他们发现了美工区的透明吸管，刚好可以卡进雪花插片的圆孔中，而且由于是透明的还不显眼。但是由于吸管比较长，他们便用剪刀将吸管剪到了合适的长度，轻松将发射筒支了起来，他们兴高采烈地将战车放到了展示台。

（3）在自然和生活中寻找材料

建构游戏中深度学习的材料支持不仅局限在区角内的材料，而是基于幼儿的需要，在生活中与幼儿共同寻找材料支持后续游戏。这样不仅能够引导幼儿将生活中的已有经验进行迁移，还能提高幼儿主动参与活动的动机。教师首先可以带领幼儿到大自然中寻找各种各样的低结构、高开放性的材料，发挥幼儿的想象力。当幼儿遇到相似的事物时，教师可以带幼儿仔细观察材料的构

---

[1] 王小英.幼儿深度学习的理论与实践探索研究（理论篇）[M].北京：清华大学出版社，2021：208.

造,将幼儿的已有经验和新的问题联系起来,发展其经验迁移的能力。①

在搭建东关大桥的过程中,子学在班级中没有找到合适的条形装饰材料。区域评价时间,孩子们忽然想到小树枝就是条形的,可以去外面捡一些树枝。于是在饭后散步时,教师和孩子们一起去户外捡树枝。午睡起床后,孩子们迫不及待地要将树枝放在大桥上面,结果发现固定不住。于是,有的小朋友就想到利用胶棒和卡纸做一个托,从而将树枝摆在了大桥上。

（4）亲子合力搜集材料

幼儿在以问题解决为导向的深度学习过程中,每个阶段的活动都需要丰富的材料,教师可以让家长参与到幼儿深度学习的过程之中。家长与幼儿一起在日常生活中进行材料的收集,家长给幼儿讲解日常生活中每种材料的特性和用途,这样不仅能够激发幼儿参与深度学习探索的动机,还能够给幼儿提供一定的前期经验,弥补幼儿在认知和日常生活中经验的不足。②

4. 墙面环境支持策略

墙面环境是一种隐性课程资源,幼儿在建构游戏中实现深度学习不仅要借助具体的游戏材料,而且墙面环境在帮助幼儿回顾反思、梳理游戏经验、形成认知结构、整合建构技巧等方面有着不可替代的作用,同时也能为幼儿提供充分展示、分享的机会,增强幼儿自我效能感。

以大班幼儿搭建"带台阶和弯弯曲曲的长城"为例,墙面呈现的环境为幼儿商讨、制订搭建计划、开展搭建长城的过程。如图7.3～图7.5所示。

图 7.3　幼儿商讨

---

① 王小英. 幼儿深度学习的理论与实践探索研究（理论篇）[M]. 北京：清华大学出版社,2021：208.

② 同① 209.

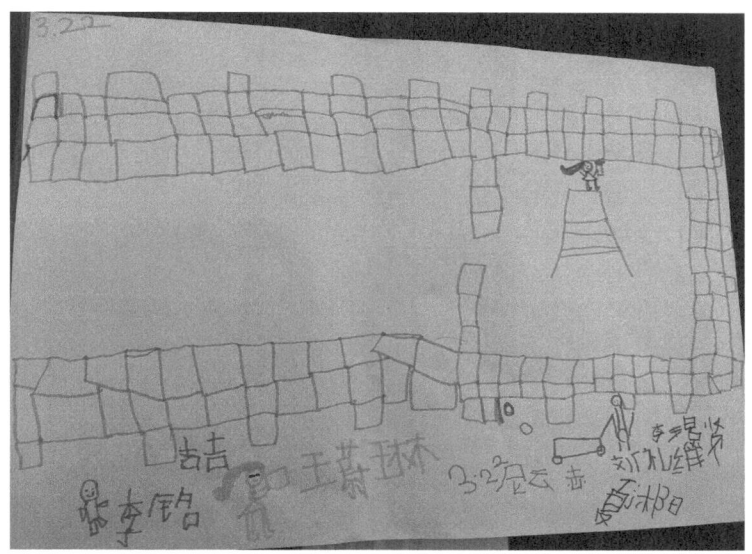

图 7.4 搭建计划单

图 7.5 幼儿搭建长城

第一次搭建:幼儿按照计划搭建了一段长城,但是在分享环节有幼儿提出这个长城没有台阶并且不够长,只有一个烽火台,引出幼儿的第二次讨论和搭建(见图 7.6~图 7.9)。

图 7.6　幼儿问题

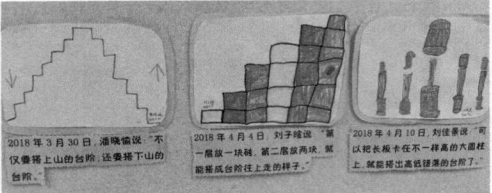
图 7.7　解决办法

图 7.8　调整后的计划单

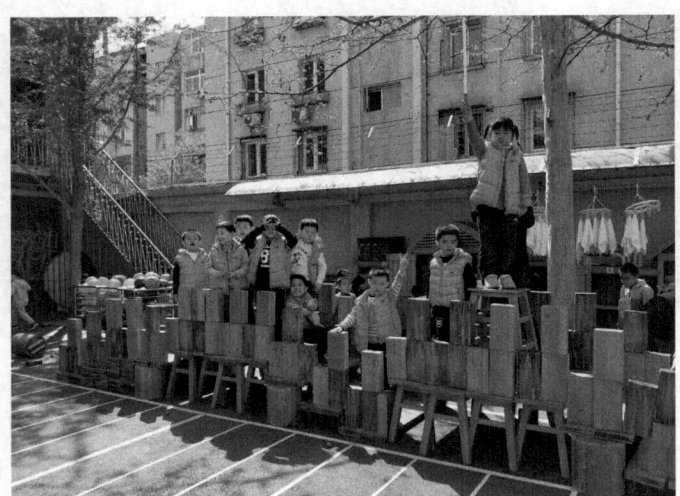
图 7.9　调整后的效果

第二次搭建：幼儿经过讨论解决了带台阶和长城不够长的问题，搭建了四个烽火台。但是幼儿自己提出了新的问题——我们去过的长城都应该是弯弯曲曲的，由此引发幼儿的第三次讨论和建构（见图7.10）。

第三次搭建：幼儿结合前两次经验搭出了带台阶和弯弯曲曲的长城（见图7.11）。

图 7.10 新的问题和解决办法

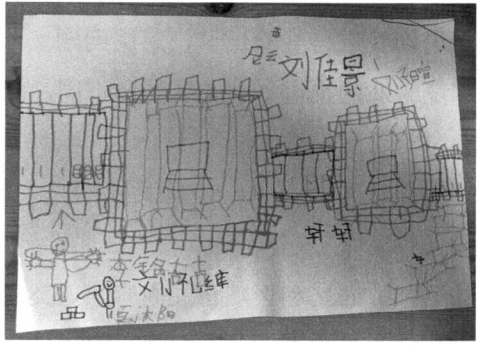
图 7.11 第三次计划单

环境中以幼儿表征的方式呈现了幼儿三次搭建长城的计划图和每次搭建后幼儿讨论的结果、改进计划图的过程，以及建构成品，展示了幼儿在建构探究中不断反思调整、解决问题的过程，大大提高了幼儿的分享欲望和成就感，还为其他幼儿提供了举一反三、迁移经验的机会。

（二）师幼互动维度

幼儿深度学习的实现，不仅需要创设真实的学习情境，更重要的是建构有意义的实践共同体。除同伴外，大班幼儿在建构游戏中接触与交流最多的便是教师。教师作为幼儿学习活动的支持者、合作者和引导者，对幼儿的学习过程有着重要的影响，幼儿对活动主题的选择、活动计划的制订、活动的具体实施等环节都离不开教师的支持，只有教师提供了合适的支持，幼儿才能顺利地开展深度学习活动，并通过活动提高各方面的能力。如：遵循幼儿思维发展规律和学习特点，在幼儿的最近发展区促进幼儿理解材料中蕴含的空间关系、数理逻辑知识，同时也能够帮助幼儿学会与人沟通交流、体验深度学习带来的成功感与自信感。

1. 提问支持策略

提问、思考、理解是促进幼儿学习的三个动态的过程。提问是区域游戏中师幼互动的一种最常见的方式。根据幼儿的年龄特点、思维特点和游戏经验，教师可以通过提问来唤醒幼儿的前期经验，拓展幼儿游戏思路等，以此来促进幼儿进行经验迁移、解决问题。[①] 当然，提问的方式方法和提问的类别也伴随游戏的推进、幼儿认知的不同、问题情境的变化而变化。

（1）回忆式提问

在认知领域中，回忆式提问是一种初浅层次的提问类型，主要目的是让幼儿回忆先前的知识经验。回忆性问题聚焦于特定领域中的具体细节，希望幼儿能够回忆和再现相关内容。这类问题虽然属于认知中的低级层次，但是可以作为实现深度学习的踏板，引导幼儿回忆前期的游戏细节或者相关内容，从长时记忆中提取信息，面对新的情境寻找连接意义，以经验迁移来解决当下问题，以达到对知识的深层理解，对知识结构进行新的整合优化，从而实现深度学习。[②]

教师："小朋友们，你们见过龙舟吗？"

乐乐："我在大运河森林公园见过龙舟，妈妈还带我坐过呢。"

翰翰："我在电视上见过，就跟船一样。"

菲菲："不一样，龙舟的船头是龙的形状。"

教师："能不能给老师讲讲你们见过的龙舟的样子啊？"

大圣："船的尾巴也像龙的尾巴。"

教师："没错，龙舟就是有龙头和龙尾的船。那我们要怎么搭建龙头和龙尾呢？"

---

① 王小英．幼儿深度学习的理论与实践探索研究（理论篇）[M]．北京：清华大学出版社，2021：187．

② 同① 188．

天天："龙尾像公鸡尾巴一样。"

乐乐："妈妈带我坐的龙舟的尾巴就是像翘起来的小狗尾巴一样。"

教师："那我们用什么搭建一条翘起来的尾巴呢？"

大圣："把长积木立起来，再把一个小一点的积木立在上面。"

教师："这个方法我们以前搭路灯用过，可以试试，那龙头要怎么搭呢？"

翰翰："龙头有胡须，我们可以用树枝代替。"

乐乐："犄角也可以用树枝。"

教师："那先按照你们的计划搭建吧。"

上述对话发生在搭建龙舟前，教师以提问的方式引导幼儿回忆生活经验，以便在激发幼儿兴趣的同时，将已有经验同建构游戏的主题进行整合。

在幼儿深度学习的过程中，回忆式提问不仅可以应用于导入环节中的经验分享，还可以帮助幼儿回忆先前解决问题中的关键经验。深度学习活动包括多个阶段，由于幼儿记忆发展的有限性与活动时间的间隔性，很难保证所有幼儿都能将问题解决过程中的关键信息回忆出来。因此，每进行新一阶段的活动，教师可以通过提出回忆性问题帮助幼儿进行回顾，给幼儿一段缓冲的时间，让幼儿更有信心投入到新的探究情境之中。[①]

（2）描述式提问

讲述能力是口头语言能力的一种，指通过思考和构思，完整地表达自己对讲述对象（事件、物品、人物等）的感受和想法的能力。其中，描述、说明性讲述指按照一定的顺序说明和解释事物的形态、构造、特征、种类、功能、关系等。幼儿在积木游戏中所搭建的作品、各类场景以及搭建的过程都是幼儿讲述的素材和凭借。当幼儿搭建完一个作品，教师可以请幼儿向大家讲述作品搭建的过程、介绍搭建意图、描述作品。描述的过程并不需要完整、全面，也不强求精准，更多的是鼓励幼儿在描述过程中进一步观察、回忆、反思，将行

---

① 王小英. 幼儿深度学习的理论与实践探索研究（理论篇）[M]. 北京：清华大学出版社，2021：189.

为进一步以信息结构化存储，形成"专家知识库"，同时也有利于幼儿视空—操作机能与言语机能的协调整合，更有利于其大脑的发展。

今天的区域活动中宇泽是总工程师，他在建筑区和小朋友们搭建张湾公园的木桥。当区域游戏快进入尾声的时候，宇泽他们的大桥也搭建完成了。他开心地邀请我去参观，于是有了如下的对话。

教师："你们的大桥是怎么搭建的呢？"

宇泽："这个大桥支柱是我搭建的，我放了很多圆柱积木。"

教师："是你自己完成的吗？"

宇泽："乐乐也帮助我一起放，所以我们的大桥特别长。以晨和梓博帮我们又加高了一层柱子，也特别稳固，没有倒塌。我和乐乐还一起铺了桥面，我们的大桥变得特别大。梓博还放了好多彩色的积木来装饰大桥，这个大桥的楼梯是以晨搭的。阳阳在拼轮船呢，他拼好后放在我们的大桥下。"

教师："你们采用了分工合作的方法拼好了大桥，还想再搭些什么吗？"

宇泽："那我们搭河道吧，还可以搭个小亭子，张湾公园里面也有小亭子。我会搭亭子，我和乐乐搭亭子，梓博可以搭河道。"

老师：好的，期待看到你们搭出更完美的张湾公园建筑。

（3）反思式提问

反思式提问目的在于巩固幼儿游戏中解决问题的经验和理解，在与教师的交流中加深认知，并在发现不足时及时进行反思调节，保障游戏的持续开展。比较常见的问题形式有：为什么能起作用？这意味着什么？有什么关联？有什么作用？为什么不可以？还有别的办法吗等。

教师："大家都喜欢能动的花车，怎么才能让花车动呢？"

玖月："装个轱辘就行了。"

教师："除了装轱辘还有别的方法吗？"

午阳："我们可以去找找哪些东西能走。"

小九："户外的玩具筐有轱辘，可以走，我们可以把它当作底座，在上边搭花车。"

天天:"原来小班我睡过的床也带轱辘,而且想走就走,不想走锁上就行。"

教师:"玩具筐和小床都有轱辘,都能走,但是在搭建花车的时候,有什么不一样呢?"

玖月:"玩具筐太小了,床板大,能在上边加个座椅,还是选择床板吧!"

在解决问题的过程中,教师可以灵活运用多种语义表达形式来进行反思式提问。上述案例中在教师的提问下,幼儿发起了在周围环境中回忆、找寻带轱辘的材料,并列举出玩具筐、小床、衣服架等预选材料。同时,教师在提问中引领幼儿分析、对比材料的不同,从而选择更适宜搭建的材料。由此可见,反思式提问可以让幼儿对于材料或者事物本身有更深刻的认知,在对比、探讨不同的原因时,最大限度地调动发散性思维。

豆豆在使用齿轮玩具组装完工程车后,按动开关发现车并不能往前走,而是像摇摇车一样前后晃动,并有规律地发出"咔咔"声。豆豆拔下遥控重新组装后,发现依然存在这个问题。

教师:"豆豆,你认为车走不了是什么原因呢?"

豆豆:"我觉得它可能是没电了。"

教师:"你可以在教室里找找哪里有电池。"

豆豆:"我在电子积木里找到了电池,换了几次还是这样。"

教师:"会不会是别的原因?"

豆豆:"如果是没电,车是不动的,怎么会摇晃呢?"

教师:"你可以看看轮胎部分的齿轮。"

豆豆在教师不断的提问引领下,发现轮胎部分的齿轮有几个与其他齿轮的安装方向不同,因此在行进过程中前后力量发生冲突,导致摇摆情况的发生。发现原因后,豆豆立刻拆下齿轮重新组装,最终让工程车顺利开动了。

教师提问反思性问题,不仅能加深幼儿对整个问题解决过程中的认识和理解,使幼儿对整个学习过程进行"再认识"和"再思考",在质疑和探究中发展幼儿的批判性思维，还可以使幼儿在总结出不足之处后进行有效调节。①

2. 经验支持策略

幼儿在游戏中会因为缺少与建构主题相关的认知经验、遇到新材料不知所措或对难度较高的搭建技能不熟练等使游戏陷入困境，导致幼儿游戏难以进一步拓展，阻碍幼儿深度学习的发生。面对此种情况，教师可以采取以下几种策略。

（1）同伴合作，经验互补

《指南》强调同伴的合作探究与交流分享，教师应引导幼儿在交流中尝试整理、概括自己的探究成果，体验合作探究和发现的乐趣。在幼儿深度学习的过程中，也提倡使用同伴合作的方式拓展游戏经验，通过同伴间的交流分享，实现对技能技巧、问题困惑的梳理。

伴随着神州十三号的升空，大二班开展了"搭建火箭"的主题活动。初期搭建时，潘潘和恺恺搭建了一个正方形的火箭，在分享交流时就有小朋友提出搭建的火箭像房子不像火箭，教师觉得一定是孩子们不了解火箭的结构。带着这样的思考，教师与幼儿共同去查阅关于火箭结构的资料。为了更好地让幼儿了解火箭的外形特征和结构，教师为幼儿提供了墙面上的支持性环境，粘贴了许多火箭的图片，还创设了火箭结构的主题墙饰。仔细观察后，孩子们在火箭搭建的时候运用上下交错的方法搭建了一个圆圆的底座，身体部位再进行架高搭建。分享交流时又有小朋友提出了疑问："为什么他们搭的火箭上边还是正方形的？"羿心提出："火箭头是慢慢变尖的，是由粗变细的。"于是，孩子们利用从下往上拼搭台阶的方法进行了火箭顶部的搭建。分享交流时有小朋友再次提出了问题："我觉得他们搭建的火箭缺少了助推器，火箭没有助推器是没有办法发射的。"于是建筑区的小朋友们利用了同搭建火箭主体一样的方法为火箭加设了三个"助推器"。

---

① 王小英. 幼儿深度学习的理论与实践探索研究（理论篇）[M]. 北京：清华大学出版社，2021：189.

（2）平行游戏，建构示范

平行游戏原指幼儿的一种游戏形式，指两个或两个以上的幼儿在一起玩，他们操作同样的或相似的玩具，开展同样的或相似的游戏，他们之间并无交流合作，彼此也无意去支配别人的游戏活动，是社会性游戏的初级形式。[①] 此处平行游戏是指教师像幼儿一样通过平行游戏的方式，在不打断、不干扰、不支配的情况下，自然而然地进行提示、示范，以引起幼儿注意、模仿，推动幼儿持续深入学习的方式。"儿童能够建构自己对概念的理解，并且受益于能力更强的同伴和成人的指导"，教师向幼儿清楚地介绍信息或示范具体的技能不仅是可行的，而且是必要的。

户外搭建时，老师面对孩子们一再重复的游戏内容，并没有立刻介入调整，而是认真地观察着，等待适宜的时机。直到有一天，鑫鑫小朋友在一堆积木中发现了类似"关节"形状的积木，和同伴一起讨论这个到底是干什么用的。老师一下就打起精神，意识到这就是一个拓展内容的好时机。随后，老师找个离孩子们不远不近的地方，拿起"关节"积木一边搭一边说："仅用积木搭房子肯定不结实，还好我发现了这种'关节'积木，将它与普通积木架在一起房子就不会倒了。"说着，便自顾自地搭起房子。孩子们发现了不一样的搭法，便纷纷围了过来。老师继续自言自语："下边一块积木上边一个'关节'对准了就行了！"孩子们仔细观察了老师的动作后也纷纷找"关节"积木开始尝试。随后老师悄悄地离开，在远处继续观察他们。

3.社会情感支持策略

深度学习不仅仅是认知领域内的高阶思维、问题解决能力的发展，还有一个非常重要的方面便是情感领域内的深层次发展，主要指的是形成积极主动的学习动机、坚强的意志品质等。

（1）敏感关注并及时回应

在幼儿深度学习活动中，教师的关注会给幼儿的发展带来影响和变化。通常来说，被教师关注的幼儿能够取得更好的发展和进步。教师在幼儿深度学

---

① 刘焱.儿童游戏通论[M].北京：北京师范大学出版社，2004：183.

习过程中的关注可以是多方面的，比如幼儿在活动中的一举一动、一言一行、情绪变化等，尤其是在遇到困难、遭遇挫败的时候，敏感的关注和回应有利于教师与幼儿之间建立亲密的联系。

在"立交桥"建构活动中，飞飞将多个长条积木连接在一起，建好了桥，将汽车玩具放在上面向前推着走，乐乐在旁边搭建了带有桥墩的桥，飞飞让汽车"飞"上了高桥，乐乐看到后拿来一块长条积木试图将两座不同高低的桥连接起来，试了好几次总是卡不住，他开始有些着急了，将积木扔在了地上，产生了消极情绪。这时教师介入到了乐乐的游戏中，首先肯定了他的想法："乐乐，你真厉害，还想出了将两座桥连接到一起的办法呢！"其次，教师用启发式问题引导他："我看到你找了长条积木连接，但是为什么卡不住呢？老师和你一起找找原因。"说着教师也拿着积木试了起来。突然乐乐说："这个积木太小了，不够宽。""说得有道理，那你换块大一些、宽一些的积木再试试吧！"老师肯定了乐乐的想法。很快，乐乐就找来了另外一块积木替换了之前的长条积木。"哈哈，真的没问题啊，我的桥做成功啦！"乐乐开心地拍着手。老师也为他鼓起了掌，并对他说："遇到问题不要泄气，试着找找方法，自己实在解决不了了还能找老师和小朋友帮忙呢！"

教师的敏感关注和及时回应能让幼儿转变不良情绪。教师利用言语形式鼓励的同时，也要灵活采用非语言的形式，如通过面部表情、手势、目光和嗓音变化等来传递给幼儿鼓励的信息。在教师的鼓励下，幼儿能以最佳的状态重新投入到深度学习活动中，在老师的启发下开拓发现问题、分析问题的思路后，有利于进一步解决问题。

建筑区里，孩子们开启了"为大熊猫造房子"的建构游戏，他们参考墙面上的围墙图片以及以往的建构作品进行思考、模仿，用组合垒高等多种方法让房屋变得很高。然而"房屋搭高了，却总是倒塌"，孩子们失败了很多次，却始终坚持着，仍然跃跃欲试，不断尝试堆高。看得出来，孩子们喜欢这一富有挑战性的建构游戏，他们想要搭建出一个适合大熊猫居住的房屋，只是目前还无法呈现出他们的心中所想。这时候，教师及时地鼓励了幼儿，又抛出"大房子的两面墙还有其他的连接方法吗？"的问题鼓励孩子们继续思考和探究，进行经验的链接，尝试更多不同结构的房屋的搭建方法，在建构过程中感受、判断并不断调整自己的方法，使房屋保持一定的稳固性。孩子们继而又开始探究三角形结构的房屋、梯形结构的房屋、五边形结构的房屋。

（2）引导幼儿冲突解决

随着幼儿认知水平的发展以及自我意识的不断增强，同伴之间的交往越来越多。教师要正确对待幼儿的同伴冲突行为并加以适当引导，不但能够促进幼儿之间的相互了解与相处，助力深度学习的发生，还能帮助他们逐步实现儿童社会化。

区域活动开始了，拼插区的小朋友们正在忙碌着。拼插区的阳阳很快地用乐高积木完成了他的计划——一辆可以行驶的带着特殊功能的大汽车。而同在一个桌子上面玩的奕翔正在用桌面积木拼着轨道，他的计划是制作一个滚珠轨道。没过多会儿，我就听到了积木倒塌声和喊叫声。我赶快走过去，只见阳阳的汽车和奕翔的滚珠轨道都散了架。奕翔看到我来了，又急又气地向我告状。

奕翔："老师，阳阳总用它的汽车撞我的轨道，他撞了好几次。"

阳阳："我在试试我的汽车怎么才能跑得更远。"

奕翔："那你去别的地方试，你都碰到我的轨道好多次了。"

阳阳："我就要在这里试。"

奕翔："你把我的作品弄坏了，我也要弄坏你的。"

阳阳："我就想在你的轨道上试试我的汽车。"

教师："阳阳，是不是觉得自己的汽车在奕翔的轨道上面会跑得更远啊？"

阳阳："是。"

教师："那你有没有经过奕翔的同意？"

奕翔："老师，阳阳没有跟我说就撞我的轨道。而且他的汽车太大了，根本放不下。"

阳阳："那我做个小的汽车，能放你的轨道上面吗？"

奕翔："我的轨道都坏了，肯定搭不完了。"
阳阳："那我快速地做完小汽车再和你一起搭行吗？"
奕翔："好吧，但是你不能再撞我的积木了，我让你放的时候你才能放。"
阳阳："行。"

就这样，俩人又忙碌了起来，阳阳很快地做出了小号的汽车，便一起和奕翔搭起他的轨道来。最终，虽然轨道没有很长，但是小汽车成功从轨道起点滑到了终点。活动后，我邀请他们明天一起合作完成一个更长、更高的轨道，他们欣然同意了。

4. 评价分享策略

评价是深度学习开展过程中一项非常重要的支持策略，贯穿于以解决问题为导向的幼儿深度学习的全过程之中。有效的评价分享策略能够引导幼儿进行深度反思，并根据自己的反思情况随时调整自己的游戏行为，是实现深度学习的有效途径。[①]

（1）教师评价

教师评价能够有效地发挥评价的激励作用、引导作用和改进作用。但教师在对幼儿深度学习过程中进行评价时，不要直接用简单的好与坏、对与错这样的评语，而应当依据客观描述，对幼儿的探究过程、具体表现进行评价。

在使用乐高积木搭建大桥时，阳阳发现桥面太长支撑不住，不能一只手托住桥面另一手再添加乐高积木进行延长，于是请老师帮忙托着，老师爽快地答应了他的请求。托了一会儿，老师肯定了他搭建大桥的成果："你搭建的桥面又长又坚固，真不错，但是我的手好累啊，你赶快想想办法把我的手替换下来吧！"阳阳看了看长长的桥面，说道："如果有能支撑大桥的东西就好了"。"你说得太对了，我也是这么认为的。"教师及时肯定了他的想法，并通过具体

---

① 王小英. 幼儿深度学习的理论与实践探索研究（理论篇）[M]. 北京：清华大学出版社，2021：219.

的问题情境进行启发式提问、追问来引发幼儿思考，促进幼儿再次探索、实践和解决问题。

集体分享环节，教师通过询问幼儿"你在搭建的时候遇到什么困难了"，来引导幼儿对活动过程进行回顾和总结，表达自己的观点和看法，帮助幼儿梳理已有的知识经验，让幼儿了解自己取得了哪些进步，解决了什么问题。

（2）同伴评价

同伴间的互评也是深度学习的一种重要的评价形式。幼儿之间的相互评价能让幼儿在互相学习、借鉴过程中促进批判性和创造性等思维的发展；同时同伴评价也可以激发幼儿参与深度学习过程的动机，使其更能投入到解决问题的过程之中。[1]

幼儿在搭建亭子时，在内缩亭子的过程中常会引发讨论。如有一次搭建多层六角亭，振华和熙菡发现越往上搭建时越不能对称地内缩，两人开始如下交流：

振华："怎么亭子各边的长度不一样呢？"

熙菡："是不是摆放的位置不对，都要往里面摆放一点才行。"

振华："可是都往里摆放了，也不是想要的六边形。"

熙菡："有的积木隔得太远，有的积木隔得太近，中间有缝隙，间隔距离不一样。"

振华："那我们不留缝隙，缩进相同的距离试试！"

（3）自我评价

幼儿的自我评价是促进幼儿自我学习的一个重要的支持策略。幼儿的自评主要是对自身的整个活动过程和结果的一种回顾，能够让幼儿正确认识自己，发展幼儿的元认知，促进其反思能力的提升。[2]

---

[1] 王小英.幼儿深度学习的理论与实践探索研究（理论篇）[M].北京：清华大学出版社，2021：189.

[2] 同[1].

在搭建轨道小球时，桐桐能够按照计划搭建"会拐弯"的轨道，但在小球调试的过程中，发现小球总是在中途掉下来。桐桐尝试多次都没找到原因，老师提示她留意同伴的方法之后，便离开了。过了一会儿，发现桐桐的小球不再往下掉了，便开始了如下对话。

老师："你的小球现在还往下掉吗？"

桐桐："不掉了。"

教师："你用了什么办法呀？"

桐桐："我发现轨道没对接好，轨道太窄了，小球下坡的时候没沿着轨道走，所以就掉了。"

教师："那你用了什么办法？"

桐桐："我重新搭了一下，把轨道调成一样宽的了，小球就没掉。"

随后教师又继续去其他区域观察，过一会儿回来发现桐桐的轨道拐弯的方式又变了，便开始与桐桐沟通。

教师："你换了一种方法拐弯吗？"

桐桐："是呀，之前那种方法壮壮说太简单了，我又增加了一个关卡。"

教师："这个弯道更多了，小球还会掉吗？"

桐桐："不会掉了，我看他们都用小积木把弯道围起来了，所以我用多米诺也把我的弯道围起来，这样小球即使偏离轨道也不会掉下去了。"

案例中幼儿进行了两次自我评价，第一次能看出幼儿对于自己解决困难所感受到的自信和成功，伴随游戏不断地深入，幼儿能够关注同伴的方法和技巧，通过学习模仿和横向比较积累自身技巧及经验，以至于第二次自我评价时，幼儿能够拓展视野，丰富解决问题的方法。整个过程中，幼儿充分发挥了独立解决问题的能力，在多次调整中发现了自身的不足之处，在对同伴进行的模仿学习中，形成了较为浓厚的深度学习氛围。

评价强调对动态发展的活动过程的持续关注，这种持续性的评价能让幼儿感受到教师对他们的关注，不仅可以激发幼儿的学习动机，还能对出现的问题进行及时的支持。① 同时，有效的反馈可以促进深度学习的发生，也是产生沉浸体验的条件之一。

第四节　实践案例集锦

百变竹节棍

竹节棍是大班常见的拼插玩具，它形似竹竿，上面也是一截一截的，故名"竹节棍"。竹节棍拓展了拼插的模式和思路，不仅能拼插出多种造型，而且组合方式千变万化，极大地提升了立体空间感。由于竹节棍易滚动、不易卡住，在整个过程中少不了同伴之间的相互帮助，幼儿之间经验分享、思维碰撞的机会更多，因此也不断地提高了孩子们的合作意识和合作能力，为深度学习的发生提供了更多可能。

第一阶段：无点面组合的摞高

活动实录：散落的金字塔

区域活动中，睿睿小朋友拿着竹节棍在桌子上操作。他拿起一个竹节棍放在凹槽板上，发现竹节棍和凹槽板是可以镶嵌在一起的，接着又拿起一根放在旁边，最后他攥了一大把竹节棍一层一层地叠摞起来，就像一座金字塔。他迫不及待地端起凹槽板和邻桌的小朋友分享："晨晨你快看，我搭得好不好看？""哇！让我瞧瞧。"晨晨说着一把攥起凹槽板上的竹节棍，紧接着"哗啦"一声漂亮的金字塔散架了。睿睿看着散落一地的竹节棍很生气，晨晨忙

---

① 王小英. 幼儿深度学习的理论与实践探索研究（理论篇）[M]. 北京：清华大学出版社，2021：189.

说:"我不是故意的，我一拿就散了。"只见两个孩子开始气哼哼地各玩各的，竹节棍游戏重复在摞高、散落的循环中……

反思：

大班初期幼儿能够发现竹节棍和凹槽之间的匹配关系，但对竹节棍的玩法仅停留在垒搭层面，尚未发现其能够卡住建构出造型的特点，这也成为作品容易散架损坏以致幼儿之间出现冲突的原因。幼儿面对任何一种新异材料，他们都是基于自己的已有经验去感知、操作和体验，摞高是他们的已有经验，在重复操作甚至反复散落的循环中，我们一直期待新的发现……

第二阶段：单一点面组合的牢固性

活动实录：咔哒，卡住了

又一次区域活动中，同样的事情再一次发生了，幼儿也再一次陷入争吵。通过观察，我发现孩子们的争吵点只在于纠结金字塔是被谁弄散了的责任追究中，而不是想办法去解决如何插得更牢固、如何让它不散的问题。我就走过去抛出问题："为什么总是会散呢？"睿睿问道："能固定吗？"听到这个问题，孩子们七嘴八舌地讨论起来，有的说应该可以，有的说肯定不行。面对不同的回应，孩子们就尝试了起来，摞着搭、交叉搭，结果不是散就是倒，能想到的方法都试了还是不行。睿睿说："肯定不行了。""哎呀，老倒。"说着就把手里的竹节棍随意地放在凹槽板上。

看到孩子们即将放弃，我把图例放到桌上："看看它是否能帮助我们？"睿睿拿起图例，眼睛一下就亮了。孩子们认真观察图例，开始了解竹节棍的性能和玩法。没过一会儿就听到"咔""咔"竹节棍交替相互锁住的声音。"老师，快看我们这个锁住了，不掉了！"睿睿兴奋地跑了过来展示着自己的成果。孩子们尝试着新经验，我拍拍他们的肩膀说："你们真厉害，能把一根根竹节棍固定起来。"就这样，散落的"金字塔"像变了身一样，变成了一个个独立稳固、能够随意拿放的造型作品啦！

反思：

金字塔散落导致的挫败和冲突恰恰创设出了一种问题情境，形成富有挑战性的新异刺激，引发了幼儿的关注和探究热情，这将成为深度学习的起点。最初他们的关注点在于保护作品和追究责任，并没有抓住问题的实质——如何让作品坚固。教师的开放性问题激发孩子们发现了问题，也引发了幼儿的大胆猜想表达并探索实践验证，最终教师间接出示图例，采用隐性介入说明的方式给以支持，幼儿最终发现了竹节棍能卡住的秘密，从而进一步解决了金字塔容易散落的问题。这对于大班初期幼儿而言既是挑战，也是新经验、新方式的感知与应用，推动了幼儿深度学习的过程。

第三阶段：多点面组合的牢固性

活动实录：一起做桌椅

有一天，依楠提议道："我们用竹节棍做个小桌子吧。"（只需要一个平面和四个桌子腿）大家一拍即合。但桌子看似简单，做起来却很复杂。同一边的两个桌子腿要同时被锁住才能牢固，否则连桌面都会散。依楠将竹节棍倚在肚子上，两个小手使劲捏着摆好的造型，可每次不是用劲过大捏散了，就是两边不一样齐，费劲地试了几次还是不行，便急忙向博译小朋友求助。俩人小心翼翼地一个人扶着，一个人对准凹槽点，"咔"同时将两边按下就相互锁住了（见图7.12）。"看我们的桌子！"依楠一边说一边将小桌子这边摆摆，那边摆摆。

有了桌子以后，配套的小椅子也"出炉"了，可随之问题也来了——椅子没有椅背。"好说好说！"以辰边说边把没椅背的椅子拿过来，加上横梁迅速地组装椅子背。组装好了却又发现椅子背

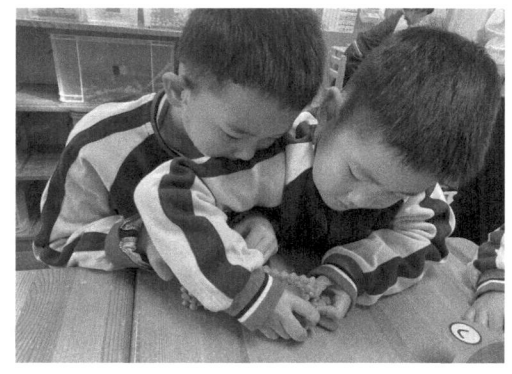

图7.12　同伴合作拼桌子

占的地方太多了，椅子也开始重心不稳了。"怎么回事啊？"他用同样的方法拆了装、装了拆，几次都未成功。我走过去和一旁的睿睿说："你们看看自己坐着的小椅子，跟你们做的有什么不一样？"这一问题引发了幼儿的观察。幼儿在对比中发现椅子背有一半是镂空的，于是把中间那一半拆下来，椅子虽然晃晃悠悠勉强能够站住了，但还存在重心不稳的问题，就这样大家一起边拆边试，终于将独立的小桌椅拼插成功了！

反思：

这一阶段可以看出幼儿已经不满足于简单的造型，在掌握了竹节棍的单一点面组合能力后，他们开始利用竹节棍的嵌接组合特点探索用长短不同的竹节棍进行对称的多点面组合，拼搭小型独立、完整的作品。在拼搭期间遇到造型构建、重心平衡的问题时，幼儿首先借助身体作支架，试图借力完成卡扣，但发现独自一人无法完成任务时，能够主动邀请同伴协助，最终在双方共同合作后完成拼搭。教师时刻关注幼儿的游戏过程，解读幼儿游戏的成功与需要，给予幼儿充足的探究时间。在幼儿遇到问题后，教师通过"看看我们坐的小椅子"唤起幼儿的生活经验，使幼儿在对比分析与操作尝试中对建构作品进行加工、修改、创造，最终发展了其观察能力、分析能力、创造能力等高阶思维能力。

第四阶段："汽车总动员"之妙妙车轮

具备了对竹节棍进行多点面的组合、对称镶嵌等经验之后，孩子们对竹节棍的兴趣越来越高。有一天，玩另外一种拼插玩具的一组幼儿创作出了两辆"军用功能车"，于是玩竹节棍的幼儿被"激发了斗志"，他们在自发讨论后决定也运用竹节棍拼搭出"厉害"的车，与对方"比拼"，于是就生成了新的主题——"汽车总动员"。

区域活动开始了，孩子们热火朝天地议论着："我要拼坦克。""我要拼赛车。""我要拼摩托车。"他们不停地在说着自己选择的车有多厉害。康康拿着相同长短的竹节棍一层一层地卡住，从他熟练的动作和表情可以看出拼搭一辆汽车似乎也没有什么难的。随后我发现他在车身中间的地方放了一根长棍儿，我疑惑地在一旁观察了片刻，了解到他原来是想把汽车变长。可是他发现每一个面都是平的，根本没有地方安装车轮，他还发现他搭的这个东西整体外观也不像汽车，就是一个方块。

康康发现问题后便开始翻看汽车的图例，与同伴一起讨论方法，决定先拼车底，再拼车身。但由于需要不同长短的竹节棍较多，在固定时总是散落，于是引发了孩子之间的相互合作。有的看图例指挥着，有的负责找玩具，还有的两个人一起一个负责摆放，一个负责卡扣。不一会儿，在孩子们分工合作后车的轮廓成型了，车底左、右两边正好也留出了对称的四根棍，可以用来安装车轮。可是当孩子们把车轮安装好以后，发现推着小车走的时候出现了前、后、左、右摇摆的问题，于是孩子们又开始研究怎么才能让车在车底安装了车轮后平稳行驶，不晃动。

康康："车子怎么晃来晃去的？"

祺祺："你看车身和轮胎之间的距离有点缝隙，一走起来轮胎就晃。"

康康："之前拼的车也有缝隙啊，没有缝，轮胎就卡死了，就不能动了。"

祺祺："那是怎么回事？"

康康："我觉得车尾太沉了，咱们连接的时候需要少拼一根竹节棍。"

祺祺："可以用大小不一样的轱辘车轮，低处用大轱辘车轮，高处就用小轱辘车轮。"

说着孩子们按照祺祺的想法安装上了车轮。在安装车轮的过程中，孩子们认识到，既要考虑左右局部对称，也要考虑整体的对称，还要考虑是否在一个水平面，这样才能提高车底的稳定性。

老师利用墙面环境，将幼儿拼搭的车辆进行展示，不仅使进行拼插的作者更有自信心和成功感，而且也能展示车辆的不同造型。就这样，孩子们开始了"组团拼车"的新局面，不仅要拼车，还要比比谁的车造型独特、功能多、更厉害。

随着对轮子的需求不断增加，轮子材料不够了。俊豪说："乐高里也有好多车轮。"说完，孩子们开始行动起来，结果发现乐高玩具里的车轮与竹节棍车轮的穿孔大小不同，固定轴穿不进去。孩子们没有放弃，一筐筐地查找、尝试，最终发现将美工区的毛根头尾拧在一起能将轮子固定好。俊豪、睿睿、晨晨拿着自己用三种玩具材料组合成的新式车轮得意极了，开心地跳跃了起来！

很快，说明书上的汽车已经满足不了幼儿的挑战欲望了，他们纷纷开始自己设计研发，为了能让同伴更好地了解自己的想法，一张张设计图纸问世了。但在拼搭过程中，由于表征方式过于抽象，同伴合作的过程中甚至自己拼搭的过程中，会有图示看不懂、指向不清晰的现象。因此，幼儿之间展开了讨论，最终一致认为：画好设计图以后要口头描述清楚汽车的造型特点，以及如何拼搭，如果需要同伴合作的话，还要在设计图上清楚地标出所需材料以及数量，这样其他小朋友才能看得明白。新设计图的诞生，让孩子们的挑战更加具象和明确了（见图 7.13～图 7.15）。

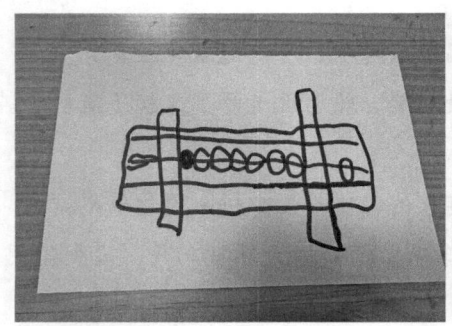

图 7.13　设计初稿

图 7.14　新图例

图 7.15　新汽车拼好了

反思：

幼儿成为熟练的、灵活的建构者和问题解决者依赖于他们在建构游戏中能够调动前期的建构经验，在形成的长时记忆中搜索到有用的知识结构，并在新的建构情境中进行迁移和创造，进而产生有意义的学习。随着幼儿对竹节棍材料操作使用方法的熟练，他们开始更游刃有余地与自己的兴趣和正在经历的其他生活经验自然产生连接和迁移，生成了竹节棍汽车主题游戏。在解决汽车安装车轮重心不稳的问题过程中，幼儿通过与同伴的交流讨论、在环境中寻找替代性材料等策略并进行充分的探索尝试，可见大班幼儿能够为完成目标而选择并改造材料，在感性操作体验和理性思维的驱动下不断进行计划、选择、反思和调适，批判性思维逐渐形成，深度学习的痕迹也愈发凸显。

幼儿的深度学习具有迁移性也具有生成性，他们总是积极主动地推动游戏向新的方向深入，把每一个新的问题情境当作新的兴趣点，在解决问题的过程中使深度学习成为一个螺旋上升、循环往复的过程。从"设计图看不懂"到"设计图精细化"体现了大班幼儿更成熟的表征方式和表征能力，他们能够用抽象的图示符号富有逻辑和秩序地具体化表现头脑中的意象，同时提取出记忆中已有的经验策略，转化为语言进行表达交流，获得同伴的理解，进而很好地进行分工合作，增强了游戏的计划性和执行力。另外，设计图也有利于幼儿在游戏结束后进行回顾反思调节，不断提升其思维的批判性，助力深度学习的进一步发生。

（北京市通州区张家湾镇张家湾中心幼儿园　武彤　郑艳荣　李新波）

小小建筑师

张家湾镇作为京杭大运河北端的漕运码头、通州古镇，已有700多年的历史，以商贾云集、漕运发达和战略地位重要而闻名天下，有"大运河第一码头"之称，古镇底蕴为园所"河育文化"发展提供了支撑。在开展"小船的旅行"主题活动中，幼儿对绘本中的小船表现出了极大的兴趣，从有趣的故事、美丽的画面中得到灵感，纷纷畅想开启自己的海上之旅，描述一个与众不同的小船故事。

  康康："我见过船，我在电视上见过很多船。"

  石头："我妈妈带我见过真的船，那船可大了，我们班里的人全都上去也能坐下呢。"

  伴随着孩子们的讨论，进一步了解船的想法就由此萌芽了，孩子们纷纷和家人参与了亲子畅游大运河的活动。在参观游玩后，孩子们也想亲自动手搭建一艘属于自己的小船，一个新的游戏主题由此诞生了。

活动实录一：怎样搭建船

  通过同伴间合作商定，"搭建小队"成立了。搭建一艘什么样子的船呢？孩子们展开了新一轮的讨论……

  康康："要长长的，我们可以拿长方形的积木搭一艘很大的轮船。"

  梓墨："要有个船底，不然水都进去了。"

  石头："还要有方向盘，可以控制船的方向。"

  瑞涵："船的身上两边要有围栏。"

  综合了大家的想法，小队开始准备搭建。他们先用长板积木铺了长长的底，再将圆柱积木摆在两边，船初见雏形。这时，新的问题出现了。

  康康："船头和船尾还空着，那要怎么搭呢？"

  石头："船尾要包起来，还得高一点。"

  石头灵机一动拿来了长木板，把木板立起来摆放在船尾把船尾包起来，又借助了搭房子的经验运用平铺、加高、围合等搭建方法，将船的二层搭起来了。在石头专注搭建船尾时，我发现瑞涵一直默默看着，就邀请她和我一起搭建船头。瑞涵欣然接受，并指出船头要小一点，于是我们开始分头搭建。搭好了以后，康康提出可以搬椅子当座位，就这样我们的小轮船搭好了，可以起航了。

  反思：

  幼儿发展方面：中班幼儿的建构意识明显加强，认识水平也有所提高，手眼协调能力和小肌肉动作进一步发展,为幼儿带来较大的成就感;基于前期经验,幼儿对船的结构有了进一步的认识;在搭建船的过程中,幼儿通过回忆、联想、对比,联系生活经验,深入地思考船的特征,自主解决搭建中出现的问题,将生活经验迁移到游戏活动中;与此同时,通过共同商量建构内容、达成共识、分工合作、共同建构,促进了幼儿社会性发展。

教师发展方面:教师追随幼儿的兴趣,支持幼儿联系生活经验,生活化的问题情境为幼儿提供了学习的动力,更为幼儿解决问题提供了支持;调动幼儿已有经验,明确游戏目标,创设良好的游戏任务情境,充分调动幼儿游戏的积极性,让一开始无所事事的小朋友变得目标明确起来,是有效地推动幼儿实现深度学习的第一步;而且,当搭建任务确立后,老师通过提问和关注内向幼儿,启发幼儿可以分头进行搭建,从而又创设出一个目标明确、分工协作的游戏情境,进一步促进了幼儿的合作学习。

活动实录二:尖尖的船头

在之后搭建船的过程中,幼儿像往常一样快速搭建起船身,然后运用前期堆高、封顶的方式搭建船尾和船头。突然,瑞涵说:"船头不应该是尖尖的吗?"搭建小队成员看着已经搭好的作品沉默了。

康康:"我家茶几上有个木船,船头和船尾确实是尖的。"

梓墨:"那咱们也换吧,不用动其他积木,就把船头的换了就行。"

说完两人开始试图调整船头,但发现之前的积木已经堆砌好了,如果中途撤出一部分会使整个作品倒塌。就在两人一筹莫展时,老师提议道:"可以先把船头上边的积木一块一块撤下来,看看是哪块积木不能动。"几人一拍即合并马上行动起来。即将拆掉底部时,发现其中一块积木上摆了一个圆柱,圆柱上方交叉搭了很多搭建船身用的积木。大家都知道这是船身的着力点,所以没人敢动。石头找来了老师,说:"我们就想拆了船头,但是这块积木我们拿不走,一动其他的就都倒了。"老师看了看拆掉一半的作品,发现确实如孩子所说。

教师:"我可以帮上什么忙吗?"

梓墨:"您能帮我们把这块积木拿下来吗?"

教师:"需要我怎么帮呢?"

康康:"您把这个圆柱托起来,石头马上把长板撤走,梓墨再找一个跟长板一样厚度的积木替换上就行了。"

按照康康的建议,大家一起跟着梓墨找一样厚度的积木,找到以后便开始实施替换计划。老师小心翼翼地抬起积木,石头立刻撤走了长板,梓墨紧随其后,把替换积木放了上去。孩子们一片欢呼雀跃,但老师马上发现了问题。

教师:"大家觉得替换后能继续搭船头了吗?"

康康:"可以啊,原来的船头都拆掉了。"

教师:"再看看刚才替换的积木有什么不合适的地方吗?"

石头:"新积木长,搭上去以后出来了一块。"

梓墨:"那再找个短点的就行了。"

这次,大家没有像上次一样,只关注厚度,而是找到几个厚度一样的积木,先比了比长短,最后确定一块短一点的积木后,按照之前的流程替换了积木。

原来的船头已经被彻底"切割"掉了。这时区域游戏时间马上就要结束,老师提示幼儿可以明天继续把没完成的船头搭完,要想清楚了怎么搭建。几个小朋友凑在一起交流计划。

康康:"直接把长板摆在地上,搭出一个尖尖的形状,然后再一层一层往上摞就行了。"

石头:"哪有那么多长板啊,咱们的长板都在船身上当甲板呢。"

康康:"那就别都用长板啊,用圆柱把长板架起来也行啊。"

梓墨:"那有缝隙就会漏水啊。"

康康:"多摆一些圆柱不就行了。"

为了让船头搭建得更形象,大家纷纷表述自己的观点,为第二天的搭建做准备……

反思：

幼儿发展方面：中班幼儿好奇心强，上述案例中幼儿在面对同伴提出"船头不像"的问题时，激发了他们的游戏热情和创造性，在交流中主动寻找解决策略；孩子们大胆猜测答案，当因使用不适宜材料而未能顺利搭建时，通过尝试、验证不同材料的效果后明白不同材料合适与不合适的原因，同时又在感性操作体验和理性思维的驱动下不断进行对建构材料、建构内容和建构方式的选择和调适。

教师发展方面：教师面对幼儿的求助时，没有直接指明问题所在和解决方式，而是支持幼儿大胆思考，在表达自身观点—倾听同伴观点—发表不同意见的同时，促进批判性思维的养成；同时，深度学习并不是相对独立的某个游戏，而是制定计划—实施计划—回顾经验—再次计划的循环过程，它将评价、处理、反思、调节贯穿始终，是幼儿在失败时不断地尝试与其他更多已有经验建立联结，甚至产生新的方式，从而实现持续、深入探究学习的过程。

活动实录三：船建好了

第二天，石头跑到我面前："老师快看，我们的船造好了，可以在大海上去任何地方！"我仔细观察后，惊叹地说："哇，太棒了！可是，船在海上要如何安全通行并且辨别方向呢？"

梓墨："要有光照明。"

康康："还要很远的地方都可以看见。"

石头："我们再搭个灯塔吧，我想用彩色三角形或者长方形积木组合成护栏。"

梓墨："我不想用那个，我想用半圆形的护栏。"

石头："那我想用彩色三角形的，那样好看。"

梓墨："都没有用半圆形的，半圆形的也好看，而且半圆形的做护栏更安全。"

康康："那我们灯塔的塔尖用三角形积木吧，护栏用半圆形的，这样就都有了。"

说罢大家纷纷回到原来的场地上继续搭建。再一次关注他们的作品的时候,发现他们建构的灯塔顶端是用彩色三角形积木组合而成的,护栏是用半圆形积木连起来的,船的造型更加丰满。船就这样完成了吗?

这时,另一组搭建完成的小朋友过来欣赏他们的作品时提出了疑问。

子悦:"人要从哪里上船?"

王瑞:"这个船太矮了,如果有坏人来一下子就可以爬进去了。"

这个疑问让孩子们有了继续搭建桥坡的兴趣。梓墨递来长方形的积木,将其一头扣在船面的边缘,一头斜靠在地板上,做成桥坡,但桥坡滑落好几次,身边的几个幼儿也蹲下身来试了试,还是以失败告终。看到幼儿的失败,我俯下身,问道:"有坡度的桥面为什么会滑落下来?"幼儿开始讨论:"因为它没有和桥面很好地连接。"……这时,在一旁的石头跑到积木区拿了几块长方形积木,在船的另一头用一块长条积木靠在地面上,然后用手里的短积木连接摆放,在放手时桥坡没有滑下来。小朋友们激动地叫了起来:"成功了!成功了!"这一次,船正式竣工了!幼儿欢呼雀跃!

反思:

幼儿发展方面:此阶段幼儿能够勇敢地表达出对自己和同伴建构作品的意见与看法,仔细倾听同伴、教师对自己的建构作品的意见与看法;当自己与同伴所运用的建构技能出现分歧时,通过动手操作直观感受不同技能呈现的不同效果,明白自己与同伴不同技能的缺点和优势;几次的失败,促使幼儿在试误中寻找桥坡滑落的原因,并找到了解决问题的方法,成功搭建了桥坡;游戏中,幼儿通过自主探究、不断试误、向同伴学习等方式不断建构新经验,解决游戏中的难题。

教师发展方面:幼儿在深度学习中不断发现挑战式的问题情境尤为重要;倾听与提问则是教师观察、了解幼儿游戏状态的策略之一;教师在倾听幼儿讲述、谈话、议论的基础上,能发现幼儿的期待、好奇与疑虑,从而把握介入游戏、进行提问的好时机;当幼儿认为已经完成船的建构时,教师积极地给予肯定,并提出如何保证船在大海上安全地通行这一问题以引发幼儿思考,当幼儿又一次要结束搭建时,教师进一步提出了增加"桥坡"这一有挑战的问题情境，激励幼儿进行新的思考、探究。

游戏中，幼儿通过自主探究、不断试误、向同伴学习等方式不断建构新经验，解决游戏中的难题。在这个过程中，教师是以设置问题情境的方式促使幼儿形成解决问题的模式，帮助幼儿理清思路、总结经验，使幼儿通过相互支持、相互合作、相互学习的方式去释放自我和集体的力量，引发高质量的合作游戏。幼儿在后面的游戏中，但凡遇到需要对称搭建的地方，都能够主动观察对比材料是否合适，判断评价轮船搭建的效果，真正实现了自主评价、自主学习、自主反思。

（北京市通州区张家湾镇张家湾中心幼儿园　李新波　杨子晗　姚宇）

"绿心公园"落成记

"绿心公园"是孩子们比较喜欢又熟悉的游玩场所。每每假期回来，孩子们经常会谈论和爸爸妈妈一起去绿心公园玩耍的趣事。于是，我们抓住这一现象，从孩子们的兴趣点出发，引导幼儿尝试运用搭建的方式展示绿心公园中有特色的建筑。

经过小班一年搭建游戏的经验积累，幼儿掌握了基本的平铺、垒高的搭建方法，但是受年龄特点和注意力等方面的影响，搭建游戏中常常出现搭建无计划、搭建方法简单、合作搭建能力弱等问题。"绿心公园"主题搭建活动为满足幼儿兴趣发展需要，促进幼儿深度学习创造了丰富的契机。

第一阶段：初见"绿心公园"

活动实录：经验分享

在搭建活动开始前，我们请家长带孩子们在游玩绿心公园时带着意图、带着计划，找找"公园里面都有什么""公园里有什么特色的建筑物"孩子们在爸爸妈妈的协助下观察公园里面的事物，并拍摄了很多照片，用于班级分享活动。之后，班级开展了一次谈话活动，大家一起讨论：绿心公园里都有什么；最喜欢的建筑是什么；我们可以搭建什么样的建筑物？

教师："你们在绿心公园都看到了什么？"

乐乐："我看到了公园里面有很多很多的大树和漂亮的花。"

阳阳："绿心公园里面有沙坑和小动物的家，我在那里喂过兔子。"

康康："绿心公园还有一条河，我还看到了河上有小鸭子，还有长长的、弯弯的石头桥，特别大。"

雨桐："我也看到了桥，还是不一样的，是木头桥，像是很多船连在一起。"

辰辰："还有长长的小路，有的小路上还有弯弯的拱形门，比咱们幼儿园的拱形门大好多。"

奕翔："我还看到过有漂亮的小房子，人们可以坐在那里休息，姥爷告诉我，那个叫亭子。"

宇昕："绿心公园里面有很多亭子，每个亭子都不一样。"

教师："你们最喜欢绿心公园里的什么建筑啊？哪些建筑我们可以在建筑区搭建出来？"

宇昕："我们可以搭建亭子，搭建特别多的亭子。"

梓博："我们还可以搭桥，我和乐乐之前就搭过小桥。"

嘉禾："我也想搭建亭子，我和爸爸拍了好多亭子的照片。"

教师："你们带来了哪些亭子的照片，给小朋友们介绍一下吧！"

家缘："这是春分亭，它是圆圆的，高高的。"

奕翔："我拍的是马缨亭，它特别高，有两层。"

嘉禾："这个亭子是长方形的，里面很大，妈妈说这叫谷雨亭。"

以晨："我跟爸爸看到的是正方形的亭子，是寒露亭。"

雨桐："我喜欢这个亭子，我觉得她特别好看，是夏至亭。"

孩子们你一言我一语地分享着自己对绿心公园中建筑物的认知。教师有目的地引导幼儿聚焦讨论话题，通过和孩子们商讨，我们决定重点搭建绿心公园里具有特色的亭子，其他小型建筑物，例如小桥、长廊等可以当作辅助的搭建物，丰富情境。

第二阶段：初搭"绿心公园"

活动实录一：收集材料

确定好重点的搭建物后，教师和孩子们一起将视线移至建筑区，一起观察和分析班级积木是否适宜，幼儿园里还有哪些材料可以用。

教师："我们需要用什么样的材料来搭建亭子？"

禹丞："我们需要找很多的柱子，因为亭子都是用柱子搭出来的。"

宇昕："我们要找很多长长的积木，因为谷雨亭就很长。"

辰辰："要搭春分亭需要用圆形的积木。"

奕翔："我们还需要一些弯弯的积木，或者半圆的，做亭子的顶。"

他们根据自己的想法，在幼儿园里收集了很多的圆柱体、易拉罐、长短不一的木板、半圆及三角形的积木。教师将幼儿收集的绿心公园中的建筑物照片打印后张贴在墙面上，制作成提示性墙饰，供幼儿观察参照。

反思：

建构初期，幼儿能积极踊跃表达自己感兴趣的建构主题，搭建兴趣较高，自主主动的游戏意愿和积极的情绪体验为深度学习的发生奠定了情感基础。游戏或学习过程中，教师通过集体谈话活动，及时帮助幼儿将在日常生活中积累的相对零散的感性经验和认知经验进行梳理回顾，并通过照片提示、语言描述等方法对不同亭子的建筑特点做进一步了解、加深记忆，为后续的深度学习提供了经验保障。

教师发现幼儿兴趣点后，及时地发起了家园合作活动，鼓励家长协助幼儿带着目的观察绿心公园的建筑物，由此便生成了由幼儿、教师、家长及社区环境组成的协同教育机制，为幼儿搭建兴趣的激发与保持提供了可能。

活动实录二：发现问题

在第一次搭建活动中，由2～3名幼儿自由结组开始了小组搭建。有的幼儿用半圆形的积木两个对在一起，当成圆亭子的底部。由于底层面积太小，上面放四个柱子，亭子就变成了"实心"的；有的在长积木上摆上圆柱体积木作为柱子，码完一层后就开始封顶；有的幼儿想搭建高高的马缨亭，可是柱子刚垒两层就颤颤巍巍要倒；有的幼儿搭建六边形亭子底部的时候，用一个长板积木压着另一块，怎么也成不了型。

孩子们第一次小组搭建结束后，我们进行了活动分享。

奕翔："搭得一点也不像我看到的高高大大的亭子，太小了。"

乐乐："太矮了，有没有办法能高一点？"

小乔："拼得一点也不像圆形的底部，第二层都拼不上，总掉。"

雨飞："我们的马缨亭总是倒。"

宇昕："我觉得我们还需要找一些更大的积木。"

反思：

幼儿能根据当前建构目标挑选所需建构材料，积极参与到搭建绿心公园的准备阶段中来，使深度学习拥有了坚实的物质基础。在初次搭建绿心公园时，孩子们选择单元积木为主要材料，用基础材料表现对亭子的直观理解，从幼儿的自我评价中能够看出他们对自己的搭建成果并不满意，觉得和自己头脑中、印象中的建筑形象差异较大，不牢固等。教师并没有直接给幼儿评判或者建议，而是让幼儿充分进行自我观察和反思，照片为他们提供了观察和从记忆库中提取认知经验的支持，同伴分享则为他们提供了他人视角，在一定意义上有利于他们的反思和批判性高级思维的发展，提高他们发现问题并创造性解决问题的能力。

幼儿在建构材料的选择上萌发了一定的问题意识，同时，对照幼儿在搭建中的表现，不难发现材料的提供一定程度上限制了幼儿的表征：如常规形状较多，则难以建构出异形作品；小型材料较多，则宏观作品建构较有难度；支柱细长，则难以支撑较重积木。于是，教师决定从材料入手给予支持。

第三阶段：调整"绿心公园"

活动实录一：调整材料

基于初次尝试搭建后出现的问题，教师带领幼儿再次明晰亭子的特征，以便寻找更适宜的搭建材料。

教师:"这个亭子最明显的特点是什么?我们需要什么样的材料更适合?"

雨桐:"春分亭是圆的,它很大,我们需要找又大又圆的木板。"

奕翔:"马缨亭最高,我们需要摞四层粗粗的柱子。"

禹丞:"谷雨亭是长方形的亭子,我们需要长长的木板。"

乐乐:"寒露亭是正方形的亭子,它有两层。第二层需要小的积木。"

再次讨论明确亭子的特征之后,我们鼓励幼儿在室内外寻找更多元丰富的材料。将原来细小不稳固、长短参差不齐的材料进行适当减少,并增加能满足本次搭建所需的圆柱体积木、半圆积木数量。在找不到适宜的圆形、六边形材料后,教师协助幼儿裁出了大小不一的圆形、六边形 KT 板,作为辅助材料增强亭子造型的表现性。有了更适宜的材料,孩子们对接下来的建构跃跃欲试。

活动实录二:更形象的亭子

奕翔搭建的是马缨亭,搭建第一层时,亭子的每一个支撑柱都是由三个圆柱体摞在一起组成的,然后封顶继续搭建第二层,不一会儿亭子就搭建完成了。只见他看了又看,然后将刚搭好的亭子一步步给拆了。老师很疑惑,问:"为什么又给拆掉呢?"奕翔说:"马缨亭是最高的亭子,我觉得这个亭子还是有点矮。"老师继续追问:"那你要怎么调整呢?"奕翔说:"我想把第一层搭高一些,刚刚我用的是三个圆柱积木垒高成为柱子,亭子有点矮,这次我想用四个。"为了体现马缨亭的高大,只见奕翔将亭子第一层的支撑柱由原来用三个圆柱体组成变更为四个。在搭建第二层的时候,为了保证下面支撑柱的稳固,他还请了建筑区内共同搭建的乐乐帮他负责照看着下面的柱子是否碰歪,就这样两个人一个负责施工一个负责安全,最终和建筑区小朋友搭建的其他亭子比起来,果然马缨亭是最高大的。游戏结束后,老师请奕翔在分享经验时介绍自己把马缨亭变高大的方法,奕翔自信满满地向同伴说着,并把自己的方法画了下来,贴到了建构区的墙上(见图 7.16)。

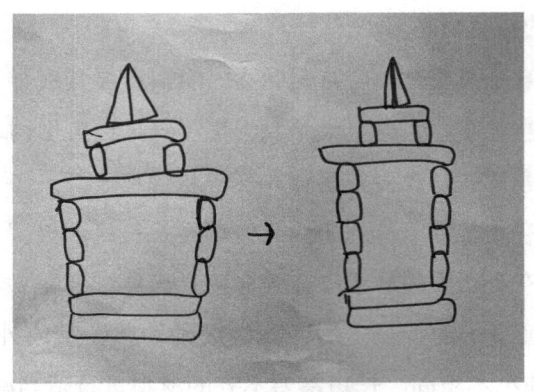

图 7.16　马缨亭变高大的方法

活动实录三："绿心公园"的布局

一次搭建活动中，建筑区的小朋友们决定搭建"马缨亭""谷雨亭""小满亭"和两座桥。他们选择在建筑区正中心搭建这些建筑物，而在搭建完"马缨亭"和"谷雨亭"之后，发现场地不够了，便只能舍弃"小满亭"。即便这样，桥和"马樱亭"也几乎要贴在一起了。小组交流时，老师带领着幼儿观察绿心公园的地图，宇昕发现绿心公园的整个公路是"五角星"形状的，亭子基本都在"五角星"公路的周围，这样有效避免了建筑拥挤的情况。随后在老师的帮助下，幼儿在地面上也画了"五角星"形状的线，并开始规划新的建筑布局。教师组织幼儿进行小组讨论，绘制搭建计划图，将要搭建的亭子在带有"五角星"的图纸上确定搭建位置后简单绘画出来，并商量分工（见图 7.17）。他们还在宇昕的建议下，找来了蓝色的不织布，铺在地上，当作小河，将桥搭建在了小河上方（见图 7.18）。后来游戏中孩子们发现不织布不稳固，搭建时容易移动，便在教师的提议下画出一条小河。

反思：

此阶段游戏中因使用不适宜材料而未能顺利搭建时，教师通过讨论和材料支持等方式引导幼儿根据前期游戏中材料使用情况和搭建经验，来解决新的游戏情境中的问题，迁移与应用能力得到了进一步的体现。

由于中班幼儿缺乏对空间的整体规划能力，也没有就合作搭建制定分工

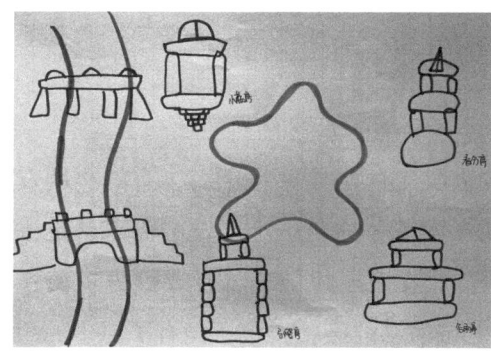
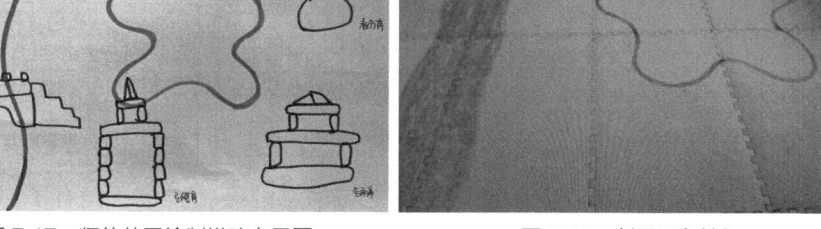

图 7.17　师幼共同绘制搭建布局图　　　图 7.18　创设区角地标

计划，出现各玩各的现象。教师给予幼儿充足的思考和探索的时间，并利用小组点评的时机，通过地图视觉提示，使用地面标记提醒建筑位置等方法解决布局拥挤的问题。同时利用区域计划环节，带领幼儿通过绘制图纸、商量分工，确定搭建内容，提高幼儿小组搭建效率，最终完成了公园的完美布局。并且幼儿能有意识地在班级中找寻辅助材料，创设情境从而使主题作品更加具象。

第四阶段：优化"绿心公园"

活动实录：创设更丰富的情境

在解决完空间布局的问题后，孩子们能够熟练搭出绿心公园不同特点的亭子，我们又一起将搭建聚焦到公园的细节上。

教师："你还发现了什么？还可以搭什么？"

雨飞："亭子里面，人们是可以休息的，但我们没有搭长椅。"

辰辰："那是不是亭子里面可以放一些小人，当作游客，假装他们在休息呀？"

佳澂："但我们没有小人模型，只有动物模型。"

老师："那有什么办法可以解决吗？"

辰辰："用彩色小积木当小人行吗？"

嘉禾："不像小人，又没有眼睛、鼻子、嘴巴。"

老师："那我们怎么能有更形象的游客呢？"

宇昕："上次老师教过我们用彩泥捏小人，我可以去美工区捏一些，当作咱们的游客啊。"

嘉禾："美工区还有小朋友上次捏的小人，我可以问他们借用一下。"

按照交流提出的建议，有的小朋友去美工区制作彩泥小人，有的小朋友去找同伴借用成品人物，美工区的小朋友发现了建筑区小朋友的需求，也主动提供帮助，用彩泥捏一些小"游客"，放在亭子里的长椅上，这样就营造出"游客"正在休息的场景。有了这次区域联动的经验，孩子们有了更多的想法，把自己所需要的情境辅材（小树、花、秋千、游览车、小船等）画在订购单上，请美工区和拼插区的小朋友按照订购单制作相应的作品送到建筑区。于是孩子们在接下来的游戏中又借助美工区制作了树和花，又将拼插区的花车和小船借到了建筑区，这样"绿心公园"场景就更加形象了，也越来越丰富生动了。

反思：

在此阶段幼儿能够按照自我意愿对建构作品进行加工、修改、创造，并在上述行为中不断地发现问题、解决问题。这些行为能够促进幼儿对自我认知的认识，使幼儿在已有元认知基础上进一步发展，从而促进游戏的计划性。

面对有难度、有挑战的问题时，幼儿通过与同伴的合作互助不断积累经验、互相启发，社会性与合作能力得到明显提升。这使得他们对游戏更为持久专注，也更富于创造性，这成为深度学习不可或缺的动力。

（北京市通州区张家湾镇张家湾中心幼儿园　姚宇　郑欣欣）

家乡的桥

进入中班后，老师在乐高造型类积木的基础上又添加了不少新材料和工具，如乐高玩具中的机械臂、螺丝刀，以及可以拧螺丝的孔砖等，孩子们对此十分感兴趣。伴随着"河育文化"的逐渐渗透，幼儿在知家乡、走家乡的过程中发现了许多家乡趣事，家乡的桥也成了孩子们喜欢探究的对象，从东关大桥到张家湾公园的亭台小拱,孩子们常常跟老师和小朋友分享他们看到了什么样子的桥。一天户外活动结束后,硕硕看到凳子下面有个乐高小人,他自言自语道:"他怎么掉下来了?我给他搭座桥吧。"于是班级里就有了孩子们第一次自发的搭桥小活动。

从图片中可以看出孩子们搭建的桥起始位置不同,桥的形态也不同(见图7.19)。在搭建桥的过程中,运用了不同的技能和方法,如单点互锁、多点互锁、延长连接等。

图 7.19 自发搭建小桥

第一阶段:桌子上的桥

活动实录一:窄窄的桥

通过凳子上的小桥实验,孩子们对搭建桥的活动更加感兴趣了,看见什么都能想到桥,可能是他们的大脑因为丰富的搭建经验已经与桥建立起了紧密的连接吧!一次室内体育活动课结束后,平时被摆放在一起的桌子因为体育游戏需要而被分开了一米的距离,轩轩开心地说:"你们快看,这里分开了,我们建一座桥吧!"把距离不太远的两个桌子用乐高连接起来,对于他们来说是一件比较容易的事,不一会儿浩浩、硕硕就完成了。

老师发现孩子们很快就完成了桥的制作,就问孩子们:"小朋友们,你们的桥是用来做什么的?"阳阳说:"是让汽车走的呀!"轩轩说:"是走工程车的呀!"随即他跑去从展示架上拿了一个之前搭建的工程车摆在桌子上比划着。之后,他大声地对小朋友们说:"你们这个不行,你看桥太细了,车过不去。"旁边的几组小朋友听见轩轩的话,再看看自己的作品,就开始重新做了起来。轩轩还振振有词地说:"得把桥加宽。"

活动实录二：小桥大改造

有了新的搭建目标，孩子们的人员组合情况也发生了变化。轩轩和阳阳说："我们把桥做大点就行啦，我们就用围拢的办法。"阳阳说："我不想这样，我想做个宽宽的桥面。"轩轩和阳阳因为搭建思路不同，两人决定各搭各的。姝含和雨彤觉得桥变宽是个大工程，于是决定两个人共同进行改造。在搭建过程中，她们发现搭了好多层的乐高侧面更宽，于是她们把乐高放平用侧面做桥。而冉冉和轩轩因为搭建的想法一致也开始了他们的合作，但他们的结构也相比别人的更复杂，不是简单地叠加积木，而是每一层用四块围拢，并且每加高一层，刚好把下一层的缝缝盖住，这样整个柱子无论怎么摆放都十分结实，而且承重能力也很强，但会需要更多的材料、更长的搭建过程。在活动接近尾声时，他们的桥还差一点点距离才能把两个桌子连接到一起，但轩轩却自信地说能连上，只见他把桥稍微倾斜地进行摆放，桥果然稳稳地搭在桌上。

反思：

中班幼儿在建构初期的表征大多结构比较简单、技能相对单一。在幼儿基于问题的发现和解决，提出"把桥加宽"这一新的搭建目标和搭建计划后，他们积极主动地进行调整。虽然使用的材料较为单一，且以垒高、延长方法为主，未能呈现材料和技巧的多元化，但也充分体现出他们在新的情境中调动已有经验解决新问题的主动性和创造性，比如把垒高的积木"放平"作为变宽的桥面，比如把桥稍微倾斜进行摆放等。

第二阶段：椅子上的桥

有了短距离搭桥的前期经验，幼儿想挑战更有难度的"大桥"。

午睡后，有几个孩子从睡眠室搬着小椅子来到活动室，轩轩和嘉嘉放好小椅子后发现中间恰好有一段间隔，轩轩说："你够不到我。"嘉嘉说："从我的椅子这儿搭一座桥，跟你的椅子连在一起不就好了！"他们开始将乐高积木一块一块地连接起来，形成"桥面"，长度正好架在了两把椅子上，孩子们发现原来椅子上真的可以架桥。受他们的启发,其他小朋友也纷纷对椅子上架起的桥起了兴致,想要在椅子上搭更长的桥。

在搭建的过程中,孩子们需要更多的材料,老师将几箱的乐高材料都放在公共区域,幼儿可以根据需求去选择材料的种类及数量。孩子们在建构过程中都是拿着材料在桌面上拼桥面,但是他们却忘记了"岸"并不在身边,想要把搭建的乐高桥面和椅子岸进行组合,还需要解决距离上的问题。

活动实录一:搬不走的桥

子妮在第一组,他们将当作岸的椅子放在了活动室的最前面,这距离他们搭建桥面的位置还有一段距离,所以需要搬运桥面,让它和岸合体,变成一架完整的桥,但她发现桥面太长,搬运的人手不够,于是她对旁边的小朋友说:"你们帮我一下,帮我把桥放到凳子上。"其他小朋友很积极地来配合。子妮说:"浩浩你搬中间,姝含你搬另一头,纯纯你挨着浩浩,我说搬你们就搬。"虽然子妮有条不紊地指挥,但结果并不尽人意,第一次搬运以失败告终。

老师在旁问:"子妮,你们搬桥怎么没有成功呀?""哎呀,老师,这个桥不结实,太容易断了。""哦,搬的过程中断了呀?那有什么办法解决吗?""用互锁结构重拼一下。"子妮说完后,大家就响应起来,进行改装。第二次搬运时,搬到一半,桥面再一次断损了。孩子们没有放弃,马上快速地把桥面重新连接好,但无论是用腿夹住,还是用两只手托着,仍然不能完整地把桥运过去。这时子妮说:"我们分段搬过去吧!"最后孩子们一人搬一截,终于搬走了这座大桥。幼儿搬运桥的过程,也是他们发现问题与解决问题的过程(见表7.4)。

表7.4 幼儿发现问题与解决问题的过程

出现的问题	原因分析	幼儿的尝试与调整	获得的经验
人少,无法搬运桥	游戏前未能合理规划,桥身较长	主动邀请其他幼儿帮忙	在遇到困难时尝试向同伴寻求帮助
搬运桥身失败,桥身断裂	搭建结构不结实	调整搭建方式为更高难度的互锁结构	能调整建构方式,使用较难的技巧完成表征
	人数众多,出现力不一致导致断裂	分段搬运	整体移动难度较大,分段移动可行性强

活动实录二：带桥墩的桥

阳阳看到子妮组的小朋友搬桥时出现中间断裂的问题，忽然冒出个想法，要搭建有桥墩的桥，并且根据之前把桥加宽的搭建经验，他们很轻松地就把桥搭好了。他们开始搭建桥墩，但桥墩细细长长的，安装后并不稳固。这时阳阳跑到材料柜处又拿了一个底板，将桥墩与底板固定，桥墩就这样搭建好了。轩轩希望搭一个更稳更坚固的桥，所以搭建了较多桥墩，工作量很大也很费时。老师看到轩轩出现焦躁不安的情绪，为了满足轩轩体验成功的愿望，老师拿了两把椅子，放到比较近的地方，说："这两个岸给你们架桥好么？"但因为桥墩比较矮，轩轩把凳子蹬当作桥岸，并且搭建了楼梯，这才把桥连到了"岸上"（见图7.20）。

图 7.20　桥连到岸上

反思：

从上述案例可以看出，幼儿在搭建过程中能够在头脑中形成一定的计划表征，通过尝试多种办法解决问题，老师给予幼儿充分思考、讨论和试误的空间，无论是搬运桥面的子妮还是搭桥墩的阳阳，都能够迁移已有的认知和操作经验到正在进行的游戏情境中，形成新的搭建策略和经验。阳阳看到子妮组搬桥遇到的问题，唤醒他头脑中已储存的图像记忆，比如老师曾经展示过有桥墩的桥的图片形象，他在生活中所见过的有桥墩的桥等，以及唤醒他曾经的操作记忆，使他突然产生顿悟，形成新的想法。当幼儿表现出畏难、烦躁的情绪时，教师及时进行关注和支持，两把椅子就像"支架"一样丰富了幼儿的搭建情境，推动了幼儿的成功。

第三阶段：连接不上的桥

阳阳和轩轩搭建的有桥墩的矮桥成功了，但小朋友们并没有停止探索，满脑子都是关于建桥的事情："老师，公园的桥的两个岸隔着那么远，怎么能连到一起，我们的怎么总失败呢？"老师给孩子们播放了工程师建桥的过程，生活中的桥跨度可比两把椅子远多了，不同的桥建造的顺序不同，有的是从两边同时建桥，最后实现合拢，有的是先建桥墩再建桥面。孩子们摩拳擦掌想再挑战一次。

子妮和彤彤看过视频后，有了新的想法，想要参考视频中的搭建方法，从两岸同时双向搭建桥面。他们把两把椅子分别当作岸，距离拉了很远。彤彤说："我们用这个装乐高的箱子当桥墩吧。"当桥面成功合拢后他们又发现乐高箱和桥面高度存在偏差。于是他们在箱子上面又一点点地加积木，但增加的积木块的薄厚很不好掌握，让桥面平稳地架在桥墩上还是很困难。这时子妮说："喂！你们看'岸'是用椅子做的，那用椅子当桥墩也可以呀。"阳阳说："那我们的桥墩和岸就一样了，干脆我们自己用乐高搭一个和椅子一样高的桥墩吧！"最终孩子们同意阳阳的方案，用乐高搭桥墩，最终实现了大桥的竣工（见图7.21和图7.22）。表7.5是幼儿让大桥最终连接的过程也是他们发现问题与解决问题的过程。

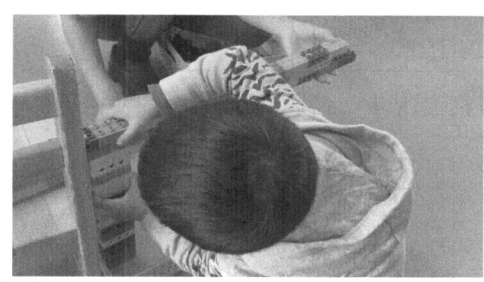
图7.21 合作搭建大桥

图7.22 大桥竣工

反思：

此阶段随着游戏的不断深入，幼儿在挑选材料、同伴合作和建构技巧、解决问题等方面积累了更多经验。在游戏中，幼儿向往更高难度的挑战，喜欢尝试新的办法，交流表达的意愿也非常强烈，而且乐于合作，无形中提升了建构游戏的专注力和游戏水平。同时，也能应用先前对建构材料以及计划要实现的建构目标的已有认知经验选取适宜的建构材料，并运用反思批判性等高阶思维探索，调整搭建方式，不断发现问题，迁移已有经验，创造性地解决问题，最终在内在动机的驱使下完成作品的搭建，进一步深化了认知经验。

教师在支持幼儿建构的过程中，提供了宽松的游戏氛围，通过图片、视频、讨论等形式带领幼儿观察、体验、回忆，建立当下情境与记忆的联结，激发幼儿想象，支持幼儿根据主题所需大胆尝试，不断把头脑中的形象表征通过操作建构的行为体现出来，进一步促进了幼儿建构思维与建构能力的发展。

表 7.5 幼儿发现问题与解决问题的过程

出现的问题	原因分析	幼儿的尝试与调整	获得的经验
两边的桥面连接在一起时，因错位对接不上	双向搭建时桥面的高度不一致，找到的辅助材料"乐高箱"和"椅子"高度不同，存在偏差，影响了桥面对接	1. 使用不同厚度的积木垫在较矮的一侧，调整高度，但薄厚不好掌握 2. 发现椅子高度一样，提出椅子用来当桥墩。后在交流中确定使用乐高搭桥墩双向搭桥	1. 双向搭建效率更高，出现高度偏差能快速迁移经验自发解决问题 2. 能够大胆挑选适宜的主题搭建材料，能借助积木解决高矮不同的问题
幼儿无所事事	不知道在主题搭建时自己能承担什么工作	子妮发挥领头雁作用，为同伴进行分工	同伴合作才能更好地完成任务

（北京市通州区张家湾镇张家湾中心幼儿园　吴玖媛　齐瑀璐）

附　录

幼儿教师脑科学素养状况与提升对策*

【编者按】

　　随着脑科学研究的快速发展，推动脑科学、认知科学、教育学等多学科交叉协作得到了世界各国政府的高度重视，成为许多国家教育发展战略的基础。本期刊登的文章《幼儿教师脑科学素养状况与对策》及《计划单支持大班幼儿在区域游戏中培养计划与反思的能力——基于脑科学的初步探索与尝试》，呈现了幼儿园教师脑科学素养现状以及脑科学视角下对提升幼儿教师游戏指导能力的有益探索。

　　当前，为落实学前教育普及、普惠、安全、优质的发展目标，教师专业素质越来越突出对幼儿学习的研究与支持。幼儿阶段是大脑发育的黄金时期，了解大脑发生学习的机制和规律有利于教师探索出基于脑、适于脑、利于脑的教育方式和方法，从而帮助幼儿更加有效地学习。本研究认为，脑科学应用于学前教育实践，不仅有利于幼儿的健康全面发展，也将为教师专业发展提供新的科学视角。加强对幼儿教师脑科学素养的培养，将有效架起理论与实践深度

---

* 本文作者李一凡、苏婧、庄薇、王利刚，发表于《学前教育》2021年第7期，人大复印资料《幼儿教育导读》2021年第9期全文转载。

结合的桥梁，激发教师潜能，帮助教师真正实现"知行合一"，获得专业成长与职业幸福。

一、幼儿教师脑科学素养现状与分析

在文献研究基础上，本研究认为幼儿教师脑科学素养内涵有以下维度：（1）对大脑的基本认识和基本态度；（2）对脑科学基本知识和理念的掌握；（3）脑科学知识在教育实践中的应用；（4）个人用脑卫生和用脑习惯。围绕以上维度，对北京市多个城区不同级类公办园与民办园教师进行了问卷调查与个别访谈，收回有效问卷459份，访谈教师24名，通过对各项数据与访谈信息的分析，概括出以下结论。

（一）幼儿教师对大脑的基本认识与基本态度

数据显示，80%的教师认为大脑对个体生理和心理发展非常重要，对大脑的认识都较为朴素，主要基于自身经验、感受和印象。访谈中问及对大脑的第一印象，从教师的回答中收集到91个关键词。见下表（部分）。

概念类	脑神经 神经元 大脑皮层 左脑 右脑 沟回 海马 脑细胞 脑容量 CPU 中枢系统 优势智能 多元智能	出现次数最多的关键词是思维（24次）；其次是复杂（5次）、支配（5次）、控制（3次）、想象（3次）、创造（3次）。
象征类	智商 记忆 思维 智慧 创造力 知识 反应	
描述类	重要 复杂 神奇 神秘 灵活 深奥 深度 精密 密集 迟钝 聪明 像核桃	
功能类	梳理 思考 想象 控制 支配 协调 指挥 储存	

分析发现，教师认识到大脑对人的身体动作和思维认知具有控制、支配的重要作用，大脑决定着人的智力水平、记忆能力和创造力，认为大脑非常复

杂神秘，教师对大脑感到好奇，也有一定的生疏感。在遗传和环境谁更重要这个问题上，大多数教师认为大脑发育是遗传基因和环境教育共同作用的结果，同等重要。

（二）幼儿教师对脑科学基本知识和理念的掌握

1. 对脑科学知识的了解程度与获取途径

调查显示，半数以上的幼儿教师表示对脑科学知识偶尔关注，了解较少；非常关注、非常了解的教师占3.48%；11.52%的幼儿教师表示从未关注过脑科学知识。追溯其原因：38.26%的教师认为是在进修学习的课程中没有涉及过；37.39%的教师认为是脑科学知识专业术语太多，很难理解。分析发现，对脑科学知识了解多少与学历呈正相关，与职称和教龄无显著相关。

获取与脑科学相关的信息或知识的途径排在第一位的是网络和新媒体（61.09%）；其余依次为上学时老师讲过和在教材里看到过（48.48%）、培训和讲座（46.96%）、电视（36.3%）和图书报刊（34.78%）。一些年轻教师表示平时喜欢看生命科学类、医学类纪录片，24名受访者中有1名教师正在阅读一本介绍大脑知识的电子书，其他教师均表示从未看过相关图书。

2. 对脑科学常见专业术语的认知和理解

对于脑科学常见专业术语或概念，问卷调查仅考察教师是否听说过或见到过，并不要求教师了解或掌握。选择占比排在前5位的分别是左脑（86.74%）、右脑（86.09%）、大脑皮层（81.52%）、脑干（79.57%）、敏感期（68.26%），选择其他涉及大脑结构、功能与脑神经系统相关术语的教师人数大多集中在40%上下。

访谈中了解到，很多教师对专业术语只有一点印象，有的甚至存在错误理解。如只有少数几个老师认为敏感期与幼儿在某个特定时间段内某个兴趣或某项技能的学习有关，但对具体有哪些敏感期、分别是什么时候并不是十分明确，还有几位教师把"敏感"等同于"情绪敏感"，比如某个孩子家里新添了弟弟或妹妹，那这个孩子可能就会处于敏感期，比较容易受刺激。

3. 对脑科学基本知识与教育理念的认识与辨析

总体上看，在大脑发育、情绪、营养、精细动作、运动与大脑的关系等方面，教师对正确观点的认同率和对错误观点的不认同率均显著较高，如73.91%的教师认同"学前时期是个体大脑最活跃的时期"；77.61%的教师认同"人的大脑终身都会产生新的神经细胞，终身学习是可以实现的"；79.56%的教师认同"营养缺乏会导致脑的结构和功能出现异常，科学合理的饮食可以促进大脑机能发展"；88.92%的教师认同"精细动作可以提高大脑功能"；87.39%的教师认同"感知觉开发是脑开发的基础环节"；68.04%的教师对"运动对大脑发育无益"表示不认同。

但数据也显示，教师对大脑结构与功能、大脑的学习机制、幼儿大脑发育特点和一些流行的"神经神话"认识不足。如对于左右脑功能错误的表述，高达49.57%的教师选择认同；27.27%的教师认同"左脑人"和"右脑人"的说法；44.35%的教师认同"制定计划、集中注意、排除干扰、控制冲动的能力在幼儿阶段就可以发育成熟"。反映了教师对大脑左右半球的功能以及协同配合缺乏科学认识，对大脑执行功能发育规律和幼儿大脑执行功能发育水平认识不足，将影响教师对幼儿专注力、坚持性、自我控制能力、创造力等方面的期待与评价，尤其影响他们对于教室里那些较为"特别"或难以投入游戏活动的幼儿进行适宜有效的支持。

对"男女两性在大脑及认知和学习方式上没有性别差异"的观点，31.3%的教师选择认同，29.35%的教师选择不能确定，可见教师对大脑发育和认知功能的性别差异缺乏明确认识。但在访谈中，教师对男孩和女孩在游戏中的不同表现和性别差异却能明显观察出来。

除此之外，调研还列举了与早期儿童教育有关的几个"神经神话"观点，其中，教师对于"错过敏感期就不能再学了"认可度最低（66.52%）；其次是早期经验决定论，46.96%教师不认同"人的脑细胞组织在3岁之前就已经定型，3岁之后基本不变，3岁决定人的一生"；最难以辨析的是右脑神话，36.74%的教师认同"右脑有无限潜能，开发右脑能塑造神童，快速提高学习成绩"。教师对"神经神话"的辨析能力有赖于他们积累的脑科学知识，当积累的知识不足，再受一些不科学的大众传播影响，教师难免成为"神经神话"的接受者甚至传播者，从而影响他们的教育实践。

（三）将脑科学知识在幼儿教育实践中的应用

1. 对"幼儿是主动学习者"与个体差异的理解

对"幼儿是主动学习者"的理解分别从学习主体、学习动机、学习方式、学习过程、学习的社会互动性以及学习的大脑机制6个角度进行设计，结果显示，认为"幼儿的学习是非灌输地、积极主动地探索认识世界"与"幼儿的学习是从自身兴趣和需要出发"的教师占比高达88.04%。其次是认为"幼儿是学习的主体，在游戏中建构经验"，占82.61%；选择"幼儿的大脑具有信息加工和主动学习的机制"占72.39%；59.31%的教师选择"幼儿在学习过程中实现自己的意图和选择，把控整个过程"。值得注意的是，有66.74%的教师选择"教师和幼儿共同成为学习的主体，通过积极互动获得全面发展。"反映出有相当一部分教师认为教师与幼儿的积极互动非常重要，但教师同样也是幼儿学习的主体，这一观点将影响教师对自身在幼儿游戏学习过程中所扮演的角色以及发挥的作用的认识与行为，值得重视。

《3～6岁儿童学习发展指南》（以下简称《指南》）中提出要充分理解和尊重幼儿发展的个体差异。调查发现教师高度认同个体发展在能力水平和速度方面具有差异，并认为在智能优势、性格气质和性别方面也有差异。幼儿在游戏中的差异表现是幼儿学习与发展个体差异的具体化。访谈中，教师表示在区域游戏中幼儿游戏行为的个体差异比较明显，但对为什么具有这样的差异，如何给予针对性支持较为困惑。

TC3：有的孩子不愿意去美工区，就喜欢探索一些益智区的玩具，喜欢进行过关挑战，可能是他绘画技能不行，还有就是他可能不爱画。比如水果乐园玩具，有的幼儿选择排序或者分类，有的却用来玩卖水果的游戏，是不是反映了他们分类、排序等发展水平有差异？

神经科学理论研究者杰森认为，每一个大脑都是独特的，大脑本身在适应其独特的个人经验，以其独特的方式进行学习时，在生理上重新进行连接，这才使得学习方式、情绪、选择、多元智能的研究有意义。认识和理解幼儿游戏行为中体现出来的个体差异，能够帮助教师建立科学的儿童观，并通过适宜幼儿个性化发展的师幼互动给予支持，实现因材施教。

2. 影响幼儿区域游戏活动的因素

数据显示，教师对影响幼儿区域游戏活动因素的认同具有高度一致性，其中幼儿的情绪状况（97.17%）、空间和玩具材料（95.65%）与游戏氛围心理环境（95.44%）占比最高，而游戏氛围心理环境又与幼儿的情绪密切相关。访谈中，24位受访教师均表示关注幼儿的情绪，认为情绪会影响幼儿的游戏与学习，多数受访教师表示会想办法安抚幼儿情绪。

TT5：我觉得孩子不管是学习还是游戏，一定要基于一个良好、积极的情绪之上。如果是一个积极的状态，他可能吸收的东西和他想去尝试的东西就会很多，这样的情绪能帮助他更愿意去学习和探究。

TC1：比如搭积木或者拼插玩具，弄塌了，他自己会很难过，如果老师不给他一个正向的引导，他可能就觉得自己做得不是特别好，会有一些失落。如果老师帮助他一起重新搭的话，可能会让他从不开心的状态中走出来，对孩子以后的成长和发展是有帮助的。

教师虽然重视情绪和心理环境的创设，但主要依据的还是对幼儿行为表现的观察和多年的工作经验，如果能够从大脑的结构、功能角度去了解情绪的重要性和影响学习认知的发生机制，将更有助于教师以整体论的方法看待儿童发展，认识到身体动作、认知、情感与社会交往之间相互依赖的关系，尤其是重视情绪对儿童学习与发展的重要意义。

除此之外，幼儿游戏所依赖的玩具材料也备受教师关注。哪些材料更有利于幼儿大脑发育？调查数据显示，高达 94.3% 的教师选择开放性材料，其次是有一定规则但玩法多样的玩具（85%），而规则和结果都固定的玩具仍有 33.26% 的教师选择，还有 15.87% 的教师认为只要是玩具，都能促进幼儿大脑发育。

访谈中进一步了解到，有教师认为相对于玩具材料是高结构还是低结构，教师的态度和师幼互动的方式才是更为重要的，这与脑科学所提倡的"最好的刺激来自儿童与给他们提供机会去探索和发现世界的成人之间的互动"相一致。

TC1：现在我们对玩具的理解和过去不一样了。过去 老师可能拿到一个高结构玩具，就会要求孩子一定要按 照说明书、图纸去玩，现在我们会把玩具放在那儿，让孩子按照自己的想法去探索。比如我给孩子买的动物园主题的乐高玩具，孩子不按照图纸要求去搭，也搭出了自己心目中的动物园。所以我觉得对于玩具是不是高结构，师幼互动才是最关键的。

3. 教师对幼儿游戏的支持

这部分的调研主要围绕幼儿区域游戏的计划和反思、教师的介入和支持开展。数据显示，84.13% 的教师会让幼儿先制定计划再开始区域游戏，包含口头表述（44.35%）和图示符号表征（39.78%）两种方式。与教师所带大中小班情况进行交叉分析发现，小班幼儿教师选择口头做计划的比例更高，大班幼儿教师选择符号或图示表征的比例更高。对于反思，调查数据结果显示，85.43% 的教师选择幼儿作为反思的主体，其中幼儿自主口头讲述占 70.43%，幼儿用符号或图示表征占 15%。教师重视并以不同方式支持不同发展水平的幼儿进行计划和反思，有利于幼儿执行功能的培养。

面对"幼儿多次重复同一个游戏且游戏水平低于同龄幼儿"的情境，3.48% 的教师选择马上介入，尽力引导；5.87% 的教师选择无需介入；4.13% 的教师选择先介入再观察，实质是在考察介入是否适宜有效；86.52% 的教师选择先观察再介入，意味着教师意识到需要根据幼儿表现，考察介入的必要性与介入的时机、方式。调查显示，教师进行区域游戏指导的依据排在首位的是对幼儿年龄特点和发展水平的了解（90.22%），然后依次是对游戏现场的观察与分析（86.52%），《指南》精神和要求（73.91%），工作经验（45.65%），其他老师的经验做法传授（36.09%），脑科学研究结论与教育原则（27.17%）。通过访谈了解到，教师大多通过《指南》文本再加上现场的观察来对照分析幼儿的行为表现。

虽然选择依据脑科学研究结论与教育原则的教师占比最少，但通过访谈可以进一步了解到一部分教师产生了对幼儿学习行为背后大脑运行规律的学习兴趣。

TW1：在和儿童交流的过程中，我们发现孩子的思维方式是很不同的，面对同一个现象，他们的需求或反应不同。这些不同到底说明了什么？和孩子过去的经验有什么关系？他们大脑的思维究竟产生了什么变化？我们组织大家一起讨论，也看心理学方面的书，发现孩子的学习很多是基于脑的发育，在某些阶段具有这样的特点，不同的经验造就了不同的大脑功能，孩子的学习是与大脑密切关联的，所以后来我们就开始学习一些脑科学知识。

总的来说，当前幼儿教师所持有的儿童观、学习观以及实际做法基本能体现遵循幼儿身心发展特点和规律，重视幼儿学习的主动性和主体性的价值取向，与脑科学依据原则相一致，这与北京市近几年来学前教育课程改革、质量建设和教师专业培养取得良好效果相一致。但同时也发现教师对幼儿游戏学习行为还缺乏深度理解和科学分析，"知其然，不知其所以然"在一定程度上影响了教育行为有效性。

（四）幼儿教师个人用脑卫生与用脑习惯

科学用脑是维持神经系统健康、提高大脑工作效率的前提，"用脑卫生"与"用脑习惯"也是教师脑科学素养的重要组成部分。调查发现，大多数教师能够对自身的智能优势以及认知倾向进行较为粗浅的判断，有助于其在学习与工作中扬长补短，提高效率。教师在日常学习和工作中大都有自己习惯的记录方法和记忆方法，日常作息和生活习惯总体情况良好，在劳逸结合、缓解大脑压力方面有常用的积极方式,但这些习惯主要出于身心健康的需要自然形成,并未意识到基于大脑健康保护来习得和养成科学的生活方式与用脑习惯。

二、幼儿教师对提升脑科学素养的需求

调查发现大多数教师都表现出对脑科学的好奇与学习兴趣。在学习内容需求方面,了解幼儿大脑发育特点排第一(78.48%),对大脑结构、功能和发育规律等方面兴趣较弱(54.35%)。此外,教师对能在工作中直接运用的方法(68.48%)、了解一些脑科学指导教育实践的成功案例(68.26%)等方面的需求也较为强烈。

最受教师欢迎的学习方式是体验参与(76.74%),其次是专家讲座(74.35%)、活动观摩(68.48%)、互动研讨(54.78%)、阅读书籍(49.35%)。教师普遍认为在高效学习的条件中,学习内容符合兴趣和需要、学习方式灵活多样、可参与体验最为重要;其次是学习目标和任务明确;学了马上能用,有成就感;与同伴一起学习;心情愉悦;学习过程有反馈。

TF5:对于大的、笼统的概念不十分需要,我需要了解在工作中能用得上的内容。如活动区的哪些游戏形式能促进孩子不同大脑区域的发展?学了脑科学后,我再给家长讲的时候就更专业了。

TC3:讲座听完容易忘,有实际操作的话会更好。我有了这方面的素养,才能够带给孩子们这方面的提高,这是一个相互促进、螺旋上升的过程。

三、提升幼儿教师脑科学素养的对策建议

(一)提高全社会对脑科学的重视程度与普及程度,营造脑科学学习氛围

由于我国脑科学研究起步较晚,总体上看,全社会都对脑科学知识缺乏了解,脑科学研究成果转化率较低,在生活和教育实践中并没有充分发挥作

用。需要在政府主导下，通过项目、课题等方式，联合脑科学研究人员与教育研究人员对脑科学基本知识以及最新研究成果进行筛选、梳理、转化，使之更贴近公众生活与实践，更便于理解和掌握，通过图书、电视、电台或新媒体进行广泛传播；借助科技馆、图书馆、博物馆等教育场馆和体验平台，为公众提供脑科学方面的公益讲座或体验活动，为公众提供咨询答疑指导；以学校和幼儿园的家长学校为基地，开展关于脑科学知识与儿童教育的系统学习如讲座、沙龙、工作坊等活动，提高教师和家长对脑科学的重视和了解，减少"神经神话"的不良误导，缓解家长的教育焦虑，有利于推动幼儿园"小学化"专项治理工作和幼小衔接工作的开展。

（二）将脑科学素养融入幼儿教师职前培养与职后培训课程体系

当前，我国幼儿教师职前培养方案中以儿童心理学、学前教育学为主要课程内容，只浅层涉及大脑最常识性的简单介绍，职后更是缺乏脑科学相关知识、最新研究成果和实践应用的学习。研究发现，一些国家已有尝试将高校的神经教育学相关课程向在职 k-12 教师进行开放，开设"改善教与学的大脑研究"课程，并结合实践进行课堂改革，取得了良好效果。建议将脑科学素养纳入我国幼儿教师职前培养和职后培训课程体系中，并尝试在幼儿教师资格考试内容中逐渐增设脑科学和学习科学方面的内容。鉴于当前大多数学术性著作和讲座以介绍脑科学和认知神经科学的研究发现、研究结论为主，与教育实践结合并不紧密，也不便于教师理解与应用，建议组建脑科学、心理学、学前教育领域的专家队伍共同商讨适合幼儿教师学习的内容和方式，建构专门的课程体系，开发多种形式的课程资源与课程平台，满足教师集体学习与个别化学习的需要。基于调研，初步建议重点突出关于大脑基本结构与功能、幼儿大脑发育规律和特点、基于幼儿学习和认知大脑机制的教育原则和教育策略，加强对"神经神话"的识别与辨析，了解脑科学应用于教育实践的优秀成果和案例等。课程内容与呈现方式应尽量生动、形象、直观，利用挂图、模型、标本以及多媒体教学手段，通过讲授、体验、实验、观摩、讨论等多种方式进行，提高教师学习兴趣和学习效果。

（三）加强脑科学理论研究者与幼儿教师的对话与合作

随着人们对脑科学在教育实践中的基础地位达成共识，国内各类基于脑科学的学校教学实验正在蓬勃开展，但主要集中在基础教育领域，偏重于课堂教学、管理和评价，鲜有在幼儿园开展的实验研究。随着幼儿园以游戏为基本活动的课程理念的贯彻与实施，借鉴脑科学促进幼儿园课程质量提升、促进幼儿主动学习和全面发展已成必然趋势，有必要加强脑科学理论研究者与幼儿教师的对话与合作，推动基于脑科学的幼儿园课程实践研究。

建议通过项目或课题的方式，脑科学理论研究者与教师组成研究共同体，以幼儿园为基地开展基于脑科学的教育实践实验项目。研究人员深入幼儿园游戏活动现场，对幼儿的学习行为和学习规律进行深入研究，指导教师学习观察与分析幼儿的学习过程，共同探索游戏中基于脑、适于脑、利于脑的教育策略；幼儿园不再是只为研究者提供样本与数据，而是成为实践研究的主体，在实践研究中真正促进教师学用结合、专业发展。

"我与脑科学" 教师征文随笔

脑科学让我养成了计划和反思的习惯

自参与脑科学课题研究以来，我在培养幼儿计划与反思能力上获得了很多新的思考和方法，班中幼儿在学习品质和执行能力上都有了很大提高。同时，这项研究也给我自身在工作习惯乃至日常家庭教育方面带来了新的调整和变化。

首先，对脑科学相关理论知识的学习，使我在生活和工作中转变了思维方式,做事情有了计划性,事后也有了主动反思能力,使我的自身专业素养不断提升。比如,在班级开展活动前我都会做一个简单的计划,在活动开展过程中我会随时进行反思和调整,使活动在思考和研究中持续有效地推进。

其次,脑科学对我的生活也产生了一定的影响。家中2岁的儿子每天刷牙成了我最头疼的难题,平时总是苦口婆心地引导,但效果都不好。后来我联想到脑科学理论提出的幼儿学习依赖于直觉行动,他们是具体形象思维,需要在直观、形象的情境中去操作。于是我准备了一家三口的照片,并准备了很多小贴画。每天晚上我在睡觉前都会说:"我要刷牙啦,刷完牙就有牙精灵送我贴画啦!"就这样,每次宝贝看到爸爸妈妈刷完牙就会得到一个贴画,他也加入了我们。有时在洗澡时他会说:"我要刷牙,我也要牙精灵。"慢慢地,2岁的儿子养成了刷牙的习惯。

脑科学不仅让我更加清楚幼儿发展规律,也使我自身更新了教育观念,科学培养幼儿计划反思能力,还让我自己在工作和生活中养成了计划和反思的习惯,不仅提高了工作效率,我的心态也变得更加从容和淡然。

(北京市丰台区第二幼儿园　刘玲玲)

脑科学让师幼互动更有效

刚刚接触脑科学这个课题的时候,因为对脑科学的不了解,我感到它离教育工作有些远,不知该如何进行研究。但当进入这项研究后,我明白了它的重要性。在进行关于脑科学、执行功能、元认知等一系列理论学习后,结合对班级现场的观察,我对区域游戏中幼儿可能会出现的问题、幼儿执行功能的发展及教育、幼儿创造性发展等内容都有了更加深入的了解,使我受益匪浅。

通过对脑科学相关内容的学习,我发现自己更善于也能更主动地去观察、倾听以及分析幼儿了。课题研究期间,每周我都会针对一个孩子的计划与执行情况进行记录,也会对孩子进行持续性观察记录,这些观察记录对师幼活动、区域游戏指导有着至关重要的作用,有助于教师在活动后再次对幼儿的游戏情况进行反思、分析,思考所运用的支持策略是否有效、如何引导幼儿等。同时,我也在一个案例中梳理了小班幼儿做计划的常见问题及支持策略,帮助小班幼儿了解自己的计划内容,萌发做计划的意识,并提高计划执行能力。通过在实践中不断地观察——分析——支持——调整,孩子们所呈现出的游戏状态发生了很大的改变,而我对于幼儿计划反思能力的培养也有了更多的策略与方法。

(北京市丰台区第二幼儿园　宋媛媛)

脑科学为我提供全新的视角

刚刚加入"脑科学指导下区域游戏中幼儿计划和反思能力的培养"课题研究小组时,我对脑科学可以说是一窍不通,当时的第一感觉就是"脑科学"这三个字听起来好高深,担心自己研究不明白。但经过一系列的学习、研讨、培训后,我对脑科学开始有了一定的了解,慢慢地我也感受到了脑科学对教育的作用。

课题研究期间在大班任教的时候,我拿到班中幼儿发展评价报告,看到班中幼儿在学习品质方面还有待提高。于是我便结合脑科学课题,对幼儿计划与反思能力的培养进行了一系列的研究。研究一开始我对脑科学的相关理论感到有些晦涩难懂,还有对如何将脑科学运用到实际教育教学工作中也感到毫无头绪,但经过课题组多次的理论学习、案例研讨,我对脑科学的了解更加立体、深刻,在带班教学过程中也能依据脑科学理论指导正确解读幼儿的行为表现,并能做到从尊重幼儿大脑认知发展规律出发为幼儿提供适当的支持。

两年后的今天,我想说,加入课题组我是幸运的,因为脑科学为我提供了一个全新的视角,脑科学的研究丰富了我关于幼儿大脑发育、学习机制等方面的理性认识,帮助我找到了更多科学有效的教育方法。

(北京市丰台区第二幼儿园　王哲雅)

引领深浅辨析，促进共享共识

在课题"基于脑科学的幼儿园区域游戏实践指导研究"的引领下，我园围绕着建构游戏中的深度学习进行研究，尝试借助脑科学知识，提高教师对幼儿的观察和分析能力。研究初期，教师虽然缺乏一定的理论基础，但对深度学习知识的渴求是迫切的，并期望孩子们快速进入"深度学习"状态，从而过于急切地在幼儿未积累材料运用、游戏技巧相关经验时，便纷纷"拔苗助长"。伴随长期的"高压指导"，孩子们呈现出教师主导下的"伪深度学习"状态。由此可见，部分教师未关注幼儿游戏中的已有经验和最近发展区，忽略了"浅层学习"对于幼儿游戏的价值，一味追求幼儿游戏过程中的深度学习，将"干预式灌输"等同于"问题情境"的创设，致使幼儿游戏的内在动机未得到有效激发，从而不能将前期经验自然迁移应用到实践中。

究其原因，在于实践中教师未能正确理解"习得知识"与"学会思考"之间的关系，即不清楚深度学习与浅层学习之间的关系。《脑科学与课堂：以脑为导向的教学模式》一书中明确指出：欲成为高效的思想者，孩子们自身必须具备相应的知识背景，以适应当今的社会文化和胜任日常生活。并且他们要努力让自己成为终身学习者——致力于探究和发现的问题解决者。同理，想要在游戏中实现高阶思维的发展，必须要在幼儿具备相应的知识背景下，基于实际创设问题情景，自然而然地使得幼儿在解决问题当中迁移经验。

为了帮助教师解决深度学习与浅层学习之间的认知冲突，变外部灌输为内在激活，从而建构、整合教育理念，实现教育智慧的升华，我们组织开展了一场关于深、浅学习之间的辩论大赛，在不同观点的交流碰撞下，教师们认识到当幼儿学习新知识、尚无相关的经验储备时，应先通过浅层学习获得基础性经验，再通过深度学习进行经验的丰富和拓展。两者之间从时间维度来看存在着延续性，即浅层学习是深度学习的基础和前提，深度学习是浅层学习的深化与升华。后续的实践中，教师不再一味追求所谓的"深度"，而是尝试做到先观察幼儿的状态、行为等,再纵向对比前期幼儿已有经验进行适度跟进,体现了浅层学习向深度学习的科学递进。

脑科学知识让我们知道了深度学习与浅层学习之间的关系,也为我们奠定了深度学习的研究基础,研究带动实践的转变也就水到渠成。

(北京市通州区张家湾镇张家湾中心幼儿园　姚宇　赵然　郑艳荣)

脑科学知识帮助我们教师知行合一

研究初期,印象最深的是在课题"基于脑科学的幼儿园区域游戏实践指导研究"的开题论证会上,我依然不清楚幼儿园的区域游戏与脑科学的相关知识有什么直接关联。但是在课题组的系列研学活动中,我慢慢摸索到了其中的关联。以我园子课题"脑科学指导下幼儿建构游戏深度学习的研究"为例,通过对理论知识的不断研读,我认识到深度学习是实现高阶思维发展的过程,它伴随着游戏中不断发现问题、解决问题的循环。尹文刚老师在《神奇的大脑:大脑潜能开发手册》一书中指出:解决问题是大脑思维活动的主要表现形式,也是思维活动的主要目的。思维是一个复杂的过程,人类的思维活动主要体现在解决问题上,解决问题有多个环节,各环节相互联结。随着解决问题能力的提升,最终在问题情景的创设下,实现知识的积累和经验的迁移运用。这说明深度学习的本质就是脑科学引领下的思维发展过程,如果没有脑科学知识的指导,我们在研究中可能会寻到一些技巧,但绝不会知其所以然。正因为借鉴了成熟的脑科学知识,我们一线的幼儿教师才能切实做到知行合一,更加深入地进行课题研究。期待课题"基于脑科学的幼儿园区域游戏实践指导研究"的研究成果会给予广大一线教师更多的借鉴。

(北京市通州区张家湾镇张家湾中心幼儿园　齐瑀璐　郑欣欣　王春艳)

我感受到了学习脑科学的有趣和有用

接触脑科学前,感觉脑科学特别深奥,认为研究脑科学的应该是那些专家和学者,我们这些从事幼儿园一线工作的老师,不用知道为什么,只要知道如何操作即可。但是和中科院心理所王利刚老师的一次对话让我对脑科学有了不一样的感受,发自内心地意识到做好教育不仅要知其然,更要知其所以然。

我问王老师:"幼儿区域游戏时我发现一个较为普遍的现象,给幼儿提供可选择的游戏材料越丰富,幼儿对材料的操作时长反倒保持得越短,游戏的专注度和深入性也不如材料较少的时候,这种现象如何用脑科学知识来解释呢?"

王老师说:"我的理解是,材料越多,越需要更高的思维结构来利用所有材料,3个材料对应的是一只鸭子,但是20个材料必然对应的是航天飞机。鸭子的图式简单,航天飞机的图式复杂。当一个只能想到做鸭子的孩子面对20个材料而只能用到3个材料,这剩下的17个材料不仅不利于他的工作,还会对他形成干扰。用维果茨基的最近发展区理论来看,教师提供的材料应该能帮助孩子跳一跳就能解决问题,但是材料太多时,问题空间就大了,孩子怎么跳也够不到,他会体验到受挫的感觉。"

专家用形象的比喻让我理解了幼儿思维结构的特点,"丰富"的定义应该考虑孩子的能力,不能以成年人的标准来定义。通过和专家的对话,令我一直困惑的问题迎刃而解,也让我感受到了学习脑科学的有趣和有用。

(北京市通州区张家湾镇张家湾中心幼儿园　李新波)

运动让大脑工作更高效

作为"基于脑科学的幼儿园区域游戏实践指导研究"课题实验园的参与者,我从申报课题时就加入了研究团队。在几年的课题研究和实践中,我参与了总课题组组织的多次专题培训，对脑科学有了更多的认识和了解。我将所学的脑科学理论知识用于指导美工区教学实践，持续一段时间下来，我惊喜地发现，孩子们的创造性思维得到了进一步发展。脑科学理论的学习不仅能指导教学实践，促进幼儿发展，还能提升我个人的工作效率。

近期，我在幼儿园科研室工作，每天从早上 7 点半开始，坐在电脑前，跟各种文字、各种稿子、各类课题打交道，一直到中午 12 点，四个半小时的工作时间是以坐为主，而大脑也经常处于高速运转状态。我发现头几个小时工作效率比较高，11 点左右大脑就会比较疲累，反应也会慢一些，这个时间段只能处理一些相对来说不太费脑的工作。我的工作是需要不断创新的，那怎么能在工作时间进一步发挥大脑的作用，提高工作效率，让自己的工作更有创造性呢？

在脑科学课题组理论培训中，专家提到的"与创造性有关的神经递质叫多巴胺，而运动可以引起大脑中多巴胺的释放，进而影响个体的认知灵活性和工作记忆等认知活动，而这些认知活动正是产生创造性思维必不可少的条件"让我眼前一亮，我回想起了中学时代，每次下课我就疯跑出教室，跟同学打乒乓球、跳绳，玩各类运动器材，上课铃一响高高兴兴地跑回教室，每节课大脑都能高速运转，再难的题，只要老师讲过一次就能记住，每次考试也都能拿高分。为什么工作后，大脑不能随时都处于高效状态呢？原来是少了课间的运动时间！此后，我便注意在工作间隙尽量抽时间做些简单的运动，每天上午 10 点加入孩子们的跑步队伍。有了这十几分钟的户外跑步时间，回到办公室后，我的大脑像是被风吹过了一样，整个人神清气爽，脑细胞的氧含量更充足，运转更快了！上午 11 点左右的大脑也不像以前那么疲乏了，工作起来很带劲，工作效率和创造性也进一步提高了。这估计也正是国家提倡"工间操"的原因——出于对大脑的了解！

"听君一席话，胜读十年书。"听脑科学专家在讲座中的一句话，胜过我自己花时间瞎琢磨方法……大脑的神奇之处还有很多，了解大脑、学会用脑，竟可以让我在工作和生活中如此受益！

（北京市昌平区机关幼儿园　王先妹　李平）

"大脑魔镜"帮我学会了情绪管理

听说要加入北京市"基于脑科学的幼儿园区域游戏实践指导研究"课题时，我一下子被"脑科学"三个字所吸引。大脑是非常复杂的，这么深奥的内容我要学什么？我能做什么呢？我该怎样去做呢？通过学习，我认识了很多和大脑有关的概念、术语，感触最深的是镜像神经元。人类的认知能力、模仿能力依赖于镜像神经元，镜像神经元可以帮助我们更加迅速地理解他人的意图、体验他人的情感。通过一次次的教研学习、小组讨论、共读分享及撰写案例，我开始有意识地观察、捕捉、解读幼儿的情绪，这也使我和幼儿的距离更亲近了。而且，当我把学到的知识运用到家庭中处理亲子关系时，我发现我和自己的孩子都成了脑科学课题的受益者。

在疫情居家的那段日子里，我很容易焦虑。当看到孩子乱糟糟的房间，翻开的书籍、没拼完的乐高、铺满一桌子的作业……我的内心是崩塌的。此时此刻，我能感受到自己的烦躁和周身散发出的低气压。我对孩子说："你能把房间东西收拾一下吗？太乱了！""我觉得还挺好的呀，这些东西都是我一会儿还要用的。"孩子满不在乎，还故意把我已经收整好的物品重新摆"乱"。我真的很想发脾气，但同时我也感受到孩子情绪上的变化，我意识到自己的情绪可能影响到他了。我只有排解自己的消极情绪，才能带给孩子放松的环境；我只有学会控制情绪，为孩子做出榜样，孩子才能学会控制情绪。于是我选择积极暂停，离开了房间。等我冷静之后，孩子做完作业，我们一起讨论了怎样让房间更整洁，并且一起收拾起来。

与此同时，我也认识到物质环境同样会影响情绪，于是我决定从我的房间开始改变。一尘不染的地面、清新悦耳的音乐、飘香的奶茶，给我带来了全新的感受。"你要不要来体验一下我的美好时光？"我热情地邀请孩子。渐渐地，我发现他的房间也开始有了秩序，他还会在收拾好的电脑桌上放一盆绿植，欣赏一会儿之后去做自己的事情。参加课题研究，增强了我的情绪管理意识，也有利于我更好地解读孩子的情绪，并做出回应，我想这应该就是"大脑魔镜"的作用吧。

课题组每一位专家老师的引领就像有魔力一样，吸引着我不断地想去探索、去学习，我也想继续借助课题学习与研究更好地完善自己！

（北京市海淀新区恩济幼儿园　秦炜）

参考文献

中文文献

专著

［1］BRANSTETTER R.提升孩子的执行功能——成为大脑的管理大师［M］.赵雪莲，译.北京：中国轻工业出版社，2022.

［2］SHAFFER D R，KIPP K.发展心理学——儿童与青少年［M］.邹泓，译.北京：中国轻工业出版社，2009.

［3］爱莫迪诺－杨.情绪、学习与脑：探索情绪神经科学对教育的启示［M］.周频，陈佳，张立飞，等译.北京：清华大学出版社，2020.

［4］爱泼斯坦.学前教育中的主动学习精要——认识高瞻课程模式：第2版［M］.霍力岩，刘祎玮，刘睿文，等译.北京：教育科学出版社，2019.

［5］爱泼斯坦.学习品质：关键发展指标与支持性教学策略［M］.霍力岩，李金，刘璐，等译.北京：教育科学出版社，2018.

［6］爱泼斯坦，特里米斯.我是儿童艺术家——学前儿童视觉艺术的发展［M］.冯婉桢，等译.北京：教育科学出版，2012.

［7］陈琦，刘儒德.当代教育心理学［M］.北京：北京师范大学出版社，2003.

［8］格斯特维奇.发展适宜性实践：早期教育课程与发展［M］.霍力岩，等

译.北京：教育科学出版社，2011.

［9］哈迪曼.脑科学与课堂：以脑为导向的教学模式［M］.杨志，王培培，等译.上海：华东师范大学出版社，2018.

［10］华爱华.幼儿游戏理论［M］.上海：上海教育出版社，1998.

［11］杰森.大脑知识与教学［M］.梁云霞，译.北京：远流出版公司，2002.

［12］经济合作与发展组织.理解脑：新的学习科学的诞生［M］.周加仙，许晓婧，吴少勤，等译.北京：教育科学出版社，2014.

［13］孔起英.幼儿园美术领域教育精要——关键经验与活动指导［M］.北京：教育科学出版社，2015.

［14］李荐，方中雄.学习科学 友善用脑［M］.北京：商务印书馆，2016.

［15］李甦.学前儿童心理学［M］.北京：高等教育出版社，2013.

［16］刘焱.儿童游戏通论［M］.北京：北京师范大学出版社，2004.

［17］鲁宾逊.0～8岁儿童的脑、认知发展与教育［M］.李燕芳，等译.上海：上海教育出版社，2019.

［18］梅迪纳.让孩子的大脑自由［M］.王佳艺，译.杭州：浙江人民出版社，2012.

［19］纳格尔.生命之始：脑、早期发展与学习［M］.王治国，等译.北京：教育科学出版社，2016.

［20］邱学青.学前儿童游戏［M］.南京：江苏凤凰教育出版社，2008.

［21］斯瓦博.我即我脑［M］.王奕瑶，陈琰璟，包爱民，等译.海口：海南出版社，2020.

［22］托马斯.儿童发展理论［M］.郭本禹，王云强，陈友庆，等译.上海：上海教育出版社，2009.

［23］王小英.幼儿深度学习的理论与实践探索研究理论篇［M］.北京：清华大学出版社，2021.

［24］尹文刚.神奇的大脑：大脑潜能开发手册［M］.北京：世界图书出版公司北京公司，2012.

[25] 张福芝. 幼儿创造性美术教育［M］. 北京：地质出版社，2002.
[26] 中华人民共和国教育部. 3～6岁儿童学习与发展指南［M］. 北京：首都师范大学出版社，2012.

期刊论文

[27] 白学军，马谐，陈衍. 我国农村中小学教师脑科学素养现状调查［J］. 宁波大学学报（教育科学版），2013（2）.
[28] 陈桂芳，郭晓萍. 初等教育教师脑科学素养状况与对策［J］. 绵阳师范学院学报，2008，27（12）.
[29] 陈巍，陈喜丹. 镜像神经元系统的个体发生学及其学前教育意蕴［J］. 学前教育研究，2015（4）.
[30] 陈英和，王雨晴，肖兴荣. 3～5岁幼儿元认知监控发展特点的研究［J］. 心理与行为研究，2006，4（1）.
[31] 大卫·A.苏沙. 友善用脑学习 促进教师职业发展［J］. 宋倩，译. 基础教育参考，2009（10）.
[32] 冯晓霞. 游戏中的深度学习［J］. 奕阳幼教评论，2019（49）.
[33] 冯晓霞. "安吉游戏"与深度学习——兼谈我们为什么要学安吉［J］. 幼儿教育，2021（Z4）.
[34] 高振宇. 教育神经科学视野下教师专业的重构与发展［J］. 全球教育展望，2015（11）.
[35] 管晶晶，胡鑫，王文静. 理解"阅读脑"提高儿童阅读素养——儿童阅读的脑科学研究及其教育启示［J］. 教育学报，2012（4）.
[36] 何玲，黎加厚. 促进学生深度学习［J］. 现代教学，2005（5）.
[37] 贺晓玲，陈俊. 从神经科学到教育研究［J］. 宁波大学学报（教育科学版），2019，41（6）.
[38] 黄姣华. 幼专生脑科学素养调查研究——以广西幼专为例［J］. 教育评论，2014（6）.

［39］黄小莲．"课程游戏化"还是"游戏课程化"——命题背后的价值取向［J］．中国教育学刊，2019（12）．

［40］蒋小燕．通过绘本阅读活动培养幼儿的情绪识别能力［J］．学前教育，2017（5）．

［41］李俊，漆捷．从大脑两半球功能特化理论论人的创造力［J］．山西高等学校社会科学学报，2005，17（10）．

［42］李萍，张明明，李帅霞．面孔表情和声音情绪信息整合加工的脑机制［J］．心理科学进展，2019（7）．

［43］刘彤，王利平．通过计划和反思有效提高幼儿思维能力［J］．早期教育，2005（7）．

［44］刘焱．也谈幼儿园游戏与课程［J］．学前教育，2021（19）．

［45］栾文双，王静梅，卢英俊．学前儿童执行功能研究综述［J］．幼儿教育：教育科学，2013（Z6）．

［46］罗义铭．"熟"为什么就没有生出"巧"来——脑科学对中小学教学的启示［J］．科教文汇，2016（7上）．

［47］毛珺．多元智能理论对幼儿园开展区域活动的启示［J］．科教导刊（下旬），2017，303（15）．

［48］梅舒红，张永英．培养大班幼儿的计划能力［J］．教育导刊（下半月），2019（4）．

［49］彭璇．深度学习在美国渐成气候［J］．上海教育，2019（32）．

［50］钱旭升．教育神经科学视野下的教师专业发展［J］．浙江师范大学学报（社会科学版），2013（3）．

［51］沈德立，马谐，刘娟．大学生脑科学素养现状调查［J］．心理与行为研究，2013，11（2）．

［52］石长地，蒋长好．积极情绪的脑机制［J］．中国特殊教育，2009．

［53］孙妍妍，祝智庭．以深度学习培养21世纪技能——美国《为了生活和工作的学习：在21世纪发展可迁移的知识与技能》的启示［J］．现代远

程教育研究，2018（3）.

[54] 孙悦含. 中美幼儿教师培训政策的比较研究［J］. 现代教育科学，2019（3）.

[55] 唐久晴，姚小喃，寇彧. 5～6岁幼儿对四种基本情绪相关词汇的理解和运用［J］. 学前教育研究，2021（2）.

[56] 陶西平. 脑科学与教育［J］. 基础教育参考，2006（12）.

[57] 王爱忠，王普华. 具身认知视域下幼儿教师专业发展的困境与突破［J］. 中国成人教育，2019（23）.

[58] 王琼娟，王艳玲，苟顺明. 我国幼儿教师专业发展政策的现状、问题和局限——基于对政策的内容分析［J］. 西北成人教育学院学报，2019（6）.

[59] 王小英，刘思源. 幼儿深度学习的基本特质与逻辑架构［J］. 学前教育研究，2020（1）.

[60] 王新. 积极情绪述评［J］. 科协论坛（下半月），2009（11）.

[61] 王亚南. 元认知的结构、功能与开发［J］. 南京师大学报（社会科学版），2004（1）.

[62] 王亚鹏，董奇. 脑的可塑性研究及其对教育的启示［J］. 教育研究，2005（10）.

[63] 王亚鹏，董奇. 脑科学研究对我国教育政策的启示［J］. 中国教育学刊，2012（9）.

[64] 王亚鹏，董奇. 情绪加工的脑机制研究及其现状［J］. 心理科学，2006，29（6）.

[65] 徐艳，张杨. 脑科学研究新进展对创造性思维培养的启示［J］. 教育探索，2004（8）.

[66] 严启英，欧阳常青. 西方脑科学研究的进展及其对教育的启示［J］. 广西梧州师范高等专科学校学报，2001（1）.

[67] 杨晓萍，廖为海. 中美幼儿教师专业标准：背景、内容与比较［J］. 今日教育（幼教金刊），2016（1）.

[68] 杨秀,蔡迎旗."神经神话"的教育观念探源[J].早期教育(教科研版),2013(3).

[69] 杨彦涓.脑功能研究的新进展与幼儿园教育教学[J].当代教育论坛(校长教育研究),2007(3).

[70] 杨元魁.脑科学视野下儿童执行功能的发展及其对早期教育的启示(一)——抑制控制中的动作控制[J].动漫界:幼教365,2020(24).

[71] 姚林群.论反思能力及其培养[J].教育研究与实验,2014.

[72] 姚伟.幼儿园教育环境及其对幼儿发展的影响[J].教育导刊,1999(S4).

[73] 余胜美.脑科学与幼儿教师心理素质[J].学前教育研究,2006(2).

[74] 虞永平.幼儿园课程建设与教师专业成长[J].中国教师,2020(1).

[75] 禹东川.如何将脑科学研究成果转化应用于教育实践?[J].中小学管理,2018(5).

[76] 袁红梅.加涅的学习理论与大学生英语自主学习能力的培养[J].零陵学院学报,2004(4).

[77] 袁振国.在脑科学中寻找教育智慧[J].同舟共进,2020(1).

[78] 詹慧佳,刘昌,沈汪兵.创造性思维四阶段的神经基础[J].心理科学进展,2015,23(2).

[79] 张承宇.小班幼儿科学游戏的心理环境创设[J].四川教育学院学报,2008(6).

[80] 张浩,吴秀娟.深度学习的内涵及认知理论基础探析[J].中国电化教育,2012(10).

[81] 张淑红,刘新阳.教师对脑究竟了解多少[J].上海教育,2014(34).

[82] 赵金苹,曹能秀.台湾地区新课纲幼儿园情绪领域的特色及启示[J].教育评论,2017(1).

[83] 周加仙,贾胜洲."教学脑"的研究与教学的有效性[J].教育家,2018(28).

[84] 周兢,陈思.建立儿童学习的脑科学交管系统——脑执行功能理论对学

前儿童发展与教育的启示［J］.全球教育展望，2011（6）.

［85］周永丽.区域活动中师幼互动质量研究［J］.陕西学前师范学院学报，2019（4）.

学位论文

［86］陈睿曦.大班建构游戏中支持幼儿深度学习策略的研究［D］.成都：四川师范大学，2021.

［87］黄玉娇.材料结构及投放方式对幼儿创造性想象的影响研究［D］.重庆：西南大学，2014.

［88］贾林祥.认知心理学的联结主义理论研究［D］.南京：南京师范大学，2002.

［89］李放.低结构活动促进4-6岁幼儿学习品质发展的实验研究［D］.沈阳：沈阳师范大学，2016.

［90］连静.幼儿园开放性游戏环境创设的实证研究——以福建省直象峰幼儿园为例［D］.福州：福建师范大学，2017.

［91］梁娟.儿童计划的研究［D］.成都：四川师范大学，2013.

［92］刘淑敏.幼儿计划能力的可塑性［D］.长春：东北师范大学，2012.

［93］刘志霞.基于脑科学的深度学习研究［D］.重庆：西南大学，2019.

［94］倪永菁.美工区低结构材料投放对中班幼儿创造过程影响的实践研究［D］.上海：上海师范大学，2017.

［95］王海英.智慧的跷跷板——幼儿元认知研究［D］.南京：南京师范大学，2005.

［96］杨俞华.美工区创造活动与低结构材料投放的关系研究——以上海市H幼儿园小班为例［D］.上海：上海师范大学，2018.

［97］易幽彤.任务难度、材料结构和投放方式对幼儿计划性的影响——基于5-6岁幼儿手工活动的研究［D］.重庆：西南大学，2017.

［98］袁利芬.4-6岁幼儿区域活动中元认知发展的干预研究——以数学活动

为例［D］．开封：河南大学，2017．

［99］袁鸣．学前儿童计划能力的发展研究［D］．南京：南京师范大学，2009．

［100］张柳静．区域活动中幼儿"做计划"的行动研究——基于 High/Scope 课程的主动学习理念［D］．杭州：杭州师范大学，2017．

［101］张思文．昆明市 C 幼儿园大班区域活动中幼儿计划的个案研究［D］．昆明：云南师范大学，2018．

［102］张馨月．建构游戏中促进大班幼儿深度学习的师幼互动研究［D］．济南：山东师范大学，2020．

［103］周加仙．基于脑的教育研究：反思与对策［D］．上海：华东师范大学，2004．

［104］周天琪．游戏材料的结构性程度对幼儿创造性思维发展影响的实验研究［D］．哈尔滨：哈尔滨师范大学，2017．

报纸

［105］刘占兰．幼儿研究与支持成新教师核心素养［N］．中国教育报学前教育周刊，2012-12-13（2）．

电子资源

［106］儿童研究网．理解和利用活跃的"大脑"：介绍脑认知科学项目——"大脑主动学习"［EB/OL］．［2020-02-18］．https：//www.crn.net.cn/research/kodomo/20200218_001494.html．

［107］中国科学院科技创新发展中心．心理所通过冬奥会运动员脑成像研究发现与意志品质相关的关键大脑结构组织［EB/OL］．［2020-07-20］．http：//www.bjb.cas.cn/kjdt2016/202007/t20200721_5638951.html．

外文文献

［108］ ALZFORUM. Brain Volume, Myelination Different in Infants Carrying ApoE4 ［EB/OL］. ［2013-12-06］. https: //www.alzforum.org/news/research-news/brain-volume-myelination-different-infants-carrying-apoe4.

［109］ DIETRICH A, KANSO R A. Review of EEG, ERP, and neuroimaging studies of creativity and insight ［J］. Psychological Bulletin, 2010, 136（5）.

［110］ DIKKER S, SILBERT L J, HASSON U, et al. On the Same Wavelength: Predictable Language Enhances Speaker-Listener Brain-to-Brain Synchrony in Posterior Superior Temporal Gyrus ［J］. The Journal of Neuroscience, 2014, 34（18）.

［111］ ECKHOFF A. Art experiments: introducing an artist-in-residence programme in early childhood education ［J］. Early Child Development and Care, 2011, 181（3）.

［112］ FRIEDMAN I A, GROBGELD E, TEICHMAN-WEINBERG A. Imbuing Education with Brain Research Can Improve Teaching and Enhance Productive Learning ［J］. Psychology, 2019, 10（2）.

［113］ GROTZER T, HOWICK L, TTISHMAN S, et al. Art works for schools: a curriculum for Teaching Thingking in and through the arts. Lincoln, Ma: Decordova Museum and Sculpture park.

［114］ HOLPER L, GOLDIN A P, SHALÓM D E, et al. Sigman M. The Teaching and the Learning Brain: A Cortical Hemodynamic Marker of Teacher-student Interactions in the Socratic Dialog ［J］. International Journal of Educational Research, 2013, 59.

［115］ LENROOT R K, GIEDD J N. Brain development in children and adolescents: Insights from anatomical magnetic resonance imaging ［J］. Neuroscience and Biobehavioral Reviews, 2006, 30（6）.

[116] National Research Council. Education for Life and Work: Developing Transferable Knowledge and Skills in the 21st Century [M]. Washington, DC: National Academies Press, 2012a.

[117] POSNER M R, ROTHBART M K, DIGIROLAMO G J. Development of brain networks for orienting to novelty [J]. Pavlow Jpurnal of Higher Nervous Activity, 1999(12).

[118] STEPHENS G J, SILBERT L J, HASSON U. Speaker-Listener Neural Coupling Underlies Successful Communication [J]. Proceedings of the National Academy of Sciences, 107 (32).

后　记

本书是北京市教育科学"十三五规划"2020年度重点课题"基于脑科学的幼儿园区域游戏实践指导研究"的重要成果，历经3年多的研究实施与梳理总结，如今终于得以成型，这是课题组所有成员集体智慧的结晶，共同努力的结果，凝聚了每位老师的心血和汗水！我作为该课题的负责人，需要感谢的人很多。

我首先要衷心感谢研究团队中来自北京教育科学研究院早教所的苏婧研究员、庄薇副研究员，来自中国科学院心理研究所的王利刚副研究员，来自首都师范大学前教育学院的黄䶮青副教授，他们为研究的顺利开展提供了宝贵的专业支持和智慧建议。《学前教育》编辑部的李原编辑和北京市西城区信和幼儿园的付丽老师承担了本研究的部分秘书工作，在开展调研和研究成果转化过程中付出了辛勤劳动。

我还要感谢北京大学心理与认知科学学院苏彦捷教授、美国国立路易斯大学早期教育系终生教授文晓莉博士、中国科学院心理研究所李甦研究员、北京师范大学认知神经科学与学习国家重点实验室的周新林教授、首都师范大学学前教育学院王异芳教授为我们的研究团队进行了专业的培训和指导。

回望当初，我在进行课题研究规划时对未来研究成果的感知和预想其实并不很明确，但是随着研究和实践的逐渐深入，图书的结构框架和内容体例开始逐渐从无到有，从模糊到清晰，从生硬到内化，与其说本书是研究实践的成果，不如说本书的创作过程恰恰就是研究实践本身，与研究实践交融共生，互为滋养。所以，我这里特别要诚挚感谢的是四个实验幼儿园课题组成员的倾心投入和刻苦钻研，在各实验园负责人的带领下，他们的子课题研究与实践构成了本书第四章、第五章、第六章和第七章的主体内容，而一线教师的案例和反思也使本书避免成为枯燥的理论说教，而显得更为真实生动、贴近实际，与教师拉近了距离。

北京市海淀新区恩济幼儿园园长成勇、园长助理柴赛飞主要参与了第四章"区域游戏心理环境的创设"的编写；北京市丰台区第二幼儿园园长游向红、教师彭代玉主要参与了第五章"区域游戏中幼儿计划与反思能力的培养"的编写；北京市昌平区机关幼儿园副园长巩爱弟、李平主要参与了第六章"以美工区低结构材料为切入点培养幼儿创造性思维"的编写；北京市通州区张家湾镇张家湾中心幼儿园园长李新波、副园长姚宇主要参与了第七章"以建构游戏为例促进幼儿深度学习"的编写。在研究和成书的过程中，她们付出了大量辛勤的劳动，她们率先研究，引领教研，并甘为人梯帮助教师进行案例梳理；她们还要完成大量的子课题研究计划、总结和资料收集，参加总课题组的研讨，甚至深夜还常常与我讨论各种工作细节。我对她们为本课题和本书的巨大贡献表示敬意！

我还想感谢我的母亲、先生和儿子，在我痴迷于研究的过程中，他们总是充当我最共情的听众和读者，分担我的压力，分享我的喜悦。我的儿子正处于青春期，是脑科学指导我更好地理解他、支持他，与他和谐相处，甚至引导他也对脑科学产生了浓厚兴趣，帮助他学习科学用脑、健康用脑。

最后，我要表达对学苑出版社和本书的责任编辑任彦霞女士的诚挚感谢，从策划到撰写、编排、审校，每一个环节，任女士都给予我非常中肯的建议，陪伴我走过这段艰辛旅程，并成为我无比珍贵的记忆。

李一凡

北京教育科学研究院早期教育研究所

2023 年 7 月